KB195214

대전현충원에 묻힌 이야기

대전현충원에 묻힌 이야기

인쇄일 2024. 10. 25
발행일 2024. 10. 26

저자   김선재 임재근 정성일
발행인   이순옥
발행처   도서출판 문화의힘
        등록 : 364-0000117
        주소 : 대전 동구 대전천북로 30-2
        전화 : 042.633.6537
        전송 : 0505-489-6537

ISBN   979-11-988670-4-9 03910

대전현충원에 묻힌 이야기

김선재 임재근 정성일

도서출판 문화의힘

미래의 물줄기를 보다 나은 방향으로

   사람은 누구나 한 번 살고 한 번 죽습니다. 그러기에 사람은 목숨을 귀중히 여기고, 인생을 가치있게 살기 위해 노력합니다. 앞서 걸어간 사람 발자취를 좇으며, 본보기나 반면교사로 삼기도 합니다.

   그런 의미에서 국립 대전현충원은 우리가 인생의 깨달음을 얻기에 더할 나위 없이 좋은 곳입니다. 10만여 인생이 한데 모여 저마다 깊은 사연을 간직하고 있습니다. 사연이 주는 울림은 우리 인생을 뒤흔들 만합니다.

   세상을 호령한 영웅호걸의 삶이 기록되어 있는가 하면, 이름 없이 산화한 호국영령의 넋이 우리를 맞아주기도 합니다. 친구를 구하다 목숨을 잃은 8살 초등학생과 제자를 구하다 순직한 선생님 묘역 앞에서는 옷깃을 여미고 오래도록 묵념하게 됩니다.

   극히 일부이긴 하지만 기회주의자의 묘도 있습니다. 일제강점기에는 일제에 부역했고, 군부독재 시기에는 쿠데타에 가담했던 무리입니다. 이들 묘 앞에 서서는 '과연 무엇이 옳은 길인가'를 한참 동안 고민하게 됩니다.

   책을 쓴 저희 세 사람은 이런 깨달음과 고민을 독자 여러분과 함께 나누고 싶었습니다. 삶의 진리와 방향을 제시할 경지에는 한참 미치지 못합니다. 다만 대전현충원에 있는 이야기를 공유하며, 조금이라도 나은 가치를 추구할 수 있다면 저희에게는 최고 보람입니다.

서장 '국립묘지 대전현충원'에서는 대전현충원의 개요를 설명합니다.

1장 '독립운동'에서는 우리가 미처 몰랐던 독립 영웅 이야기를 전합니다.

2장 '군사반란'은 여러 군인 이야기입니다. 군인 본분을 다한 참 군인과 기회주의자 반란군의 얼룩진 삶을 두고 비교합니다.

3장 '국가폭력과 사회적 참사'에는 한국 현대사 여러 비극을 주목하며 대전현충원에 안장된 인물을 함께 소개합니다.

마지막 4장 '사회공헌'에는 자신보다 남을 위해 희생 헌신하신 과학자, 소방관, 체육인의 삶을 다룹니다.

대전현충원에는 과거, 현재, 미래가 공존한다고 합니다. 100년이 넘는 지난 역사를 걸어온 이들의 과거가 있고, 바로 지금 현재를 사는 우리가 있습니다. 그리고 지금 우리가 과거를 통해 무엇을 배우고 이어나갈지에 따라, 미래에 이어질 역사의 물줄기가 달라질 것입니다.

모쪼록 이 책이 미래의 물줄기를 보다 나은 방향으로 이끄는 데, 티끌 같은 도움이라도 되기를 바라며 부끄러움을 무릅쓰고 세상에 내놓습니다.

2024년 10월
김선재 임재근 정성일

우리 옆에 있으나 잘 알려지지 않은 이야기

한홍구(성공회대 석좌교수, 반헌법행위자열전편찬위원회 책임편집인)

김선재·임재근·정성일의 『대전현충원에 묻힌 이야기』의 발간이 무척이나 반갑다. 저자 중 두 분과는 나름 깊은 인연이 있는 처지이기에 더더욱 반갑다. 임재근 박사는 민간인 학살로 박사 학위를 받은 이 분야의 보기 드문 연구자이지만, 대전 지역에서 근 20년 시민활동가로 살아오다가 그것도 모자라 최근에는 아예 단체를 만들어 살림까지 맡아하고 있다. 나 역시 연구자이지만 단체활동에 많은 힘을 쏟아온 처지라 임재근 이름 석자만 들어도 마음이 짠하다.

김선재 위원장은 아직 학생이었던 시절, 내가 책임편집인으로 있는 반헌법 행위자열전 편찬위원회에서 개최한 2016년 제1회 반헌법 행위자 웹콘텐츠 공모전에서 대상을 받았는데, 작품의 주제는 「대전현충원 묘비명」으로 대전현충원의 반헌법 행위자들을 아주 충실히 조사한 수작이었다. 정성일 팀장까지 필자 세 사람은 모두 KAIST 출신의 과학도였다. 그런 특별한 경력을 가진 세 사람이 모두 대전 지역의 진보진영에서 밑바닥 활동을 하면서 이런 훌륭한 책을 냈다는 사실이 놀랍고 또 고맙기 짝이 없다.

원고를 받아보고 쭉 읽어가면서 느낀 점은 필자 세 분이 정말로 대전과 대전현충원을 사랑한다는 점이었다. 서울에서 언론매체를 통해 대전현충원을 접하게 되는 경우의 대부분은 김창룡 등 친일과 독재의 흑역사를 갖고 있는 자들의 묘를 대전현충원에서 이장해야 한다는 기사 같은 것들이었다. 더구나 「대전현충원 묘비명」으로 상을 받은 김선재 위원장도 필자로 참여하고 있어, 책의 내용은 당연히 친일과 국가폭력과 독재 관련자들에 대한 고발이 주를 이룰 것으로 지레짐작했다. 나 역시 강연이나 수업에서 우리가 살고있는 대한민국에서 반드시 바로잡아야 할 모순으로 백범을 낳아주고 길러주신 곽낙원 지사와 백범의 큰아들 김인 지사의 묘에서 얼마 떨어지지 않은 곳에 백범 암살의 배후였던 김창룡의 묘가 자리 잡고있고 있다는 사실을 자주 거론했었다.

『대전현충원에 묻힌 이야기』는 이런 부정적인 사례보다는 나라를 찾기 위해 몸 바쳤던 애국지사들, 제주4·3 사건 당시 총살 명령을 거부했던 용기 있던 경찰과 광주항쟁에 대해 유혈진압 명령을 거부했던 양심적인 지휘관들, 세월호 사건 당시 희생된 선생님들, 그리고 어디든 달려가 사람들을 살리고 떠난 소방관들의 이야기가 담겨있다. 특히 군 복무 중 녹화사업을 비롯한 여러 가지 이유로 의문의 죽음을 당한 분들의 이야기도 여러 편 담겨있다. 군 의문사 희생자들의 묘를 대전현충원에서 만날 수 있다는 것은 한국사회가 한 발씩 한 발씩 민주주의를 향해 나아가고 있다는 것을 보여준다. 사실 국민 내지는 국가를 위해 희생한 분들뿐만 아니라 국가에 의해 희생된 분들도 같이 모셔져야 하는 공간이다. 대전현충원에 묻힌 10만여 분들 중에 사연 없는 분들이 어디 있으리오만은, 책 제목의 '묻힌'은 꼭 땅에 묻힌 것이 아니라 우리 옆에 있으나 잘 알려지지 않은 채 묻혀버린 이야기를 끄집어냈다는 중의적인 의미로 다가온다.

『대전현충원에 묻힌 이야기』를 손에 들고 나부터 다시 한 번 대전현충원을 찾아야겠다.

대한민국의 미래를 고민하는 이들에게

김학규(『현충원 역사산책』 저자)

　김선재·임재근·정성일 세 분의 대전현충원 이야기는 오마이뉴스에 연재될 때부터 많은 이들의 주목을 받았습니다. 2년 전 서울현충원 이야기를 담은 『현충원 역사산책』을 써서 세상에 내놓았던 저로서는 세 분의 연재를 더 관심 있게 지켜봤고, 그 누구보다 더 재미있게 읽었습니다.

　대전현충원은 서울현충원과 더불어 한국 근현대사가 응축되어 있는 공간입니다. 김선재·임재근·정성일의 『대전현충원에 묻힌 이야기』는 대전현충원을 소개하는 기본 안내서일 뿐만 아니라, 멀리는 1890년대의 의병부터 가까이는 세월호 참사 관련자까지 대전현충원에 안장되어 있는 이들을 소환하여 한국 근현대사를 파노라마처럼 펼쳐 보이는 스펙터클한 역사서이기도 합니다.

　『대전현충원에 묻힌 이야기』는 진한 감동이 있습니다. 홍범도 장군을 비롯하여 대전현충원에 안장된 수많은 독립운동가 이야기는 책에서 감히 손을 떼지 못하게 합니다. 대전현충원에 안장되어 있는 분들 중에 우리 사회의 민주화를 위해 헌신하다 군대에서 돌아가신 정연관·최온순 열사를 비롯한 여러분의 이야기는 그 자체로 충격을 줍니다. 2014년의 세월호 참사 과정에서 아이들을 구하려다 돌아가시면서 대전현충원에 안장된 여러 선생님과 선원들의 이야기는 가슴을 먹먹하게 만듭니다.

『대전현충원에 묻힌 이야기』는 민주시민의 분노를 자극합니다. 백선엽, 김창룡을 비롯한 친일파가 대전현충원에 묻힌 이야기나 제주4·3과 10·19 여순사건에서 민간인 학살을 주도한 함병선과 같은 인물이 대전현충원에 묻힌 이야기, 5·16군사정변과 12·12쿠데타에 가담했던 인물이 대전현충원에 묻힌 이야기 등은 분노를 넘어 굴절된 한국 근현대사를 바로 잡기 위한 과제가 여전히 우리에게 놓여 있다는 사실을 새삼 깨닫게 합니다.

저는 이러한 이유에서 대한민국의 미래를 고민하고 아름답게 가꾸어나가고자 하는 이들에게 『대전현충원에 묻힌 이야기』를 꼭 읽어보십사 추천합니다.

세상을 바꾸는 글쓰기를 꿈꾸는 세 사람

심규상(오마이뉴스 기자)

선사시대와 역사시대를 구분하는 기준은 기록의 여부다. 그래서 세상은 기록으로 나뉜다. 여기 기록으로 새로운 역사를 남기겠다는 세 사람이 모였다. 김선재, 임재근, 정성일 이다. 자칭 '기록주의자'들이다.

세 사람의 공통점은 글을 쓰는 이유다. 이들은 '세상을 바꾸기 위해' 글을 쓴다. 물론 이들도 글 몇 줄로 세상이 쉽게 변하지 않는다는 걸 잘 안다. 그런데도 자판을 두드리며 불공정에 맞선다. 이들에게 기록은 골리앗에 맞선 다윗의 현대판 돌멩이다. 진실을 알리는 북소리다.

각기 다른 시기에 세 사람에게 〈오마이뉴스〉 시민기자를 권했다. 이후 모두 기대한 이상으로 다양하고 의미 있는 글을 쓰고 있다. 세 사람이 쓰는 글의 또 다른 공통점은 전하는 소식 대부분이 소외된 이웃들의 이야기라는 점이다. 다가가는 방식 또한 큰소리가 아닌 따뜻한 공감이다.

김선재는 시민 활동가로 세상을 향해 손을 내미는 이웃들의 이야기를 주로 들어왔다. 그를 만난 많은 사람들이 세상이 관심에 위로를 받았다. 그는 스스로 '마이크가 필요한 사람에게 마이크 드리는 것이 제 역할'이라고 말한다. 그는 진보당대전시당 정치인의 행보 또한 소외된 이웃들의 얘기를 경청하는 따뜻한 연대로 풀어내고 있다.

임재근이 귀담아듣는 이야기도 지역의 작은 목소리다. 그중 오랜 시간과 큰 목소리에 묻힌 이야기를 찾아 뼈대를 세우고 옷을 입혀 새로운 의미를 찾는 일에 공을 들이고 있다. 뒤틀린 지역사를 바로잡고 복원해 내는 그의 능력은 탁월하다. 평화통일교육문화센터 교육연구소장과 산내골령골대책회의 집행위원장을 맡아 말과 글을 통해 평화를 일구는 일에도 많은 힘을 쏟고 있다.

정성일 또한 발로 글을 쓴다. 부지런하다. 평화통일교육문화센터 기획홍보팀장, 유튜브 대전통 제작자, 전(前) 5·18민주화운동진상규명조사위원회 전문위원으로 활동하며 확성기가 필요한 사람들이 있는 곳이면 때와 장소를 가리지 않고 달려간다. 여러 자료를 찾아내 글과 영상으로 기록하는 능력도 출중하다.

이번에 세 사람의 글벗들이 한데 뭉쳐 마이크를 내민 곳은 무덤이다. 각자 큰 소리에 눌려 묻힌 소외된 이웃들의 목소리를 전하던 세 사람이 무덤에 묻힌 사람들의 이야기를 찾아 나섰다. '대전현충원에 묻힌 이야기'다. 묻힌 사람들의 삶을 반추해 남다른 시선으로 역사의 숨결을 불어 넣었다. 오랫동안 〈오마이뉴스〉에 연재한 글을 한 권으로 묶었는데 기사가 나갈 때마다 공감이 컸다. 반향이 큰 글도 많았다. 이 책을 통해 누구나 우리의 근현대사와 새롭게, 쉽게, 재미있게 접속할 수 있다고 확신한다.

역사는 기억과 망각과의 싸움이다. 기록되지 못한 역사는 잊힌다. '무엇을 어떻게 기억하게 할까'는 기록하는 사람들의 손에 달려있다. 세 사람은 그동안 미처 담아내지 못한 기억을 찾아내거나 기존 기억을 채로 걸러 새 그릇에 담아왔다. 그래서 이들이 만들어낸 이야기는 늘 새롭고 진솔하고 특별하다. 세상을 바꾸는 글쓰기를 꿈꾸는 세 사람의 인생관이 담긴 다음 이야기가 기다려지는 이유다.

차례

차례

차례

제2장 군사반란

제3장 국가폭력과 사회적 참사

차례

제4장 사회공헌 유공자

부록

서장 국립묘지 대전현충원

대전현충원 묘역과 묘비 톺아보기

인물 따라 묘역·비석 크기 차이… 100만평짜리 거대한 '인물사전'

대전현충원은 1979년 4월 1일 착공해 6년여 만인 1985년 11월 13일 준공했습니다. 준공에 앞서 1982년 8월 27일 사병 안장을 시작으로, 준공하던 해인 1985년 2월 28일 장교 및 경찰관을 안장하기 시작했습니다. 준공 이후엔 1986년 11월 7일 장관급 장교 안장, 1987년 4월 6일 애국지사 안장, 1989년 10월 23일 국가사회공헌자 안장을 시작하며 안장 대상자를 확

100만평 규모로 조성된 대전현충원 전경 ⓒ 임재근

대해 갔죠.

대전현충원에 총 몇 명이나 잠들어 있는지 아시나요? 2024년 6월 30일 기준으로 총 10만 106위가 묘소에 안장돼 있고, 위패로 4만 1,365위가 현충탑 내 위패봉안실에 모셔져 있습니다. 묘지 만장, 즉 묘지 자리가 다 차는 시점을 앞둔 2021년 5월 4일엔 충혼당을 개관해 묘소 매장 대신 화장 후 유골을 충혼당에 안치하기 시작했습니다. 충혼당에는 4,939위가 봉안돼 있습니다. 그리고 이름을 알 수 없는 무명용사 33위의 유골함이 현충탑 내에 별도로 모셔져 있어, 대전현충원에는 총 14만 6,443위가 모셔져 있습니다.

약 100만 평(330만 9,553㎡)에 걸쳐 조성된 대전현충원을 둘러보면 우선 그 규모에 놀라게 됩니다. 그리고 10만 기가 넘는 묘역들을 하나씩 살펴보면 저마다 비슷하면서도 다른 점이 있다는 것을 알 수 있습니다.

대통령은 80평, 장군은 8평, 사병은 1평, 묘역마다 묘소 면적 달라

우선 묘역에 따라 묘소 면적에 차이가 있습니다. 가장 규모가 큰 묘소는 대통령묘역(2023년 9월 22일부로 국가원수묘역에서 대통령묘역으로 명칭 변경)입니다. 국립묘지의 설치 및 운영에 관한 법률(약칭 국립묘지법)에서는 대통령의 직에 있었던 사람의 묘의 면적을 264㎡(80평) 이내로 두고 있습니다(제12조 1항). 대전현충원은 80평 규모로 8기를 안장할 수 있는 국가원수묘역을 2004년 9월 조성했는데요. 2006년 10월 최규하 대통령이 국가원수묘역에 안장된 이후 추가로 안장된 대통령은 아직 없습니다.

대통령의 직에 있었던 사람 외에는 3.3㎡(1평)입니다. 다만, 국립묘지법에 따라 국회의장·대법원장 또는 헌법재판소장의 직에 있었던 사람이나 국가나 사회에 현저하게 공헌한 사람 중에서 안장대상심의위원회가 묘의 면적을 따로 정할 수 있는데, 이 경우에도 묘의 면적은 26.4㎡(8평)를 넘을 수

대전현충원에 안장된 최규하 대통령의 묘역 사진. 가운데 봉분을 사이에 두고 오른쪽으로 묘비가, 왼쪽으로 추모비가 세워져 있다. 봉분 앞에는 상석과 향로대가 위치해 있다. ⓒ 임재근

없습니다.

국립묘지법 제정에 앞서 시행된 국립묘지령은 애국지사, 국가유공자, 장관급 장교 및 이와 동등 이상의 대우를 받는 자의 묘를 26.4㎡(8평)로 규정했습니다. 이를 근거로 1기당 8평 규모로 조성된 묘역은 장군묘역과 사회공헌자묘역, 독립유공자묘역입니다. 국립묘지법 제정 이전에 조성된 묘역은 만장이 될 때까지 묘의 해당 면적을 유지할 수 있습니다.

독립유공자 묘역의 경우, 국립묘지 밖에 안장돼 있던 독립유공자들이 대전현충원으로 빠르게 이장되면서 1기당 1평 규모의 5묘역을 '이장 전용 묘역'으로 조성해 2014년 7월 4일부터는 1평 안장이 시작됐습니다. 독립유공자 6묘역은 8평 안장이 가능한 묘역입니다. 생존해 있는 독립유공자들을 예우하는 차원에서 특별히 조성된 공간이죠. 대전·충남 마지막 생존 애국지사 이일남(1925.05.30.~2023.11.30.) 지사가 별세해 독립유공자6묘역 49호에 안장되었고, 이제는 5기 정도 조성할 공간만이 남아 있습니다. 현재 생존 애국지사는 국내외를 합쳐도 10명이 되지 않는 상황입니다. '이장 전용 묘역'으로 조성된 독립유공자 5묘역이 만장이 되면서, 7묘역이 추가로 조성됐죠. 하지만 7묘역도 이장이 빠르게 진행되고 있어 안장 여분이 얼

대전현충원에서 최초로 1평 묘역에 안장된 최홍선 장군(공준 준장)의 묘(7묘역 708-70212). 그 옆으로 육군 일병의 묘가 자리하고 있다. ⓒ 임재근

마 남지 않았습니다. 8평 안장이 가능한 사회공헌자 묘역도 안장할 수 있는 묘가 이제는 서너 기 정도만 남아 있습니다. 장군 묘역은 2묘역이 2020년 10월 27일 다 차서 그 후부터는 장군들도 사병과 똑같이 1평으로 안장되고 있습니다.

묘뿐만 아니라 비석 등 부속구조물에도 자세히 보면 차이를 뒀습니다. 80평의 대통령 묘는 원형의 봉분에, 묘 두름돌을 돌릴 수 있습니다. 묘비뿐 아니라 상석과 향로대, 별도의 추모비도 세울 수 있죠. 최규하 대통령의 묘비의 높이는 2.7m입니다.

8평 규모의 묘는 비석의 높이만 91㎝이고, 좌대까지 포함하면 186㎝에 이릅니다. 받침대의 길이는 106㎝입니다. 1평 규모의 묘역에 묘비는 76㎝의 비석 아래 15㎝ 높이로, 55㎝ × 72㎝ 크기로 상석을 받칩니다.

대통령묘 묘비는 앞면에 '제○대 대통령 ○○○의 묘'라 적고, 뒷면에는 묘비 번호 없이 안장자의 출생일·출생지, 사망일·사망지를 새깁니다. 왼쪽에는 안장자의 가족사항을 새기며, 오른쪽에는 안장자의 주요 공적 및 경력을 새깁니다. 묘비 상부에는 대통령을 상징하는 봉황무늬를 화강석으로 조각합니다.

나머지 묘역의 비석 앞면에는 안장자의 신분(계급)과 성명을 새깁니다. 합장되어 있는 경우, 배우자의 성명을 안장자의 비문 왼쪽에 '배위 ○○○' 또는 '부군 ○○○'라고 새깁니다. 뒷면에는 묘지번호, 안장자의 출생일·출생지, 사망일·사망지 및 사망 유형을 새기고, 배우자가 합장된 경우 안장자의 비문 왼쪽에 한 줄로 배우자의 출생일 및 사망일을 새기는 경우도 있습니다.

조문기는 '애국지사'인데 김용원은 '순국선열'인 이유

8평 규모 묘역의 묘비 대좌대 앞면에는 추모의 글을 새기고, 뒷면에는 안장자의 공적사항과 수훈내용 및 가족사항을 새깁니다. 1평 규모 묘역의 묘비에서는 왼쪽 옆면에 안장자의 가족사항을 새기고, 오른쪽 옆면에는 안장자의 공적사항을 새깁니다.

독립유공자3묘역 705호에 안장된 조문기 애국지사의 묘비 앞면의 글씨는 신영복 선생이 직접 쓴 글씨다. ⓒ 임재근

8평 규모의 묘역의 묘비 아래 대좌대 앞면에 새기는 추모의 글은 고인의 말이나, 후손들의 글 또는 책에서 인용한 문구 등 자유롭게 적을 수 있습니다. 비석에 새기는 글씨체(서체)는 통상 유족 의견을 따라 선택됩니다.

2021년 8월 카자흐스탄에서 국내로 송환돼 대전현충원에 안장된 홍범도 장군(독립유공자3묘역 917호)의 묘비에 쓰인 글씨체는 신영복 선생의 글씨체인 일명 '어깨동무체'입니다. 생존 유족이 없었던 홍범도 장군의 경우 홍범도장군기념사업회의 요청에 따라 해당 서체를 사용했다고 합니다.

일제강점기 국내에서 일어난 최후의 의열투쟁으로 불리는 '부민관 폭탄 의거'의 주역 중 한 명인 조문기(독립유공자3묘역 705호) 선생의 묘비를 한 번 볼까요? 앞면에 새겨진 글은 신영복 선생이 직접 쓴 글씨입니다. 비석 앞면의 '애국지사 조문기의 묘' '배위 장영심'이란 글씨뿐 아니라, 대좌대 앞면에 다음과 같이 새겨진 조문기 선생의 어록 역시 신영복 선생이 직접 쓴 글씨입니다.

이 땅의 독립운동가에게는 세 가지 죄가 있다
통일을 위해 목숨 걸지 못한 것이 첫 번째요
친일청산을 하지 못한 것이 두 번째요
그런데도 대접을 받고 있는 것이 세 번째다

독립유공자묘역에 안장된 이들의 비석에서 이름 위에는 '애국지사' 또는 '순국선열'이라고 적혀 있는데요, 이들 모두는 '일제의 국권침탈 전후로부터 1945년 8월 14일까지 국내외에서 일제의 국권침탈을 반대하거나 독립운동을 위해 일제에 항거한 사실이 있는 자'를 의미합니다. 그 공로로 건국훈장, 건국포장 또는 대통령 표창을 받았다는 공통점이 있습니다.

하지만 차이점이 있습니다. 1945년 8월 14일 이전에 순국한 경우는 '순국선열', 그렇지 않은 경우에는 '애국지사'로 구분합니다. 1945년 8월 14일

김용원 선생은 옥중에서 얻은 지병으로 인해 출옥 4개월 만에 사망했기 때문에 옥사로 인정되어 순국선열로 불린다. 김용원 선생의 비석 앞면에 '순국선열'이, 뒷면에는 '1934년 6월 14일 대전 순국'이라고 적혀 있다. ⓒ 임재근

이전에 사망했다 하더라도 독립운동과 연관된 죽음이 아니라, 노환이나 다른 사유로 사망한 경우에는 '애국지사'로 구분되는 거죠.

조문기 지사는 1945년 7월 24일 발생한 부민관 폭파 사건을 이유로 1982년 건국포장에 이어 1990년에 건국훈장 애국장을 받았습니다. 조문기 지사는 2008년 2월에 사망했기 때문에 그의 이름 앞에 '애국지사'를 붙입니다. 곽낙원 지사(독립유공자2묘역 771호)는 광복 이전인 1939년 4월 29일 사망했지만, 독립운동 과정에서 순국한 것이 아니기 때문에 '애국지사'로 부릅니다.

상해 임시정부에서 경무국장을 역임했던 김용원 선생(독립유공자1-1묘역 525호)은 1927년 1월 체포돼 서대문형무소에서 옥고를 치르다가 1934년 2월 고문과 옥고의 여독으로 병보석을 받고 출옥했으나 옥중에서 얻은

한 시민이 곽낙원 애국지사의 묘에서 묵념을 하고 있다. 곽낙원 지사는 광복 이전인 1939년 4월 29일 사망했지만, 독립운동 과정에서 순국한 것이 아니기 때문에 '애국지사'로 부른다. ⓒ 임재근

지병으로 인해 그해 6월 사망해서 '순국선열'로 부릅니다.

대전현충원에는 10만 기가 넘는 묘가 조성돼 있다 보니 묘들이 비슷해 보이지만, 자세히 들여다보면 이처럼 차이도 발견할 수 있습니다. 그리고 묘비에 적힌 글귀나 이력에서 그 사람의 삶을 들여다볼 수도 있죠. 어쩌면 대전현충원은 10만 명의 삶을 엿볼 수 있는 거대한 인물사전이라고도 할 수 있겠습니다.

[참고자료]
국립묘지의 설치 및 운영에 관한 법률(국가법령정보센터
https://www.law.go.kr)
국립대전현충원 홈페이지(https://www.dnc.go.kr/)

현충원 바로가기

기사 바로가기

2기의 민간인 묘지가 대전현충원에 남아 있는 이유

연안 이씨 집성촌에 들어선 국립묘지, 2기만 남기고 나머지는 이장

"국립대전현충원에는 사설 묘지가 있을까?"

대전현충원은 국립묘지입니다. 국립묘지에는 사설 묘를 둘 수 없는 게 원칙입니다. 국립묘지가 조성되기 전에 그 땅에 먼저 조성된 묘들은 어떻게 했을까요? 대부분은 이장을 해야 하지만, 그대로 남겨진 경우도 가끔 있습니다. 이장하지 않고 대전현충원에 부지에 그대로 남아 있는 사설 묘는 연

자주색 테두리로 둘러싸인 부분이 국립대전현충원에서 '대전 유성구 갑동 산 1'에 해당하는 국유지다. 그곳에서 왼쪽 노란색 표시 지점이 연안이씨 시조 묘이고, 가운데 붉은색 표시 지점이 사우당 이시담의 묘다. ⓒ카카오맵 갈무리.

안이씨(延安李氏) 시조 이무(李茂)의 묘와 사우당(四友堂) 이시담(李時聃)의 묘 2기가 있습니다. 대전현충원에 참배하러 온 이들도 대부분 사설 묘의 존재를 잘 알지 못합니다. 이유는 사설 묘가 인적이 드문 곳에 위치해 있고, 나무에 가려져 있기 때문입니다.

연안이씨의 시조 이무의 묘는 신선봉 아래, 두리봉과 7묘역 사이에 위치해 있습니다. 이곳은 대전현충원에 조성된 묘역뿐 아니라 보훈둘레길과도 떨어져 있어서 종손들도 찾기 어려워합니다. 둘레길 4코스를 가다보면 두리봉과 신선봉 사이 계곡이 나오는데, 이 계곡 위로 이무 장군 묘로 올라가는 길이 있습니다. 100여m 올라가면 되지만 평소에는 진입금지 구역입니다.

이무 장군은 당나라 고종 때 중랑장을 지내다가 660년(신라 태종무열왕 7) 나당연합군 대총관 소정방(蘇定方)의 부장이 되어 신라에 들어와 백제를 평정하는 데 공을 세워 연안후에 봉해졌고, 그 후 신라에 귀화하여 살게 되었다고 합니다. 후손들은 시조가 하사받은 연안 땅을 본관으로 삼게 되었습니다.

원래 이무의 묘소는 이곳이 아닙니다. 1821년에 연안이씨 종원 이문우(李文愚)가 시조 묘를 찾기 위해 수소문을 한 결과 황해도 연안부 서편 비봉산 옥녀봉 아래 은일동(隱逸洞)에서 시조 묘를 찾고, 혼유석과 상석 밑에서 '연안백이무(延安伯李茂)'라고 쓰여 있는 지석을 발견했습니다. 하지만 이후 분단으로 인해 시조 묘를 찾아갈 수 없게 되자 1954년에 판사공파 사우당공계의 종산이 있는 당시 충남 대덕군 유성읍 갑동리에 제단 성격의 단소를 봉분을 갖춘 형태로 만들었습니다.

현재 묘지석은 연세대 박물관에 보존되어 있습니다. 연안이씨 문중은 매년 10월 3일 유성구 갑동에 있는 연원사에서 시제를 지내고 현충원 내 자리한 시조의 묘소에 들러 참배를 하고 있습니다.

이시담(李時聃, 1584~1665)의 묘는 장군1묘역 278호 묘 옆 대나무 사이

장군1묘역 278호 묘 옆 대나무 사이로 접어들면 보훈 둘레길 노랑길이 나온다. 그곳에 들어가면 바로 사우 당 이시담의 묘를 발견할 수 있다. ⓒ 임재근

장군1묘역 옆에 위치한 사우당 이시담의 묘. ⓒ 임재 근

로 접어들면 나오는 보훈둘레길 3코스인 노랑길로 들어가야 찾을 수 있습니다. 3구간 출발점에서 왼쪽 길로 접어들어 대나무 숲을 지나면 오래된 비석 하나가 나옵니다. 그 비석 뒤로 묘가 있습니다.

연안이씨(延安李氏) 시조 이무(李茂)의 묘. 실제 묘라기보다는 제단 성격의 단소(壇所)를 봉분을 갖춘 형태로 만들었다. 뒤로 보이는 봉우리는 신선봉이다. ⓒ 임재근

과거에는 탁 트였던 이시담의 묘도 앞에 현충원이 조성되면서 나무가 심어지고 대나무와 소나무가 우거져 주위를 살피지 않는다면 무심코 지나칠 수 있습니다.

이시담은 연평부원군(延平府院君) 이귀(李貴)의 아들이자 영의정 이시백(李時白)의 아우입니다. 호는 사우당(四友堂)이이고, 1623년 인조반정 때 아버지와 형을 도와 원종공신 1등으로 녹훈되었습니다. 후에 충주목사, 동지중추부사가 되었습니다.

대전국립묘지(현 대전현충원) 예정부지였던 갑동은 150여 세대, 500여 명의 주민들이 살고 있었고, 연안이씨 집성촌이었습니다. 대다수 농업에 종사하고 있었고, 포도를 재배하거나, 닭이나 칠면조 등 가금류를 키우기도 했습니다. 토지가 수용되면서 58세대는 인근에 조성된 새마을 동네로 이주

대전현충원이 조성되기 전인 1973년 항공사진. 왼쪽 노란색 지점이 연안 이씨 시조 묘이고, 가운데 붉은색 지점이 사우당 이시담의 묘다. 논과 산이 어우러진 전형적인 농촌 마을의 모습이다. 주변에 다수의 묘가 눈에 띈다. ⓒ 임재근

했고, 28세대는 덕명동으로 이주했습니다. 나머지 60여 세대는 각지로 뿔뿔이 흩어졌습니다.

동네에는 연안이씨 묘소가 많았는데 모든 묘를 옮겨야 하는 상황이었습니다. 하지만 자신들은 이주하더라도 시조 묘만은 존치코자 했던 연안이씨 문중의 간곡한 진정으로 다른 묘는 모두 이장하는 조건으로 이시담의 묘를 포함해 2기의 묘는 그대로 존치할 수 있었습니다.

댐이 만들어지면서 마을 전체가 수몰되는 경우처럼, 국가정책과 국책 사업으로 고향에서 쫓겨나고 고향을 잃어버리는 경우들이 많은데, 국립묘지 조성 과정도 마찬가지였습니다.

국립묘지에는 사설 묘를 둘 수 없는 것이 원칙이라 하지만, 대전현충원 내에 위치한 2기의 사설 묘를 통해 그곳도 사람들이 살았던 마을이었다는 것을 떠올리게 합니다. 또한, 도로공사로 오래된 고목들이 잘려나가는 게 아니라 아름드리 나무를 살리기 위해 우회시키는 길을 만난 것처럼 반가운 마음도 함께 듭니다. 또, 분단으로 인해 황해도 연안의 시조 묘를 갈 수 없어 제단 성격의 단소를 설치한 사실을 통해 분단의 아픔도 함께 생각하게 됩니다.

[참고자료]
국립대전현충원 편, 『보훈의 성지로 가는 길-국립대전현충원 30년사 (1979-2009)』, 2009.

장군1묘역만의 안장 규칙

죽어서도 위아래가 있다? 태어난 곳은 각양각지, 죽은 곳은 서울 집중

1985년 11월 13일 준공된 국립대전현충원에는 독립유공자묘역, 장군묘역, 국가사회공헌자묘역, 장병묘역, 경찰관묘역, 소방관묘역, 공무원묘역 등으로 구분되어 있습니다. 묘비 번호는 일반적으로 사망 또는 이장에 따라 안장되는 순서대로 부여되는데요, 왼쪽에서 오른쪽 방향으로 그리고 위에서 아래 방향으로 진행합니다. 때로는 오른쪽에서 왼쪽 방향으로 번호가 증가하는 경우도 있습니다.

맨 윗줄은 대장 전용 묘역으로 계획

그런데 장군1묘역을 자세히 관찰해보면 이런 규칙에서 벗어난 묘들을 발견할 수 있습니다. 장군1묘역 1호는 장창국 대장(1924~1996)이 잠들어 있습니다. 장창국 대장은 1996년 12월 30일에 대전현충원에 안장되었습니다. 그런데 1986년 11월 7일 안장된 장관(장성)급 장교인 전병수 준장은 장군1묘역 40호 묘에 안장되어 있습니다. 1호 묘보다 40호 묘가 10년 이상 먼저 안장된 셈입니다.

이렇게 된 이유는 장군묘역을 조성할 당시 가장 윗줄에 1호부터 39호까지 39기의 묘를 대장 전용 묘역으로 정했기 때문입니다. 4성 장군인 대장들을 위해 1호부터 39호까지는 비워두고 장성급 묘역을 40호부터 먼저 쓴 것입니다. 때문에 1995년 12월 5일에 김동하 중장이 50호 묘에 안장된 후에야 장창국 대장이 1호 묘에 안장되었습니다.

장창국에 이어 대장 전용묘역에 안장된 이는 2호 유학성(1997.04.07 안

대전현충원 장군1묘역의 맨 윗줄. 장창국 대장의 묘가 1호 묘다. 하지만 장군1묘역에 맨 처음 안장된 묘는 장창국 대장의 묘가 아니다. ⓒ 임재근

대전현충원 장군1묘역에 맨 처음 안장된 전병수 준장의 묘. 전병수 준장은 대전현충원 장군묘역 최초의 안장자로, 1986년 11월 7일에 장군1묘역 40호에 안장되었다. 최초 안장자임에도 불구하고 묘지 번호를 40호로 부여받은 이유는 맨 윗줄 1호~39호 묘가 '대장' 전용 묘지로 계획되었기 때문이다. ⓒ 임재근

장), 3호 진종채(1998.03.30 안장), 4호 민기식(1998.10.15 안장) 등입니다.

그런데 또 5호 묘는 대장이 아닌 김만청 중장(2000.01.07 안장)입니다. 이유는 1999년 5월에 대장 전용묘역이 폐지되고, 맨 윗줄에 중장까지 안장할 수 있도록 규정이 바뀌었기 때문입니다. 이 때문에 김만청 중장에 이어 6호 김복동(2000.04.21 안장), 7호 정태석(2000.11.21 안장), 8호 함병선(2001.02.07 안장), 9호 김일환(2001.10.05 안장), 10호 김연상(2001.10.27 안장) 등 중장들도 장군1묘역 맨 윗줄에 안장될 수 있었습니다.

같은 중장이라도 1999년 5월 이전에 안장된 심언봉(41호, 1987.05.21 안장), 양봉직(47호, 1995.08.01 안장), 김동하(50호, 1995.12.05 안장), 김창룡(69호, 1998.02.13 안장), 김석범(71호, 1998.02.20 안장), 김대식(92호, 1999.01.12 안장) 등은 맨 윗줄에 안장되지 못했습니다.

대전현충원은 장군1묘역이 만장되어감에 따라 묘역 추가조성에 들어갔고, 장군2묘역 조성을 2003년 5월 14일에 완료했습니다. 2006년 9월 11일, 장군1묘역 맨 아래 오른쪽 끝에 272호의 문석수 준장의 묘가 들어섰

1990년 대전현충원 장군1묘역 항공사진. 맨 윗줄이 비어 있는 상태에서 두 번째 줄 왼쪽부터 안장이 시작되었다는 것을 확인할 수 있다. ⓒ 국토정보플랫폼 – 국토지리정보원

고, 9월 29일에 대전현충원에 안장된 이병엽 소장이 장군2묘역 1호를 차지하게 되었습니다.

하지만 장군2묘역에 안장이 시작되었음에도 장군1묘역의 맨 윗줄, 즉 대장과 중장이 안장되는 곳에는 32호(김용배 대장, 2006.07.20 안장)까지만 채워진 상황이었습니다. 중장 이상의 장성급 장교 7명은 장군2묘역이 아닌 1묘역에 안장될 기회를 갖게 된 것이었습니다. 이에 따라 33호에 류병봉 중장(2006.10.16 안장)을 시작으로 김대욱 대장이 2007년 7월 30일 39호에 안장되면서 장군1묘역은 만장이 되었습니다.

2006년 대전현충원 장군1묘역(왼쪽)과 장군2묘역(오른쪽 위편) 항공사진. 장군1묘역은 아래쪽까지 꽉 찬 상태이지만, 오른쪽 위로 빈터가 보인다. '중장'과 '대장'만을 위한 자리다. 당초 39기를 안장할 예정이었지만, 여유 공간에 273호부터 278호까지 6기를 더 안장했다. ⓒ 국토정보플랫폼 – 국토지리정보원

찾기 힘든 친일반민족행위 이력의 신현준 묘

하지만 장군1묘역 안장은 272호에서 끝나지 않았습니다. 만주국군 상위·간도특설대 활동으로 친일반민족행위진상규명위원회에서 발간한 〈친일반민족행위진상규명 보고서〉에 친일반민족행위자로 수록된 신현준이 장군1묘역 273호에 안장되어 있습니다.

신현준의 묘를 장군1묘역에서 찾는 것은 쉽지 않습니다. 신현준 묘는 장군1묘역 맨 윗줄 오른쪽, 39호 묘 옆에 자리 잡았습니다. 대전현충원 관계자는 "당초 대장 전용묘역으로 조성되었던 장군1묘역의 맨 윗줄에 계획된 39기의 묘가 채워진 후에도 6기를 더 안장할 수 있도록 추가로 조성했다"고 밝혔습니다.

그곳에는 신현준 중장(273호, 2007.10.20 안장), 이범준 중장(274호, 2007.12.03 안장), 장지수 대장(275호, 2008.01.28 안장), 박경원 중장

장군1묘역의 맨 윗줄 오른쪽 여유 공간에 6기의 묘지가 추가로 조성되었다. 6기의 묘지는 신현준 중장(273호), 이범준 중장(274호), 장지수 대장(275호), 박경원 중장(276호), 김용금 중장(277호), 최명재 중장(278호)이 차지했다. ⓒ 임재근

장군1묘역은 맨 윗줄 오른편 여유 공간에 6기의 묘지가 추가로 마련되어 39호 묘(오른쪽) 옆으로 273호 묘(왼쪽)가 자리 잡게 되었다. ⓒ 임재근

(276호, 2008.02.22 안장), 김용금 중장(277호, 2008.05.03 안장), 최명재 중장(278호, 2008.09.11 안장)의 묘가 자리하게 되었습니다.

장군묘역을 보면 장군과 사병 사이에는 죽어서도 차별이 있었고, 특히 대장 또는 중장은 더 특별한 대우를 받았다는 것을 알 수 있습니다.

태어난 곳은 서로 달라도, 죽은 곳은 대부분 서울

장군1묘역에서 눈여겨볼 또 하나의 것은 묘비 뒷면에 새겨진 출생지와 사망지입니다. 그들이 태어난 곳은 경북 예천, 충북 청원, 경남 밀양, 평남 대동, 강원 철원, 충남 공주, 황해 황주, 일본 오사카, 함남 북청, 경기 안성, 전남 구례, 서울, 강원 춘천 등 다양한 반면 죽음을 맞이한 곳은 대부분 서울이었습니다.

전체 278명의 사망지를 확인해보니 중 82%인 226명이 서울에서 사망한 사실을 확인할 수 있었습니다. 이는 서울의 인구 비중 18.5%(2020년 11월 1일 기준)에 비해서도 월등히 높은 비중으로, 장군들은 예편한 뒤에도 서울에 거주할 수 있는 경제력을 획득했던 것으로 해석할 수 있는 대목입니다.

대전현충원 장군 제1묘역 배치도(총 278기)

대전현충원 장군1묘역에 안장된 278명의 사망지가 '서울'인 사람의 묘지를 빨간색 테두리로 표시했다. 226명 (82%)가 서울에서 사망한 것으로 확인되었다. 또한 '친일인명사전'에 수록된 친일반민족행위자 17명(6%)은 노란색 바탕으로 구별하였다. 주황색 바탕은 '친일인명사전'뿐 아니라 국가 기구인 '친일반민족행위진상규명위 원회'에 의해 친일반민족행위자로 규명된 이들이다. ⓒ 임재근

또 장군1묘역에는 〈친일반민족행위진상규명 보고서〉에 수록된 만주국 군 상위·간도특설대 출신의 김석범(장군1-71), 일본군 중좌 출신의 백홍석 (장군1-176), 만주국군 상위 출신의 송석하(장군1-93), 만주국군 상위·간 도특설대 출신의 신현준(장군1-273)을 포함해 〈친일인명사전〉에 수록된 이들이 17명(6%)이나 된다는 사실도 되새겨 볼 부분입니다.

[참고자료]
친일인명사전편찬위원회, 민족문제연구소, 『친일인명사전』, 2009.
친일반민족행위진상규명위원회, 『친일반민족행위진상규명 보고서』, 2009.

제1장 독립운동

- 순국선열 · 애국지사 -

현충원에서 재회한 봉오동의 주역들

이념·종교·사상의 차이를 넘어 하나로 뭉친 사람들

1920년 6월 봉오동과 10월 청산리에서 우리 독립군의 만세 소리가 쩌렁쩌렁 울려 퍼졌습니다. 독립 영웅들은 나라를 강제로 빼앗긴 지 10년 만에 현대식 무기를 갖춘 독립군을 만들었습니다. 당시 세계 최강 군대로 일컬어지던 일본군에 용감하게 맞섰고 연달아 이겼습니다. 봉오동과 청산리의 영웅 홍범도 장군이 대전현충원 독립유공자3묘역 917호에 잠들어 계십니다.

장군은 처음에 의병 활동으로 역사의 전면에 나섰습니다. 현재 함경남도와 양강도 사이 고갯길인 후치령에서 홍범도와 의병들은 화승총을 쥐고 일

애국지사 홍범도의 묘 (대전현충원 독립유공자3묘역 917호) ⓒ 임재근

본군을 격파했습니다. 장군은 이후 어려워진 전황을 타개하기 위해 연해주로 건너갔습니다. 홍범도 장군은 10년이 넘는 세월 동안 무기와 탄약 그리고 동료를 모았습니다. 마침내 군대를 만들어 독립전쟁에 나섰습니다.

홍범도 장군과 동료들은 때로 생각이 달랐고 다른 선택을 하기도 했습니다. 하지만 일제에 맞서서 싸운다는 점에서는 모두가 한마음 한뜻이었습니다. 만주와 연해주 그리고 봉오동과 청산리에서 그들은 사상과 정견을 넘어 하나로 뭉쳐 싸웠습니다.

피와 눈물이 서린 독립전쟁을 수행하면서 그들은 여기저기로 흩어졌습니다. 조국 해방을 미처 보지 못하고 돌아가신 분은 중앙아시아와 만주에 안장되기도 했습니다. 해방된 고향으로 돌아와 눈을 감은 분도 계십니다.

그리고 마침내 이역만리 타향으로 뿔뿔이 흩어졌던 이들이 국립대전현충원에서 다시 만났습니다. 지금으로부터 100여 년 전 봉오동과 청산리에서 서로에게 등을 기댄 전우들이 각기 다른 사연을 품고 재회했습니다. 대전현충원에 묻힌 홍범도 장군과 그 전우들 이야기를 전달해드리겠습니다.

나는 홍범도에 뛰는 차도선

'나는 홍범도에 뛰는 차도선'이라는 속담이 있습니다. 의병장이었던 홍범도나 차도선과 같이 몸이 날랜 사람을 비유적으로 이르는 말입니다. 많은 분께서 홍범도 장군은 잘 아시겠지만, 차도선 장군은 잘 모르시리라 생각합니다. 차도선 장군은 1907년 홍범도 장군과 함께 지금의 함경남도 북청군 지역에서 의병 봉기를 선포했습니다.

차도선 장군은 원래 대한제국 지방군대인 진위대 소속이었습니다. 일제는 1907년 대한제국군을 강제로 해산시키고 이어서 '총포 및 화약류 단속법'을 시행하며 산포수가 가진 화승총마저 수거하는데요. 이에 분개한 68명 포수와 함께 차도선, 홍범도 두 장군이 1907년 11월 15일 무장봉기를 일으킵니다.

애국지사 차도선의 묘 (대
전현충원 독립유공자1묘역
36호) ⓒ 김선재

　당시 차도선 장군은 나이가 44세였고, 홍범도 장군이 39세였는데요. 나
이가 많은 차도선 장군이 도대장(都大將), 홍범도 장군이 부대장을 맡았습
니다. 봉기 다음날인 16일 안산면의 친일파였던 주도익 면장을 처단하면서
첫 활동을 시작했습니다. 이후 11월 22일에 후치령에서 일본군과 순사 10
여 명을 물리쳤고, 11월 24일 의병을 진압하기 위해 몰려온 북청수비대 역
시 격퇴합니다.

　12월에는 활동반경을 넓혀 북청, 풍산, 황수원, 갑산, 삼수 등을 기습하
고 전과를 올렸습니다. 의병이 주로 다루던 무기는 화승총이었는데요. 신식
소총이 나오던 당시 화승총은 박물관에서나 볼 수 있을 법한 물건이었습니
다. 그러나 의병은 그 지역 지형에 밝다는 이점을 살렸고, 특히 사냥을 업으
로 삼던 포수는 사격에 능숙했기에 승리를 이어갈 수 있었습니다.

　차도선 홍범도 의병부대는 소속된 인원이 1,000여 명에 달하고 부대를
4개로 나눌 만큼 급성장했는데요. 이를 토벌하기 위해 일본은 3개월 동안
10여 차례 전투에 나섰으나 번번이 패배했고 피해가 막심했습니다.

　하지만 곧 의병들에게 시련이 닥치게 됩니다. 당시 의병에게 가장 큰 약
점은 바로 보급이었습니다. 정규군은 계속해서 탄약과 물자를 보급받을 수
있지만, 의병 측은 식량과 무기, 탄약이 늘 부족했습니다. 게다가 인원마저

늘었기 때문에 그해 겨울을 넘기기가 어려웠습니다.

일본은 의병의 약점을 놓치지 않았습니다. 의병을 고립시켰고 가족을 끌고 와 협박했습니다. 당시 홍범도 장군의 아내 역시 일본군에게 끌려왔습니다. 일본군은 아내에게 편지를 쓰도록 협박했는데요. 장군이 투항하도록 요구하는 편지였습니다. 하지만 아내는 끝내 이를 뿌리치며 혀를 깨물었습니다. 이후 고문 후유증으로 순국합니다.

홍범도 장군 아내분은 이름이 알려져 있지 않습니다. 그저 '단양이씨'로만 알려졌는데요. 2021년 애국장을 수훈한 그는 '단양이씨'로 독립유공자 정보에 등록되어 있습니다. 이후에 '단양이씨'가 남긴 말이 입에서 입으로 전해져 홍범도 장군의 일기에 이렇게 남아 있습니다.

"계집이나 사나이나, 영웅호걸이라도 실 끝 같은 목숨이 없어지면 그뿐이다. 내가 설혹 글을 쓰더라도 영웅호걸인 그는 듣지 않을 것이다. 너희는 나더러 시킬 것이 아니라 너희 맘대로 해라. 나는 아니 쓴다."

당시 홍범도 장군과 차도선 장군은 서로 다른 길을 걷게 됐는데요. 차도선 장군은 휘하에 250여 명 부하를 살리기 위해 일제의 회유책을 역이용하기로 결심합니다. 일본군에게 휴전을 제의하며 병력을 보존하기로 마음먹는데요. 홍범도 장군은 끝내 항전을 주장했고, 이윽고 서로 갈라져 차도선 장군과 그를 따르는 부하들만 산을 내려갑니다.

하지만 일제는 휴전 약속을 어기고 차도선 장군을 감금했습니다. 부대원 전원은 무장 해제되었습니다. 일본군에게 속았다는 사실을 안 차도선 장군은 뒤늦게 후회하며 옥에 갇히게 되는데요, 차도선 장군은 그대로 포기할 수가 없었습니다. 1908년 5월 7일 일본군 감시망을 뚫고 옥에서 탈출합니다. 차도선 장군은 혈혈단신으로 홍범도 장군을 찾아가 과오를 진심으로 뉘우칩니다. 그렇게 대장 직위를 내려놓고 백의종군하며 무장투쟁에 다시 나섰습니다.

차도선 장군의 탈출은 가족들에게 비극이 되는데요. 일본군이 차도선 장군 집으로 쫓아와 집에 불을 지르고 차도선 장군 아내와 친형 차도심을 인두질하며 고문합니다. 하지만 차도선 장군 가족들은 비극에 굴하지 않고 3대에 걸쳐 독립운동에 나서는데요. 차도심은 대장간을 운영하며 의병부대에 무기를 공급했습니다. 첫째 아들 차리덕은 아버지와 함께 의병대원으로 활동합니다. 둘째 아들 차운학은 항일지하사업에 뛰어들었다가 일제에 의해 체포되었고 해방을 넉 달 앞두고 총살됩니다. 셋째 아들 차원복 역시 지하운동에 가담했고 무기징역을 선고받습니다. 손자들 역시 독립군 부대와 유격대에 소속되어 항일의 길에 함께 나섭니다.

이후에도 차도선 장군은 만주에서 항일활동을 줄기차게 이어갑니다. 안중근 의사의 이토 히로부미 처단을 후원했고, 계속해 독립군을 모집하고 훈련시킵니다. 1920년대가 되어 나이가 많아진 장군은 더 이상 전면에 나서기 어려워졌는데요. 그러자 자신이 사는 마을에 서당식 학교를 만들고 마을 어린이 10여 명을 가르치며 반일 교육으로 여생을 보냅니다. 생의 마지막까지 할 수 있는 모든 방법으로 항일운동에 매진했습니다.

차도선 장군과 관련해서는 마음 아픈 사연이 더 있는데요. 바로 독립유공자 가짜 후손 사건입니다. 중국과 수교가 맺어진 이후 대한민국 정부는 중국에 안장된 독립운동가 유해를 국내로 들여오는 사업을 추진하는데요. 마침내 1995년 6월 23일 차도선 장군이 대전현충원에 안장됩니다. 그런데 당시 안장식에는 차도선 장군 후손이 아닌 엉뚱한 인물이 유족대표로 참석하는데요. 알고 보니 은퇴한 세무공무원이었던 연안차씨 종친회 사무총장 차 모 씨가 족보를 위변조해서 후손으로 등록하려 했던 것입니다. 당시 진짜 후손들이 중국과 북한에 뿔뿔이 흩어져 살았기 때문에 그 허점을 노린 시도였습니다.

후치령 전투에서 함께 수많은 일본군을 쓰러트렸던 홍범도와 차도선은

100여 년 시간이 흐른 뒤 대전현충원에서 재회했습니다. 차도선 장군 묘는 대전현충원 독립유공자1묘역 36호에 있습니다.

교회와 학교 세우며 교육운동 이끈 김희백 지사

한편 국내 의병 활동을 정리하고 연해주로 넘어온 홍범도 장군은 재기를 위해 부단히 노력합니다. 1910년 조선이 강제로 병탄되자 홍범도 장군은 블라디보스토크의 조선인과 함께 '병탄 무효 선언서'를 발표합니다. 이에 일본은 러시아를 압박해 조선인을 탄압하는데요. 체포령을 피한 홍범도 장군은 각지를 다니며 군자금을 모으고 항일단체를 조직하기 시작합니다. 권업회에서 '청년회'를 조직하고 노동자는 '노동회'로 모았습니다. '국민회 블라디보스토크 지방회', '블라디보스토크 노인회', '21인 형제 동맹' 등 끝없이 조직에 나섰고 독립을 준비해 갔습니다.

1913년도 경 연해주에서 활동하던 당시 홍범도 장군의 사진. ⓒ 독립기념관

마침내 1919년 한반도와 만주, 연해주 심지어 일본 본토에서도 '독립만세' 외침이 울려 퍼졌습니다. 이에 고무된 '조선인 군정부'는 홍범도 장군을 '대한독립군 총사령관'으로 임명하고 독립전쟁 수행 명령을 내립니다. 홍범도 장군은 부하 106명을 이끌고 독립전쟁의 무대가 될 북간도로 진군합니다. 그때 홍범도 장군이 발표한 '대한독립군 유고문'에 결의가 잘 드러나 있습니다.

"당당한 독립군으로 몸을 포연탄우(砲煙彈雨) 중에 던져 반만년 역사를 광명되게 하며, 국토를 회복하여 자손만대에 행복을 여(與)함이 우리 독립군의 목적이요 또한 우리 민족을 위한 본의"

이때 홍범도 장군과 함께 대한독립군에 소속되어 함께 싸운 동료도 대전현충원에 안장되어 있습니다. 먼저 독립유공자1묘역 127호에 김희백 애국지사가 있습니다. 김희백 지사는 1899년 10월 17일 평안남도 대동군 율리면 장율리에서 태어났습니다. 일제가 국권을 침탈하자 지사의 조부는 가족을 이끌고 북간도 용정으로 망명하고 교회를 세우고, 은진중학교와 명신여자중학교를 설립해 교육 운동을 이끄는데요. 지사는 서울 연희전문학교에 진학했다가 일제의 감시가 심해 다시 북간도로 돌아갑니다.

그러다 1919년 대한국민회가 설립되면서 이에 가입하고 독립운동에 떨쳐나서게 됩니다. 이때 간도에서 만들어진 대한국민회는 미국 등 다른 곳에서 만들어진 국민회와 구분하기 위해 간도국민회라고도 부릅니다. 3·1운동

애국지사 김희백의 묘 (대전현충원 독립유공자1묘역 127호) ⓒ 김선재

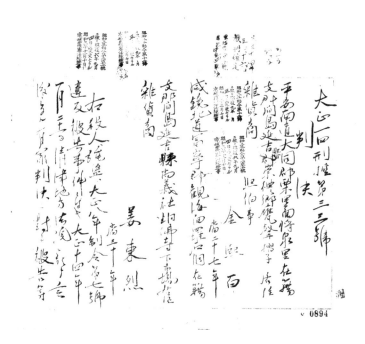

김희백 지사가 1925년 경성복심법원으로부터 징역 12년 형을 확정 받은 판결문 ⓒ 국가기록원

이후 상해 임시정부가 설립되었고, 각 지방에 거주하는 조선인의 자치기관이 만들어지는데요. 대한국민회는 독립운동을 목적으로 한 대한민국 임시정부 소속 독립운동단체였습니다.

이곳에서 김희백 지사는 홍범도 사령관이 이끄는 대한독립군에 소속되어여러 비밀 임무를 수행합니다. 군자금 모집과 무기 운반 그리고 밀정 색출 등인데요. 김희백 지사가 운반한 무기는 바로 체코 군인이 사용하던 소총이었습니다.

세계정세 변화가 우리 독립군 무장에 도움을 줬습니다. 1차 세계대전이끝나며 체코슬로바키아는 독립에 성공하는데요. 체코 군인들은 고국에 돌아가기 위해 블라디보스토크에 모이게 된 겁니다. 그들은 사용하던 무기를 처분할 방법을 찾고 있었습니다. 그때 북로군정서 지휘관이었던 이범석 장군은 "우리는 오스트리아의 지배를 받았던 당신들처럼 일본에 나라를 빼앗긴 한국인들이오"라며 체코군을 설득했습니다. 식민 지배를 겪었던 체코군은 연민을 느껴 우리에게 무기를 대량으로 팔고 고향으로 떠났습니다.

이후 김희백 지사는 일제 밀정을 사살하는 등 독립운동을 이어가지만 1924년 북간도 용정 주재 일본영사관 경찰에 체포되어 국내로 압송됩니다. 1925년 3월 16일 지사는 강도 살인죄로 징역 12년이 확정되어 옥고를 치릅니다. 1937년 출소 후 만주로 돌아왔지만 옥고의 여독으로 순국하셨습니다. 만주 명월구 교회 묘지에 안장되어 있던 지사의 유해는 1989년 대전현충원으로 이장하는데요. 지사는 "광복되는 날 대동군 선산에 묻어달라"는 유언을 남겼지만, 해방된 나라가 지금까지 분단된 까닭에 지사가 남긴 유언을 지켜드리지 못하고 있습니다.

일본에 완벽한 승리 이끈 이화일 지사

독립유공자1묘역에는 또 다른 대한독립군이 한 분 더 안장되어 있습니다. 바로 독립유공자1묘역 30호에 안장되신 이화일 지사입니다. 이화일 지

봉오동 전투를 앞두고 애국정신과 혈전육탄을 결의하며 작성한 결사대의 선서문 ⓒ 독립기념관

애국지사 이화일의 묘 (대전현충원 독립유공자1묘역 30호) ⓒ 김선재

사는 1882년 함경북도 경성에서 태어났는데요. 1910년 경술국치 이후 아버지 이방윤과 함께 간도로 이동해 황무지를 개간하며 독립운동 근거지를 만듭니다.

1919년 홍범도 장군이 이끈 대한독립군에 입대하고 2중대 3소대 1분대 분대장으로서 역할을 수행하는데요. 1920년 봉오동 전투에서 그에게 특별한 역할이 주어집니다. 영화 '봉오동 전투'를 보면 류준열 배우가 연기한 이장하 분대장이 나오는데요. 그 실제 모델이 바로 이화일 지사입니다.

봉오동 전투 당시 홍범도 장군은 일본군을 골짜기 깊은 곳으로 유인할 필요를 느꼈는데요. 홍범도 장군은 이화일 분대장에게 명령을 내립니다. 이화일 지사는 명령에 따라 일본군을 유인하기 위해 부대원과 고려령 북쪽 1,200m 고지와 마을에 매복했습니다. 적이 오기를 숨죽여 기다리다가 총격전을 벌이며 일본군을 봉오동 골짜기 깊숙한 곳으로 성공적으로 유인해 왔습니다.

일본군은 아무것도 모른 채 우리 독립군이 매복한 작전지점까지 유인되어 왔습니다. 숨죽여 있던 우리 독립군은 먼저 도착한 적의 척후병을 그대로 통과시켰습니다. 이윽고 일본군 본대가 종대로 열을 지어 포위망 안에 들어왔는데요. 일본군은 골짜기를 통과하기 전 무차별 사격을 가하며 수색을 실시했습니다.

하지만 잘 훈련된 우리 독립군은 전혀 반응하지 않았습니다. 부대가 완전히 매복에 걸려들었을 때 홍범도 장군은 일제 사격을 지시합니다. 우리 독립군의 완벽한 승리였습니다. 이 과정에서 유도작전을 수행한 이화일 분대장이 승리에 결정적 역할을 했습니다.

홍범도 장군이 대전현충원에 안장되며 옛 동지였던 김희백 지사, 이화일 지사를 다시 만나게 됐습니다. 지하에서 만나셨다면 아마 봉오동의 큰 승리를 회상하셨을지도 모릅니다.

[참고자료]
공훈전자사료관 https://e-gonghun.mpva.go.kr/
독립운동관련 판결문 https://theme.archives.go.kr/next/indy/viewMain.do
홍범도장군기념사업회 http://hongbumdo.org/
한국독립운동정보시스템 https://search.i815.or.kr/
한국독립운동인명사전 https://search.i815.or.kr/dictionary/main.do

봉오동 독립운동 터 닦은 최진동과 4인의 투사들

최진동·마하도·박승길·김승민·김창도

사실 봉오동 전투는 홍범도 장군과 대한독립군 단독 작전은 아니었습니다. 대한독립군에 더해 안무가 이끌던 국민회군과 최진동이 이끌던 군무도독부가 연합한 대한북로독군부 그리고 신민단이 함께한 독립군 부대 연합작전이었습니다.

1920년대 초 만주에는 무려 70여 개 크고 작은 독립군 부대들이 생겨납니다. 그들은 유격전을 전개하며 국내에서 일제 군경대를 습격하기도 하는데요. 곧 한 가지 깨달음을 얻습니다. 바로 독립군 부대들끼리 힘을 합치면 더욱 효율적인 항전을 할 수 있다는 점이었습니다. 그 결과 만들어진 연합부대가 대한북로독군부였습니다.

대한북로독군부 사령관에 최진동, 부관에 안무, 연대장에 홍범도가 각각 역할을 맡았는데요. 일찌감치 봉오동에서 독립운동 터를 닦았던 이가 바로 군무도독부 최진동 장군입니다.

홍범도 장군과 독립운동 대소사 상의한 최진동 장군

최진동 장군은 1883년 함경북도 온성군에서 태어났습니다. 어린 시절 매우 어렵게 성장했는데요. 중국인 대지주의 머슴을 살다 양자가 된 사건이 그의 인생을 바꾸었습니다. 지주가 가진 큰 재산을 물려받고 이후 통역관으로 일하며 재산을 쌓았는데요. 봉오동 일대 황무지를 사들여 점차 대지주가 됩니다. 이후 동생인 최운산, 최치흥과 함께 독립운동의 후원자 겸 주역으로 나서게 됩니다. 봉오동에 학교를 세워 애국 사상을 널리 전파하는

순국선열 최진동의 묘 (대
전현충원 독립유공자3묘
역 251호) ⓒ 김선재

데 앞장서고요. 이상설 선생이 서전의숙을 개설할 때, 강우규 지사가 사이
토 총독에게 폭탄을 투척할 때도 최진동 장군이 후원했습니다.

그리고 마침내 1919년 겨울 독립군인 군무도독부를 설립하는데요. 초기
에 병력 200여 명을 4개 중대로 편성합니다. 또 1920년에는 북간도에 있는
여러 독립군과 단체를 통일하기 위해 대한신민단, 북로군정서, 광복단, 국민
회, 의군부 등 대표와 만나 협의를 진행했습니다. 최진동 장군은 그 과정에
모든 일을 항상 대한독립군 총사령관인 홍범도 장군과 상호 협조했습니다.

봉오동 전투와 청산리 대첩 이후 최진동 장군의 군무도독부와 김좌진의
북로군정서, 홍범도의 대한독립군, 김규면의 대한신민회, 구춘선의 대한국
민회, 이범윤의 의군부 등 10여 개 부대 총 3,500여 명 독립군은 하나의 대
한독립군단으로 통합 재편하는데요. 그때 최진동은 외교부장을 맡습니다.

하지만 곧 우리 독립운동사 최대 참변인 자유시 참변이 터지고 마는데요.
최진동 장군은 홍범도 장군과 함께 러시아 공산당과 협력하는 노선을 따릅
니다. 1922년 모스크바에서 열린 극동인민대표회의에 홍범도 장군과 함께
참가해 레닌에게 권총을 선물받기도 합니다.

이후 최진동 장군은 러시아에서 북간도로 돌아와 독립운동 통합을 도
모하고, 국내 진공을 위한 군사훈련을 실시하는 등 활동을 이어갔습니다.

1924년 1월 동아일보에 최진동 장군이 이끄는 부대에 대한 내용이 나오는데요. '그를 단장으로 하는 대한도독부의 독립군의 수가 4,119명이요, 장총 4,059정, 기관총 27정, 대포가 4문 등이라'고 전해지고 있습니다.

1940년 일본은 최진동

극동인민대표회의 개막식에 함께 참석한 홍범도(왼쪽) 장군과 최진동(오른쪽) 장군. 두 사람은 늘 대소사를 함께 상의하던 동지였다. ⓒ 독립기념관

장군에게 비행장 확장을 위한 땅 기부를 강요하는데요. 이를 거부했다가 심한 고문을 받게 되고 1941년 고문 후유증으로 눈을 감습니다.

홍범도 장군과 독립운동 대소사를 상의했던 최진동 장군은 홍범도 장군과 같은 대전현충원 독립유공자3묘역에 안장되어 있습니다. 3묘역 251호는 홍범도 장군 묘역과 지근거리입니다. 대전현충원에서 재회한 두 분이 죽어서도 긴밀히 상의를 나누는 모습입니다.

독립군에 식량 제공한 마하도, 무장시킨 박승길과 김승민

대전현충원 독립유공자2묘역 886호에는 순국선열 마하도 선생이 안장되어 있습니다. 마하도 선생은 대한북로독군부가 설립될 때 서무부장에 선임되어 최진동 장군과 함께 간부로 활동했습니다. 이후 1933년 7월 17일에는 반일동맹회에 가입해 활동하셨는데요. 항일 의식을 높이는 전단을 배포하고, 독립군에게 식량을 제공했습니다. 그러던 중 일본 경찰에게 발각되어 피살되어 돌아가셨습니다.

대전현충원 독립유공자1묘역 10호에는 봉오동 전투 서막을 연 삼둔자

순국선열 마하도의 묘 (대
전현충원 독립유공자2묘
역 886호) ⓒ 김선재

전투의 주역 박승길 지사가 안장되어 있습니다. 1919년 블라디보스토크에
서는 개신교 감리교인들을 중심으로 대한신민단이 조직되었습니다. 박승
길 지사는 대한신민단 독립군 왕청현 지부 사령관 겸 참모장이었습니다. 병
력 증강을 위해 군자금을 모아 소총과 탄약을 구입하고 500여 명 독립군을
무장시켰는데요. 1920년 박승길 지사는 대한신민단 독립군 부대를 지휘해
국내진공작전을 펼칩니다. 우선 5월 부하들을 데리고 함경북도 온성지역으
로 진공합니다. 이때 일본군이 박승길 지사의 군대를 발견하고 추격에 나서
는데요. 지사는 강을 건너는 일본군을 집중 사격으로 섬멸합니다.

곧이어 6월 4일 새벽 지사는 30명가량 부하만을 이끌고 더 과감한 작전
에 나섭니다. 함경북도 종성군 강양동에 있는 일본군 초소를 습격하는데
요. 이때 일본군 헌병 순찰소대를 격파하고 전공을 세웁니다. 일본군 남양
수비대는 이들을 쫓기 위해 불법으로 국경을 넘어 중국쪽으로 침입하는데,
박승길 지사는 삼둔자에서 이들을 기습해 추격군까지 몰살시킵니다. 이 전
투가 바로 봉오동 전투 시작인 삼둔자 전투입니다.

중국 영토로 진입했던 일본군이 패배하자 일본은 큰 충격에 빠집니다. 곧
바로 대규모 군대를 동원해 봉오동을 향해 진격하는데 이로서 봉오동 전투
의 막이 오릅니다. 봉오동 전투가 벌어지자 박승길 지사는 홍범도 장군과

애국지사 박승길의 묘 (대
전현충원 독립유공자1묘
역 10호) ⓒ 김선재

전략을 협의하고, 봉오동 동쪽 고지에 매복했다가 일본군을 습격해 섬멸했
습니다.

대전현충원 독립유공자2묘역 256호에는 순국선열 김승민 선생이 안장
되어 있습니다. 1872년 함경남도 함주군 연포면 신흥리에서 태어나셨는데
요. 1909년에 헤이그 특사 사건에 연루되어 6개월 옥살이를 한 후 북간도
로 망명했습니다. 1920년 왕청현에서 광복단을 조직하는데요. 광복단은
유교 개혁과 대한제국 복벽을 주장하던 단체였습니다.

광복단 역시 항일 무장투쟁 노선을 지향했는데요. 1920년 5월에 4만여
원 군자금을 모았고, 8월에는 200여 명 병력과 소총 400정, 탄약 11,000발
등을 갖추며 무장을 완료했습니다.

이후 청산리 대첩 어랑촌 전투에서 홍범도 부대와 연합 작전으로 대승을
거둡니다. 김승민 선생은 광복단 고문으로 활동했고, 1925년 만주에서 대
동회를 조직하다 일본에 체포되어 다시 옥고를 치르기도 했습니다.

무장투쟁 나선 김창도

끝으로 독립유공자1묘역 57호에는 태극단 소속으로 홍범도 장군 휘하에
서 싸운 김창도 선생이 안장되어 있습니다. 1897년 5월 2일 평안남도 대동

순국선열 김승민의 묘 (대전현충원 독립유공자2묘역 256호) ⓒ 김선재

군 대보면 대평외리에서 농민의 아들로 태어난 선생은 고향을 떠나 평양 친척집에서 성장합니다. 1919년 평양에서 3·1운동에 참가하는데요. 3·1운동이 무자비하고 잔혹하게 진압되는 실상을 보며 선생은 무장투쟁의 중요성을 깨닫습니다.

스스로 독립군에 가담하겠다는 결심을 하고 일본의 감시를 피해 만주로 건너가는데요. 선생이 찾아간 곳이 바로 신흥무관학교였습니다. 이곳에서 군사교육을 받으며 학교 운영과 지역 계몽에 힘썼는데요. 1920년부터 1924년까지는 태극단 소속으로 홍범도 장군 휘하에 들어가 각종 전투에 참가했습니다. 선생은 당시 상황을 자신의 일기 '자전록'에 고스란히 남겨 놓았습니다.

"1920년 6월 7일. 나는 신흥무관학교 학생으로 봉오동 전투에 투입되었는데 백두산을 근거지로 활동하던 태극단의 김오석 25군 부대와 연합해 정군중이었다. 왜군들이 우리 독립군 부대를 소탕한다고 두만강을 건너와 봉오동을 공격해 왔는데 놈들은 홍범도 장군의 연합부대에 전멸당하다시피 패하고 도주하였다."

김창도 애국지사와 그가 남긴 자전록 수기. ⓒ 충청타임즈

"1920년 10월 봉오동 전투 후 우리 군은 안도현의 산악지대로 이동했다가 청산리 지역으로 갔다. 왜놈들은 최후의 발악으로 중국정부와 교류하는 한국 독립군의 만주지역 활동을 문제 삼아 사단급 이상의 병력을 동원해서 용정시를 중심으로 동만 일대를 공격했다. 왜군의 첨병 소대가 우리 앞을 지나고 이어서 전위소대가 도착. 우리 군이 먼저 적의 첨병 소대장을 사살하고 본격적인 전투가 시작되었다."

지청천 장군의 경호 장교로도 활동한 선생은 1927년에는 동명중학교에 부임해 민족교육에 전념했고 조국 독립을 위해 한평생을 바쳤습니다. 선생의 아들인 김원진 옹은 어릴 적 아버지의 심부름을 증언했습니다. 특정한 옷가게에서 옷과 신발을 사 입었는데, 그 옷과 신발 속에 독립군 비밀문서와 편지가 숨겨져 있던 이야기, 어떤 집에서 저녁을 얻어먹은 뒤 그 집에서

애국지사 김창도의 묘 (대
전현충원 독립유공자1묘
역 57호) ⓒ 김선재

보자기로 음식을 싸주었는데 그 보자기 안에 비밀문서가 숨어있던 이야기를 남겼습니다.

김창도 선생은 생전 독립유공자 신청을 하지 않았습니다. 독립유공자 신청을 하기 위해 서울에 찾아갔다가 화를 내며 그냥 돌아왔는데요. "친일했던 인사들이 지원받는 것을 보고 차라리 서훈을 안 받는다"고 신청을 거부했습니다. 그렇게 평생을 조국 독립을 위해 헌신한 김창도 선생은 돌아가시고 한참이 지나서야 독립운동가로 선정되셨습니다.

대전현충원에는 홍범도 장군과 어깨를 나란히 하고 전장을 누빈 동료가 많이 계십니다. 그들은 각자 정치 지향도 달랐고 종교도 달랐으며 사상도 달랐습니다. 하지만 모든 것을 뒤로하고 오로지 조선을 독립시켜 나라를 되찾아야 한다는 하나만을 보고 뭉쳤습니다. 독립군은 때로 갈등하고 분열하였지만, 연대하고 통합하려는 노력을 끊임없이 기울였다는 사실을 기억해야 합니다.

대전현충원에 방문하신다면 홍범도 장군 묘소에 들러보시고, 장군과 함께한 전우의 묘소도 한 번씩 찾아뵈면 어떨까요? 머나먼 이국땅을 돌고 돌아 100여 년 만에 만난 홍범도 장군과 그의 동료들이 후손에게 전하는 메시지를 찾아낼 수 있을지 모릅니다.

[참고자료]

공훈전자사료관 https://e-gonghun.mpva.go.kr/

홍범도장군기념사업회 http://hongbumdo.org/

한국독립운동정보시스템 https://search.i815.or.kr/

한국독립운동인명사전 https://search.i815.or.kr/dictionary/main.do

"대쪽 같았던 선친, 독립군 정보요원 활약", 〈충청일보〉, 2020.08.13.

"바람 앞에 촛불 같은 삶 '고스란히'", 〈충청타임즈〉, 2019.02.27.

독립유공자 유가족 김원진 옹 "나라 위한 고귀한 정신 기억해야", 〈충청투데이〉, 2023.08.13.

홍범도 장군 유해 대전현충원 안장의 불편함

진정한 독립운동가 예우를 생각하다

카자흐스탄에 있던 홍범도 장군의 유해가 지난 2021년 8월, 대전현충원으로 이장됐습니다. 8월 16일부터 안장식이 있던 18일까지 대전현충원 현충문 앞에는 국민분향소가 설치됐고, 안장 당일에는 당시 문재인 대통령까지 참석해 안장식을 성대하게 진행했습니다.

홍범도 장군 유해가 대전현충원에 안장되면서 홍범도 장군 묘를 찾는 이들이 무척 많아졌습니다. 잔디가 상할까 묘지 앞에 플라스틱판을 깔아 놓

2023년 9월 어느 날 독립유공자3묘역의 모습. 홍범도 장군 묘 앞에 놓인 꽃과 음식들이 다른 묘지에 비해 많다. 이를 통해 홍범도 장군 묘를 찾는 시민들이 유독 많다는 것을 알 수 있다. ⓒ 임재근

묘 앞에 놓인 꽃과 음식들을 통해 홍범도 장군 묘를 찾는 이들이 많다는 것을 한눈에 알 수 있다. ⓒ 임재근

기까지 한 걸 보면 얼마나 많은 이들이 장군의 묘를 찾는지 실감할 수 있습니다.

홍범도 장군의 묘를 찾는 분들이 많아지고 장군의 삶에 대한 국민적 관심이 높아져서 다행이지만, 홍 장군의 유해가 대전현충원에 안장된 것이 불편하고 안타까운 부분도 있습니다. 오늘은 이 이야기를 해보려고 합니다. 물론 홍범도 장군의 삶이나 독립운동 업적을 폄훼하는 건 아닙니다.

친일반민족행위자들과의 불편한 동거

홍범도 장군은 봉오동 전투를 비롯해 수십 년간 목숨을 걸고 일제와 싸웠던 항일독립운동가입니다. 신출귀몰 의병투쟁에 나선 홍 장군의 귀순을 종용하라는 일제의 강요를 거부해 가혹한 고문을 당했던 부인 단양이씨는 고문 후유증으로 세상을 떠났고, 함께 의병 활동에 나섰던 장남 홍양순 (1892~1908)은 일본군 토벌대와 교전 중에 16세의 어린 나이로 전사했습니다.

그런데 홍범도 장군이 안장된 대전현충원에는 친일반민족행위자들도 함께 안장되어 있습니다. 이 현실을 홍범도 장군은 어떻게 받아들일까요?

홍범도 장군 유해 안장식
날 홍범도 장군 묘를 찾은
시민이 추모 묵념을 하고
있다. ⓒ 임재근

　간도특설대 출신 백선엽, 신현준, 김석범과 일본군 중좌를 지낸 백홍석,
만주국군 상위를 지낸 송석하 이렇게 5명이 국가기구에 의해 친일반민족행
위자로 규정됐어도 국립묘지 대전현충원에 안장되어 있습니다. 여기에 더
해 일본 육사 출신 유재흥과 이형근, 일본군 헌병 오장 출신의 김창룡 등
최소 29명이 '친일인명사전'에 등재된 대전현충원 안장 인물입니다. 이런
문제를 해결하지 못한 상황에서 독립운동가와 친일반민족행위자의 불편한
동거는 독립운동가를 제대로 모시는 것이라고 볼 수 없습니다.
　우리 정부가 홍범도 장군 유해 송환을 추진할 때 카자흐스탄 동포들은
반대 입장을 밝혔습니다. 동포들의 입장에서 홍범도 장군은 정신적 지주와
같은 존재였는데, 유해가 송환되면 동포들의 상실감이 클 수밖에 없었기
때문이죠. 정부는 홍범도 장군 유해 송환을 추진하면서 카자흐스탄 동포들
에게 잘 모시겠다고 다짐하며 설득에 나서 유해 송환을 성사시킬 수 있었
습니다.
　유해 송환 이후 홍범도 장군을 흠집 내려는 시도들이 있었습니다. 우선
유해 송환 직후 보수언론에서는 묘비에 쓰인 글씨체를 트집 잡기 시작했습
니다. 국립묘지 묘비에 새기는 서체나 문구는 유족 요청에 따라 결정되는

데, 홍범도 장군의 경우는 생존 유족이 없어 홍범도장군기념사업회의 의견에 따라 서체로 어깨동무체(신영복체)를 사용했습니다.

이를 두고 보수언론은 신영복 선생이 국가보안법 위반 사범이라며 그의 서체를 사용한 홍범도 장군의 묘비를 비난하는 내용의 기사를 내보냈습니다. 급기야 윤석열 정부 들어서는 홍범도 장군의 소련 공산당 가입 이력 등을 이유로 육군사관학교에 설치했던 장군의 흉상 철거를 결정하기에 이르렀습니다.

홍범도 장군의 업적과 다른 기념물들이 공격당하면서 대전현충원에 안장된 홍범도 장군의 묘까지 위협을 받는 것은 아닐지 우려까지 생겼고, 카자흐스탄 동포들은 "모셔갔으면 제대로 모셔라"며 분노의 목소리를 냈습니다. 먼 타국에 있을 때는 '정신적 지주'로 추앙받던 홍범도 장군이 정작 고국에 와서는 여러 수난을 당하고 있으니 잘 모시겠다던 다짐을 제대로 실

홍범도 장군의 유해가 안장된 독립유공자3묘역. 주차장 왼쪽 붉은색 네모가 홍범도 장군이 안장된 917호 묘지이다. ⓒ 임재근

917호의 홍범도 장군 묘비 옆쪽으로 182호 묘비가 보인다. 묘지 번호는 보통 안장순서대로 부여하는데, 홍범도 장군의 경우 순서 규칙에 어긋나 묘지 번호로 묘지를 찾다보면 혼선을 겪는 경우도 있다. 묘비 뒷면에는 묘지 번호 아래 '1868년 8월 27일 평양 출생 1943년 10월 25일 카자흐스탄 서거'라고 적혀 있다. ⓒ 임재근

천하지 못하는 겁니다.

3묘역 안장 이유, 알고 보니

홍범도 장군의 유해는 대전현충원 독립유공자3묘역 917호에 안장되어 있습니다. 이곳에 안장된 것에도 불편한 점이 있습니다. 대전현충원 독립유공자묘역은 1987년 4월 6일에 최초 안장을 시작해 현재는 7묘역까지 조성되어 있습니다. 독립운동가는 300만 명 정도로 추산되지만 그 중에 서훈을 받아 국립묘지 안장 자격을 갖춘 분들은 2021년 기준 대략 1만 7000명 정도 됩니다.

계속 이장해 오는 독립운동가를 모두 모시기엔 독립유공자묘역이 충분치 않았습니다. 그래서 더 많은 독립운동가를 국립묘지에 모시기 위해 그간

홍범도 장군 묘가 조성될 때, 4기의 묘를 조성할 수 있는 공간을 확보했다. 홍범도 장군 유해 안장 이후 918호, 919호, 920호 묘가 홍범도 장군 묘 주위로 들어섰다. 이 분들은 생존해 계시다가 사망한 독립유공자로 독립유공자6묘역에 안장될 분들이었으나, 홍범도 장군 유해 안장 당시 추가로 조성된 8평 규모의 묘지에 안장되었다. 국립묘지에 안장될 때는 홍범도 장군 묘 오른편 뒤에 조성된 묘지처럼, 비목을 세운 후 이후 비석으로 교체하는 것이 일반적인데, 홍범도 장군의 경우 안장식 당일에 바로 비석을 세웠다. 일부 보수언론에서는 홍범도 장군 묘 비석의 글씨체가 어깨동무체(신영복체)라는 것을 트집 잡는 기사를 내보내기도 했다. 하지만 장군의 묘를 찾는 이들이 무척 많다. 사진에 보이는 것처럼 묘지 앞에 잔디를 보호하기 위해 플라스틱판을 깔아둘 정도이다. ⓒ 임재근

8평 규모로 모시던 묘역 규모를 1평으로 줄여 독립유공자5묘역을 조성했습니다.

다만, 당시까지 생존해 있던 고령의 독립유공자에게는 예우 차원에서 8평 안장을 지속할 수 있도록 독립유공자6묘역을 별도로 조성했습니다. 독립유공자5묘역은 국립묘지 밖에 있던 독립운동가들이 국립묘지로 이장해 오는 '이장 전용묘'으로 조성했고, 2014년 7월 4일부터 독립유공자 1평 안장이 시작됐습니다. 홍범도 장군이 대전현충원으로 이장될 때는 독립유공자5묘역도 다 차서 독립유공자7묘역이 조성돼 안장이 진행 중이었습니

다. 당시 기준으로 본다면, 홍범도 장군의 유해는 독립유공자7묘역에 1평 규모로 인정되이야 했습니다.

그런데 '장군의 귀환'이라 칭하고 공군 전투기 6대의 호위를 받으며 대통령 전용기로 유해를 송환해 왔고, 안장에서 앞서 사흘간 국민분향소를 설치하고 안장식에 대통령까지 참석하는 등 최고의 예우를 다하는 장면을 연출하기에 1평 규모의 묘역은 부족해 보였습니다. 그러다 보니 유해 송환을 열흘 앞둔 2021년 8월 5일 국가보훈처는 급히 '독립유공자 묘역 운영지침'에 '이장의 경우에도 필요하면 8평으로 안장이 가능하다'는 예외 조항을 추가해 홍범도 장군 유해를 8평 규모로 안장했습니다.

그렇다고 1평 규모로 조성된 독립유공자7묘역에 8평 규모의 특별 묘지를 조성할 수도 없는 노릇이고, 결국 홍범도 장군의 유해는 기존에 만장이 되었던 독립유공자3묘역으로 결정되었습니다. 독립유공자3묘역은 당시 916호까지 안장되어 있던 터라, 그곳에 추가로 조성된 홍범도 장군 묘는 묘지번호 917호를 부여받게 되었습니다. 그런데 홍범도 장군의 묘지는 916호 묘 옆이 아닌, 묘역 상단에 위치한 주차장 옆으로 조성되었습니다. 그곳은 성대한 안장식을 연출할 수 있도록 공간 확보가 용이한 곳이었습니다.

그러다보니 묘지 번호만 생각해 규칙을 따라 홍범도 장군의 묘를 찾다 보면 어려움을 겪거나 찾지 못하는 경우도 가끔 있었습니다. 홍범도 장군의 업적에 비한다면, 8평 규모의 독립유공자묘역도 작은 것이 아니냐고 하시는 분들도 계십니다. 그런데 독립운동가의 공적이나 서훈의 등급에 따라 묘지의 크기를 달리하는 것은 적절하지 않습니다. 그리고 홍범도 장군의 삶을 되새겨본다면 그러한 특별한 대우를 달가워하지 않으셨을 거란 생각도 듭니다.

홍범도 장군은 스탈린의 고려인강제이주정책에 의해 1937년에 카자흐스탄 크질오르다로 강제이주되어 그곳에서 극장 수위 등으로 일하다가 1943년 10월 25일에 76세의 일기로 세상을 떠났습니다.

장군은 살아생전에 "내가 죽고 해방되면 꼭 고국에 데려가라"는 유언을 남기기도 했습니다. 홍범도 장군이 그토록 바랐던 해방은 장군이 세상을 떠난 지 2년이 채 되지 않아 이루어졌지만 해방과 동시에 고국은 남과 북으로 분단되었습니다. 결국 장군을 고국으로 모시지 못한 채 세월은 흘러갔고, 78년 만에 대전현충원으로 모실 수 있었습니다.

그런데 홍범도 장군이 데려가 달라던 고국은 어디였을까요. 장군은 해방된 고국이 지금처럼 남과 북으로 분단될 거라 상상조차 못 했을 것입니다. 그런데 해방과 동시에 맞이한 분단은 금세 해결되지 못하고 남과 북은 전쟁까지 치르면서 분단은 점점 강화됐고 아직도 해결이 요원합니다. 분단을 극복하지 못한 상황에서 홍범도 장군을 대전현충원으로 모셔 온 것은 장군의 유언을 제대로 실천했다고 보기 어렵습니다.

홍범도 장군을 비롯해 외국에 묻혀 있는 독립운동가의 유해를 송환하는 문제를 곰곰이 생각해 보면, 분단은 죽은 독립운동가에게 자신의 고국을 남과 북 중에서 선택하라고 강요하고 있습니다. 더 많은 독립운동가를 모셔 오는 것이 마치 체제 경쟁에서 우위를 점하는 것으로 인식해 모시기 경쟁에 몰두한 점도 있습니다.

아니나 다를까, 남측에서 홍범도 장군 유해 송환을 추진할 때부터 북측은 "(홍범도 장군의)유해가 그의 고향인 평양에 안치돼야 한다"며 발끈하는 반응을 보이기도 했습니다. 타국에 잠들어 있는 독립운동가를 고국으로 모셔 와 잘 모시는 것도 필요하지만 분단된 고국에 모시는 것은 이처럼 불편한 부분도 있습니다. 독립운동가들이 타국에 잠들어 있는 것이 불편할 수 있지만, 통일된 고국에 모시는 것이 유훈을 진정으로 따르는 것이 아니었을까 하는 아쉬움이 있습니다.

통일되기 전이라도 하루빨리 고국으로 모셔 와야 했다면, DMZ 부근에 남과 북이 함께 모실 수 있는 특별한 묘역을 조성하는 등의 방안을 협의했더라면 오히려 통일에 한 발짝 더 다가갈 수 있는 기회가 되었을지도 모릅

2021년 8월 18일, 홍범도 장군의 유해 안장을 위해 대전현충원 현충관에 임시 안치되어 있던 유해를 독립유공자3묘역으로 이동하고 있다. ⓒ 임재근

니다.

홍범도 장군의 유해가 대전현충원에 안장되면서 홍범도 장군 묘를 찾는 분들이 많아졌고, 국립묘지의 성격과 독립운동가와 독립운동사에 대한 관심도 부쩍 늘어나 반갑습니다.

그럼에도 앞서 살펴본 여러 가지 불편한 상황을 통해 독립운동가에 대한 진정한 예우는 어떠해야 하는지 다시 한 번 생각해보는 기회가 되었으면 합니다.

[참고자료]

김삼웅, 『대한독립군 총사령관 홍범도 평전』, 레드우드, 2019.

친일인명사전편찬위원회, 민족문제연구소, 『친일인명사전』, 2009.

"홍범도 묘비도 신영복체… 보안법 연루자 서체 사용 논란", 〈조선일보〉, 2021.08.19.

"文청와대 "홍범도 1평? 그림 안 나와"…법 바꿔 8평 안장", 〈중앙일보〉, 2023.09.01.

공훈전자사료관(https://e-gonghun.mpva.go.kr/)

민족대표 33인 중 대전현충원에 안장된 유일한 인물

서대문형무소에서 옥고 치른 최성모 목사

1919년 3·1 운동 때 발표된 기미독립선언서에 서명한 민족대표 33인 중 대전현충원에 안장된 사람은 몇이나 있을까요? 독립유공자3묘역 290호에 안장된 최성모 목사가 유일합니다. 최성모 목사는 일찍이 서울 협성신학교를 졸업하고 북감리교 목사가 되어, 해주의 남본정교회에서 목회자 생활을 했습니다. 이때부터 그는 전도와 신앙심으로 민중을 계몽하고 민족정신을 고취시켜 민족의 독립과 자유를 쟁취하는데 노력했죠.

최성목 목사는 1919년 2월, 당시 중앙기독교청년회 박희도 간사에게 독립운동에 관한 계획을 전해 듣고 이에 적극 호응하기로 했습니다. 2월 26일 이승훈·오화영·이필주·함태영·안세환·이갑성·박희도 등 기독교 측 대표들과 한강 인도교에서 만나 최남선이 기초한 독립선언서와 기타 문서에 서명 날인할 기독교 측의 대표자를 뽑았습니다.

이튿날인 27일에는 그의 집에서 이승훈·오화영·박희도·이갑성·함태영·김창준·신석구·박동완 등의 기독교 측 대표들과 다시 만나 독립선언서와 기타 서류의 초안을 회람한 후, 이에 찬성하여 기독교 측의 민족대표로서 서명 날인했습니다. 28일 밤에는 재동(齋洞) 손병희의 집에서 천도교·기독교·불교 측의 민족대표들과 만나 독립운동계획을 최종 확인했죠. 드디어 3월 1일 오후 2시 인사동의 태화관에 손병희 등과 민족대표로 참석하여 독립선언서를 회람하고 만세삼창을 외쳤습니다.

이후 출동한 일본 경찰에 의해 체포됐으며, 1920년 경성복심법원에서 보안법과 출판법 위반 혐의로 징역 2년 형을 선고받고 서대문형무소에서 옥고를 치렀습니다. 최성모 목사는 출옥 후에도 민중교화사업과 전도 사업을 통하여 계속적으로 조국의 독립운동을 위하여 노력했지만, 조국의 독립은 끝내 못 본 채 1937년에 63세의 일기로 눈을 감았습니다. 정부에서는 고인의 공훈을 기리기 위하여 1962년에 건국훈장 대통령장을 추서했습니다.

최성모 목사가 대전현충원에 안장된 것은 2006년 9월 7일이었습니다. 이날 최성모 목사를 포함해 방재구 애국지사(독립유공자3-285)부터 김고두쇠(독립유공자3-292) 애국지사까지 8위의 애국지사와 순국선열의 유해가 안장되었습니다. 8위의 유해들은 그동안 전국 각지에 안장되어 후손들에 의해 모셔지고 있었는데, 그 충의와 위훈을 국민들에게 널리 알리고 영구히 추앙하고자 국립대전현충원으로 이장한 것이었습니다.

대전현충원 독립유공자3묘역 290호에 안장된 애국지사 최성모 목사의 묘. ⓒ 임재근

다른 민족대표들은 어디에 안장되어 있을까

다른 민족대표들은 어디에 안장되어 있을까요? 민족대표 33인에는 개신교 인사 16명, 천도교 인사 15명, 불교 인사 2명이 있었습니다. 이중 서울 현충원에 15위가 모여져 있습니다. 천도교 인사로 권동진, 나인협, 권병덕, 김완규, 나용환, 이종훈, 홍병기, 이종일 8위가 있고, 개신교 인사로 이갑성, 오화영(위패), 이필주, 신석구, 박동완, 유여대 6위가 있습니다. 불교 인사로는 백용성 스님이 유일했습니다.

천도교 제3대 교주 손병희 선생의 묘는 서울 강북구 우이동 산 28-1에, 개신교 인사 이명룡 선생의 묘는 수유리 통일교육원 내에 있습니다. 이들 묘를 비롯해 북한산국립공원 내에 위치하며 그동안 '수유리 애국선열 및 광복군 합동묘역'으로 불리던 묘역이 지난 2021년 2월에 국가관리묘역으로 지정되어 지금은 '서울 수유 국가관리묘역'으로 명칭이 변경되었습니다.

그동안 망우리공동묘지, 망우묘지공원, 망우리공원으로 불리다가 2022년부터 망우역사문화공원로 조성된 곳에는 승려이자 시인인 만해 한용운, 천도교인 오세창, 개신교인 박희도 3인이 안장되어 있습니다.

천도교 인사 박준승과 양한묵은 각각 전북 정읍과 전남 화순에, 개신교 인사 신홍식과 정춘수는 충북 청원에 각각 안장되어 있습니다. 천도교 인사 최린, 개신교 인사 이승훈, 김창준, 양전백, 길선주의 묘는 분단으로 인해 가볼 수 없는 북한 지역 내에 묘소가 있습니다. 천도교 인사 임예환, 홍기조, 개신교 인사 김병조의 묘는 확인되지 않고 있습니다.

민족대표 33인 중 손병희, 한용운, 이승훈 3인은 1등급 건국훈장인 대한민국장을 받았고, 25명이 2등급 건국훈장인 대통령장을 받았습니다. 개신교 인사 길선주는 2009년에서야 독립장을 받았습니다. 김창준은 한국전쟁 중 월북해 최고인민회의 부의장까지 지냈다는 이유로 서훈을 받지 못했습니다. 최린, 박희도, 정춘수 3인은 3·1운동 이후 일제에 투항해 친일로 전향해 국가로부터 서훈을 받지 못했습니다. 이들 3인은 2009년에 국가기구인 친일반민족행위진상규명위원회로부터 친일반민족행위자로 규명되기도 했습니다.

친일인사의 묘

1919년 3·1운동 당시 최성모 목사에게 독립운동에 관한 계획을 전해줬던 중앙기독교청년회 박희도 간사는 1930년대 중반경부터 전향하여 일제 정책에 적극 협력하기 시작했습니다. 1939년 1월 '내선일체 구현'과 '일본 정신 앙양'을 목적으로 동양지광사를 설립하고 일본어 잡지 《동양지광(東洋之光)》을 창간해 폐간할 때까지 동양지광사 사장과 동양지광의 편집인 겸 발행인을 지냈습니다.

박희도는 일제가 패망할 때까지 여러 방면에서 친일의 길을 걸었습니다. 하지만 박희도는 해방 후 1949년 반민특위 조사를 받았지만 별다른 처벌을 받지 않고 풀려났습니다. 이후 육군정훈학교에서 출강을 하며 지내다가 1951년 9월 26일에 사망해 망우리묘지, 자신의 부모 묘 아래 안장되었습니다.

박희도의 묘비는 해방 후 육군정훈학교에서 강의했던 인연으로 1958년 7월 8일에 육군정훈학교 장병 일동이 세운 것으로 묘비 뒷면에 새겨져 있습니다. 묘비 앞면에는 '기미년독립선언민족대표삼십삼인중'이라고 새겨져 있고, 뒷면에도 '기미독립선언 민족대표 삼십삼인 중의 한사람으로 항일투쟁을 하다 투옥되었으며 출감 후에도 계속해서 민족의 신생활운동 교육사업에 이바지'하였다고만 새겨져 있고, 이후 변절해 벌인 친일 행적은 빠져 있습니다.

한편, 박희도의 동생 박희성은 광복군 비행장교 1호로, 대전현충원 독립유공자4묘역 314호에 안장되어 있습니다. 박희성은 연희전문에 다니던 중 "학교 다닐 때가 아니다. 미국에 가서 비행술을 배워 독립전쟁에 참가하라"는 형 박희도의 조언에 따라 1920년에 학교를 중퇴하고 미국으로 건너갔

민족대표 독립선언도 ⓒ 독립기념관

다고 합니다. 1년여 간 비행술을 배운 박희성은 1921년 4월 10일 레우드 시티 비행장에서 항공 면허 시험을 치르던 중 추락하는 사고로 중상을 입었으나, 5월 22일 다시 시도해 국제항공증서를 받게 되었습니다. 7월 18일 대한민국 임시정부 국무원회의에서 그를 육군비행병 참위로 임명했습니다.

하지만 박희성은 비행기 추락사고 때 입은 후유증으로 시름시름 앓다 독립전쟁 참전의 꿈을 펴 보지도 못한 채 1937년에 사망했습니다. 박희성이 사망할 즈음은 형 박희도가 친일의 길로 전향했던 시점이었습니다. 최성모 목사와 동생 박희성에게 독립운동의 영향을 끼쳤으나, 정작 박희도 자신은 중도에 독립운동을 포기하고 친일로 전향했던 구차한 삶을 엿볼 수 있었습니다. 이를 통해 죽을 때까지 또는 독립을 이룰 때까지 헌신했던 다른 민족대표를 비롯한 독립운동가의 삶이 얼마나 숭고한지를 다시 한 번 깨닫게 됩니다.

망우역사문화공원에 있는 박희도의 묘. 그의 묘비 앞면에는 '기미년독립선언민족대표 삼십삼인 중'이라고 새겨져 있다. 뒤에 있는 묘는 그의 부모 묘이다. ⓒ 임재근

[참고자료]

김영식, 『망우역사문화공원 101인-그와 나 사이를 걷다』, 파이돈, 2023.

친일인명사전편찬위원회, 『친일인명사전 2』, 민족문제연구소, 2009.

공훈전자사료관(https://e-gonghun.mpva.go.kr/)

국립대전현충원[보도자료]독립유공자 합동안장식 거행(9.7)

"임정 '광복군 비행장교 1호' 박희성 유해 고국 품으로," 〈중앙일보〉, 2010.07.03.

120년 전 의대생들의 남다른 선택

나창헌과 김중화 애국지사

1898년 11월 5일부터 12월 23일까지 한성 종로 일대에서는 한국 역사상 가장 긴 철야 시위로 기록된 만민공동회가 무려 42일간 진행됐습니다. 1만 여 명 시민은 외세의 국권 침탈을 규탄했고, 여러 개혁 과제를 주장했는데요. 주요한 요구사항으로 '의학교 설립'이 있었습니다.

지석영 선생이 우두법을 국내에 도입한 이후, 당시 조선은 근대화 과제 중 하나로써 근대 의학 도입이 매우 시급한 시점이었습니다. 조선 정부는 1880년대부터 의학교를 설치하고 근대식 의사를 양성하려고 했지만, 아관 파천 등 정치 혼란으로 번번이 실패했습니다. 결국 만민공동회 집회 이후 조선 정부는 의학교 설립을 확정했고, 1899년 의학교 설립과 운영에 필요한 예산 6,000원을 편성했습니다.

1899년 3월 24일 드디어 칙령 제7호 '의학교 관제'가 반포되며 이 땅에 처음으로 근대식 의학 교육 기관이 설립됐습니다. 지석영 선생이 처음부터 끝까지 교장을 맡았고, 3년제 교육과정에 만 20세 이상 30세 이하 중학교 졸업자가 입학할 수 있었습니다. 개교 후 8년 동안 총 36명이 졸업했습니다.

학생들이 '둥근 모자' 거부했던 이유

하지만 국권을 상실하는 과정에서 의학교는 부침을 겪는데요. 1907년 이토 히로부미는 한성에 있는 여러 병원을 통폐합하겠다는 명분으로 의학교를 폐지합니다. 의학교와 광제원, 대한적십자병원은 대한의원으로 통합됐습니다. 이는 당시 의료기관을 확장해서 의료 공급을 늘리라는 민중의 요구에 정면으로 반하는 결정이었습니다.

이토에게는 두 가지 계산이 있었습니다. 하나는 조선의 보건의료와 관련된 모든 기관을 하나로 집중시킨 뒤 한 번에 장악하려는 의도였습니다. 또 하나는 조선에 일본인을 이주시키기 위해, 일본인을 위한 최신 의료기관을 짓고자 하는 목적이었습니다.

의학교는 통합된 대한의원 교육부로 격하됐다가 1908년 의육부로 개칭, 1909년에는 대한의원 부속의학교로 또 이름이 바뀝니다. 이후 대한의원 부속의학교는 조선총독부의원 부속의학강습소로 강등됐다가, 경성의학전문학교 설립 이후 의학강습소는 폐지됐습니다. 학생들은 경성의학전문학교로 편입됩니다.

해방 이후 경성의학전문학교를 모체로 국립 서울대학교 의과대학이 신설됐고 오늘에 이르고 있습니다. 서울대학교 의과대학은 1946년 새롭게 창설됐지만, 의학교와 대한의원 교육부, 경성의학전문학교로부터 연원하고 있습니다.

의학교, 의학강습소, 경성의학전문학교 당시 재학생들은 민족의식이 대단히 높았습니다. 특히 부속의학교에서 부속의학강습소로 강등될 당시 학생들은 격렬하게 저항했습니다. 대한의원부속의학교 시절에는 고등교육 상징인 각모를 쓰고 있었는데, 의학강습소에서는 둥근 환모를 써야 했고, 이는 의학도들의 자존심을 짓밟는 행위였습니다. 학생들은 환모를 다시 각모로 바꿔 달라며 일주일간 동맹휴학을 하기도 했고, 직접 사비를 들여 각모 400개를 제작해 조선인 학생들에게 나눠주고 강력한 항의행동을 이어갔습니다.

1918년부터는 경성의학전문학교에 재학 중인 일본인 학생과 조선인 학생 간 차별이 심화했습니다. 일본인에게는 해부학과 조직학 수업을 늘렸고, 조선인에게는 기초 일본어, 수학, 물리학 수업을 늘렸습니다. 또 일본인은 조선과 일본 등 모든 지역에서 진료할 자격이 있었지만, 조선인은 조선 땅에서만 진료할 자격을 줬습니다.

지속된 차별에 의학도는 가만히 있을 수 없었습니다. 경성의학전문학교 학생들은 3·1운동에서 조직과 준비에서 핵심 역할을 했고, 실제 시위를 주도합니다. 1919년 3·1운동이 일어났을 때 경성에서 학생만 총 171명 구금되는데 그중 경성의학전문학교 소속 학생이 31명으로 다른 학교와 비교해 가장 많았습니다. 검거돼 판결까지 받은 학생 역시 34명으로 가장 많았고, 학교로부터 정학 처분을 받은 사람이 1학년 20명, 2학년 19명, 3학년 6명에 달해, 1919년 말에는 조선인 재학생이 141명인데 퇴학생은 79명에 이를 정도였습니다.

매국노 이완용 암살에 도전한 애국지사

현재 서울대학교 의과대학은 총 29명 애국지사 선배를 기념하고 있습니다. 2019년 10월 18일에는 그중 5명에게 의과대학 명예졸업장을 헌정했습니다. 애국운동에 헌신하는 과정에서 투옥되거나 망명하면서 학업을 마치지 못한 분들이었는데, 오복원, 김중화 선생은 이완용 암살 의거에 투신했고, 나창헌, 한위건, 이의경 선생은 3·1운동과 임시정부 운동에 공을 세웠습니다. 김중화 지사는 대전현충원 독립유공자4묘역 141호에 나창헌 지사는 독립유공자1묘역 29호에 안장돼 계십니다.

이름	생몰년도	출신(본적)	졸업년도	활동분야	안장지
독립장 수훈 (4명)					
오복원	1886-1959	평남 강동	2019 명예	의열	서울현충원
나창헌	1897-1936	평북 희천	2019 명예	3.1운동/임시정부	대전현충원
한위건	1896-1937	함남 흥원	2019 명예	3.1운동/국내외항일	미확인
신영삼	1896-1946	평남 평원	1916	임시정부	서울현충원

애족장 수훈 (16명)					
김중화	1888-1972	평남 중화	2019 명예	의열/국외항일	대전현충원
이의경	1899-1950	황해 해주	2019 명예	3.1운동/청년외교단	독일
서영완	1898-미상	부산부	퇴학	3.1운동/임시정부	미확인
유진희	1893-1949	충남 예산	1914	국내항일	대전현충원
권희목	1891-1930	충북 제천	1917	3.1운동	미확인
이민호	1895-19441	충남 아산	1917	3.1운동/국외항일	미확인
강기팔	1896-1936	평남 강서	1918	3.1운동	북한
김형기	1896-1950	경남 양산	1921	3.1운동	경남 양산
김탁원	1898-1940	대구부	1921	3.1운동	대전현충원
최경하	1894-1989	한남 문천	1921	3.1운동	대전현충원
장세구	1898-1931	경기 김포	1923	3.1운동	미확인
고수선	1898-1989	전남 제주	1925 수료	3.1운동/군자금모집	대전현충원
석성기	1902-1970	경북 상주	1926	3.1운동	대전현충원
유상규	1897-1936	평북 강계	1927	3.1운동/임시정부	서울 중랑
박천규	1902-1967	평북 선천 1930	독립청년단	대전현충원	
조규찬	1909-1997	전남 화순	1930	국내항일	대전현충원
건국포장 수훈 (3명)					
이익종	1898-1987	평북 희천	퇴학	3.1운동	충남 예산
허영조	1897-1929	부산부	1920	3.1운동	대전현충원
함태홍	1893-1929	함남 함흥	1922	3.1운동	북한
김창식	1896-1970	평남 순천	1923	3.1운동	대전현충원
이형원	1899-1969	함남 북청	1924	3.1운동	경기 포천
민찬호	1903-1950	평남 양덕	1926	3.1운동	북한

서울대학교 의과대학이 기념하는 29명의 애국지사 ⓒ 김선재

이완용 처단 의거를 앞두고 찍은 기념사진. 좌측부터 오복원, 이재명, 김중화, 이교담. 이교담 지사 역시 이재명 의거에 가담하였고 불기소 처분을 받았음. ⓒ 오복원 지사 후손 제공

　김중화 지사는 1888년 2월 27일 평안남도 중화군 간동면 중리(지금의 평양)에서 장남으로 태어났습니다. 1907년 진학을 위해 한성으로 온 선생은 원래 사범학교나 상업학교에 들어가고자 했지만 입시에 실패합니다. 이후 같은 해 4월 26일 치러진 대한의원 교육부 입학시험에 합격해 9월에 입학합니다. 선생은 1908년 1학년 우등생으로 선정될 만큼 성적이 우수한 의학도였습니다.

　같은 학교 동기 오복원 지사와는 서로 하숙방을 오가는 절친한 사이였는데, 오복원 지사는 1886년 평안남도 강동군 만달면 응암리(지금의 평양)에서 태어났기 때문에 연배와 출신지가 비슷했습니다. 또 두 사람은 같은 천

김중화 지사가 읽은 신문 기사 ⓒ 대한매일신보

도교 신앙을 가지고 있었기 때문에 통하는 부분이 많았습니다. 1909년 여름방학 때 오복원 지사는 고향인 평양에서 어떤 한 사람을 소개받는데 그가 바로 1909년 12월 22일 이완용 암살 의거를 거행한 이재명 지사였습니다.

이재명 지사는 악질 친일 매국노 이완용에게 분개하며 그를 처단하기 위한 동지를 규합하고 있었습니다. 김중화, 오복원 지사는 이재명 지사와 의기투합합니다. 오복원 지사는 자금조달 임무를 맡았는데, 천도교 물리 화학 강습소에서 받는 수당을 모아 거사에 보탰습니다. 그럼에도 자금이 부족해, 밭을 담보로 40원을 빌려 이재명 지사에게 건넵니다.

김중화 지사는 이완용의 이동 경로와 정보를 수집하는 임무를 맡습니다. 12월 22일 새벽 김중화 지사는 밤새 시험공부를 하고 있었습니다. 그때 새벽에 배달 온 대한매일신보에서 눈이 번쩍 뜨이는 기사를 발견합니다.

"벨기에 황제 추도식: 벨기에국 총영사가 발기하여 오늘 상오 11시에 종현 천주교당에서 벨기에국 황제 폐하의 추도식을 설행하는데 각부 대신이 왕참한다더라."

김중화 지사는 곧장 이재명 지사의 하숙집으로 달려가 이 사실을 알렸습니다. 이완용은 피습을 두려워해서 줄곧 모습을 숨기고 다녔는데, 이날 집 밖으로 나온다면 둘도 없는 암살 기회였습니다.

이재명 지사는 주저함이 없었습니다. 그 즉시 집을 나와 거사에 착수했습니다. 오전 11시 30분께 인력거를 타고 성당을 빠져나오는 이완용에게 달려들었고, 그대로 가슴에 칼을 꽂아 넣었습니다. 칼은 폐를 관통했지만 의거는 실패로 돌아갔습니다. 거사 직후 일본인 의사들이 급하게 달려왔고 이완용을 살려냈기 때문입니다.

이재명, 김중화, 오복원 지사는 모두 검거됐고 혹독한 심문을 받습니다. 일본 경찰은 이재명 지사에게 공범을 캐물었지만 그는 끝까지 동지를 보호하려 했습니다.

"이완용을 죽이는 것을 찬성한 자는 우리 2000만 동포 모두며, 방조자는 전혀 없었다."

"공평치 못한 법률로 내 목숨을 빼앗을 수는 있으나 나의 충혼, 의혼은 절대 빼앗지 못할 것이다. 한번 죽음은 슬프지 않다. 생전에 이루지 못한 일이 한심스러울 뿐이다. 내 결코 죽어서 그 원한을 갚을 것이다."

하지만 일제는 이재명 의사를 도운 13명을 함께 기소했고, 김중화 오복원 지사는 법정에서 변호를 거절하면서까지 당당하게 맞섰습니다. 일제 검사는 두 지사에게 징역 7년을 구형했고, 김중화 지사는 징역 7년, 오복원 지사는 징역 10년을 선고받습니다.

옥살이 이후 독립운동에 뛰어든 김중화 지사

김중화 지사는 4년 2개월 동안 옥살이 후 가석방으로 풀려나는데요, 그 후 만주와 연해주로 무대를 옮겨 독립운동에 본격적으로 뛰어듭니다. 석방후 그가 가장 먼저 찾은 이는 이재명 의사의 유가족이었습니다. 길림에 살던 이재명 지사의 아내 오인성 여사를 찾아가 눈물로 위로했습니다.

이후 지사는 1918년 통하현(通河縣, 지금의 헤이룽장성 하얼빈시)에 자

임무	이름	형량	서훈	본적지	안장지
이완용 암살	이재명	사형	대통령장	평남 평양	서울현충원
	김병록	징역 15년	독립장	평남 평양	서울현충원
	이동수	징역 15년	독립장	평북 정주	북한
이용구 암살	조창호	징역 15년	독립장	평남 평양	서울현충원
	김정익	징역 15년	독립장	평남 평양	서울현충원
권총 운반	전태선	징역 10년	독립장	평남 평양	서울현충원
	오복원	징역 10년	독립장	평남 평양	서울현충원
자금 조달	박태은	징역 7년	애국장	평남 평양	미확인
	이응삼	징역 5년	애국장	평남 평양	대전현충원
정보수집	김중화	징역 7년	애족장	평남 중화	대전현충원
	이학필	징역 5년	애국장	평남 평양	미확인
권총준비	김병현	징역 5년	애국장	평남 평양	미확인
	김이걸	징역 5년	애국장	평남 평양	대전현충원

이재명 의거에 동참한 이들의 명단 ⓒ 김선재

리 잡고 송강의원을 개설합니다. 이곳은 사람을 치료하는 곳이기도 했지만 독립운동 기지 역할을 맡기도 했는데, 독립운동에 투신하려는 여러 조선 청년이 이곳에 모여서 임무를 부여받아 떠나기도 했습니다.

또한 그는 통하현 농무계를 조직했는데요. 중국에서 이중으로 착취당하던 조선인 농민을 보호했고 의식을 고취시켰습니다. 양진학교도 설립하는데, 김중화 지사가 교장을 맡아 유치반, 소학과, 고등과 학생 120명을 가르쳤습니다.

해방 이후에도 김중화 지사는 활발한 사회 참여를 이어갔습니다. 독립운동 역사를 정리한 애국동지원호회에서 주요 간부로 활동했고, 대종교 대표로서 이승만 정부에 맞선 야당의 연합을 촉구하기도 했습니다. 1963년 삼일절에 대통령표장을 받았고, 1972년 12월 12일 만 83세 나이로 타계했습니다. 사후 1990년 광복절 건국훈장 애족장 서훈에 이어 2009년 9월 17일 대전현충원에 안장되셨습니다.

"우리들의 독립은 총과 검과 혈이 아니면 성공할 수 없다"

나창헌 지사 ⓒ 공훈전사사료관

나창헌 지사는 1896년 평안북도 희천군 동면 갈현동에서 5남 1녀 중 3남으로 태어났습니다. 집안은 부유한 편이었는데, 일신학교, 영변보통학교, 평양고등학교, 한성고등학교를 거쳤습니다. 1913년에는 교원을 속성으로 양성하기 위한 기관이었던 경성교원양성소를 수료하고, 모교인 일신학교로 가 1년 정도 교편을 잡았습니다. 이후 일본에서 2년간 유학 생활을 하는데, 지사는 정신의학에 깊은 관심을 가졌습니다. 1917년에는 귀국해서 경성의학전문학교에 입학했습니다.

1918년 12월 20일부터 1919년 2월 초까지 지사는 일본에 머물며 정신연구회에서 활동했는데요. 마침 이 무렵 일본에 유학중이던 조선인 유학생들은 독립의지를 불태우고 있었습니다. 유학생들은 1918년 12월 29일과 30일 독립문제를 두고 격렬한 토론을 펼친 뒤 실천에까지 나서기로 결의하는데. 이후 유학생들의 2·8독립선언운동으로 이어집니다.

나창헌 지사는 유학생 모임에 참석해 2·8독립선언운동을 함께 추진했는데요, 2월 초 귀국 후에도 경성의학전문학교 학생들에게 일본 유학생들의 움직임을 전하며, 3·1운동 학생 대표로 성장해 나갔습니다. 의기투합한 경성의학전문학교 학생들은 치밀하게 3·1운동을 준비했습니다. 학생들을 동원할 방법을 토론했고, 독립선언서 배포 계획을 수립했습니다. 기성 종교계 세력과 연계해서 대규모 시위를 준비했습니다. 1919년 3월 1일 "대한독립만세" 외침이 터져 나왔고, 나창헌 지사는 2차 시위를 준비하던 중 3월 2일 일제 경찰에 체포됩니다.

지사는 체포돼 있던 중 병보석을 신청해 세브란스 병원에 입원했는데요. 7월경 세브란스 병원 창문을 넘어 탈출에 성공합니다. 이후 독립운동 지하조직인 '대동단'과 '대한민국청년외교단'에 가입합니다. 대한민국청년외교단에서 그는 특파원 자격으로 독립운동자금을 임시정부에 전달하는 특수 임무를 수행했고, 1919년 8월 29일 만세 시위 때는 인쇄물 배포 책임을 맡아 각 독립운동단체와 학교에 비밀리에 문서를 전달했습니다.

대동단에서도 지사는 비밀 임무를 맡아 수행하는데요. 의친왕 망명 작전에 투입됩니다. 국내에서 의친왕을 몰래 빼내 임시정부로 탈출하는 작전이었는데요. 나창헌 지사가 함께 동행해 의친왕과 단동역까지 오는 데 성공했으나, 탈출을 눈치 챈 일제의 방해로 작전은 실패로 돌아갑니다. 이후 나창헌 지사는 체포를 피해 중국으로 망명합니다.

1920년 1월 나창헌 지사는 중국 상해에 도착합니다. 기대를 안고 임시정부를 찾았지만 지사는 곧 깊은 실망에 빠지는데요. 임시정부는 사분오열 분열되어 있었기 때문입니다. 결국 지사는 임시정부에 당장 합류하기보다는 독자 노선을 걷기로 정하고 '철혈단'을 조직합니다. 비폭력성에 깊은 한계를 체감한 지사는 의열투쟁으로 나라를 되찾겠다며 다짐하는데, 나창헌 지사는 이후 암살과 파괴를 통한 무력 투쟁을 전개합니다.

"우리들의 독립은 총과 검과 혈이 아니면 성공할 수 없다. 고로 우리들은 금후 한 사람이 될 때까지 최후의 일각까지 철과 혈로써 저 간악하고도 악독한 왜구를 배제할 것이다."

나창헌이 주도한 상해 일본총영사관 폭파 의거 신문보도. ⓒ 동아일보

　임시정부가 분열된 가장 큰 원인은 바로 대통령 이승만에게 있었는데요. 외교론에 편향되어 임시정부 운영에 소홀한 책임이 컸습니다. 동포에게 성금을 거둬들인 다음 그 통제권을 두고도 마찰이 컸습니다.

　나창헌 지사는 1925년 임시의정원에 참여했고, 동료 의원들과 함께 대통령 탄핵안을 제출했습니다. 또 지사는 곽헌, 채원개, 김현구, 최석순 등 5명으로 구성된 탄핵심판위원이었으며 이승만탄핵심판위원장으로 선임됩니다. 임시의정원은 심판위원회 결정에 따라 3월 23일 이승만 탄핵을 선포합니다.

　1925년 6월에는 임시정부 경무국장을 맡습니다. 1926년 1월에는 임시정부를 지키고 밀정 처단, 일제 관공서와 기관을 파괴하기 위한 병인의용대를 조직하는데요. 조선총독부 밀정 박제건 처단을 시작으로, 밀정과 일제 관리들을 처단해 나갑니다. 1926년 4월 8일 나창헌은 직접 폭탄 제조에 가담하고 작전을 지휘하여, 상해 일본총영사관 건물에 폭탄 2개를 투척합니다.

　지사는 상해에서 의사로서도 명성을 떨쳤는데, 1922년부터 세웅의원을 운영하며 중국인에게는 제값을 받고, 조선인은 무료로 치료하며 독립운동가와 동포의 건강을 챙겼습니다. 그렇게 온몸을 던져 독립에 투신한 그였

애국지사 김중화의 묘(독립유공자4묘역 141호) ⓒ 임
재근

대한민국임시정부 의정원의원 내무부차장 나창헌의
묘(독립유공자1묘역 29호) ⓒ 임재근

지만, 투쟁 과정에서 위암이 발병했고 1936년 6월 40세 나이로 중국 사천
성 만현에서 서거했습니다.

　120년 전 이 땅의 의학도들은 사람의 병을 치료했을 뿐 아니라, 사람을
고통에 빠트리는 요인을 찾아내 해결하려 했습니다. 안정된 미래와 안락한
삶을 뒤로하고 스스로 독립운동 가시밭길을 선택해, 민족의 아픔을 치유하
는데 생을 바친 의사들이 있었습니다.

[참고자료]

장석흥, 「나창헌의 생애와 독립운동」, 『한국학논총』, 24권, 2002.

이규원, 「독립운동가 김중화의 생애와 활동」, 『한국독립운동사연구』, 86집, 2024.

이규원, 『이재명 의거 가담 의학도의 생애와 활동 -오복원과 김중화를 중심으로』, 2020.

서울대학교 의과대학, 『관립 의학교 학생들의 항일독립운동』, 2019.

서울대학교 의과대학 인문의학교실, 『서울대학교 의과대학 애국지사 선배들의 삶과 공적』,
2019.

공훈전사사료관 (https://e-gonghun.mpva.go.kr)

사촌누나 희롱한 일본인, 그를 향해 달려든 16살

광주학생독립운동의 도화선 된 나주역 사건 ⋯ 살아 숨쉬던 청소년들의 민족혼

11월 3일은 '학생독립운동 기념일'입니다. 1929년 11월 3일 광주에서 일어난 광주학생독립운동을 기념하는데요. 1953년 '학생의 날'로 제정되었다가, 1973년 박정희 정부가 폐지했습니다. 학생들이 유신 독재에 반대하는 반독재 민주화운동을 벌였기 때문인데요. 그러다 다시 1984년 제11대 국회에서 '학생의 날'이 법정 기념일로 부활하였고, 2006년 '학생독립운동 기념일'로 명칭이 변경되어 오늘에 이르고 있습니다.

광주학생독립운동은 1919년 3·1운동, 1926년 6·10만세운동과 더불어 일제강점기 3대 민족운동으로 손꼽히고 있는데요. 당시 10대 청소년들이 세상을 뒤흔든 대사건이었습니다. 1929년 10월 30일 나주역 사건을 계기로 촉발되어, 1930년 5월까지 전국과 간도, 미국, 중국 심지어 일본에까지 확산된 저항이자 독립운동입니다.

저항은 전국으로 퍼져 학생들의 동맹휴학과 항일 거리 시위가 이어졌는데요. 항쟁에 참여한 학교는 194개, 학생 수는 54,000여 명이었습니다. 퇴학 처분자 582명, 무기정학 2,330명, 피검자 1,642명으로 수많은 청소년이 옥고를 치렀는데요. 3·1운동 이후 최대 규모 민족 저항과 분출이었습니다.

일제의 거듭된 차별, 저항 의식 싹트게 하다

대전현충원에는 광주학생독립운동에 참가한 수많은 독립운동가분이 안장되어 계십니다. 광주학생독립운동 당시 '학생투쟁지도본부'를 조직한 강석원 지사가 독립유공자1묘역 263호에, 장석천 지사는 독립유공자3묘역

애국지사 강석원의 묘 (대
전현충원 독립유공자1묘
역 263호) ⓒ 임재근

38호에 안장되어 계십니다. 항쟁을 이끈 성진회와 독서회 간부였던 김상환 지사는 독립유공자3묘역 24호에, 송동식 지사는 1묘역 133호에 계십니다. 투쟁의 한 축에는 여학생으로 구성된 소녀회가 있었는데요. 소녀회를 조직한 장매성 지사는 독립유공자2묘역 83호에 잠들어 계십니다.

또한 대전현충원에는 광주학생독립운동의 도화선에 불을 당긴 나주역 사건의 주인공이 함께 안장되어 계시는데요. 독립유공자2묘역 893호 박준채 지사와 독립유공자4묘역 206호 이광춘 지사가 바로 그 주인공입니다.

1920년대 전라남도에는 최고 교육기관이 두 군데 있었는데요. 일본인 학생을 위한 광주중학교와 조선인 학생을 위한 광주고등보통학교였습니다. 두 학교 학생은 마치 견원지간 같아 만나기만 하면 긴장감이 감돌았습니다.

고등보통학교는 12세 이상에 보통학교를 졸업한 남성이 입학할 수 있었습니다. 4년제로 출발하였다가 중간에 5년제로 바뀌었는데요. 일본인이 다니는 중학교와는 학교 명칭과 배우는 과목에서 차별이 존재했습니다. 조선인에게는 실업교육을 가르쳐 하급 기술자로 양성하려는 일제의 의도였습니다. 1919년 5월 말 통계에 따르면, 조선에 거주한 일본인 자녀의 진학률은 91%였고, 조선인 자녀의 진학은 37%에 불과했습니다. 일본인 거주민 1만

성진회 결성기념 사진 ⓒ
광주학생독립운동기념관

명당 113명이 입학했지만, 조선인은 1만 명당 1명에 불과했습니다.

일제의 거듭된 억압과 차별은 자연스럽게 조선인 학생 사이에 저항 의식을 싹트게 했습니다. 1920년대 학생들이 선택한 대표적인 저항 방식은 바로 동맹휴학이었는데요. 1921년 23건으로 시작한 동맹휴학은 1926년 55건, 1927년 72건, 1928년에는 83건으로 급속도로 증가했습니다. 동맹휴학의 원인으로는 1920년대 초반에는 일본인 교사가 저지르는 모욕적인 언사와 횡포가 많았습니다. 요구조건으로는 '설비개선, 교육 방법 및 교육과정의 시정, 일본인 교사 배척' 등이 있었습니다. 1920년대 후반에는 동맹휴학의 성격이 변화했는데요. '식민지 노예 교육 철폐, 조선 역사 교육, 교내 조선어 사용, 언론 집회의 자유' 등이 구호로 등장합니다. 광주학생독립운동의 분위기가 그렇게 무르익고 있었습니다.

1929년이 되어서도 학생들의 저항은 식을 줄 몰랐는데요. 일제와 학교 당국은 유시퇴학이라는 방법으로 학생들을 탄압합니다. 저항 의식이 높은 학생을 교장의 직권으로 퇴학시켰는데요. 광주에서도 교내 분위기가 시끄러울 수밖에 없었습니다.

1929년 3월 23일 광주고등보통학교 졸업식장에서 '광주고보 교장실 포

애국지사 장매성의 묘 (대전현충원 독립유공자2묘역 83호) ⓒ 임재근

애국지사 이광춘의 묘 (대전현충원 독립유공자4묘역 206호) ⓒ 임재근

위 사건'이 일어납니다. 유시퇴학을 당한 김봉길과 여도현이 '퇴학 처분 반대와 조선인 본위의 교육 실시' 등 내용을 담을 유인물을 나누어 주었고요. 교장에게 공개적으로 따져묻자 교장은 교장실로 숨어버리는데요. 이에 학생들은 교장실 문짝을 부수고 창문을 깨뜨리며 소동을 벌였습니다. 경찰까지 출동해 학생들은 연행되었고, 이윽고 징역형까지 선고받았습니다. 같은 해 6월 25일에는 5학년 학생들이 수업을 거부하고 동맹휴학에 들어갔고요. 6월 26일에는 2, 3학년 학생들이 따라 수업을 거부했습니다.

6월 26일에는 '운암역 개고기 사건'이 벌어집니다. 당시 광주에 학교를 다니던 학생은 인근 지역에서 기차로 통학하는 사람이 많았는데요. 통학 열차 중 한 칸은 일본인 중학생을 위한 전용칸이었습니다. 기차가 운암역에 정차했을 때 일본인 학생 곤도(近藤)는 창밖을 보며 "저것 봐! 개고기! 조선사람들이 즐겨 처먹는 개고기! 조선사람은 야만인이야!"라고 비 아냥 거렸는데요.

당시 조선 사람들은 일본에 대 부분 식량을 강탈당하고 초근목피 로 생활하고 있었습니다. 가난에 못 이긴 일부 사람들이 개고기를 먹곤 했는데요. 곤도(近藤)의 발언 을 들은 조선인 학생 김기수 등은

(좌)이광춘 지사 (우)박기옥 지사 ⓒ 한국민족문화대백 과사전

모멸감을 참을 수 없었습니다. 이에 다른 조선 학생이 함께 곤도(近藤)를 구 타하며 응징한 사건이 벌어집니다. 이렇게 조선인 학생의 분노는 폭발할 계 기만을 찾고 있었습니다.

일본 학생의 조선인 희롱, 일본 경찰의 조선인 진압

이런 분위기 속에서 10월 30일 드디어 '나주역 사건'이 발생합니다. 사건 은 하굣길에 벌어지는데요. 광주를 출발한 기차가 나주로 향하던 오후 5시 30분 경이었습니다. 일본인 중학생 후쿠다(福田)와 다나카(田中)는 조선인 여학생 박기옥, 이광춘, 이금자 곁에서 시시덕거리며 희롱하고 있었습니다.

후쿠다는 박기옥에게 "'아이 러브 유'를 일본말로 뭐이라고 해석해요?"라 며 희롱했고, 이광춘의 댕기를 당기며 "이것은 영어로 뭐라고 해?"라며 놀렸 습니다. 여학생들은 분노를 삭이며 다른 칸으로 이동했습니다. 그런데 일본 인 중학생은 아랑곳하지 않고, 나주역에 내려서까지 여학생들을 따라와 찝 쩍거리며 놀렸습니다. 후쿠다는 박기옥의 댕기를 낚아채듯 잡아챘습니다.

이 광경을 광주고등보통학교 2학년생이던 박준채가 목격했습니다. 박기 옥의 사촌 동생이었던 박준채는 후쿠다에게 뛰어가서 따지기 시작했습니 다.

"후쿠다 너는 명색이 중학생인 녀석이 야비하게 여학생을 희롱해!"

"나니? 센징노 쿠세니(뭐라고? 조선놈 주제에)!"

어린 박준채는 '센징노 쿠세니'라는 말을 듣자 이성을 잃을 정도로 흥분했습니다. 후쿠다의 멱살을 끌고 개찰구를 빠져나왔는데요. 당시 주변에 있던 광주고등보통학교 5학년인 김보섭과 최의선도 '센징노 쿠세니' 폭언을 듣는 순간 피가 역류하는 듯이 흥분해 달려왔습니다. 격분한 조선 학생들이 뛰어들었고, 주변 일본인 중학생도 합류해서 나주역 앞은 난투극이 벌어졌는데요. 일본인 중학생 50여 명과 조선인 학생 30여 명 간 백병전과 다름없었습니다. 당시 심정을 훗날 박준채 지사는 이렇게 기록해 두고 있습니다.

"나는 피가 머리로 역류하는 것을 느꼈다. 가뜩이나 그놈들과 한 차에 통학하면서 민족 감정으로 서로 멸시하고 혐오하며 지내온 터인데, 그들이 우리 여학생을 희롱하였으니 나로서는 당연한 감정적인 충격이었다. 더구나 박기옥은 나의 사촌 누님이었으니 분노는 더하였다. … '조센징'이란 말이 후쿠다의 입에서 떨어지기가 무섭게 나의 주먹은 그 자의 면상으로 날아가 작렬하였다."

이때 일본인 순사가 난투장에 개입하며 상황이 정리되었는데요. 그런데 일본인 순사 모리다(森田松三郎)는 박준채의 목덜미를 후려갈기고 뺨을 때리며, 일방적으로 조선인 학생만 진압했습니다. 이를 본 조선 학생들은 '왜 한쪽만 때리는 거요?'라며 항의했지만, 노기등등한 순사는 거리낌이 없었습니다. 일본인 학생들은 유유히 떠났고, 조선 학생들은 서러움과 분함 그리고 억울함에 눈물만 줄줄 흘리고 서 있을 뿐이었습니다.

학생 시절 박준채 지사 ⓒ 나주학생독
립운동기념관

애국지사 박준채의 묘 (대전현충원 독립유공자2묘역 893호) ⓒ 임
재근

이 소식이 순식간에 나주에 퍼지게 되고, 조선인 학생 학부모들이 경찰서
에 항의 방문하는데요. 이 자리에서조차 일부 학부모는 뺨을 맞았으며, 폭
언과 욕설을 듣고 쫓겨납니다.

다음날인 31일이 되었습니다. 이번에도 마찬가지로 하굣길 통학 기차에
서 주인공들이 다시 만나게 됩니다. 박준채는 후쿠다에게 당당하게 다가가
이야기 하는데요.

"너 어제 우리 누나한테 희롱한 것 사과할 테냐 안 할 테냐?" 그러자 후쿠
다는 이번에도 "건방진 자식!"이라며 박준채의 뺨을 후려 갈겼습니다. 싸움
이 커지던 찰나 이번에는 기차 차장이 싸움을 말리러 오는데요. 그 와중에
주변 일본인 승객들이 "조선놈들은 애새끼까지 저 모양이다", "센징 주제에
건방지다", "센징 학생들이 잘못했다" 등 폭언을 내뱉었고 박준채는 서러움
과 모멸감에 통곡할 수 밖에 없었습니다.

11월 1일에는 일본의 반격이 이어졌습니다. 광주중학교 유도선생 이다
(伊田)는 나주역 사건 복수를 하겠다며 30여 명 일본 학생들을 이끌고 왔는
데요. 일본 학생들은 야구방망이와 죽창, 죽검으로 무장하고 있었습니다.
광주역 플랫폼에 매복해 있다가 이다의 호각 신호에 일제히 돌격해서 조선

학생을 짓이길 계획이었는데요. 다행히 조선인 학생들이 먼저 낌새를 알아차렸고, 양 학교 선생님이 뛰어나와 충돌을 저지했습니다.

11월 2일은 토요일이었습니다. 광주시민 사이에는 '어제 광주에서 일본인 중학생과 조선인 학생 사이에 싸움이 벌어져 조선인 학생이 많이 다쳤다느니', '중학생이 칼질을 하여 조선인 학생 수 명이 부상을 입었느니' 등 소문이 퍼져 나갔습니다. 민족 차별에 억압당하던 조선인 사이에서는 무언가 '한바탕 터졌으면'하는 불안한 기대감도 감돌았습니다.

그리고 11월 3일이 되었습니다. 이날은 1월 1일, 기원절(紀元節), 천장절(天長節)과 더불어 일제 4대 국경일이었던 명치절(明治節)이었습니다. 일본왕 메이지의 생일을 기념하는 날이었는데요. 공교롭게도 그날은 음력으로 10월 3일. 우리 민족 명절 개천절이었습니다. 조선인 학생은 우리 개천절을 기념하지 못하고, 일제 명치절 기념식에 끌려다녀야 하는 신세였습니다. 일본인에게는 축제 같은 분위기였고, 우리 민족에게는 더욱 서글픈 날일 수밖에 없었습니다.

광주고등보통학교 학생들은 명치절 기념식에서 단체로 저항했습니다. 일본 국가인 기미가요를 불러야 하는 순서에서 아무도 입하나 뻥긋하지 않았습니다. 침묵의 저항이었습니다. 학교 당국은 무언가 분위기가 이상하다고 눈치챘습니다. 원래 단체로 신사 참배를 할 계획이었는데요. 개별 참배로 바꾸고 학생들을 서둘러 귀가시켰습니다.

이윽고 광주 곳곳에서 산발적으로 조선인 학생과 일본 학생 간 충돌이 빚어졌습니다. 한 무리 학생들은 왜곡 보도를 일삼던 광주일보사로 몰려가 윤전기에 모래를 뿌렸고요. 광주 신사 앞 천변에서는 일본인 학생들이 조선인 학생에게 시비를 걸어, 조선인 학생 최쌍현의 얼굴을 단도로 찌르는 일이 벌어집니다. 광주역에서 양측 학생 200여 명씩 몰려와 난투극이 벌어지기도 하는데요.

오전의 충돌로 조선인 학생 10여 명이 부상당합니다. 정오가 조금 지난 시간 광주고등보통학교 조선인 학생들은 학교에 결집하여 향후 계획을 논의하는데요. '우리의 투쟁 대상을 광주중학생이 아니라 일본제국주의로 돌릴 것, 적개심에 불타는 학생들을 식민지 강압 정책 반대 시위로 돌릴 것' 등이 논의됩니다.

오후 2시경 토론을 마친 학생 300여 명은 8열 종대로 스크럼을 짜서 교문을 박차고 나섰습니다. 광주여자고등보통학교, 광주농고, 광주사범학교 학생들까지 시위에 합류하며 대열은 끝없이 불어났습니다. 그 광경을 본 시민들은 각목과 장작을 가져다주며 환호했고요. 호떡 장사 아저씨는 호떡을 가득 가져와 나누어주고, 감 장수는 감을, 떡 장수는 떡을 나누어 주며 시위를 응원했습니다.

"신천지에 뻗어가는 우리 동포야
길이길이 기다리던 오늘 왔구나
무등산서 길러낸 힘 힘껏 써보세"

그날 하루 광주 시내에는 천여 명이 넘는 학생 시위대 행진가와 만세 소리가 쩌렁쩌렁 울려 퍼졌습니다. 그렇게 전국을 뒤흔든 광주학생독립운동이 시작되었습니다.

한편 나주역에서 일본 학생에게 희롱당했던 이광춘은 광주학생독립운동이 벌어지자 전면에 나서 투쟁했는데요. 11월 3일 시위에서 치마에 돌멩이를 싸 들고 와 시위에 가담했고요. 1930년 1월 13일 시험 시간이 되자 돌연 교단으로 올라가 백지동맹을 주도하기도 했습니다. 붙잡혀 간 학생들의 석방을 요구하며 투쟁했는데요. 이광춘 지사가 선도해서 백지 시험지를 두고 교실을 뛰쳐나오자, 친구들이 동조했고 이윽고 전교생 집단으로 시험을 거부했습니다. 이광춘 지사는 학교로부터 퇴학 처분을 받았고, 일본 경찰에 붙잡혀 갖은 고초를 당했습니다.

박준채 지사는 1914년생입니다. 나라가 이미 강제로 병탄된 이후 태어난 세대였으며, 1929년 당시 16세에 불과한 청소년이었습니다. 당시 전국적인 항쟁을 지도했던 이들 역시 16~24세 청소년 청년이었습니다. 자신이 태어난 이래 단 한 순간도 자주독립 국가에 살아보지 못했음에도 불구하고, 당시 청소년들의 민족혼은 시퍼렇게 살아있었습니다.

[참고자료]

공훈전자사료관 (https://e-gonghun.mpva.go.kr)

나주학생독립운동기념관 (http://www.najusim.or.kr/)

광주학생독립운동기념관 (https://gsim.gen.go.kr:446/main/main.php)

최성원, 『광주학생독립운동의 주역들』, 고려원, 2001.

광주학생독립운동지회, 『광주학생독립운동사』, 광주학생독립운동지회, 2003

일제강점기 목숨 걸고 우리 말과 글을 지킨 사람들

조선어학회 사건 33명 중 10명이 대전현충원에 안장

해방 후 다시 모인 조선어학회 구성원들. 1945년 11월 13일에 촬영된 사진에서 앞줄 왼쪽 두 번째가 이병기,
네 번째부터 이극로, 이희승, 정인승. 한 명 건너 정태진, 가장 오른쪽이 김윤경이다. ⓒ 한글학회

'오늘 국어를 썼다가 선생님한테 단단히 꾸지람을 들었다.'

1942년 10월 1일에 시작된 '조선어학회 사건'은 위와 같은 어느 조선 여
학생의 일기장에 적힌 한 줄의 문장에서 비롯되었습니다. 일기장의 주인은
함흥영생고등여학교 학생 박영희. 당시 '국어'는 '일본어'였던 시절이었습
니다.

일제는 1938년 3월 제3차 조선교육령 개정에 즈음하여 조선어 교육 폐

왼쪽부터 조선어학회가 간행한 '한글 맞춤법 통일안'(1933), '조선어 표준말 모음'(1936), '외래어 표기법 통일안'(1941). ⓒ 한글학회

지에 착수했습니다. 이후 학교에서는 조선어 사용을 금지했고, 황국신민화 정책의 일환으로 조선총독부가 '황국신민서사'를 발표한 것도 이 즈음이었습니다.

그런데 학교에서 '국어(일본어)'를 썼다고 야단친 교사가 있었다니… 경찰은 박영희를 비롯해 일기장에 자주 등장하는 동급생들까지 홍원경찰서로 연행해 일어 사용을 못하게 한 자들의 이름을 대라며 이들을 취조하고 고문했습니다. 극심한 고문 끝에 이들은 교사 정태진, 김학준, 최복녀의 이름을 대고 말았습니다.

경찰은 현직에 있어 도주의 우려가 적은 김학준과 최복녀의 신문은 뒤로 미루고, 학교를 그만둔 정태진에게 먼저 출두명령서를 발부했습니다. 정태진은 11년간 근무했던 영생고등여학교를 1940년 5월에 떠나 서울로 가서 조선어학회 사전편찬 일을 돕고 있었습니다. 1942년 9월 5일에 홍원경찰서로 연행되어온 정태진은 20여 일 간 계속된 고문으로 조선어학회가 독립운동단체라고 허위자백하고 말았습니다.

표준말 사정 제1독회를 마치고 나서 현충사를 참배한 위원들의 기념사진. 이중에 옥사한 한징과 이윤재 선생의 모습이 보인다.(1935.01.06.) ⓒ 한글학회

　일련의 사건들은 조선어학회 사건으로 비화되어 10월 1일에 이극로·이중화·장지영·최현배·한징·이윤재·이희승·정인승·권승욱·이석린 등 11명의 조선어학회 간부의 검거를 시작으로 이듬해인 1943년 3월까지 이우식, 김법린 등 전국 각지에 있던 조선어학회 회원 및 사전편찬 후원회원들까지 총 33명에게 치안유지법의 내란죄를 뒤집어 씌웠습니다. 그동안 작업해놓은 원고들도 압수당해 사전 편찬 작업은 중단되고 말았습니다.

　홍원경찰서는 이들을 1943년 3월 중순 검사국에 송치했고, 함흥지방법원 검사국은 1943년 9월 12일에 33명 중 병으로 누워있어 잡아오지도 못했던 권덕규, 안호상을 비롯해 불구속 상태에 있던 신윤국, 김종철과 불기소 처분을 받은 안재홍을 제외한 28명을 함흥형무소 구치소로 이감시켰습니다. 이감 다음날부터 피의자들은 함흥지방법원 검사국에서 심문을 받기 시작했고, 김윤경, 정인섭, 이병기 등 12명이 기소유예 처분을 받아 9월 18일 석방되었습니다.

나머지 16명은 1943년 겨울 유례없이 찾아온 한파를 견뎌야 했는데, 결국 모진 고문과 혹한으로 인해 이윤재가 그해 12월 8일 옥사하고, 이듬해인 1944년 2월 22일에 한징도 옥사했습니다. 1944년 9월 30일에 열린 예심공판에서 장지영과 정열모가 면소 처분을 받아 석방되고 12명이 정식 재판에 회부되었습니다.

재판은 1942년 10월 조선어학회 사건이 있은 후 2년여 만인 1944년 11월 말경부터 함흥지방법원에서 시작되었습니다. '고유 언어는 민족의식을 양성하는 것이므로 조선어학회의 사전 편찬은 조선민족정신을 유지하는 민족운동의 형태다'라는 함흥지방법원의 예심종결 결정문에 따라 치안유지법의 내란죄가 적용되어 1945년 1월 18일에 열린 선고공판에서 재판부는 이극로에게 징역 6년, 최현배에게 징역 4년, 이희승에게 징역 3년 6개월, 정인승과 정태진에게 징역 2년을 선고했습니다.

재판부는 김법린·이중화·이우식·김양수·김도연·이인에게는 징역 2년 집행유예 3년을 선고하고, 장현식은 무죄를 선고해 7명이 풀려날 수 있었습니다. 징역형을 선고받은 5명 중 정태진은 복역을 마치는 것이 오히려 상고보다 빠를 것이라 생각해 상고를 포기해 7월 1일 출옥했습니다. 이극로·최현배·이희승·정인승 4명은 판결에 불복해 바로 상고했으나 8월 13일자로 기각되었습니다. 이들은 이틀 뒤인 8월 15일에 일제가 패망하면서 8월 17일에 풀려났지만, 실질적으로 3년간의 옥고를 치른 것이었습니다.

일제는 조선 땅을 강점했을 뿐 아니라 강력한 동화정책으로 조선인들에게 일본어를 쓰도록 강제했고, 일본 정신을 갖도록 강요했습니다. 조선의 한글학자들은 비록 나라를 빼앗겼지만 민족의 정신을 담은 우리말을 지켜야만 빼앗긴 나라도 되찾을 수 있다는 신념을 갖게 되었습니다. 우리 말과 글을 지키는 것은 또 다른 형태의 독립 투쟁이었습니다.

2020년에 〈나라말이 사라진 날〉을 펴낸 방송인 출신 역사학자 정재환 한글문화연대 공동대표도 책의 서문에 "독립운동 하면 만세시위나 임시정

대전현충원 독립유공자4묘역 144호의 애국지사 최현배의 묘. 최현배 지사는 조선어학회 사건으로 징역 4년형을 선고받고 함흥형무소에 수감되어 있다 해방이 되어 1945년 8월 17일에 풀려났다. ⓒ 임재근

부 등을 떠올리지만, 민족어를 지키고자 했던 노력 또한 독립운동이었다…. 조선어학회 사건을 되짚는 일은 또 다른 형태의 독립운동과 마주하는 경험이자, 우리 말글이 만들어지고 성장해온 과정을 목격하는 소중한 기회가 될 것이다”라고 썼습니다.

한글학자들은 조선어 사전 편찬을 위해 1929년 조선어사전편찬위원회를 조직했습니다. 1933년 10월 ‘한글 맞춤법 통일안’을 마련하고, 1936년에는 ‘조선어 표준말 모음’을 완성하여 발표했습니다. 1941년에는 ‘외래어 표기법 통일안’까지 간행하면서 조선어 사전 편찬 작업은 마무리 단계로 접어든 상태였습니다.

그러던 중 발생한 조선어학회 사건으로 상당수 조선어학회 구성원이 투옥되고 모진 탄압을 받았습니다. 이윤재와 한징, 2명이 옥사했습니다. 말 그대로 우리의 말과 글을 지켜내기 위해 목숨을 걸었던 독립 투쟁이었습니다.

독립유공자1-173　독립유공자1-397　독립유공자1-499　독립유공자2-775　독립유공자2-926

독립유공자3-93　독립유공자3-359　독립유공자4-144　독립유공자4-566　독립유공자7-147

대전현충원에 안장되어 있는 조선어학회 사건 관련자 10인의 묘. 위쪽 왼편부터 신현모(신윤국)(독립유공자 1-173), 한징(독립유공자1-397), 이윤재(독립유공자1-1-499), 이석린(독립유공자2-775), 이강래(독립유공자2-926), 서민호(독립유공자3-93), 정인승(독립유공자3-359), 최현배(독립유공자4-144), 이인(독립유공자4-566), 김양수(독립유공자7-147). ⓒ 임재근

　조선어학회 사건으로 고초를 당한 33명 중 10명이 대전현충원에 안장되어 있습니다. 옥사했던 이윤재 선생과 한징 선생은 1962년에 독립장을 추서받았고, 대전현충원 독립유공자1-1묘역 499호와 독립유공자1묘역 397호에 각각 안장되어 있습니다. 1990년 애국장을 추서받은 신윤국(신현모) 선생도 독립유공자1묘역 173호에 안장되어 있습니다.

　독립유공자2묘역에는 이석린(775호), 이강래(926호) 선생이, 독립유공자3묘역에는 서민호(93호), 정인승(359호) 선생이 잠들어 계십니다. 제4묘역에는 최현배(144호), 이인(566호)이 모셔져 있고, 제7묘역 147호에는 김양수 선생이 안장되어 있습니다. 나머지 선생들은 서울현충원에 안장되어 있는 경우도 있으나 고향 등 국립묘지 밖에 안장되거나 묘소가 확인되지 않는 경우도 있었습니다. 일부는 해방 후에 월북하거나 납북되어 북녘에 묻혀 있습니다.

조선어 큰 사전 편찬원고. ⓒ 국가기록원

조선어학회 회장 장지영이 새 사전을 학무국장 오천석과 을
유문화사 사장 민병도, 학무국 고문 깁슨(Robert E. Gibson)
에게 보여주는 모습. ⓒ 국사편찬위원회 전자사료관

"말은 민족의 정신이요, 글은 민족의 생명입니다"

일제강점기 한글 학자들이 우리 말과 글을 지키기 위해 편찬하려 했던 조
선어 사전은 조선어학회 사건으로 인해 완성시킬 수 없었습니다. 하지만 사
라진 줄 알았던 원고가 해방 후 서울역 창고에서 우연히 발견되었습니다.

이를 바탕으로 1947년 10월 9일 제1권을 발행한 것을 시작으로, 2권은
1949년 5월 5일, 3권은 1950년 6월 1일, 4권은 1957년 8월 30일, 5권은
1957년 6월 30일, 6권은 1957년 10월 9일에 발행해 〈우리말 큰 사전〉은
1929년 조선어사전편찬위원회가 조직된 지 28년 만에 6권으로 완간되었
습니다.

2019년에 개봉한 영화 〈말모이〉에 이런 극적 장면이 담겨 있으니 한글
날을 맞아 영화 〈말모이〉를 감상해보거나, 대전현충원을 찾아 목숨을 걸고
우리 말과 글을 지키려했던 순국선열과 애국지사의 묘를 찾아보는 것은 어
떨까요?

한편, 조선어학회는 1908년에 한글 연구를 위해 주시경 선생과 뜻을 같이하는 사람들이 모여 만든 학술모임 '국어연구학회'로부터 시작했습니다. 1919년 가을에 '조선어연구회'로 이름을 고쳤다가 1931년 1월 10일부터 '조선어학회'라는 이름을 쓰게 되었습니다. 1949년 10월 2일에 '한글학회'로 이름을 바꿔 지금에 이르고 있습니다.

[참고자료]

정재환, 『나라말이 사라진 날』, 생각정원, 2020.

한글학회, 『한글학회 100년사』, 한글학회, 2009.

공훈전자사료관(https://e-gonghun.mpva.go.kr/)

국사편찬위원회 전자사료관(http://archive.history.go.kr/)

박광종, 「조선어학회사건과 조선인 형사들」, 『민족사랑』, 2017년 3월호. (https://www.minjok.or.kr/archives/87611)

대전현충원으로 이장된 수유리 광복군 17위

광복절 전날 안장된 17위 선열, 왜 묘비명이 다 똑같을까

대전현충원 독립유공자7묘역 내 조성된 '수유리 한국광복군 합동 묘역' ⓒ 임재근

　2022년 8월 14일, 서울 강북구 수유리 광복군 합동묘소에 안장돼 있던 광복군 17위가 국립대전현충원 독립유공자7묘역 내 '수유리 한국광복군 합동 묘역'에 개별 안장됐습니다. 해방된 지 77년 만의 일입니다.

　이들 광복군 선열들은 광복 후 따로 모실 공간이 없어 조계사 등에 임시 안치됐다가 추후 광복군 총사령관 지청천 장군의 묘소가 있던 수유리로 이장을 시작하면서 1961년에 합동묘소를 조성했습니다. 이후 커다란 봉분 1기에 17위의 선열들을 함께 안장했습니다.

광복 직후에는 선열들을 모실 국립묘지가 없는 상황이었습니다. 광복군 17위의 선열들은 이후 독립유공자 포상을 받았지만, 대부분의 젊은 나이에 순국해 후손도 없어 국립묘지로의 이장이 이뤄지지 않았죠.

　수유리 한국광복군 합동묘소에 안장됐던 광복군 17위 중 13명의 순국선열은 중국 지역에서 독립운동을 전개하다 전사하거나 처형됐고, 또는 자결했습니다. 4명의 애국지사는 광복 후 국내 등에서 작고했습니다.

　김유신(1920년생, 1991년 애국장) 선열은 1942년에 광복군 제2지대 대부(隊附)로 공작활동에 나섰고, 1943년 2월 중국 태항산 전투에서 전사했습니다. 정상섭(1921년생, 1991년 애족장) 선열은 광복군 제5지대에 입대한 후 제2지대로 편입해 1943년 9월 태항산 전투에서 전사했습니다. 김운백(1917년생, 1991년 애족장) 선열도 광복군 제2지대에 편입돼 활동하던 중 1943년 9월 태항산 전투에서 전사했죠.

　김성률(1920년생, 1991년 애족장) 선열은 광복군 제2지대 입대해 적 후방에서 공작하던 중 1943년 9월에 전사했습니다. 문학준(1910년생, 1991년 애족장) 선열은 광복군 제2지대에서 공작활동 및 정보수집 활동에 나섰고, 1943년 8월 중국 하남성 수무현에서 작전 중 전사했습니다. 김순근(생년미상, 1990년 애족장) 선열은 광복군 제3지대 입대했고, 1945년 2월 일본군에 체포돼 억류 중 자결했습니다.

　백정현(1920년생, 1991년 애국장) 선열은 1942년 광복군 제2지대 대부(隊附)로 정보수집 활동에 나섰고, 1944년 4월 중국 북경감옥에서 순국했습니다. 안일용(1921년생, 1991년 애족장) 선열은 광복군 제2지대에 입대해 1944년 9월 중국 하남성 수무현에서 공작활동 중 순국했습니다.

　김찬원(1917년생, 1991년 애국장) 선열은 1941년 광복군 제2지대 대부(隊附)로 공작활동에 나섰고, 1945년 8월 중국 산서성에서 지하공작 중 체포돼 순국했습니다. 이해순(1919년 생, 1991년 애국장) 선열은 광복군 제2지대 입대 후 중국 산서성에서 공작활동을 했고, 1945년 8월 중국 산서성

운성에서 공작활동 중 체포돼 순국했습니다.

전일묵(1920년생, 1991년 애족장) 선열은 광복군 제2지대 입대 후 중국 하북성에서 활동하다 1945년 8월 일본군에 체포돼 순국했습니다. 현이평(1913년생, 1995년 애국장) 선열은 중국 산서성에서 한국청년진지공작대를 창설했고, 1941년 1월 민족의식 고취 활동 중 피살됐습니다.

한휘(생년미상, 2022년 애족장) 선열은 광복군 제2지대에 입대해, 중국 하북성, 하남성 등지에서 정보수집 및 초모공작 등을 전개해 조국독립에 기여했습니다. 1944년 순국한 것으로 추정할 뿐입니다. 한휘 선열은 17위 중 가장 늦은 2022년 건국훈장 애족장에 추서되면서 국립묘지에 안장될 수 있었습니다.

광복 후 작고한 애국지사로는 조대균(미상, 1990년 애족장), 이한기(1925~1949, 1990년 애족장), 동방석(1923~1971, 1990년 애족장), 이도순(1909~1969, 1990년 애족장) 지사가 있는데요. 조대균 지사는 1944년 9월에 광복군 3지대에서 활동하다 1945년 5월 입황특수공작훈련단 무전반에 편입되었습니다. 사망한 시점은 정확히 알 수 없고 귀국 후 작고한 것으로 알려질 뿐입니다.

이한기 지사는 1944년 9월에 광복군 3지대에 입대해 1945년 1월 화북지구 지하 공작대원으로 활동했는데요. 1945년 5월 입황특수훈련단 무전반을 수료했고 1949년 작고했습니다. 동방석 지사는 1943년 5월에 광복군 제2지대에 입대했고, 1944년에 특별 간부훈련반과 한미훈련반(OSS)을 수료했습니다. 1946년 귀국했는데, 1971년에 세상을 떠났습니다. 이도순 지사는 한국청년전지공작대 입대 후 중국 산서성에서 공작활동에 나섰고, 1940년 9월 광복군 제2지대로 편입해 해방될 때까지 활동했으며 1969년에 작고했습니다.

광복절 전날 안장된 17위 선열

대전현충원 '수유리 한국광복군 합동 묘역'에 안장된 광복군 17위

대전현충원 '수유리 한국광복군 합동 묘역'에 안장된 광복군 17위 ⓒ 임재근

수유리 광복군 합동묘소에 안장돼 있던 광복군 17위의 유해는 2022년 8월 11일 합동묘소를 개장해 수습했습니다. 함께 안장돼 있던 17위의 유해는 오랜 세월에 안장자의 개별 표식이 사라져 신원을 특정할 수는 없었습니다. 이 때문에 대전현충원 '수유리 한국광복군 합동 묘역'에 세워진 17개의 묘비에는 모두 '수유리 한국광복군의 묘'라고 새길 수밖에 없었습니다.

대신 17위의 묘비 앞에 설치된 참배단에 선열들의 이름과 공적을 새겨 놓았죠. 참배단에는 '수유리 한국광복군 선열 여기에 잠들다'는 글귀와 함께 수유리 한국광복군 묘비에 각인돼 있던 비문을 그대로 옮겨 새겼습니다.

"비바람도 찼어라 나라 잃은 나그네야 바친 길 비록 광복군이었으나 가시밭길 더욱 한이었다. 순국하고도 못 잊었을 조국이여 꽃동산에 뼈나

대전현충원 독립유공자7묘역 내 조성된 '수유리 한국 광복군 합동 묘역'에 있는 17기의 묘비 전면에는 모두 '수유리 한국광복군의 묘'라고만 새겨져 있다. ⓒ 임재근

17위의 묘비 앞에 설치된 참배단에 전면에는 수유리 한국광복군 묘비에 각인되어 있던 '비문'을 그대로 옮겨 새겼다. 참배단 양측면과 후면에는 17위의 이름과 공적을 새겨 놓았다. ⓒ 임재근

마 여기 묻히었으니 동지들아 편히 잠드시라"

17위의 묘는 참배단 양 옆으로 각 1기식, 그 뒤로 5기씩 3열로 자리 잡고 있습니다. 묘비의 뒷면에는 참배단에서 먼 왼쪽부터 122~126, 166~170, 209~213, 252~253의 번호가 4열로 부여돼 새겨져 있습니다. 대전현충원 독립유공자7묘역 가장 오른편으로 합동묘역을 조성하면서 묘판 내 안장 가능기수를 파악, 위치에 예정된 번호를 부여하다보니, 17위의 묘비 번호 모두 차례대로 되지 못한 것입니다.

서울 수유리에 안장돼 있던 한국광복군 17위가 대전현충원으로 이장되면서 대전현충원에 안장된 광복군은 총 360위로 늘어났습니다. 목숨을 걸고 독립운동에 나섰던 독립운동가를 국립묘지로 이장해 오는 것도 필요하지만, 독립운동가들을 토벌하고 탄압했던 친일반민족행위자들을 국립묘지 밖으로 이장시키는 것도 꼭 필요한 일입니다. 국립묘지 대전현충원에는 친일인명사전에 등재된 친일반민족행위자가 최소 29명 안장돼 있다는 사실이 불편한 이유입니다.

17위의 묘는 참배단 양 옆으로 각 1기식, 그 뒤로 5기 씩 3열로 자리 잡고 있다. 묘비의 뒷면에는 참배단에서 먼 쪽 왼쪽부터(사진에서는 오른쪽 아래) 122~126, 166~170, 209~213, 252~253의 번호가 4열로 부여되어 새겨져 있다. 사진 오른쪽으로 아직 묘소가 조성되지 않은 모습을 확인할 수 있다. ⓒ 임재근

[참고자료]

공훈전자사료관(https://e-gonghun.mpva.go.kr/)

고주리 순국선열, 화성에서 대전현충원으로 이장

수유리 한국광복군의 묘 옆에 이름 없이 안장된 또 다른 묘..

2024년 6월 10일, 화성에서 대전현충원으로 이장된 고주리 순국선열의 묘. 안장 직후에는 임시로 나무로 만든 비를 세우는 데, 이를 비목(碑木)이라고 부른다. 6명이 모셔졌는데, 비는 3기분이다. ⓒ 임재근

2024년 6월, 고주리 순국선열 6위가 경기도 화성에서 대전현충원 독립유공자7묘역으로 이장되었습니다. 좀 더 구체적으로는 수유리 한국광복군 합동묘역 옆 자리였습니다. 그런데 6위가 모셔져 있는 묘는 6기가 아니라 3기(249~251호)뿐이었습니다. 3기 모두 묘비에는 '고주리 순국선열의 묘'라고 같은 글씨가 새겨져 있었습니다. '고주리 순국선열의 묘'에는 도대체 무슨 사연이 있는 것일까요?

1919년 3·1운동이 전국적으로 벌어지자 일본 군경은 시위에 나선 군중

서울현충원에 안장된 스코필드의 묘. 제암리 학살 사건을 사진으로 찍어 세상에 알렸던 스코필드는 정부로부터 공을 인정받아 1968년 독립장을 서훈받았다. 스코필드는 '석호필'이란 이름으로 1958년에 한국 국적을 취득한 후 한국에서 여생을 마쳤다. 1970년 4월 12일 "내가 죽거든 한국 땅에 묻어주오"란 유언을 남기고 세상을 떠났다. 그의 유해는 나흘 후인 4월 16일 서울현충원 독립유공자 96호에 안장되었다. ⓒ 임재근

제암리 3·1운동 순국23위의 묘. 제암리 사건이 벌어진 제암리 교회 터에는 3·1운동순국기념탑이 세워졌고, 탑 뒤편 중턱에 순국23위의 합동 묘를 조성하는 등 일대는 제암리3·1운동 순국유적지로 조성되었다. ⓒ 임재근

을 향해 발포를 하는 등 무력 탄압에 나섰습니다. 이 때문에 많은 희생자와 부상자가 발생했습니다. 그 과정에서 3·1운동에 대한 보복 행위로 일본 군경이 마을 사람들을 속여 학살한 사건도 있었으니 바로 제암리 사건입니다. 1919년 4월 15일, 일본군 보병 중위 아리다 도시오(有田俊夫)가 이끄는 일본군 20여 명이 경기도 수원군 향남면(현 화성시 향남읍) 제암리에 도착해 마을사람에게 알릴 것이 있다고 속여 천도교인과 기독교인 20여 명을 교회에 모이게 하고는 사격을 가한 뒤 증거를 없애기 위해 교회에 불을 지르는 끔찍한 만행을 저질렀습니다. 이때 교회당 안에서 23명이 목숨을 잃었습니다. 제암리 교회에서 벌어진 이 사건은 특히 외국인 선교사들의 분노를 사게 했습니다. 당시 세브란스의학전문학교 세균학과 위생학 교수로 있던 캐나다장로회 선교사 스코필드(F. W. Schofield)는 제암리 사건 소식을 듣고 현장으로 달려가 참상을 사진에 담아 세상에 알렸습니다. 스코필드는 사건 발발 이틀 후인 4월 17일에 제암리 사건 소식을 듣고는 다음 날인 18

일 자신의 자전거를 가지고 기차를 타고 수원역까지 갔습니다. 다시 자전거로 사건 현장에 도착해 사건 현장을 사진으로 담았고, 「수원에서의 잔학행위에 관한 보고서」를 작성해 본국에 보내기도 했습니다.

수원 지역 3·1운동은 기독교와 천주교가 주축이 되어 일어났고, 종교인뿐 아니라 학생, 상인, 기생 등 다양한 계층이 만세운동에 참여했습니다. 그리고 관공서를 파괴하는 등 일본에 대한 적개심과 저항도 강하게 표출되었습니다. 특히 일제가 제암리 사건의 빌미로 삼았던 발안장(향남면 발안리) 만세운동은 일본의 만행에 분개해 방화를 포함해 격렬하게 전개된 대표적 사례였습니다.

일본군은 제암리에서 위와 같은 방화, 학살을 저지른 것에 그치지 않고, 바로 옆 마을 고주리로 이동해 김주업의 결혼식을 위해 모였던 김흥열(김흥렬)의 일가족 6명을 칼로 죽이고 시체를 불태우는 만행을 이어갔습니다. 잔혹하게 학살당한 6명의 시신 상태는 너무도 처참해서 누구의 유해인지 구분할 수 없었습니다. 학살 사건 이후에도 일본군은 매일 고주리에 들러 시체에 손도 대지 못하게 했습니다. 일본군이 3일 후에서야 시체를 묻으라고 했는데, 이때 누구의 유해인지 구분을 할 수 없어 마을 사람들은 분묘를 3기 밖에 조성할 수 없었습니다.

이때 희생된 이는 김흥열을 비롯해 동생 김성열, 김세열, 그리고 조카 김흥복(김성열의 아들), 김주남(김세열의 아들), 김주업(김세열의 아들)이었고, 모두 천도교인이었습니다. 이중 김흥열과 김성열 형제는 수원 발안장 만세운동에 적극 참여한 인물이었습니다. 정부는 순국한 김씨 일가의 공적을 기리기 위해 1991년 이들을 모두 건국훈장 애국장에 추서했고, 유족과 천도교 교인들이 중심이 되어 매년 4월 15일에 추모제를 거행해 왔습니다.

이들의 묘는 그동안 화성시 팔탄면 덕우리 공설묘지에 있었습니다. 유족들은 고주리 일대를 유적지로 지정하고 사건 현장(고주리 240)에 추모비를 세우려고 시도했지만, 재산권 침해를 우려하는 마을 주민들의 잇따른 반대

고주리 참살 현장. 전봇대에 '천도교 고주리 참살현장 입구'라는 간판이 써있지만, 정작 참살 현장은 민가가 들어서서 사건을 알리는 안내판조차 없었다. 제암리 사건지와 고주리 사건지는 1km도 떨어져 있지 않는 바로 옆 마을이다. ⓒ 임재근

팔탄면 덕우리 공설묘지에 안장되었던 고주리 학살사건 순국선열의 유해가 대전현충원으로 이장된 후의 묘터. 6명이 묻혀 있지만 너무나 처참하게 학살당해 누구의 시신일지 구분할 수 없어 3기의 분묘로 조성할 수밖에 없었다. ⓒ 임재근

로 번번이 실패했다고 합니다. 이런 상황에서 묘를 관리해온 유족도 고령으로 인해 관리에 어려움을 겪자 유족들은 국가관리묘역 지정을 추진하기도 했는데, 결국 대전현충원으로 이장을 결심하게 된 것입니다.

국가보훈부는 2024년 6월 7일, 팔탄면 덕우리 공설묘지에 안장된 고주리 순국선열 합동묘역을 개장했고, 유해를 화장한 후 화성 독립운동기념관에 잠시 모셔두고 8일과 9일 이틀간 추모 기간으로 삼았습니다. 국립묘지 밖에 있던 유해를 대전현충원으로 이장하다보니 각 분묘로 구분된 상태를 유지한 채 모셔와야만 했습니다. 이 때문에 덕우리 공설묘지에 3기의 분묘로 구분되어 있던 것처럼, 대전현충원 독립유공자7묘역에도 고주리 순국선열 6위의 묘는 3기가 조성된 것입니다. 그리고 고주리 순국선열 6위의 묘도 수유리 한국광복군 합동 묘역처럼 누구의 유해인지 알 수 없는 상태이기 때문에 묘비에 이름을 새기지 못하고 '고주리 순국선열의 묘'라고만 새기게 되었습니다. 그리고는 수유리 한국광복군 합동 묘역처럼 별도의 안내 상석을 설치해 고주리 학살 사건과 그때 순국한 선열들의 뜻을 알리고 있습니다. 이름도 없는 고주리 순국선열 6위의 묘가 수유리 한국광복군 17위

수유리 한국광복군 합동 묘역 옆에 자리한 고주리 순국선열의 묘. ⓒ 임재근

의 묘 바로 옆에 자리한 이유입니다.

고주리 학살사건은 제암리 학살사건의 연장선이었습니다. 그런데 고주리 학살 사건에 앞서 벌어진 제암리 사건과 관련된 유적지는 3·1운동 순국기념탑, 제암리3·1운동순국기념관, 23인순국묘지 등 다양하게 조성된 반면, 고주리 사건 관련 유적지는 제대로 조성되지 못한 사실이 안타깝습니다. 그래도 다행인 것은 일제강점기 화성 지역 사람들의 독립운동과 그 정신을 기리고 위해 기존의 '제암리3·1운동 순국 기념관'을 확장 이전해 2024년 4월 15일에 화성시독립운동기념관을 개관했다는 것입니다. 화성시독립운동기념관에는 제암리 사건뿐 아니라, 고주리 사건을 비롯해 화성지역에서 벌어진 독립운동의 역사를 한눈에 볼 수 있습니다.

[참고자료]
이지영, 「제암리 학살사건의 전개와 성격」, 충북대학교 석사학위논문, 2008.
"논밭 팔아 독립운동 헌신… 돌아온 건 '주민 이기주의'," 〈기호일보〉, 2024.06.17.
국가보훈부 보도자료 '고주리 순국선열 6위 합동 봉송식 10일 화성에서 거행'(2024.06.10.).
화성시독립운동기념관(https://hs815.hscity.go.kr/)

제주해녀들이 대전현충원에 잠들어 있다

국내 최초 여성주도 항일투쟁 '제주해녀항일운동'

지난 2024년 2월 초, 제주에서 온 분들을 대전현충원에서 안내할 일이 있었습니다. '대전현충원에 묻힌 제주4·3사건 관련자'가 이날의 주제였습니다. 대전현충원에는 10만 명에 달하는 분들이 안장되어 있다 보니 다양한 주제로 안내를 하고 해설을 할 수 있는데요. 주제와 상관없이 홍범도 장군 묘를 찾고자 하는 분들도 많이 계셨습니다.

이날도 참가자들은 "제주도에서 대전현충원까지 왔는데, 이왕이면 홍범도 장군 묘를 다녀가자"고 했습니다. 홍범도 장군 묘 앞에서 설명 후에, 기념촬영까지 마치고 버스에 탑승하려는 데 몇몇 분들이 홍범도 장군 주변의 어느 묘를 찾아 사진을 찍고 뒤늦게 버스에 올랐습니다.

묘의 주인공은 제주해녀항일운동가 김옥련 애국지사였습니다. 항일운동에 나선 제주도 해녀들이 있었습니다. 이들이 대전현충원에 묻히게 된 이유는 무엇일까요.

해녀 수탈기구 된 해녀조합

국가보훈부(당시 국가보훈처)는 2022년 1월 '이달의 독립운동가'로 부춘화, 김옥련, 부덕량 3인의 애국지사를 선정했습니다. 3인의 애국지사는 해녀들의 고달픈 삶 속에서도 일제의 횡포에 항의해 제주 해녀들의 시위를 이끈 항일운동의 주역이었습니다. 이중 부덕량 지사는 고향 제주에 잠들어 있고, 부춘화(독립유공자4-353), 김옥련(독립유공자3-167) 지사 두 분이 대전현충원에 잠들어 있습니다.

일제 강점기 어느 곳에서나 삶이 비참했겠지만, 차가운 물속에 들어가 물질을 해야 하는 제주도 해녀들의 삶은 더욱 고달팠습니다. 그들 노동의 대가가 정당했더라면 덜 고달팠겠지만 실상은 그러지 못했습니다. 그래서 해녀들은 권익을 보호하기 위해 1920년 '제주도해녀어업조합'을 만들었습니다.

　해녀조합은 해녀들이 채취한 것을 공동으로 팔고, 중개도 하고, 자금까지 융통해 가며 해녀들의 권익을 보호했습니다. 조합설립 직후 1,000명이 넘는 해녀들이 가입할 정도로 큰 호응을 얻었습니다. 그런데 해녀조합은 출범한 지 10년도 안 되어 해녀들의 권익을 보호하기는커녕 오히려 일본 상인과 일본 해조회사 등 일제의 편이 돼 해녀를 수탈하는 기구로 변질됐습니다.

　해녀들이 바다에 들어가 힘들여 채취한 전복이나 우뭇가사리 등은 일본

대전현충원에 안장된 부춘화(독립유공자4-353) 지사와 김옥련(독립유공자3-167) 지사의 묘. ⓒ 임재근

하도야간강습소 제1회 졸업기념 사진. 맨 윗줄 가운데가 부춘화, 두 번째 줄 왼쪽으로 두
번째가 김옥련, 오른쪽으로 두 번째가 부덕량이다. ⓒ 공훈전자사료관

인이 운영하는 해조회사에 판매했습니다. 수익의 절반을 해조회사에 수수
료로 가져갔고, 해녀조합에서도 일정금액을 수수료로 가져갔습니다. 해녀
들이 채취한 해산물 가격도 '지정판매'를 이유로 들어 조합 측에서 싸게 매
겼습니다. 해녀들은 해녀조합비에 거래상인 임금 등을 빼고 나면 실제 수입
은 얼마 되지 않았습니다. 하지만 해녀조합장은 해녀들의 어려운 처지에 관
심이 없었습니다. 당시 해녀조합장이 제주도를 통치하던 일본인 제주도사
(현재의 도지사)였기 때문이었습니다.

　해녀조합과 일제 당국의 횡포가 심해지자 제주해녀들은 이대로 눌러앉아
있을 수 없다고 판단했습니다. 해녀회를 조직해 해녀조합을 상대로 투쟁을
시작했습니다. 부춘화 지사는 1928년에 하도리 해녀회장으로 뽑혔고, 김옥
련·부덕량 지사도 해녀회에서 적극적으로 활동에 나섰습니다. 부춘화 지사
는 1908년 구좌면 하도리 굴동에서 태어나 15살인 1922년부터 해녀 생활

을 했습니다. 김옥련 지사는 1907년 구좌면 하도리 서문동에서 태어나 9살 때부터 물질에 나섰습니다. 부덕량 지사도 1911년에 구좌면 하도리에서 태어나 13세부터 해녀 생활을 시작했습니다.

20대 안팎의 젊은 해녀들이 해녀조합을 상대로 싸우고, 항일운동의 주역으로 나서게 된 데에는 항일의식을 가졌던 동네 청년 지식인들의 영향과 역할이 컸습니다. 해녀들은 동네 청년들의 권유로 하도보통학교 야학강습소에 입학했는데, 여기서 한글과 산수뿐 아니라, 우리 역사와 사회를 공부했습니다. 젊은 해녀들은 일제 식민지 지배의 부당함을 깨닫고, 해녀들의 권익을 지키는 것이 얼마나 중요한지 깨달았습니다. 부춘화·김옥련·부덕량 지사는 바로 하도야간강습소 1회 졸업생이었습니다.

1931년 12월 20일 하도리 해녀회는 일제의 해녀 착취에 항의하기 위해 부춘화·김옥련·부덕량 지사 등을 비롯해 해녀 대표 10여 명을 선출했습니다. 본격적인 투쟁은 1932년 1월 7일 세화리 오일장 날 벌어졌습니다. 하도리에서 해녀 3백여 명이 호미와 비창(전복을 따는 도구)을 들고 세화리 시장까지 행진하며 시위에 나섰습니다. 부근 마을에서 다른 해녀들이 합세했고, 시위 행렬은 제주해녀조합이 있는 제주읍을 향해 나아갔습니다.

시위 행렬이 구좌면사무소에 다다르자 해녀조합 지부장이자 구좌면장이던 강공칠이 나서 해녀들의 요구조건을 해결하겠다고 약속하면서 일단 이 날 시위는 오후 5시에 해산했습니다. 하지만 면장의 약속은 지켜지지 않았고, 세화 오일장이 다시 열리는 1월 12일 더 큰 시위가 벌어졌습니다. 때마침 그날은 해녀조합장을 겸하는 제주도사 다구치[田口禎熹]가 새로 부임해 순시에 나서 구좌면을 통과할 날이었습니다.

이날 하도리 해녀 300여 명뿐 아니라, 종달리·오조리 해녀 300여 명, 세화리 해녀 40여 명까지 호미와 비창을 휘두르면서 일시에 세화장으로 모여들었습니다. 군중들도 합세해 세화시장에서 집회를 열었고, 때마침 순시에 나선 다구치 제주도사가 차를 타고 구좌면에 도착했습니다. 하지만 집회

장면을 보고 놀란 도사 일행은 순시를 포기하고 돌아가려 했습니다. 하지만 이 모습을 본 해녀들은 집회를 중단하고 "우리들의 요구에 칼로써 대응하면 우리는 죽음으로써 대응한다"고 외치며 몰려가서 도사의 차를 에워쌌죠.

서훈은 2000년 이후에야

사태가 험악해지자 도사는 결국 해녀들과의 대화에 응하기로 했고, 해녀들은 '지정판매 반대', '해녀조합비 면제', '도사의 조합장 겸직 반대', '일본 상인 배척' 등의 항일적 성격의 요구 조건을 내걸며 도사와 담판을 벌였습니다. 결국 제주도사는 해녀들의 시위에 굴복해 요구 조건을 5일 이내에 해결하겠다고 약속하며 물러났습니다. 하지만 제주도사 또한 약속을 어겼고, 며칠 후부터 무장경관대를 출동시켜 주동자 체포에 나섰습니다.

당시 1월 23일부터 27일까지 해녀 주동자 34명과 시위 배후로 지목받은 수십 명의 청년들이 체포됐습니다. 이때 부춘화·김옥련·부덕량 지사도 일경에 체포됐죠. 일제는 배후를 캐내겠다는 명분으로 이들을 1개월 이상 고문했습니다. 하지만 이들은 끝까지 항거했고, 자신들이 주동임을 증명했습니다. 이후 6개월 동안 경찰서 유치장에 수감되어 고초를 당했습니다. 경찰은 주동자를 체포하고 후속 시위를 진압했습니다.

제주도사는 약속을 어겼고, 투쟁의 목표는 달성되지 못했습니다. 하지만 해녀들의 시위는 국내 최초 여성이 주도한 항일투쟁이라는 의의가 있습니다. 해녀의 생존권을 쟁취하기 위해 일제의 수탈기구로 전락해 버린 해녀조합에 항거한 투쟁이었습니다. 특히 1931년 9월부터 넉 달간 예비투쟁 단계에 있었고, 1932년 1월에 두 차례 큰 시위를 전개하면서 약 6개월가량 시위를 지속했다는 점에서 제주해녀조직의 단단함을 확인할 수 있습니다.

제주해녀항일운동에서 주동에 나섰던 해녀 중에는 부춘화·김옥련·부덕량 외에도 고차동·김계석이 있었습니다. 하지만 고차동·김계석은 옥고를

제주해녀항일운동기념공원(제주시 구좌읍)에 세워진 제주해녀항일운동기념탑과 3인의 해녀 흉상(오른쪽) ⓒ 임재근

제주해녀항일운동기념공원(제주시 구좌읍)에 세워진 3인의 해녀 흉상. 왼쪽부터 부춘화, 김옥련, 부덕량 지사. ⓒ 임재근

치르지 않았다는 이유로 공적이 인정되지 않아 서훈을 받지 못했습니다.

이후 2000년대 들어서야 애국지사들 일부가 서훈을 받았습니다 부춘화·김옥련 지사는 2003년에, 부덕량 지사는 2005년에 건국포장에 추서됐습니다. 서훈받을 당시 생존해 있던 이는 김옥련 지사뿐이었습니다. 부덕량 지사는 일경에 체포되어 당했던 고문 후유증으로 몸이 극도로 쇠약해졌고, 1939년 10월 4일 폐병으로 28세의 나이로 세상을 떠났습니다. 부덕량 지사는 하도리 고향집 인근, 바다가 보이는 어느 해변에 묻혔습니다. 부춘화 지사는 1995년 3월 24일에 87세의 나이로 세상을 떠났고, 김옥련 지사는 서훈을 받고 2년이 지난 후인 2005년 9월 4일 98세의 나이로 세상을 떠났습니다.

한편, 항일운동에 참가한 해녀들은 강관순 지사가 작사한 '해녀의 노래'를 부르며 일제에 항거한 것으로 알려져 있습니다. 우도에서 태어난 강관순 지사는 1930년 일제 수탈이 심해지자 야학소에서 우도 해녀들을 가르치는 등 계몽운동을 펼쳤고, 해녀항일운동 이후 배후로 지목돼 일경에 체포됐습니다. 옥중에 있던 강관순 지사는 가사를 종이에 적어 면회를 온 홍무향에게 전달했고, 이것을 당시 '도쿄 행진곡'의 곡조에 부쳐 부르면서 '해녀의

하도리 고향집 인근, 바다가 보이는 곳에 잠들어 있는 부덕량 지사의 묘. 멀리 보이는 섬이 강관순 지사의 고향 우도이다. ⓒ 임재근

노래' 또는 '해녀가'로 불렸습니다.

강관순 지사는 이후 대구복심법원에서 징역 2년 6월을 선고받고 옥고를 치렀습니다. 출옥 후 일제의 감시를 피해 일가를 데리고 함경도 청진으로 이사했으나, 옥중에서 받은 고문의 후유증으로 계속 고생을 하다가 해방을 3년여 앞둔 1942년 8월 세상을 떠났습니다. 강관순 지사는 대전현충원 독립유공자4묘역 296호에 안장되어 있는데, 부춘화 지사의 묘와 얼마 떨어져 있지 않습니다. 강관순 지사의 묘비 아래에는 다음과 같은 해녀가의 가사가 새겨져 있습니다.

우리는 제주도의 가엾은 해녀들 비참한 살림살이 세상이 안다
추운날 더운날 비가 오는 날에도 저바다 물결 위에 시달리는 몸

아침 일찍 집을 떠나 황혼되면 돌아와 어린아이 젖주면서 저녁밥 짓는다
하루 종일 일했으나 버는 것은 기막혀 살자 하니 한숨으로 잠도 안오네

'해녀가'를 작사한 강관순 지사도 대전현충원 독립유공자4묘역 296호에 안장되어 있다. 강관순 지사의 묘비 아래에는 해녀가 가사가 새겨져 있다. ⓒ 임재근

이른봄 고향산천 부모형제 이별코 온가족 생명줄을 등에다 지고
파도세고 물결 센 저 바다를 건너서 기울산 대마도로 돈벌러 가요

배움 없는 우리 해녀 가는 곳마다 저 놈들은 착취 기관 설치해 놓고
우리들의 피와 땀을 착취해 간다. 가엾은 우리 해녀 어디로 갈까

[참고자료]
"항일 일깨운 '해녀의 노래' 작사한 故 강관순 지사," 〈제주일보〉, 2019.02.28.
공훈전자사료관(https://e-gonghun.mpva.go.kr/)
김은실, 「제주해녀의 주체성과 제주해녀항일운동」, 『국가와 정치』 16집, 2010.
김태완, 라미경, 「보훈정책의 시각에서 본 제주해녀 항일운동의 과제」, 『한국보훈논총』 제18권 제4호, 2019.

대전 3·1만세운동의 주역들, 고향에 묻히다

대전 최초 유성3·16만세운동부터 3·27, 4·1만세운동의 주역들까지

3·1운동은 1919년 3월 1일, 경성에서 민족대표 33인의 독립선언서 낭독과 탑골공원 학생들의 시위를 시작으로 불과 수개월 만에 전국으로 퍼져 나갔습니다.

국사편찬위원회 삼일운동 데이터베이스에 따르면, 1919년 3월 1일 당일에 만세운동이 벌어진 도시는 경성을 비롯해 평양, 진남포, 안주, 의주, 선천, 원산 등에 달하며, 3월 한 달 간 전국에서 1,066회, 4월에도 698회의 시위로 이어졌습니다. 3·1운동은 당시 전국 218개 군 중 211개 군에서 연인원 200만 명 이상이 참가했습니다. 이 과정에서 일제는 7,500여 명을 살해했고, 부상자는 1만 6,000여 명에 달했으며, 4만 7,000여 명이 체포되었습니다.

대전지역에서는 1919년 3월 16일부터 4월 1일까지 보름간 인동(본정)·유성·유천·갈마(치마)·가수원 등지에서 8차례의 시위가 있었습니다. 오늘은 대전지역 3·1운동에 나섰다가 고향에 조성된 국립묘지에 안장된 독립운동가들에 대한 이야기를 나눠보려고 합니다.

3월 27일, 인동시장

한동안 대전지역 최초 3·1운동은 3·16인동만세운동이라고 알려져 있었습니다. 당시 그 만세운동이 일어났던 시장은 '본정 시장' 또는 '대전장'으로 불렸는데, 이후 인동시장으로 불렸기 때문에 지금은 인동만세운동으로 불리게 된 것입니다. 이를 기념하기 위해 매년 3월 16일에 인동 쌀시장 앞

인동 쌀시장 앞에 세워진 3·16인동장터만세운동기념비 앞면(왼쪽) 과 뒷면(오른쪽). 인동장터 만세운동 유공 수훈자로 기재되어 있는 이들 중 김직원과 박종병은 4월 1일 만세운동 관련자이고, 나머지는 3월 27일 만세운동 관련자들이다. 3월 27일 만세운동 관련자들 중 대통령 표창은 받은 김완수는 제외됐다. 대전 최초의 만세운동은 3월 16일 유성시장 만세운동인데, 그동안 3·16인동장터만세운동으로 기념해 오면서 기념비에도 '대전 최초 만세운동'이라고 새겨져 있다. ⓒ 임재근

도로(전기안전공사 옆)에서는 '3·16 인동장터 독립만세운동 재연행사'를 진행하기도 합니다. 그런데 3월 16일에 인동시장에서 만세운동이 있었다는 사실을 뒷받침할만한 증거는 발견되지 않고 있습니다.

   현재까지 확인된 바로는 인동시장에서 처음으로 만세운동이 벌어진 날은 3월 16일이 아닌 3월 27일입니다. 3월 27일 대전장에서는 김창규, 조상련, 윤명화, 김완봉 등의 주도로 200명의 군중들이 합세해 독립만세운동이 일어났습니다.

   김창규 등은 만세운동과 함께 김정철 지사가 사전에 경성에서 가져온 조

선독립신문, 독립선언서 등을 등사기로 인쇄해 건네준 300여 매의 유인물을 군중에게 배포하기도 했습니다. 일경이 곧바로 출동해 주동 인사들을 체포했고, 조상련 등 6명이 재판에 회부되었고, 김완봉, 김정철, 김완수도 각각 별건의 재판에 회부되어 옥고를 치렀습니다.

이날 만세운동으로 고초를 겪은 김완봉(애족장, 1995), 김완수(대통령표창, 2020), 김정철(애족장, 1990), 김창규(애족장, 1990), 조상연(애족장, 1990), 박종호(애족장, 1993), 소홍규(애족장, 1990), 윤명화(애족장, 2009) 8명은 국가로부터 공훈을 인정받아 건국훈장 애족장 및 대통령표창을 수여받았고, 김성현만 서훈을 받지 못했습니다. 이들 중 김창규 지사와 조상연 지사는 대전현충원 독립유공자1묘역 61호와 독립유공자2묘역 437호에 각각 안장되어 있고, 나머지는 국립묘지 밖에 개별적으로 안장되어 있거나 묘소가 확인되지 않고 있습니다.

실제 대전지역 최초의 만세운동은 1919년 3월 16일, 당시 충청남도 대전군 유성면 유성시장에서 벌어졌습니다. 이날 이권수와 이상수는 유성시장에 나가 깃발을 흔들며 독립만세를 외쳤고, 300명의 시장 군중들도 이에 호응해 만세운동에 합류했습니다.

헌병들이 달려들어 이권수, 이상수를 비롯해 8명을 체포했고, 그 중 이권수, 이상수가 재판에 회부되어 1년 2개월 간 옥고를 겪었습니다. 이상수와 이권수는 당시 유성면 지족리, 같은 마을에 거주했던 16촌 관계였습니다. 3·16유성시장 만세운동의 주역, 이권수 지사와 이상수 지사는 대전현충원 독립유공자2묘역 589호와 독립유공자5묘역 190호에 각각 잠들어 있습니다.

3·16인동만세운동은 없다

특히 4월 1일은 인동(본정)과 유성뿐 아니라 갈마(치마)까지 대전의 독립만세운동 중에 가장 격렬하고 활발하게 전개되어 대전지역 3·1운동에서 최

김정철 애국지사의 묘. 아래 보이는 마을, 대전 동구 삼괴동에 김정철 지사의 생가가 있었다. 김정철은 경성에서 가져온 조선독립신문, 독립선언서 등을 등사기로 인쇄해 300여 매를 김창규에게 전달해 3월 27일 만세시위에 배포하게 했다. ⓒ 임재근

대 절정의 날이었습니다.

김직원, 박종병의 주도로 인동(본정) 시장에서 만세운동이 시작됐고 이에 장날 모인 군중들이 호응해 시위 대열은 수백 명으로 불어났습니다. 일제는 경찰뿐 아니라 대전헌병분대의 헌병과 보병 80연대 병사들까지 출동해 발포했고, 4명이 사망하고 11명이 부상을 당했습니다.

이날 만세운동으로 김직원과 박종병이 체포되어 징역 10월형을 언도받아 옥고를 치렀습니다. 김직원 애국지사는 대전현충원 독립유공자4묘역 143호에, 박종병 애국지사는 고향마을에 잠들어 있습니다. 같은 날 유성에서 약 70~80명의 군중이 독립만세를 외치고 유성헌병주재소을 공격했습니다. 진압하던 헌병들이 시위 군중들을 향해 실탄을 발포하면서 최승복을 비롯한 시위 참여자 8명이 사망하고, 홍병두를 비롯해 32명이 헌병들에게 체포되었습니다.

홍병두는 다행히 재판에 넘겨지지 않았고 독립운동을 멈추지 않았습니다. 홍병두는 1920년 3월 8일, 상해 임시정부를 지원하기 위한 독립운동자금을 모집하다 일경에 붙잡혔고, 재판에 회부되어 징역 5년형을 선고받고 옥고를 치렀습니다. 홍병두 지사는 1991년에 건국훈장 애국장(1983년 대

3·16유성시장 만세운동의 주역, 이권수 지사와 이상수 지사의 묘. 1996년 10월 9일에 대전현충원으로 이장한 이권수 지사는 독립유공자2묘역 589호에, 2017년 7월 16일에 대전현충원으로 이장한 이상수 지사는 독립유공자5묘역 190호에 안장되었다. 대전현충원으로 이장해 들어오는 독립운동가의 묘가 증가하자 기존 8평 안장을 유지하지 못하고 독립유공자5묘역부터는 1평 규모로 안장하기 시작했다. 이 때문에 이권수 지사와 이상수 지사의 묘와 묘비의 크기가 다르다. ⓒ 임재근

통령표창)에 추서되었고, 대전현충원 독립유공자2묘역 887호에 안장되었습니다. 4월 1일 시위현장에서 순국한 최승복도 독립유공자2묘역 625호에 잠들어 있습니다.

3·1운동 과정에서 부상을 당하거나 순국한 이들 중에는 신원이 확인되지 않아 서훈을 받지 못했을 뿐 아니라 이름조차 알려지지 않은 이들도 많습니다.

공훈을 인정받아 서훈을 받은 애국지사와 순국선열들을 기리는 것도 중요하지만, 이름조차 남기지 못한 이들도 함께 기억해야 할 것입니다. 그리고 덧붙여 3·16인동만세운동처럼 확인되지 않은 불명확한 근거로 잘못된 사실을 기념하는 일도 경계해야 할 것입니다.

대전현충원 독립유공자2묘역 625호에 안장된 최승복의 묘. 최승복은 1919년 4월 1일 시위현장에서 일본 헌병의 발포로 사망했기 때문에 순국선열로 불린다. ⓒ 임재근

　3·16인동만세운동과 관련해 대전현충원에 안장된 이가 단 한명도 없을 뿐만 아니라, 서훈은 고사하고 재판을 받은 경우도 발견되지 않았습니다. 그런데 불명확한 근거로 기념해 온 3·16인동만세운동을 근거로 서훈을 신청하는 일도 있었습니다. 당연히 증거가 없었기 때문에 서훈을 받지 못했습니다. 독립운동가들을 찾고 그들의 정신을 기리는 것도 중요하지만, 가짜 독립 운동가가 만들어지는 것을 방지하는 것도 후대들의 역할이라는 생각이 듭니다.

[참고자료]
국사편찬위원회 삼일운동 데이터베이스
공훈전자사료관(https://e-gonghun.mpva.go.kr/)
대전직할시사편찬위원회, 『대전시사 제1권』, 1992.
대전광역시, 『대전100년사 제1권』, 2002.
김갑동, 김진호, 『3·16 대전인동장터 독립만세시위운동』, 대전동구문화원, 2002.

함께 독립운동에 나선 부부들

대전현충원에 안장된 부부 독립운동가 이야기

대전현충원 독립유공자묘역을 둘러보다보면 묘비 앞면 안장자 이름 옆에 '배위' ○○○ 또는 '부군' ○○○이라고 적힌 경우가 눈에 띠는데요. 배위(配位)는 아내를 높여 이르는 말이고, 부군(夫君)은 남편을 높여 이르는 말입니다.

두 경우 모두 부부(夫婦)가 합장된 묘를 의미합니다. 그런데 배위 또는 부군이라는 문구 없이 '애국지사' 또는 '순국선열'이란 글자 아래 두 사람의

애국지사 이름 옆에 배우자의 이름이 쓰여 있다. '배위'는 아내를 높여 이르는 말이고, '부군'은 남편을 높여 이르는 말이다. ⓒ 임재근

김재호, 신정완 부부의 묘비 앞면과 뒷면. 묘비 앞면의 두 사람 이름 위에 공동으로 '애국지사'가 새겨져 있다. 이들은 독립유공자2묘역 413호에 합장되어 있다. 묘비 뒷면에도 부부의 생몰 정보가 나란히 새겨져 있다. ⓒ 임재근

이름이 적혀 있는 경우도 있습니다. 이는 부부 모두 독립유공자로 인정돼 안장된 경우입니다.

2023년 3월 1일 기준으로 서훈을 받은 독립유공자 1만 7,748명 중 여성은 640명으로 3.6%에 불과합니다. 이 때문에 대전현충원 독립유공자를 둘러보다 보면 부군이란 글자보다 배위라는 글자가 훨씬 많다는 것을 알 수 있죠. 여성이 대체로 남성보다 서훈 등급을 크게 낮게 받는 것도 눈여겨봐야 할 점입니다.

독립유공자 중에서 부부 모두 서훈을 받은 경우가 116쌍 정도 확인됩니다. 그중 대전현충원에 안장된 부부 독립운동가로 현재까지 확인된 경우는 56쌍 정도인데요. 부부가 합장된 경우는 27쌍이고, 대전현충원 내에 각각 안장된 경우가 11쌍인 것으로 확인됐습니다. 나머지 18쌍은 부부 중 한 명

만 대전현충원에 안장되어 있고, 배우자는 다른 곳에 안장되어 있거나 묘지를 확인할 수 없는 경우였습니다.

합장된 27쌍 중 독립유공자1묘역에 안장된 경우는 이병화·허은(독립유공자1-26), 송세호·최갑순(독립유공자1-159), 박성관·최이옥(독립유공자1-193), 강석원·김두채(독립유공자1-263), 이일범·정영(독립유공자1-290), 박영섭·김숙영(독립유공자 1-324), 김지옥·윤경렬(윤경열)(독립유공자1-422)의 7쌍이었습니다.

독립유공자2묘역에는 김영린·이옥진(독립유공자2-48), 정석규·장매성(독립유공자2-83), 김기섭(김주)·전창신(독립유공자2-105), 김광희·김온순(독립유공자2-112), 주명우·윤악이(독립유공자2-279), 이원하·박기은(독립유공자2-378), 김재호·신정완(독립유공자2-413), 박상복(박성화)·임소녀(독립유공자2-414), 한규상·박덕실(독립유공자2-419), 김연진·이정현(독립유공자2-466), 최갑용(최갑룡)·임경애(독립유공자2-715), 안원규·안정송(독립유공자2-724), 이두열·김영순(독립유공자2-862), 백일규·김낙희(독립유공자2-975), 김사국·박원희(독립유공자2-1012), 송면수·김효숙(독립유공자2-1060), 송병채·심상순(독립유공자2-1078)의 18쌍으로 가장 많은 비중을 차지하고 있죠.

독립유공자 제3묘역과 제4묘역에는 송재홍·정금자(독립유공자3-572), 김태을·신분금(독립유공자3-648), 이정호·한태은(독립유공자4-8) 부부가 확인됩니다.

대전현충원 내에 각각 안장된 경우는 김성업·박현숙 부부(독립유공자1-251, 252), 정양필·이화숙 부부(독립유공자2-657, 658), 김관오·방순희 부부(독립유공자2-988, 987), 권도인·이희경 부부(독립유공자3-77, 78), 김성권·강혜원 부부(독립유공자5-137, 138), 유봉진·조인애 부부(독립유공자5-357, 358), 최원순·현덕신 부부(독립유공자5-514, 515)가 바로 옆에 나란히 안장되어 있었습니다.

애국지사 김성업·박현숙 부부는 독립유공자1묘역에 251호와 252호로 나란히 안장되어 있다. ⓒ 임재근

　권태휴·민영숙 부부는 독립유공자1묘역에서 164호와 90호에, 장현근·신정숙 부부는 독립유공자2묘역에 618호와 652호로 조금 떨어진 곳에 안장되어 있었습니다. 김근수·전월순(전월선) 부부는 독립유공자1-362와 독립유공자4-44에, 김준엽·민영주 부부는 독립유공자4-397과 독립유공자6-39에 각각 안장되어 있습니다.

　배우자의 묘소가 확인되지 않아 남편 또는 부인 홀로 대전현충원에 안장되어 있는 경우도 있습니다.

　홍범도 장군의 부인 단양 이씨는 남편의 의병활동과 관련해 체포되어 취조를 받던 중 끝까지 비밀을 지키다 고문을 받고 1908년 3월 순국해 2021년에 건국훈장 애국장을 추서받았지만, 묘소의 위치를 알지 못해 홍범도 장군 홀로 독립유공자3묘역 917호에 안장되어 있습니다.

　황병길(독립유공자1-28)·김숙경(미확인), 곽치문(미확인)·박치은(독립유공자1-241), 김인(독립유공자2-772)·안미생(미국), 이서룡(미확인)·정영순(독립유공자2-1049), 유창덕(미확인)·오항선(독립유공자3-283), 김해성(미확인)·백옥순(독립유공자3-860), 황영식(황차식)(독립유공자4-556)·김봉식

(미확인), 최시화(미확인)·유순희(독립유공자6-31) 부부도 한 명만 대전현충원에 안장되어 있는 경우입니다.

묘소는 확인되지만, 배우자 중 한 명만 대전현충원에 안장되어 있는 경우도 있습니다. 여성광복군 조순옥(독립유공자2-490)의 남편 안춘생과 김정숙(독립유공자4-545)의 남편 고시복은 서울현충원에 안장되어 있습니다. 1923년 중국 상해로 망명해 조국광복운동에 참가한 이순승(독립유공자2-84)의 남편 조용원(조시원)도 서울현충원에 안장되어 있습니다.

임시정부 국무위원을 지낸 차리석은 효창공원에 안장되어 있고, 부인 홍매영은 대전현충원 독립유공자5묘역 331호에 안장되어 있습니다.

한국광복군 제2지대에 입대하여 의무대에서 간호책임자로 활동했던 송영집(독립유공자1-321)의 남편 엄익근은 1950년 2월 29일 사망했는데, 묘소가 북한 지역에 있는 것으로 알려져 있습니다.

정정화(독립유공자1-313)의 남편 김의한은 한국전쟁 때 납북되어 묘소가 평양 '재북인사의 묘'에 있습니다. 김순애(독립유공자4-313)의 남편 김규식과 노영재(독립유공자1-337)의 남편 김붕준, 연미당(독립유공자1-375)의 남편 엄항섭도 한국전쟁 때 납북돼 서울현충원에 위패로 봉안되어 있습니다. 이중 김규식과 엄항섭은 평양 애국열사릉에 안장되어 있습니다. 이들 부부의 경우를 생각해보면 분단으로 인해 묘 자리도 한 곳으로 모실 수 없는 분단 현실을 깨닫게 됩니다.

김온순(독립유공자2-112)의 남편 김광희는 1922년 7월 14일 조직된 고려혁명위원회 해외조직부장으로 활약하고 연해주로 가서 민족혁명 단체의 통일에 노력했고, 1926년 4월 5일 조직된 고려혁명당 간부를 거쳐 1930년 3월 3일 한족총연합회의 지도당으로 조직된 신한농민당 위원장을 역임한 공적을 인정받아 1991년 애국장(1963년 대통령표창)을 받았습니다. 하지만 이들의 묘비에 부군 합장으로 표기되어 있어 묘비명 수정이 필요합니다.

백일규(독립유공자2-975)의 부인 김낙희도 1919년부터 1945년까지 독립의연금, 대한민국임시정부후원금 등의 명목으로 여러 차례 독립운동자금을 지원한 공훈을 기려 2016년에 건국포장을 추서 받았는데, 묘비에 배위 합장으로 표기되어 묘비명 수정이 필요한 상황입니다. 김기섭(김주)·전창신 부부의 묘(독립유공자2-105)와 한규상·박덕실 부부의 묘(독립유공자2-419)에도 묘비에 배위 합장으로 표기되어 있어 마찬가지로 묘비명 수정이 필요합니다.

김규식, 김순애는 1919년 1월 19일, 중국 남경에서 간단한 혼인서약과 사진 한 장으로 조촐한 결혼식을 올렸다. 열흘 후 상해를 거쳐 김규식은 파리강화회의로 떠났고, 김순애는 국내로 밀파되어 독립운동에 나섰다. ⓒ 독립기념관

 부부 독립운동가들 중에는 같은 조직에서 독립운동을 한 경우도 있고, 서로 다른 시기 또는 다른 지역, 다른 조직에서 서로 다르게 독립운동을 한 경우도 있었습니다. 물론 독립운동을 하던 청춘남녀가 부부의 연을 맺는 경우도 있었죠. 이런 부부들은 함께 독립운동에 나서면서 서로를 응원하고, 의지하는 동지이기도 했습니다.

 하지만 당시 부부가 함께 독립운동에 나선다는 것은 쉽지 않은 일이었죠. 누군가는 가족을 챙기고, 살림을 도맡아야만 했습니다. 그일 대부분은 여성들의 몫으로 간주되던 시절이다 보니 서훈을 받은 여성의 비중이 현격하게 적을 수밖에 없습니다. 누군가의 헌신을 바탕으로 독립운동에 나설 수 있었기 때문에 독립 운동가를 지원하고 뒷받침해줬던 이들의 역할 또한 새롭게 평가할 필요가 있겠습니다.

한편 독립유공자1묘역 264호에 안장된 강영석, 신경애 부부도 부부 독립운동가로 알려져 있었지만, 강영석이 1939년에 친일 월간지 〈녹기〉를 발간하고, 잡지에 친일 글 다수 게재한 사실이 밝혀져 2011년에 서훈이 취소되면서 부부 독립운동가 명단에서는 빠지게 됐습니다.

하지만 강영석의 유해는 이장하지 않은 채 묘비명만 '애국지사 강영석 신경애의 묘'에서 '부군 강영석 애국지사 신경애의 묘'로 바뀌면서 서훈 박탈자에 대한 조치로는 미흡하다는 지적을 받고 있습니다.

[참고자료]

신영숙 외, 『부부독립운동가 열전』, 역사여성미래, 2021

이윤옥, 『동고동락, 부부독립운동가 104쌍 이야기』, 얼레빗, 2023.

공훈전자사료관(https://e-gonghun.mpva.go.kr/)

돌고 돌아 고국 왔지만 나란히 묻히지 못했다

독립운동에 힘쓴 이상룡 일가, 한 집안에서 이처럼 다수가 서훈 받는 것은 드문 일

1990년 9월 13일, 대한민국 상해임시정부 초대 국무령을 지내고 독립운
동에 평생을 바친 석주(石州) 이상룡(李相龍, 1858~1932) 선생의 유해가
광복 45년 만에 고국으로 봉환됐습니다.

국무령은 지금으로 말하면 대통령에 해당하는데요. '임시정부 대통령'의
유해가 고국으로 봉환되는 것은 이때가 처음이었습니다. 이때까지 국외로
부터 봉환된 애국선열의 유해는 1946년 일본에서 돌아온 윤봉길, 이봉창,
백정기 선생을 비롯해 1975년에 네덜란드로부터 봉환된 이준 열사 등 13

1991년 대전현충원 독립유공자1묘역 항공사진. 노란색 네모 칸이 이상룡(21호), 이봉희(22호), 이광민(23호),
이승화(24호)의 묘다. ⓒ 임재근

위에 불과했습니다.

이상룡 선생은 1858년 경상북도 안동에서 태어나 구한말엔 국내에서 항일운동을 벌이다가 경술국치로 나라를 완전히 빼앗기자 1911년 1월, 가족들과 함께 만주로 망명했습니다.

안동을 떠나면서 노비문서를 불태워 노비들을 해방시켰고, 고성이씨 가문의 99칸 종가집 임청각(臨淸閣)을 비롯해 밭과 논을 모두 팔아 독립운동의 토대를 마련했습니다. 이상룡 선생이 만주로 망명길에 오를 때 쉰 살이 넘은 나이는 당시로는 고령에 속했습니다.

선생은 만주에서 이회영·이동녕 등과 함께 벼농사를 보급하는 등 이주기반을 마련하기 위해 경학사(耕學社)를 설립했습니다. 이어 경학사 산하로 독립군양성기관 신흥강습소 설립에 나섰습니다.

독립 후 45년 지나서야 지킨 선생의 유언

1911년 6월 10일에 유하현 삼원포의 추가촌의 한 허름한 옥수수 창고에

오른쪽 아래 기와집이 고성이씨 가문의 종가집 임청각이다. 임청각 앞을 가로지르던 중앙선 철로가 약 80년 만에 철거되었고, 임청각도 복원공사가 한창 진행 중일 때의 모습이다. 왼쪽으로 흐르는 강이 안동의 낙동강이다. ⓒ 임재근

1911년 경학사와 신흥강습소가 설립되었던 중국 유하
현 삼원포의 추가촌 지역. 지금은 신흥강습소의 흔적
은 전혀 찾아볼 수 없고 벽돌공장(왼쪽)과 옥수수 밭으
로 변해 있었다. 오른쪽 산은 대고산이다. ⓒ 임재근

대전현충원 독립유공자1묘역에 안장된 이상룡 일가
의 묘. 왼쪽 첫 번째는 이상룡의 유해가 이장된 후 그
자리에 묻힌 권득수 의병장의 묘. 그 다음부터 이봉희
(22호), 이광민(23호), 이승화(24호), 이준형(25호),
이병화와 허은 부부(26호)의 묘이다. ⓒ 임재근

서 설립된 신흥강습소는 몇 차례 이전을 하며 신흥학교, 신흥무관학교로
발전했습니다. 이후 군사교육기관으로서 자리 잡으며 수많은 독립군을 길
러냈습니다. 맨 처음에 학교가 아닌 강습소라는 이름으로 시작한 것은 토
착민들과 일제의 의혹을 피하기 위해서 있습니다. 이상룡 선생은 초대 경학
사 사장으로 추대되었고, 신흥무관학교에서는 이시영, 이동녕 선생에 이어
교장을 맡았습니다. 1919년에 독립군정부 성격의 서로군정서가 조직되자
최고 책임자(독판)를 맡아 독립군 양성에 힘을 쏟으며 본격적인 항일무장
투쟁에 나섰습니다.

선생은 또한 대한민국 임시정부가 이승만 대통령의 탄핵 이후 대통령제
에서 국무령제로 바뀌면서 1925년 7월부터 1926년 2월까지 초대 국무령
을 역임하며 민족 간 분열과 갈등을 해소하는 데 기여했습니다. 이상룡 선
생은 임시정부 국무령을 사임한 후에도 서간도 지역에서 독립운동을 이어
갔고, 1932년 5월 길림성 서란현 소성자에서 74세의 나이로 눈을 감았습
니다.

선생은 "나라를 찾기 전에는 내 유골을 고국으로 가져가지 말라"는 유언

을 남기셨는데, 우리는 선생의 유언을 나라를 찾고 난 뒤 45년이 지나서야 지킬 수 있었습니다.

이상룡 선생의 유해는 해방 전에 길림성 서란현에서 북만주 항일운동의 근거지 흑룡강성 아성시 취원창으로 이장되었습니다. 이후 취원창에 함께 묻혀 있던 동생 이봉희, 조카 이광민 부부, 당숙 이승화의 유해가 선생의 유해와 함께 고국으로 봉환되었습니다.

1990년 9월 13일에 봉환된 유해는 동작동 국립묘지(서울현충원)에 임시 안치됐다가 한 달 쯤 지난 10월 11일에 대전현충원 독립유공자1묘역에 나란히 묻혔습니다. 1년여쯤 지난 1991년 11월 14일에 안동에 묻혀 있던 이상룡 선생의 아들 이준형과 손자 이병화의 유해도 이들 옆으로 옮겨오면서 이상룡 선생의 3대를 비롯해 집안사람들의 묘 여러 개가 함께 국립묘지에 자리하게 되었습니다.

하지만 서울현충원에 임시정부요인 묘역이 조성되면서 이상룡 선생의 묘는 1996년 5월 21일에 서울현충원으로 이장되었습니다. 이로서 3대가 함께 묻혀 있던 시간은 5년을 채우지 못했습니다.

선생부터 손자, 손부까지 독립운동

이상룡 선생 집안에서는 선생을 포함해 동생, 아들, 조카 등 여러 명이 독립운동에 헌신했습니다. 이상룡 선생의 첫째 동생 이상동은 1919년 3월 13일 안동읍 장날 독립만세운동을 주동했다가 일경에 체포되어 1년 6월간 옥고를 치렀습니다.

둘째 동생 이봉희는 1908년 2월 이상룡과 함께 대한협회 안동지회를 결성하고, 협동학교 설립에 참여하며 구국교육운동에 헌신했습니다. 이상룡 선생과 만주로 망명한 이봉희는 1914년 유하현에 소재한 신흥학교 교장을 역임하는 등 독립운동 지도자들을 양성하는 데 힘을 썼습니다.

1919년 서로군정서 창설요원으로 활동했고, 이듬해인 1920년에 광복단

김우락 부인
1854~1933
애족장

이상룡
1858~1932
독립장

이상동 동생
1865~1951
애족장

이봉희 동생
1868~1937
독립장

이승화 당숙
1876~1927
애족장

이준형 아들
1875~1942
애국장

이형국 조카
1883~1931
애족장

이운형 조카
1891~1972
애족장

이광민 조카
1895~1945
독립장

이병화 손자
1906~1952
독립장

허은 손부
1909~1997
애족장

이상룡의 종고모부 김도화(1825~1912) 애국장
이상룡의 사위 강호석(1895~1950) 애족장
이상룡의 매부 박경종(1875~1938) 애족장
이상룡의 동생 이상동의 사위 김태동(1897~1982) 대통령표창

독립운동에 나서 서훈을 받은 이상룡 일가의 가계도 ⓒ 임재근

서간도지역 외교원으로 임명되어 중국 정부 등과 교섭해 농토개척에 대한 허가를 얻어냈습니다. 화룡현 일대에서 군자금 모집활동에 나서는 등 독립 운동을 계속하다가 1937년 흑룡강성에서 사망했습니다.

당숙 이승화는 1908년 대한협회 안동지회에 가입해 애국계몽운동을 전 개했습니다. 이상룡과 함께 만주로 망명했다가 1915년에는 국내에 들어와 충청남도·경상도·경기도 등지에서 동지를 규합하던 중 체포되어 7개월간 옥고를 치렀습니다. 출옥한 뒤에도 다시 만주로 건너가 서로군정서에서 활 약하다가 사망했습니다.

조카 이광민(동생 이봉희의 아들)은 1915년 백부 이상룡을 따라 만주로 망명해 신흥학교를 수료한 후 동화학교 교원으로 청소년 교육에 힘을 쏟았 습니다. 1924년 7월 소집된 전만통일회 주비회발기회에 군정치 대표로 활 동했고, 1926년 1월에는 정의부 중앙위원 겸 법무위원장으로 취임해 정의

부, 참의부, 신민부 삼부통합을 위해 김동삼, 오동진 등과 함께 정의부 대표로 활동했습니다.

조카 이형국(동생 이상동의 아들)도 1911년 백부 이상룡을 따라 만주로 망명해 1913년 신흥무관학교를 졸업했습니다. 이후 국내에 잠입하여 신흥사라는 비밀 단체를 조직해 군자금을 모집하다 체포되어 7개월간 옥고를 치렀습니다. 이형국은 1924년 신간회 안동지회를 조직해 교육부장으로도 활동했습니다.

또 다른 조카 이운형(이형국의 동생)도 1918년 만주에서 김동삼·이청천 등과 함께 독립운동을 전개했고, 1919년 3·1독립운동 때에는 탑골공원에서 만세시위를 주도했습니다. 그 후 다시 만주로 건너가 서로군정서 결성에 힘썼으며, 서로군정서의 비밀특파원이 되어 국내에 출입하다가 일경에 붙잡혀 서대문형무소에서 4개월간 옥고를 치렀습니다.

선생의 아들 이준형은 1911년 1월 5일 부친을 따라 중국으로 망명해 경학사 설립을 도왔습니다. 1919년 11월에는 서로군정서의 독판이던 부친의 활동을 보좌하며 활동했고, 1925년 1월 정의부가 조직된 후에는 길림성 화전현 일대에서 활동했습니다.

이준형은 1932년 부친의 장례를 지낸 뒤에 신주를 집으로 모시며 제사를 드리기 위해 귀향한 후 국내에서 구국운동을 전개했습니다. 하지만 국운을 비관한 이준형은 1942년 9월 2일 자결해 생을 마쳤습니다.

손자 이병화(이준형의 아들)는 1916년 조부 이상룡을 따라 부친 이준형과 함께 만주로 망명했습니다. 1921년 무장투쟁단체인 통의부가 조직되자 가입해 활동했고, 그해 의주군 청성진 경찰주재소를 습격해 순사를 살해한 후 귀대하였는데, 한참 지난 1934년 5월에 주재소 습격사건으로 일경에게 체포되어 징역 7년형을 선고받고 옥고를 치렀습니다.

부인 김우락도 1911년 만주로 망명한 뒤 1932년 귀국할 때까지 경학사, 부민단, 신흥무관학교, 서로군정서 등을 이끌었던 남편 이상룡을 도와 독

서울현충원 임시정부요인묘역 2호에 합장으로 안장된 대한민국 임시정부국무령 이상룡과 애국지사 김우락의 묘. ⓒ 임재근

립운동을 지원했습니다.

손부 허은(이병화의 부인)은 1922년 이상룡의 손자 이병화와 결혼한 뒤 1932년 귀국할 때까지 서로군정서의 기본적인 생계 활동을 비롯해 회의 등 공식적인 행사를 준비하는 데 힘을 보태며 살림을 맡았습니다. 또한 서로군정서 대원들이 입을 군복을 만들고 배급하며 무장투쟁 활동에 기여했습니다.

정부에서는 이상룡 선생의 공훈을 기리기 위하여 1962년에 건국훈장 독립장을 추서했습니다. 1990년에는 첫째 동생 이상동 애족장(1968년 대통령표창), 둘째 동생 이봉희 독립장, 아들 이준형 애국장, 당숙 이승화 애족장(1968년 대통령표창), 조카 이형국과 이운형 애족장(1968년 대통령표창), 조카 이광민 독립장, 손자 이병화 독립장을 추서했습니다.

2018년에는 손부 허은이 애족장을, 2019년도에는 부인 김우락이 애족장을 추서 받았는데, 한 집안에서 이같이 많은 사람이 국가의 서훈을 받은 것은 드문 일입니다. 이상룡의 종고모부 김도화(1825~1912), 사위 강호석(1895~1950), 매부 박경종(1875~1938)도 애족장을 추서 받았고, 이상룡의 동생 이상동의 사위 김태동(1897~1982)도 대통령표창을 받았습니다.

동생 이봉희는 대전현충원 독립유공자1묘역 22호에, 조카 이광민은 23호, 당숙 이승화 24호, 아들 이준형은 25호에 안장되어 있습니다. 손자 이병화와 손부 허은 부부는 26호에 합장되어 있고, 동생 이상동은 조금 떨어진 독립유공자1묘역 106호에 자리하고 있습니다.

조카 이형국은 대전현충원 내 다른 묘역인 독립유공자3묘역 348호에 안장되어 있고, 또 다른 조카 이운형의 묘는 확인되지 않고 있습니다. 이상룡 선생과 부인 김우락 지사의 묘는 대전현충원에서 이장되어 서울현충원 임시정부요인묘역 2호에 합장으로 안장되어 있습니다.

한편 대전현충원에서 이상룡 선생의 묘가 자리했던 독립유공자1묘역 21호에는 1907년 양주·이천·지평 등지에서 의병활동을 하다 순국한 권득수 의병장이 2005년 5월 19일에 안장되었습니다.

이때는 대전현충원을 국가보훈부(옛 국가보훈처)가 아닌 국방부에서 관리하던 시절이었는데, 국가보훈부에서 관리를 하면서는 이장한 자리에 다른 이의 묘가 들어서는 경우는 없이 빈자리로 남겨두고 있습니다.

[참고자료]
국무령이상룡기념사업회, 『석주 이상룡과 신흥무관학교 자료집』, 2022.
김삼웅, 『이상룡 평전 – 암흑기의 선각』, 꽃자리, 2023.

독립운동에 한평생 바친 성균관대 창립자

심산 김창숙 선생과 김환기, 김찬기 지사

'마지막 선비', '유림의 거두'로 알려진 심산 김창숙은 세 아들 중 둘을 독
립운동 과정에서 자신보다 먼저 떠나보내야 했습니다. 유교에서는 자식이
부모보다 먼저 죽는 것만으로도 엄청난 불효로 여겼는데, 심산 김창숙은
두 아들의 죽음에 대해 어떤 심정이었을까요?

아버지보다 먼저 세상을 떠난 심산 김창숙의 두 아들, 장남 김환기 지사

대전현충원 독립유공자7묘역 100호에 김환기의 묘. 김환기의 이름 위에는 '순국선열'이라고 적혀 있다. 일경에
체포되어 고문으로 출옥 후 사망했기 때문에 '순국선열'이라 부른다. 비석 옆면에는 부모형제의 가족사항이 기
재되어 있다. ⓒ 임재근

와 차남 김찬기 지사는 대전현충원 독립유공자묘역에 안장되어 있습니다. 심산 김창숙은 슬하에 3남을 두었습니다. 1909년생 장남 환기, 1915년생 차남 찬기, 1918년생 3남 형기. 이제부터 심산 김창숙의 삶과 그의 아들에 대한 이야기를 나눠보려 합니다.

김창숙과 그의 아들들

심산 김창숙이 독립운동에 본격적으로 나서게 된 기점은 1919년 3·1운동 이었습니다. 민족대표 33인이 서명한 독립선언서에는 개신교 인사가 16명, 천도교 인사 15명, 불교 인사가 2명이 포함되어 있었는데, 유교에서는 한 명도 참여하지 못했습니다.

이 때문에 독립운동에 유림의 책임을 느낀 김창숙은 프랑스 파리에서 개 최되는 강화회의에 조선의 독립을 호소하는 장문의 서한(파리 장서)을 작 성해 유림 대표 137명의 서명을 받아 전달하게 됩니다.

1919년 3월 27일 중국 상해에 도착한 김창숙은 서한문을 이미 파리강화 회의에 파견되어 있던 김규식에게 보내어 회의에 참석하는 각 국가의 대표 들에게 제출해 달라고 부탁했습니다.

이후 영문번역본과 국문번역본 수천 부를 인쇄해 각국 대표와 공관, 국내 각 향교 등에 보냈습니다. 그런데 국내로 보낸 서한문이 일제에 의해 발각 되면서 곽종석을 비롯해 수백 명의 유림이 체포돼 옥고를 겪었습니다. 이것 을 '파리장서 사건' 또는 '제1차 유림단 사건'이라고 부릅니다.

일경의 고문, 19살 나이에 목숨 잃은 장남 김환기

김창숙이 망명길에 오른 지 7년쯤 지난 1925년부터 1926년까지 대구를 비롯한 영남 일대에서 유림 대표들이 중심이 되어 독립 자금을 마련했습니 다.

1925년 봄, 큰아들 환기는 경북지방에서 모금한 군자금을 들고 아버지

김창숙의 생가. 경북 성주군 대가면 칠봉리. ⓒ 『심산 김창숙 평전』

김창숙의 초상화. 1927년 중국에서 체포되어 국내로 압송되었을 때 모습을 둘째아들 김찬기가 그린 그림. ⓒ 『심산 김창숙 평전』

가 머물고 있던 베이징으로 건너왔습니다. 당시 김환기의 나이는 불과 17살이었습니다. 7년 만에 만난 부자가 베이징에서 함께한 시간은 그리 길지 않았습니다.

김창숙은 1925년 8월부터 1926년 5월까지 10개월 동안 국내로 비밀리에 잠입해 유림단 독립자금 모금 운동에 나섰습니다. 김창숙이 베이징으로 돌아와 두 달쯤 지난 1926년 7월, 김환기는 김창숙으로부터 다시 군자금을 모집하라는 밀명을 받고 귀국했습니다.

공교롭게도 그즈음 국내에서는 '유림단 독립운동자금 모금 사건(제2차 유림단 사건)'이 발각되어 검거 선풍이 일고 있을 때였습니다. 안타깝게도 김환기는 귀국한 지 얼마 안 돼 군자금 모집에 힘쓰던 중 일본 경찰에 붙잡혔습니다.

그는 부친 김창숙과의 연락 및 군자금 모집 등을 추궁 받으며 수개월간의 혹독한 고문을 받아 만신창이가 되었습니다. 석방 후 집으로 돌아와 치료를 받았지만, 가혹한 고문의 후과를 이겨내지 못하고 1927년 12월 20일 사망했습니다. 그때 그의 나이는 불과 19살이었습니다.

제2차 유림단 사건은 심산 김창숙에게 큰 시련으로 다가왔습니다. 오랜 망명 생활로 몸이 상한 김창숙은 치질과 만성 맹장염 등으로 중국 내 영국 조계에 있는 병원에서 치료 중에 있었는데, 밀정의 밀고로 병원으로 들이닥친 일경에 피체되었습니다. 그때가 1927년 6월 10일이었습니다.

심산 김창숙은 곧바로 일본을 거쳐 부산으로 들어와 대구로 압송되었습니다. 김창숙은 대구형무소에 수감되어 재판받던 중 맏아들 환기의 사망 소식을 전해 들었고, 하늘이 무너지는 듯했습니다.

김창숙은 1928년 7월에 예심이 끝나고 나서야 가족들과의 면회가 허락되었습니다. 김창숙의 아내는 찬기와 형기를 데리고 면회를 왔습니다. 막내 아들 형기는 열 살이었지만, 이날 아버지를 처음 만났습니다. 아버지를 처음 만난 장면이 죄수복을 입은 모습이었다니, 너무 가혹한 첫 상봉의 순간 이었습니다.

김창숙은 재판에서 나라를 빼앗긴 상황에서 일본 법률에 근거해 변론을 받을 수 없다 하여 변호사 선임도 거부한 채 1년을 넘게 재판을 받았고 징역 14년을 언도받습니다.

3번의 투옥 후 중경으로 밀파, 해방 후 죽어서 귀환한 김찬기

1929년 11월 광주학생운동을 기폭제로 하여 전국 각지에서도 학생들의 만세 시위가 이어졌는데, 1930년 1월 진주에서도 학생 만세 시위가 벌어지고 시내의 요소마다 격문이 나붙었습니다.

경찰이 주동자를 잡고 보니 김창숙의 차남 김찬기였죠. 김찬기는 당시 17살로 진주고등보통학교 1학년생이었습니다. 그즈음 김창숙은 대구형무소를 거쳐 대전형무소에서 복역하고 있었습니다.

김창숙은 첫째 아들 환기를 경찰의 모진 고문으로 잃었는데, 둘째마저 경찰에 검거되었다는 소식을 접하니 다시 하늘이 무너지는 듯했습니다. 김찬기는 이 사건으로 '보안법 위반' 혐의로 진주형무소에 수감되었고, 재판 결과 징역 1년 6개월에 집행유예 5년을 선고받고 풀려났습니다.

김찬기의 사진(왼쪽, 20대)과 손응교의 사진(오른쪽, 98세). ⓒ 경북여성정책개발원.

김찬기는 집행유예 기간이었던 1933년, 세 살 연하의 손응교와 결혼했습니다. 손응교는 김창숙의 울산 동지 손후익의 둘째 딸이었습니다. 며느리 손응교가 시아버지를 처음 맞이한 곳은 대전형무소였습니다. 남편과 함께 시아버지 면회를 간 것이 폐백을 올리는 자리가 되었습니다.

심산 김창숙이 감옥 문을 나온 것은 1934년 10월이 되어서였습니다. 김창숙은 고문과 고된 옥살이로 두 다리를 제대로 쓸 수 없는 상황에서 형 집행이 정지되어 출옥했습니다.

김창숙은 감옥 문을 나왔지만, 김찬기가 다시 투옥되었습니다. 김찬기의 두 번째 투옥은 결혼 이듬해에 벌어졌습니다. 21살의 김찬기는 러시아혁명 기념일을 앞두고서 불온문서를 살포한 혐의로 1934년 11월 5일에 체포되는데, 다행히 사건은 크게 번지지 않고 한 달여 만인 12월 6일에 풀려났습니다. 김찬기는 1938년에 '왜관 사건'으로 세 번째 투옥되었는데, 이 사건으로 대구형무소에서 복역한 것은 3년 정도로 추정됩니다.

김찬기는 아버지의 뜻에 따라 1943년에 임시정부가 있는 중경으로 밀파되었습니다. 막내아들 형기가 결혼한 지 얼마 되지 않은 시점이었습니다. 일경의 모진 고문으로 19살의 나이로 일찍 세상을 뜬 장남 환기를 대신해 장남 역할을 해 왔던 차남 찬기가 중국으로 떠나면서, 장남 역할을 막내 형기가 맡아야 하는 상황이 되었습니다.

김찬기는 중경으로 떠나면서 아내 손응교에게 늦어도 3년 안에 돌아오겠다고 말했는데, 3년이 채 되지 않아 일제가 패망해 해방을 맞이했습니다. 하지만 그는 주검으로 돌아왔습니다.

안타깝게도 김찬기는 해방 후 귀국을 얼마 남겨두지 않은 1945년 10월 10일에 중경에서 병사했습니다. 김찬기의 유해는 화장한 후 나무로 짠 작은 유골함에 담겨 고향으로 봉환되었습니다. 남편이 살아 돌아올 거라 기대했던 손응교는 남편의 죽음에 충격을 받아 목이 잠겨 5~6개월 동안은 제대로 말도 하지 못하고 지냈습니다.

죽을 때까지 민주·통일운동에 나선 김창숙

독립운동을 하는 과정에서 심산 김창숙은 모진 고문으로 두 다리를 못 쓰게 되었고, 두 아들을 잃었습니다. 하지만 해방 후에도 김창숙은 불의에 항거하며 철저한 선비 정신으로 일관했습니다.

그는 일제가 친일로 오염시킨 유림계를 바로잡고 일제에 의해 폐교된 성균관을 부활시켜 1946년 9월 성균관대학을 설립해, 성균관장을 겸하는 초대 학장으로 취임했습니다. 분단이 가시화되자 남북협상을 지지하는 7거두 공동성명을 발표하고 통일정부 수립에 헌신적으로 노력했습니다.

이승만이 정권을 차지하고, 노골적으로 장기 집권을 획책하자 김창숙은 이승만 하야 권고문을 발표하였고, 국제구락부사건으로 옥고를 두 번 치르고 정권의 압력으로 성균관대 총장 등 모든 공직에서 추방당했습니다.

성균관대학교 인문사회 캠퍼스(서울)에 세워져 있는 김창숙의 동상. 김창숙은 성균관을 부활시켜 1946년 9월 성균관대학을 설립했고, 성균관장을 겸하는 초대 학장에 취임한 이래 성균관대학교 초대 총장을 역임했다. ⓒ 임재근

    그런데도 김창숙은 보안법 개악 반대투쟁과 반독재 민주화 운동을 이어 갔습니다. 하지만 경제활동 수단을 모두 상실당한 김창숙은 막내아들 형기가 자동차 운전을 하여 벌어온 돈으로 간신히 생계를 유지할 수 있었습니다.

    김창숙은 1962년 3월 1일에 가장 높은 등급의 건국훈장 대한민국장을 받았고, 불과 두 달여 후인 5월 10일 84세의 일기로 서울 중앙의료원에서 숨을 거두었습니다. 막내아들은 아버지보다 먼저 떠난 형들을 대신해 그때까지 아버지 곁에 지킬 수 있었습니다. 청빈한 선비의 삶을 살았던 김창숙은 집 한 칸도 없이 여관을 전전하다가 세상을 떠났지만, 국민들은 그의 죽음을 애도하며 장례를 사회장으로 치러졌습니다.

대전현충원에 함께 묻힌 부부, 그리고 형제

손응교는 시아버지를 모시고, 아버지 얼굴도 모르는 남매를 키우며 갖은 고생을 했습니다. 그런 며느리가 안쓰러웠던지 김창숙은 며느리에게 담배를 가르쳤습니다. 그때부터 손응교는 줄담배를 피우며 고된 삶을 달래는 애연가가 되었습니다.

1933년에 결혼한 김찬기, 손응교 부부는 김찬기가 주검으로 돌아온 1945년까지 10여 년을 함께 살았지만, 그 사이 김찬기는 두 번을 투옥당해 수년을 감옥에서 보냈고, 1943년에 중경으로 밀파되었다 죽어서 돌아왔으니, 실질적으로 부부가 함께 보낸 시간은 얼마 되지 않았습니다.

김찬기는 항일운동의 공훈을 인정받아 1990년에 건국훈장 애족장에 추서되었고, 2007년 10월 18일에 대전현충원 독립유공자3묘역 620호에 안장되었습니다. 손응교는 70여 년을 홀로 살다가 2016년 12월 30일에 세상을 떠났습니다.

손응교가 남편이 묻힌 대전현충원에 합장되면서 부부는 땅속에서나마 함께 할 수 있게 되었습니다. 여기서 아쉬운 점이 있습니다. 시아버지의 옥바라지와 비밀심부름을 했던 손응교의 삶은 또 다른 형태의 독립운동이었습니다. 그러나 그는 국가로부터 서훈을 받지 못한 채 '배위'로 안장되어 있습니다.

군자금 모금을 하다 체포되어 일경의 모진 고문으로 19살의 나이로 일찍 세상을 뜬 장남 김환기도 1990년에 건국훈장 애족장에 추서되었고, 2023년 3월 21일에 대전현충원 독립유공자7묘역 100호에 안장되면서 김창숙의 장남과 차남, 두 아들은 가까운 자리에 묻히게 되었습니다. 하지만 김창숙은 자신보다 먼저 떠나보낸 두 아들과 함께 자리하지 못하고 서울 강북구 수유동 산 127-4번지에 안장되어 있습니다.

대전현충원 독립유공자3묘역 620호에 안장되어 있는 애국지사 김찬기의 묘. 부인 손응교도 배위로 합장되어 있다. ⓒ 임재근

[참고자료]

김상웅, 『심산 김창숙 평전』, 시대의창, 2006.

임경석, 『독립운동 열전 2 - 잊힌 인물을 찾아서』, 푸른역사, 2022.

강윤정, 권순신, 송호상, 임삼조, 정일선, 『구술생애사를 통해 본 경북여성의 삶 Ⅱ - 하고 싶은 말은 태산도 부족이라』, 경북여성정책개발원, 2014.

공훈전자사료관(https://e-gonghun.mpva.go.kr/)

을미의병의 효시 문석봉

문익점 후손의 절개 "나라 망하는 거 어떻게 앉아 보나"

1895년 11월 28일 대구부 감옥에서 관찰사 이중하는 한 사람을 심문하고 있었습니다. 그런데 심문받는 사람은 전혀 죄인 같지 않았습니다. 오히려 관찰사를 통렬하게 꾸짖고 날카롭게 몰아세웠습니다. 이어 그는 밀고로 인해 뜻을 이루지 못했음을 한탄했고 끝없이 목 놓아 통곡했는데요. 분을 못 이겨 이를 어찌나 세게 악물었던지 그만 어금니 두 개가 부러졌습니다. 선혈은 손바닥 위에 뿌려졌고, 남은 피가 입 속에 가득 찼습니다. 계단에는 마치 붉은 비가 내린 듯 피가 흥건했습니다. 심문받던 사람은 조선 말 최초 대규모 항일 의병이었던 을미의병, 그중에서도 가장 먼저 봉기한 문석봉 선생이었습니다.

선생은 1851년 현재 대구광역시 달성군에서 문하규의 장남으로 태어났습니다. 그는 한반도에 목화를 도입해 시험 재배와 보급까지 성공한 문익점의 후손이었는데요. 고려 신하였던 문익점 이후 조선조에 들어서 집안이 낙향하여 관직에 나가는 일이 극히 드물었습니다. 다만 문석봉 9대조 문영남은 임진왜란 때 의병장으로 왜적을 무찔렀고요. 선략장군 훈련봉사(宣略將軍訓練奉事)직을 받았습니다. 하지만 이후 문석봉 대에 이르러 집안은 거의 평민 신분이나 마찬가지였습니다.

어린 문석봉은 무예가 출중했는데요. 12살에 이미 죽궁을 쏘았고 백발백중 실력을 갖추고 있었습니다. 육도삼략을 비롯한 병서를 공부했고, 1870년부터 3년간 고견암(古見庵) 암자에 살면서 무술을 익히기도 했습니다. 암자를 나와서는 다시 2년간 두문불출하며 주역을 공부했고요. 1875년에는 중국 금릉(金陵, 난징)으로 건너가 왕희주에게 한의학을 배우는 등 매우 다재다능했습니다.

문석봉은 어릴 적 스승을 통해 학문을 배우지는 않았습니다. 아버지를 통해 몇몇 유교 경전을 배웠는데요, 스승이 따로 없었음에도 불구하고 문인으로서도 출중한 소양을 갖추고 있었습니다. 41살이 되던 1891년에는 고향에 영파재(映波齋)를 짓고 빈민층 아이들 50명을 모아 한학을 가르쳤습니다. 어버이에 대한 효도, 형제끼리 우애, 임금에 대한 충성, 벗

을미의병의 효시 문석봉 선생 존영 ⓒ 공훈전사사료관

사이 믿음을 가르치며 인륜을 중요시했습니다.

나라의 곡식을 백성들에게 나눠준 문석봉

선생은 성품이 의롭고 어질었는데요, 1882년 32살 나이로 처음 관직에 나갔을 때 일입니다. 그는 전라도 지역 곡식을 조운선으로 한양까지 운반하는 조운리(漕運吏)를 맡았는데요. 세금으로 거둔 곡식을 나르던 중 목포와 무안을 지날 때 눈에 들어오는 장면이 있었습니다. 당시 전라도 지역 기근이 너무나도 심해 백성이 굶주리고 있었습니다. 선생은 결단을 내리고 운반하던 곡식을 백성에게 다 풀어 나눠줘 버립니다. 당연히 조선 정부는 체포령을 내렸는데요. 선생은 의연하게 답합니다.

"나라를 속인 것은 죄이나 이 백성들은 어찌 나라 사람이 아니겠는가. 쌀을 중히 여겨 백성을 버리는 일은 차마 못하겠다."

문석봉은 집안일을 친구 김수영에게 맡기고 방장산으로 들어가 몸을 숨겼는데요. 후에 김수영과 어병선 현감이 상소를 올리고 백성을 구제한 실상을 알렸습니다. 덕분에 죄를 용서받고 산에서 내려올 수 있었습니다.

1893년 5월 무과 시험에 합격해 다시 관직을 얻었는데요. 경복궁 수비를 담당한 경복궁오위장을 맡았다가 12월에는 현재 대전광역시 유성구 진잠동인 진잠현 현감에 제수되었습니다. 1894년 11월에는 호남과 호서 지역에서 병사를 모으고 지휘하는 양호소모사(兩湖召募使)직을 맡습니다. 주된 역할은 동학농민군을 진압, 체포하고 처형하는 일이었는데요.

진잠현 동학 접주 박만종을 지금의 대전광역시 서구 가수원동 인근에서 체포한 일을 시작으로 많은 전공을 세웁니다. 연산, 은진, 진산, 여산, 청산, 보은 등지에 여러 차례 출정하여 동학농민군을 진압했고요. 특히 1895년 1월 25일부터 28일까지 연산지역 전투에서 천여 명 동학군을 공격해서 40여 명을 체포했습니다. 투항자는 400여 명에 달했고, 동학군 간부 5명도 포함되어 있었습니다. 이에 연산을 비롯한 인근 6개 지역 주민이 '양호소모사문공석봉명찰선정비(兩湖召募使文公錫鳳明察善政碑)'를 진잠에 세웠는데요. 선정비는 진잠동 도로 개발 과정에서 사라져 지금은 찾을 수 없습니다.

문석봉 선생은 나라의 명으로 동학군을 진압하기는 했으나, 온건하고 관대한 태도를 보였는데요. 앞서 체포한 동학 접주 박만종에 대한 처분을 두고 상관과 갈등을 빚었습니다. 체포된 박만종은 결국 참수되는데, 선생은 눈물을 뿌리며 애석해합니다. 또 동학군에 대한 진압과 살상을 매우 불쾌해했는데요. 생업으로 돌아가야 할 백성을 살상하는 행위가 전혀 의롭지 않다고 비판했습니다. 사람들은 문석봉 부대를 '인의(仁義)의 부대'라고 칭송했습니다.

"할 수 있는 힘이 없으면 그만두겠으나…"

선생이 적대감을 가지고 있던 집단은 사실 따로 있었는데요. 동학 농민군이 아니라 바로 일본군이었습니다. 선생이 중앙에서 벼슬을 할 때 일본이 강압해서 조선이 개화되는 과정을 목격했고요. 특히 동학농민군을 진압하는 동안 일본군이 보여준 위압적이고 무자비한 모습을 경험했기 때문이었습니다. 선생의 마음속에 점차 일본에 대

문석봉이 작성한 '의산유고'의 유성의병 봉기 관련 기록 ⓒ 독립기념관

한 분노가 일었고, 마침내 큰 결심을 합니다.

앞서 공을 세운 문석봉 선생은 1895년 2월부터 공주부 신영 영장으로 근무중이었는데요. 얼마 지나지 않아 체포되어 구금되는 사건이 벌어집니다. 김재수라는 사람이 선생을 고발했는데요. 죄목은 토왜죄(討倭罪)였습니다. 선생이 관병 400명을 신식으로 훈련하고 소가죽으로 갑옷을 제작했는데, 일본군을 몰아낼 목적이라는 이유였습니다. 선생은 서울로 압송되어 경무사 이윤용에게 심문을 받았는데요. 그때 진술이 기록으로 남아있습니다. 이윤용은 "너는 능히 일본을 적대할 수 있느냐?"고 묻습니다. 선생은 이렇게 답합니다.

"우리 태조가 세운 500년 조종 사직을 어찌 가벼이 두 손으로 오랑캐 적들에게 바칠 수 있겠습니까? 할 수 있는 힘이 없으면 그만두겠으나, 할 수 있는 힘이 있으니 할 것입니다. 신하가 된 자가 어찌 한번 죽는 것을 아까워해서 나라가 망하는 것을 앉아서 볼 수 있겠습니까? 통곡 통곡합니다."

이렇게 첫 번째 의병 시도는 실패로 돌아갑니다. 약 4개월 감옥살이 후 6월 21일에 사면 받고 풀려났는데요. 이후 그는 잠깐 종적을 감추고 아무 곳에도 소속되지 않은 채 살았습니다. 하지만 역사의 큰 물줄기는 선생을 초야에 묻히게 두지 않았습니다. 음력 8월 20일 새벽, 일본공사 미우라는 일본군 수비대를 동원하고, 일본공사관원, 영사경찰, 낭인배를 행동대로 세워 조선 왕후를 무참히 살해 후 시신을 불태웠습니다. 이른바 을미사변입니다.

을미사변 이후 문석봉은 다시 일어납니다. 이번에는 보다 철저하게 의병 봉기를 준비했는데요. 여러 인사를 만나 봉기에 동조할 세력부터 확보합니다. 서울로 가서는 훗날 자결로 일제에 저항한 민영환을 만납니다. 민영환은 문석봉의 뜻에 적극 찬동하며 환도 한 자루를 풀어주며 격려하고 시 한 수를 지어 뜻을 밝혔는데요.

"日月明明 天地定位 (일월명명 천지정위)
 해와 달이 밝고 밝으니 천지가 그 자리를 정하고,
 忠義炳炳 君臣義分 (충의병병 군신의분)
 충성과 의리가 빛나니 군신이 그 의무를 다하네.
 聞君此語 喬木所恥 (문군차어 교목소치)
 그대의 이 말을 들으니 교목이 부끄러움을 느끼네."

명성황후의 원수를 갚자는 마음으로 뭉친 의병들

문석봉 선생은 을미사변으로부터 약 한 달 후인 9월 18일 유성 장터에서 거병합니다. 이때 선생은 죽음까지 불사할 결심을 합니다. 아들은 친구에게 맡기고, 가족과 영원히 헤어질 각오를 다지는데요. "사람이 한 번 죽을 것을 판단하기는 진실로 어려우니, 밤낮으로 생각하고 헤아려 마음속에 '死'자를 결심하고, 의심이 없은 연후에 처자와 영결하고 기신하였다." 이때 선생이 전국에 보낸 통문이 기록으로 남아있습니다.

"성모(聖母, 명성황후)께서 해를 입으신 것은 실로 천고에 없는 대변입니다. 일찍이 복수를 하지 않고 참아 이 적들과 어찌 한 하늘에서 더불어 살 수 있겠습니까. 우리는 감히 욕되게 사는 것보다 영광되게 죽고자 하는 마음으로 의병을 일으켜 적을 토벌하고자 합니다. 아, 우리나라 누구인들 신하가 아니며 누가 복수를 원하지 않으리오. 같이 일어나 대의로서 흉당을 멸망시키고 社稷(사직)을 건지는 것이 매우 다행이겠습니다."

2004년 유성장터 장터공원에 세워진 유성의병사적비. 유성시장 재개발로 인해 곧 이전될 예정이다. ⓒ 임재근

문석봉은 부대를 꾸린 후 10월 20일 회덕현을 급습해 무기를 탈취했습니다. 이어 무장한 300여 명 의병이 유성 장대리에 진군했는데요. 문석봉 부대에는 양호소모사 시절부터 함께한 오형덕, 회덕현 유학자인 송도순 그리고 회덕 대전 진잠 유성 지역 선비와 백성이 함께했습니다.

이들은 '국수보복(國讐報復)' 기치를 들었습니다. 일본군에 의해 시해된 명성황후의 원수를 갚자는 마음으로 뭉쳤는데요. 을미사변을 국치로 보고 신하로서 원수를 갚는 일이 당연한 의리로 여겼습니다. 문석봉이 일으킨 유성 의병이 바로 기록으로 남은 을미의병 최초 봉기였습니다.

10월 28일 문석봉 부대는 공주부 관아를 점령해 지리적 이점을 취하려 합니다. 현재 공주시 반포면 공암리를 거쳐 공주로 진격하는데요. 문석봉 부대와 관군은 지금의 공주시 소학동 인근에서 전투를 벌입니다. 하지만 동태가 사전에 낱낱이 보고됐고, 병사들이 싸움에 익숙지 못했던 데다, 관군이 미리 매복했던 탓에 문석봉 부대는 대패하고 와해되어 버리고 맙니다. 결국 문석봉 선생의 두 번째 봉기도 실패로 돌아갑니다.

문석봉 선생은 오형덕과 함께 말을 타고 남쪽으로 달려 경상도 고령현과 초계군 일대에서 다시금 봉기를 준비했습니다. 고령현감과 초계군수에게 도움을 요청했는데요. 초계군수 신태철은 "관에서 당신을 잡는 것이 매우 급하다고 하여 현상금으로 만금을 걸고 여러 군의 사람들에게 상을 주겠다고 한다. 잠시 숨어서 후일을 기도하십시오."라며 안위를 걱정해주기도 했지만, 고령현감은 이들을 밀고해 버립니다. 결국 11월 24일 문석봉 일행은 체포되어 대구부에 구금되었습니다. 이때 심문 기록이 남아있습니다.

"본인은 충의의 마음을 가지고 처자와 영원히 결별하여 대의를 일으키기를 맹세하였습니다. 성모의 옥체에 당일 손을 댄 역적들을 조사하여 임금이 있는 궁궐 아래에서 죄인을 죽여 그 시체를 여러 사람에게 보이고, 그 고기를 포로 뜨고, 그의 간을 회를 쳐서 천신에게 설욕할 것을 맹세하였습니다. 만 가운데 하나의 분을 풀려는 것입니다. 나라의 운명이며, 나의 운명이 마침내 이에 이르렀으니, 마땅히 한 번 죽어 나라에 은혜를 갚을 것입니다. 바라건대 빨리 죽여주시고 수고롭게 많이 묻지 마십시오."

고종이 문석봉에게 '충의' 두 글자를 써준 까닭

비록 옥에 갇힌 몸이었으나 문석봉 선생은 포기할 줄 몰랐습니다. 1896년 봄 오형덕과 함께 캄캄한 한밤중에 옥문을 부수고 탈출에 성공합니다. 고향 집으로 찾아갔으나 이미 일본군이 와서 집을 불태워 버린 후였습니다. 그해 4월 선생은 몰래 서울로 들어갑니다. 흥선대원군을 찾아가 자신이 겪은 일을 말하였지만, 흥선대원군은 그저 한탄만 할 뿐이었습니다. 그때 뜻밖의 부름이 찾아옵니다.

고종 임금이 친히 그를 찾습니다. 고종은 선생에게 '충의(忠義)' 2글자를 써서 내렸습니다. 또한 칙서를 써주며 명령을 내렸는데요. "만일 네가 아니라면 어찌 나의 근심을 알겠는가? 지금부터 백 세 동안 응어리진 마음을 잊지 말라." 임금이 내린 조칙에는 서둘러 원주로 가 도지휘사(都指揮使)가 되어 전국에 통문을 돌린 후 장차 일본을 이기기 위한 군대를 일으키라는 내용이 있었습니다. 문석봉 선생은 울며 임금이 내린 명령을 받듭니다. "임금의 은혜가 하늘과 땅과 같이 널리 미치는데 용기가 없고 꾀도 없어서 국가의 원수를 갚지 못하니 황공함을 이기지 못하겠습니다."

이후 문석봉 선생은 실제 원주에서 각도 의병장에게 통문을 돌려 다시 한번 거병을 준비했습니다. 하지만 너무나도 고생한 탓에 병에 걸려 쓰러집니다. 1896년 11월 19일 좌우에 있는 사람들에게 마지막 말을 남기고 눈을 감습니다. "임금의 은혜를 갚지 못하고 하늘의 운수가 이미 다하였다. 내 어찌 눈을 감으랴?" 그는 죽어서도 눈을 부릅뜨고 감지 못했습니다. 돌아가신 지 5일이나 지나서 손에 환도를 쥐어 드리자 그제야 눈을 감았다고 합니다.

애국지사 문석봉의 묘 (독립유공자2묘역 168호) ⓒ 임재근

　그는 백성에게 인자한 관리였으며, 임금을 끝까지 지키고자 했던 충신이었고, 절대로 포기할 줄 몰랐던 의병장이었습니다. 을미의병 이후 을사의병, 정미의병 등으로 의병 전쟁이 전개되는데요. 다른 이들이 주저할 때, 맨먼저 분개하고 행동에 나선 실천가였습니다. 대한민국은 1993년 선생 영전에 건국훈장 독립장을 추서합니다. 의병 전쟁 맨 첫머리에 올라 있는 문석봉 선생은 대전현충원 독립유공자2묘역 168호에 고이 잠들어 있습니다.

[참고자료]

『의산유고(義山遺稿)』

김상기, 「조선말 문석봉의 유성의병」, 『역사학보』 134·135 합집, 1992.

공훈전사사료관 (https://e-gonghun.mpva.go.kr)

한국의 잔다르크 정정화 지사

시부는 중국, 남편은 북한... 죽어서도 가족 못 보는 비운의 독립운동가

"내가 임시 망명정부에 가담해서 항일투사들과 생사존몰을 같이할 수 있었던 것은 순전히 나의 사사로운 일에서 비롯되었다. 다만 민족을 대표하는 임시정부가 내게 할 일을 주었고, 내가 맡은 일을 했을 뿐이다. 주어지고 맡겨진 일을 모르는 체하고 내치는 재주가 내게는 없었던 탓이다. 그러니 나를 알고 지내는 주위 사람들이 나를 치켜세우는 것은 오로지 나의 그런 재주 없음을 사 주는 까닭에서일 것이다."

대전현충원 독립유공자1묘역 313호에는 '한국의 잔 다르크', '조자룡 같은 담력'으로 불렸던 정정화 지사가 잠들어 있습니다. 지사는 삼엄한 경비를 뚫고 총 여섯 차례나 식민지 조선땅에 들어와 독립운동자금을 모았습니다. 임시정부가 가장 어려웠던 시기에는 임정 어른들을 손수 모시며 살림을 책임지기도 했습니다.

김가진 선생 있는 중국으로… 26년 망명생활의 시작

정정화 지사가 독립운동에 뜻을 두게 된 까닭은 시아버지 김가진 선생의 영향이 컸습니다. 김가진은 조선왕조 오백 년 역사상 처음으로 서출로서 종일품 직위까지 오른 입지전적인 인물이었습니다. 농상공부대신, 법부대신을 지낼 만큼 능력이 출중했습니다. 독립협회 결성도 주도했습니다.

1905년 을사늑약 체결 후 자결을 결심하였으나 실패한 후 모든 벼슬자리를 내어놓았습니다. 1910년 조선이 강제로 병탄 된 후 '조선귀족령'으로

정정화 애국지사 ⓒ 김자동   동농 김가진 선생 ⓒ 대한민국임시정부기념사업회

남작 작위를 받았는데요. 모든 일을 체념한 상태로 살아가던 김가진 선생을 다시 일으킨 계기는 다름 아닌 3·1운동이었습니다. 3·1운동에 충격을 받은 74세 김가진은 나라를 위해 무언가 기여해야겠다는 결심을 다지게 됩니다.

1919년 3월 서울에서 비밀독립운동 단체 '대동단'이 결성되었는데요. 조선 독립과 세계 평화를 실현하고 임시정부 지원이 목적이었습니다. 김가진 선생은 대동단 총재가 되어 전국적인 항일 운동 조직으로 성장시켰는데요. 1919년 10월 10일에는 아들 김의한을 대동하고 몰래 상해로 건너가 망명 생활을 시작했습니다. 작위까지 받은 귀족이 해외로 망명하면서 일제는 발칵 뒤집혔는데요. 비록 실패로 돌아갔지만 의친왕까지 해외로 망명시켜 독립운동 열기를 고취하고자 했습니다.

1920년 1월 정정화 지사는 중대한 결심을 하는데요. 상해로 건너간 시아버지와 남편을 따라 중국으로 건너가기로 마음먹습니다. 뜻을 세운 지사는 친정아버지를 찾아가 결의를 밝힙니다.

"아버님, 제가 상해에 가서 시아버님을 모시면 어떨까요?"

"말처럼 쉬운 일이 아닐 텐데 네가 해낼 수 있을까?"

"여태껏 겪은 것도 쉬운 일은 아니었습니다. 저도 여러 번 생각 끝에 결심하고 나서 말씀드리는 거예요."

"네 시아버님께서 여생을 편히 지내시고자 해서 상해로 가신 건 결코 아니다. 상해 생활은 여기와는 천양지차로 다르다. 독립운동은 둘째치고서라도 우선 먹는 것 입는 것에서부터 어려움이 클 것이다. 더구나 위험한 곳이고. 그러나 생활이 힘들고 위험하다는 이유로 너를 막을 생각은 추호도 없다. 다만 섣불리 먹은 마음이 중도에 유야무야될까 봐 그것이 근심스러워 이르는 말이다."

친정아버지 승낙을 얻은 후 지사는 북쪽으로 밤새 달리는 기차에 몸을 실었습니다. 그렇게 장장 26년간 망명 생활을 시작합니다. 상해 임시정부 독립운동가들은 경제적으로 늘 어렵게 생활했습니다. 그저 하루 먹고 하루 먹고 하면서 간신히 꾸려가는 형편이었는데요. 주먹덩이 밥에 최소한 반찬 한두 가지로 끼니를 때웠습니다. 배추류를 소금과 고춧가루 범벅에 절여 놨다 먹곤 했습니다.

식생활이 이런 형편이었으니 구두나 운동화는 엄두도 못 내는 처지였는데요. 헝겊 조각을 몇 겹씩 겹쳐서 발 모양을 내고, 송곳으로 구멍을 뚫어 실로 누벼 신는 헝겊신을 신고 다녔습니다. 특히 백범 김구 선생은 여기저기 다니시는 곳이 많았는데요. 헝겊신 바닥이 남아나는 날이 없었다고 합니다. 바닥이 다 헤져 너덜거리기 일쑤였는데요. 바닥이 헤져버리니 신발 목 부분만 발목에 대롱대롱 매달려 있는 꼴이었습니다.

"친정 가서 돈 좀 얻어오겠다" 독립운동자금 위한 모험

어려운 상황을 헤쳐 나가기 위해 정정화 지사는 또 하나 새로운 결심을 하는데요. 국내에 가서 돈을 구해오겠다는 발상이었습니다. 지사는 당시 임시정부 법무총장이었던 신규식 선생을 찾아가 이야기하는데요.

"엉뚱한 소견인지는 모르겠습니다만, 제가 친정에 가서 돈을 좀 얻어와 볼까 하는데요."

"부인, 지금 국내는 사지나 다름없습니다. 특히 김가진 선생의 일로 해서 시댁은 왜놈들의 눈총을 받고 있지 않습니까? 물론 조심해서 처신하겠지만 무턱대고 들어갔다가 만에 하나 왜놈들에게 발각이라도 되는 날이면 다시는 못 나올 것은 고사하고 큰 고초를 겪게 될 것입니다."

태어나면서부터 겁이 없었던 정정화 지사는 그렇게 임시정부가 주는 지시를 받아 비밀 임무를 수행하게 됩니다. 상해를 출발해 비밀리에 국내로 잠입한 후, 비밀 편지를 전하며 여러 인사를 접촉해 독립 자금을 조달해 오는 중차대한 임무였습니다.

당시 비밀을 유지하기 위해서 한지에 백반 물로 글을 쓴 비밀편지를 이용했는데요. 그냥 보기에는 아무 내용도 없어 보였지만, 불에 편지를 쪼이고 나면 글씨가 또렷하게 살아나는 원리였습니다. 이후에는 끈 편지도 등장하는데요. 종이에 직접 글을 쓴 다음 종이를 노끈 꼬듯이 꼬아서 물건을 묶는 식이었습니다. 적이 보기에는 물건 묶는 끈이었지만, 펼쳐보면 비밀 내용이 적힌 편지였습니다.

정정화 지사는 임시정부가 구축해 둔 연통제와 교통국을 이용하여 국내로 잠입했는데요. 연통제는 임시정부가 구축한 국내외 연락을 위한 비밀행정조직이었고, 교통국 역시 임시정부 독립자금 수합을 위한 비밀 통신 기구였습니다.

상해에서 단동까지는 아일랜드인 조지 쇼가 운영하는 이륭양행의 배를 이용했습니다. 조지 쇼의 고향 아일랜드도 영국에게 식민 지배를 받고 있었기 때문에 그는 조선인의 독립운동에 매우 호의적이었습니다. 임시정부는 이륭양행 2층에 교통국 지부를 두고 독립운동가 이동과 자금 수송을 시도하곤 했습니다.

단둥에서 신의주로 넘어갈 때는 독립운동가 최석순의 도움을 받았습니다. 최석순은 일본 형사로 있으면서 신분을 위장한 독립운동가였는데요. 정정화 지사는 최석순의 누이동생으로 가장하고 압록강 철교를 건넜습니다.

신의주에 넘어와서는 역시 비밀 연락소인 세창양복점을 찾아가는데요. 양복점 주인이자 재단사였던 이세창 지사는 정의감에 불타는 조선인이었습니다. 나라가 망하기 전까지 세도가와 집권자에게 억눌려 살던 백성들이 이제는 조국을 찾기 위해 위험을 무릅쓰는 애국자로 거듭나고 있었습니다.

그렇게 국내로 잠입한 지사는 독립운동자금을 모은 다음 다시 국내를 빠져나가고자 했는데요. 신의주에서 단둥으로 빠져나가는 게 매우 위험한 일이었습니다. 철교를 건널 수 없어서 밤이 되길 기다려 배를 타고 강을 건너기로 하고, 몰래 강가로 나온 지사는 신발을 벗어들고 강변을 따라 맨발로 삼십 리 길을 거슬러 올라갔습니다. 세 시간쯤 걸어갔을 때 미리 기다리던 쪽배를 만났는데요. 한밤중에 사방에서 부는 강바람 소리가 지사를 움츠러들게도 했지만 다행히도 무사히 강을 건너갔습니다.

상해로 무사히 돌아온 정정화 지사를 보며 모든 사람이 입에 침이 마르도록 지사를 칭찬했습니다. 아무런 탈 없이 돌아온 성취도 큰일이지만, 여자 몸으로 혼자 그 어려운 일을 해냈다는데 놀라워했습니다. 정정화 지사의 모험은 상해 조선인 사이에 모르는 사람이 없을 정도로 파장이 컸습니다.

마침내 해방 맞이했지만… "우리의 독립은 쟁취된 것인가"

1921년 늦은 봄 지사는 두 번째 파견 임무까지 성공합니다. 1922년 6월에 지사는 3차 국내 잠입을 결심하는데요. 하지만 그 사이 정세가 많이 바뀌어 있었습니다. 임시정부가 심혈을 기울여 만들어 둔 연통제와 교통국이 일제에 의해 파괴되고 말았습니다. 엎친 데 덮친 격으로 임시정부 내에 내분마저 일어나고 맙니다. 국제사회에 청원과 호소를 통해 독립을 이루려던 노선과 무장 항쟁을 지지하는 노선이 갈라지는데요. 김가진 선생 역시 김좌진 장군이 지휘하는 북로군정서 고문으로 추대 받아 상해를 떠날 고민까지 합니다.

어려워진 조건 속에서 정정화 지사는 다시금 국내로 들어가려고 하는데요. 인력거를 타고 압록강 철교를 건너기로 합니다. 다행히도 다리에 들어설 때는 일본 순사의 검문은 없었습니다. 다리를 통과할 무렵 일제 순사들이 다가와 형식적인 검문을 실시했는데요. 예기치 않은 검문에 우물쭈물하는 사이 이를 의심한 순사에게 체포당합니다. 지사는 신의주에서 종로경찰서로 압송되었고 친일파 형사 김태식에게 조사받은 뒤 '상해에서 살기가 힘들어 친정으로 돌아가려 했던 길'이라 둘러대 가까스로 석방될 수 있었습니다.

이후 1931년까지 세 차례 더 귀국하여 독립 자금을 모았습니다. 1932년부터는 정세가 급변하여 더 이상 국내에서 임무는 수행하지 못하는데요. 1932년 4월 29일 윤봉길 의사가 홍커우 공원에서 투탄 의거에 성공합니다. 김구 선생은 모든 과정이 자신의 소행이라는 성명서를 각 언론에 발표했고, 의거 다음날인 4월 30일부터 임시정부 식구들은 상해를 탈출합니다.

1937년 7월 7일 노구교사건을 빌미로 시작된 중일전쟁 이후 정정화 지사는 피난길에 오른 임시정부 안살림을 도맡아 하게 되는데요. 국무위원들을 손수 모시며 돌봐드렸습니다. 이동녕, 이시영, 조완구, 차이석, 송병조 선생의 식사를 해결하고 뒷바라지를 책임졌습니다. 1940년 임시정부 주석이었던 이동녕 선생의 임종을 지킨 이도 정정화 지사였습니다. 노환으로 자리에 누우시고 곡기를 끊은 지 열흘 만에 순국하셨는데요. 병석에 누워 거동을 못하시던 열흘 동안 꼬박 곁을 지켰습니다.

또한 이 시기 정정화 지사는 1935년 한국국민당 당원, 1940년 한국독립당 생계위원회 위원과 대한애국부인회 등을 맡았습니다. 여성동맹 간사를 맡으며 지사는 사회활동에 적극 참여했는데요. 임시정부나 광복군에서 외국 손님을 대접하거나 자체에 큰일이 있을 때 정정화 지사가 총책임을 지고 일을 치렀습니다.

임시정부에는 딸린 식구들이 많았는데요. 자녀들을 교육 지도하는 일도 지사와 부인들 역할이었습니다. 임시정부가 다니는 곳과 장소를 마다하지 않고 자녀들을 모아서 가르쳤는데요. 우리나라 역사, 국어, 노래, 춤을 알려 주었고 이 일은 단 한 해도 거르지 않고 계속되었습니다.

마침내 해방을 맞이했지만 정정화 지사의 마음은 무거웠습니다. '우리의 독립은 과연 쟁취된 것일까? 남에게 빼앗겼던 것을 우리 손으로 도로 찾아온 것일까? 조국의 운명을 손에 거머쥔 채 고난과 역경의 이국땅에 망명한 임시정부와 함께 25년을 같이 살아온 나로서는 그런 생각이 들지 않을 수 없었다.'

굴곡진 세월 다 겪고, 홀로 대한민국에 잠들다

지사가 해방된 조국에 돌아오는 길 역시 험난했는데요. '전쟁 난민' 신분으로 미군 전차 상륙함인 LST 수송선에 실려 고국에 돌아왔습니다.

'간다. 돌아간다. 이제야 나 살던 산천에 간다. 전쟁 난민이라고 미군들에게 업신여김을 당하면 어떠랴. 돼지우리 같은 엘에스티 난민선을 타면 어떠랴. 거룻배라도 좋다. 주낙배라도 좋다. 고향으로 가는 것이라면 일엽편주인들 어떠랴. 우리는 난민이었고 거지 떼였다. 그렇게 추방당했다. 임시정부고 주석이고 뭐고 전부 개인 자격이었던 판에 우리야 오죽했으랴.'

평생을 독립운동에 매진하고서도 난민선을 타고 귀국한 상황은 앞으로 벌어질 비극의 예고편에 불과했습니다. 1949년 6월 26일 정정화 지사가 평생 모시던 김구 선생이 피살됩니다. 임시정부 시절 가진 돈은 죄다 폭탄

애국지사 정정화의 묘 (독립유공자1묘역 313호) ⓒ 임재근

이나 무기 장만에 썼기 때문에 개인은 먹고 사는 게 늘 어려웠습니다. 그럴 때마다 김구 선생은 정정화 지사를 찾아와 "후동 어머니, 나 밥 좀 해줄라 우?"라며 식사를 청했습니다. 항상 다정하고 자상하며 격의 없는 분이었습니다.

1950년 한국전쟁 전면전이 발발했고 남편 김의한 선생이 납북되고 말았습니다. 1951년에는 부역죄 혐의로 다시 한 번 종로경찰서로 끌려가 조사를 받게 됩니다.

'종로서에서 조사를 받게 되었다. 왜놈 경찰의 손에 이끌려 붙잡혀왔던 바로 그 종로서였다. 그러나 상황은 달랐다. 종로서 문턱을 넘어서는 순간 내 심정은 갈가리 찢겨갔다. 왜놈 경찰의 손아귀에 들어갈 때와 부역죄로 동포 경찰관의 손에 끌려 들어갈 때를 견주어 보아 모든 게 너무나 달랐다.'

조사 과정 중에 정정화 지사에게 손찌검을 하는 형사도 있었습니다. 검찰 기소 후에는 구치소에 갇혀 옥고를 치러야 했습니다. 엉터리 재판도 이어졌는데요. 같은 죄로 기소된 20여 명 피고가 '비상사태 하의 특별조치령'으로 기소되었는데, 피고인들은 서로 전혀 알지 못하는 사이에다 관련도 없는 사이였습니다. 지사는 집행유예로 풀려난 이후에도 한동안 요시찰인 딱지를 붙이고 예비검속으로 출두해야 했습니다.

굴곡진 세월을 다 겪고 나서 정정화 지사는 1991년 11월 2일 향년 91세로 눈을 감으시는데요. 살아생전 민족 분단과 단독정부 수립에 그토록 반대했음에도 불구하고, 사랑하는 가족과 뿔뿔이 흩어져 안장되어 있습니다. 남편 김의한 지사 유해는 평양 재북 독립운동가 묘역에 안장되어 있으며, 시아버지 김가진 선생은 지금까지도 중국 상해에 묘비도 없이 잠들어 있습니다.

[참고자료]
정정화, 『장강일기』, 학민사, 1998.

박정희도 두려워했던 독립운동가

독립유공자3묘역에 안장된 함석헌 선생

    일제강점기에는 외세에, 해방 후에는 독재에 항거했던 독립운동가이자 민주화운동가들이 있습니다. 대표적인 인물로 장준하, 함석헌 등이 있는데요. 오늘은 대전현충원 독립유공자3묘역 329호에 안장되어 있는 함석헌 선생에 대해 이야기해 보려고 합니다.

〈씨올의 소리〉와 'YWCA 위장결혼식'

    광주 밖 5·18민주화운동을 조사하면서 당시 민주화운동에 나섰던 이들

대전현충원 독립유공자3묘역 329호에 안장된 함석헌 선생 ⓒ임재근

의 이야기를 들어보면, 〈씨올의 소리〉
와 서울 명동에서 있었던 'YWCA 위
장결혼식 사건'의 영향을 받은 사례가
많았습니다.

〈씨올의 소리〉를 읽고 민주화 열망
을 키웠던 학생들과 YWCA 위장결혼
식 사건 이후 시국선언에 동참했던 학
생들은 1980년 5월 거리로 나섰고, 신
군부 타도와 계엄 철폐를 외쳤습니다.
이들은 비단 광주에만 있었던 것이 아
니었습니다. 전국 각지에서 대학생과
시민들이 거리에 나섰습니다.

〈씨올의 소리〉는 함석헌 선생에 의
해 발행된 잡지로 대한민국 민주주의

씨올의 소리 창간호 ⓒ한국민족문화대백과사전

의 발전을 위해 4·19혁명 10주년을 맞이한 1970년 4월 19일부터 발행되었
습니다. 함석헌 선생은 민중을 주체로 삼는 본인의 '씨올사상'을 내세워 잡
지 이름을 지었고 장준하를 비롯한 11명의 재야인사들이 편집위원으로 참
여해 정권에 대항하는 언론이 되었습니다.

박정희 군사독재시절 함석헌 선생을 비롯한 편집인들이 수시로 중앙정보
부에 끌려가고 판매금지 처분이 내려졌지만, 〈씨올의 소리〉는 많은 민중에
게 읽혀졌으며, 민중들은 〈씨올의 소리〉를 통해 민주화, 분단극복, 노동해
방의 의지를 다질 수 있었습니다.

10·26 사건으로 박정희 군사독재가 막을 내리고 민중들은 '서울의 봄'을
맞이하였습니다. 하지만 유신헌법은 철폐되지 않았고 대통령 선거는 여전
히 직선제가 아닌 간선제로 통일주체국민회의를 통해 진행될 상황이었습니
다. 이에 재야 세력들은 집회 및 시위가 금지되었던 계엄 하에서 1979년 11

YWCA 위장결혼식에 참석한 함석헌(우측) ⓒ함석헌기념사업회

월 24일 명동 YWCA에서 결혼식을 위장하여 500여 명이 모였고 유신철폐, 계엄해제, 대통령 직선제를 요구하는 성명서를 낭독하는 집회를 열었습니다.

참가자들 가운데 140여 명이 체포되었고, 여기에는 함석헌 선생도 포함되었습니다. 그리고 YWCA 위장결혼식 사건은 전국적으로 알려져, 대전에서도 5일 후인 11월 29일 충남대와 목원대에서 계엄해제와 민주화 이행을 요구하는 시국선언문이 낭독되었고 9명이 체포되어 조사를 받았습니다.

〈씨올의 소리〉와 YWCA 위장결혼식 사건은 '서울의 봄' 시기에 민중들에게 막대한 영향을 끼쳤고, 그곳에는 공통적으로 함석헌 선생이 있었습니다. 12·12 군사반란 이후 민중들이 전두환 신군부에 저항하고, 5·18민주화운동이 전국적으로 거세게 일어났던 것 또한 바로 그 영향이 있었습니다.

일제강점기, 외세에 맞섰던 함석헌

1901년 3월 13일 평안북도 용천에서 태어난 함석헌 선생은 일제강점기에 학창시절을 보냈습니다. 그는 1916년 평양고등보통학교에 입학하여 의사로서의 꿈을 키웠으나 1919년 평양에서 3·1운동에 가담하면서 사회참여에 눈을 뜨고 학업을 중단하였습니다. 훗날 자서전에서 "3·1운동 없었으면 오늘은 없다. 그것은 내 일생에 큰 돌아서는 점이 됐다."며 3·1운동이 자신에게 끼쳤던 영향이 컸음을 강조했습니다.

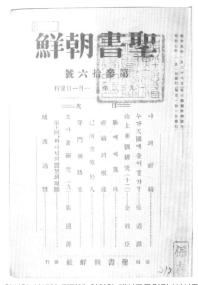

함석헌 선생이 집필에 참여한 개신교동인지 '성서조선' ⓒ한국민족문화대백과사전

이후 함 선생은 민족사학 오산학교에 편입학하여 학업을 이어갔습니다. 일본으로 넘어가 유학을 마친 함석헌 선생은 모교 오산학교 교사로 부임하여 후진양성에 힘을 썼으나 일제의 탄압이 심해지고 창씨개명을 강요당하자 교직을 사임하게 되었습니다.

하지만 '계우회 사건', '성서조선 사건'으로 연이어 투옥되는 등 해방 직전까지 일제의 감시와 탄압을 받으며 언론 집필 활동을 했습니다.

해방 후, 독재에 항거했던 함석헌

해방 이후 함석헌 선생은 1953년 장준하 선생이 창간한 잡지인 〈사상계〉에 글을 쓰면서 장 선생과 동지가 되었습니다. 그는 〈사상계〉 논객으로 이승만 정부 정책에 비평을 가했고, 국가보안법 위반으로 수감되기도 하였습니다. 1961년 박정희의 5·16군사정변에 대해 비판을 가했고, 1970년에

YWCA 위장결혼식 사건 후 연행되는 함석헌 ⓒ함석헌기념사업회

는 70세의 나이로 〈씨올의 소리〉를 창간하여 독재권력과 싸우며 70년대 군사정권이 가장 두려워했던 인물 중 한 명이 되었습니다.

그는 민주회복국민회의, 3·1 민주구국선언, YWCA 위장결혼식을 주도하며 민주화운동에 앞장섰고, 그의 정신을 따랐던 이들이 민주화운동에 많이 나섰기에 전두환 신군부는 1981년 〈씨올의 소리〉를 폐간시키기도 하였습니다.

1987년 6월 항쟁시기에는 86세의 고령에도 민주헌법쟁취국민운동본부의 고문으로 활동하며 4·13호헌조치 철폐를 주장하였습니다. 하지만 5공화국의 종료를 알린 6·29선언이 있었던 날 암으로 입원하게 되었고 1989년 2월 4일 세상을 떠났습니다.

독립운동가이자 민주화운동가였던 함 선생은 사후 13년 만인 2002년 건

함석헌 선생의 기일을 하루 앞둔 2024년 2월 3일, 씨알순례길 참가자들이 함석헌 선생의 묘 앞에 모였다. ⓒ
임재근

국포장 수훈을 받았고, 2006년 10월 19일 대전현충원 독립유공자3묘역
329호에 안장될 수 있었습니다.

[참고자료]

한국민족문화대백과사전 https://encykorea.aks.ac.kr/

함석헌, 『죽을 때까지 이 걸음으로』, 第一出版社. 1977.

친일판사와 애국지사의 불편한 동거

민복기와 이초생, 상록회 4인이 함께 안장된 모순된 상황

대전현충원 국가사회공헌자묘역 18호에 안장된 민복기는 친일인명사전에 등재된 인물입니다. 민복기가 친일인명사전에 이름을 올린 데는 민족혁명당 활동으로 체포된 이초생의 재판과 강원도 춘천의 비밀결사 조직 상록회(常綠會) 사건 재판을 들고 있습니다.

독립운동 나선 이초생과 상록회

이재상으로도 불린 이초생은 1930년 상해로 건너간 후 1935년 12월에

대전현충원 국가사회공헌자묘역 18호에 안장된 민복기의 묘. 민복기는 친일 판사로 친일인명사전에 이름을 올렸으나, 대법원장을 지내는 등의 이유를 들어 대전현충원 국가사회공헌자묘역에 안장되었다. ⓒ 임재근

이초생(李初生)의 일제감시대상인물카드. 인물카드의 이명(異名)란을 보면 이초생은 이재상(李載祥), 이동정(李同汀), 추전풍 (秋田豊)으로도 불렸다는 것을 알 수 있다. 이초생은 소화 14년(1939년) 12월 21일부터 소화 16년(1941년) 12월 21일까지 2년 동안 감옥살이를 했다는 것도 알 수 있다. ⓒ 임재근

문일민의 권유로 조선민족혁명당에 입당한 후 독립운동에 나섰습니다.

1938년에는 일본군에 밀려 중국 한구(漢口)에서 중경(重慶)으로 후퇴하는 도중, 사천성(四川省)에서 조선민족혁명당 당원 60여 명과 함께 3·1절 기념행사를 거행하고 애국가를 불렀고, 도산 안창호 선생의 유지를 계승해 분투를 역설하는 등 독립정신 계몽에 적극적으로 앞장섰습니다.

그러다 그해 10월, 일본군 점령 아래 있는 남경(南京)에 침투해 공작 활동을 전개하던 중 일본 경찰에 체포됐습니다. 이초생은 국내로 압송돼 1939년 12월 19일 경성지방법원에서 치안유지법 위반 혐의로 징역 2년형을 받고 옥고를 치렀습니다.

상록회는 강원도 춘천고등보통학교 학생들이 일제의 민족차별교육에 반대하며 1937년 3월에 조직한 항일 학생결사 조직이었습니다. 상록회의 활동은 월례회·토론회·독후감 발표회 및 귀농운동 등으로, 주로 독서 활동을 통해 항일의식을 고양하는 것이었습니다.

상록회 회원들은 졸업 후에도 활동을 이어갔습니다. 각기의 정착지에서 새로운 상록회 조직을 결성하면서 춘천뿐 아니라 만주 등지에서도 독립운동을 전개했습니다.

1938년 가을, 춘천에서 상록회의 조직과 활동이 일경에 발각돼 무려 137명이나 연행됐고, 그중 12명이 치안유지법 위반 등으로 경성지방법원에서 재판을 받았습니다.

1939년 12월 27일에 진행된 선고 재판에서 남궁태, 이찬우, 문세현, 용환각, 백흥기, 조규석, 배근석, 조흥환, 이연호, 신기철 10명은 징역 2년 6개월의 형을 받았고, 전홍기, 차주환은 징역 1년 6개월에 집행유예 3년을 받았습니다. 이중 백흥기는 서대문형무소에서 복역하던 중 1940년경 스무 살의 나이에 옥사했습니다.

조선총독부 판사, 민복기

이초생의 재판은 조선총독부 판사 부옥영개(釜屋英介)를 재판장으로, 송전수마(松田數馬)와 화기청승(和氣淸勝) 판사가 배석해 진행했습니다. 그런데 선고를 앞두고 판결문까지 작성한 시점에 배석판사가 바뀌었습니다.

이즈음인 1939년 12월에 경성지방법원 예비판사로 임명된 민복기는 같은 달 19일에 진행된 이초생의 제2회 공판에 참여하면서 공판조서에 이름을 올렸습니다. 12월 27일에 진행된 상록회 사건 선고공판에서는 이초생의 2회 공판을 맡았던 재판부가 판결문을 작성하면서 이때는 민복기도 판결문에 이름을 올리게 됐습니다.

이런 일에 대해 민복기는 "일제치하에서 한국인 법관들에게 한국인 사상 사건에 간여 못하도록 하는 것은 하나의 불문율이었다"고 말하며 "내가 임관된 뒤 얼마 안 돼 백백교 사건에 딱 한 번 배석한 일이 있었을 뿐 특히 독립운동 사건에는 얼씬도 못 하게 했다"고 부인했습니다.

민복기는 독립운동사건에 관여하지 않았다고 부인했지만, 이초생 재판의

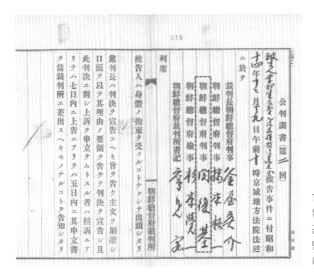

1939년 12월 19일에 진행된 이초생의 제2회 공판의 공판조서에 조선총독부판사 민복기(閔復基)의 이름이 적혀 있다. ⓒ 임재근

공판조서와 상록회 사건의 판결문에서 '민복기'의 이름을 명확하게 확인할 수 있었습니다. 어딘가에 서명을 한다는 것, 어떤 선언에 자신의 이름을 올리는 것, 어떤 문서에 자신의 이름을 남긴다는 것은 그에 대한 책임을 지겠다는 것을 의미입니다.

이초생은 조선민족혁명당에 자신의 이름을 걸고 입당해 활동하다가 일경에 체포돼 고초를 당했습니다. 춘천고등보통학교 학생들도 자신의 이름을 걸고 상록회에 입회해 활동했고, 탄압을 당하며 그 책임을 졌습니다.

반면 민복기는 일제의 녹을 먹으며, 조선총독부 판사로 독립운동가에 대한 재판에 자신의 이름을 올렸습니다. 심지어 책임을 지고 대가 또한 치러야 하는 그는 자신의 과오를 인정하기는커녕 거짓말까지 서슴없이 했습니다.

민복기는 이 재판 이후인 1940년 5월 경성지방법원 정식 판사가 됐고, 고등관 7등에서 시작해 고등관 5등까지 승진을 했습니다. 1945년 6월에는 경성복심법원 판사까지 돼 해방될 때까지 조선총독부의 녹을 먹었습니다.

181
제1장 독립운동

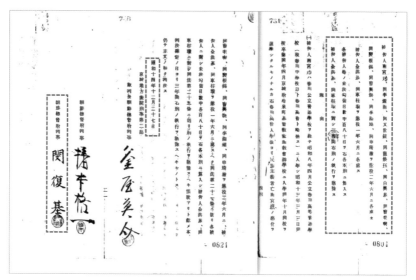

1939년 12월 27일에 상록회 사건 관련자 12명에게 내린 판결문. 이 판결문 맨 마지막에 조선총독부판사 민복기(閔復基)라고 적혀 있다. 이 판결에서 12명 중 10명에게 징역 2년 6개월, 2명에게 징역 1년 6개월에 집행유예 3년이 선고되었다. ⓒ 임재근

불과 60m

해방 후, 독립운동가를 처벌하는 재판에 참여했던 민복기는 일제에 부역한 죗값을 치르기는커녕 법관으로 승승장구했습니다. 그는 법무부 차관, 검찰총장을 거쳐 1963년 4월 22일부터 1966년 9월 25일까지 16대~18대 법무부 장관을 지냈고, 1968년 10월 21일 제5대 대법원장에 취임해 제6대 대법원장까지 연임해 10년 2개월이라는 역대 최장수 대법원장이라는 기록도 세웠습니다.

민복기는 대법원장으로 있던 1975년 4월 8일, 이른바 인혁당 재건위 사건 8명에게 사형을 확정한 상고심에서 재판관으로 참여해 사법살인을 저지른 전력도 가지고 있습니다.

민복기는 2007년 7월 13일, 94세의 나이로 사망했고, 대법원장 등을 지

대전현충원에 안장된 상록회 사건 관련자 4인의 묘. 용환각 애국지사는 독립유공자1묘역 427호에, 이찬우, 이연호, 신기철 애국지사는 독립유공자2묘역 245호, 764호, 1070호에 안장되어 있다. ⓒ 임재근

낸 공로로 대전현충원 국가사회공헌자묘역에 안장됐습니다. 친일 판사가 국립묘지에 안장된 것도 이해할 수 없는 일이지만, 더 어처구니없는 일은 그가 참여한 재판에서 독립운동의 대가로 유죄를 받고 징역살이를 한 독립운동가들도 대전현충원에 안장돼 있다는 사실입니다.

춘천 상록회 사건 관련자 중에서 용환각 애국지사는 독립유공자1묘역 427호에, 이찬우, 이연호, 신기철 애국지사는 각각 독립유공자2묘역 245호, 764호, 1070호에 안장되어 있습니다.

이초생은 독립유공자1-1묘역 497호에 안장되어 있습니다. 그런데 특이하게도 대전현충원 독립유공자1-1묘역은 국가사회공헌자묘역이 샌드위치처럼 위아래로 자리하고 있습니다.

그러다 보니 조선총독부 판사로 이초생을 유죄로 판결한 재판에 참여했

대전현충원 독립유공자1-1묘역과 국가사회공헌자묘역에서 이재상 애국지사의 묘와 대법원장 민복기의 묘 위치. ⓒ 임재근

던 민복기 판사와 이초생(이재상) 애국지사가 같은 곳에 안장된 것과 마찬가지의 모습을 하고 있습니다.

　실제 두 무덤의 거리는 직선거리로 60m에 불과합니다. 민복기의 묘가 이재상 지사의 묘보다 위쪽에 자리하고 있어 친일 판사의 묘가 독립운동가의 묘를 내려다보는 형국입니다.

　민복기 이외에도 친일반민족행위진상규명위원회에서 규정한 친일반민족행위자나 친일인명사전에 등재된 여러 명이 대전현충원뿐 아니라 서울현충원에도 안장돼 독립운동가와 같이 국립묘지에 안장돼 있는 사실은 이미 알려져 있었습니다.

　그런데 법정에서 친일 판사와 피의자로 만난 애국지사가 이렇게 가까이 안장돼 있다는 사실에 더욱 기가 찹니다. 국립묘지법에는 국립묘지의 영예성을 훼손한다고 인정한 사람은 안장대상심의위원회에서 판단해 국립묘지

친일 판사 민복기의 묘와 이재상 애국지사의 묘는 직선거리로 불과 60m 떨어져 있다. 민복기의 묘가 위쪽에 자리하고 있어 친일 판사의 묘가 독립운동가의 묘를 내려다보고 있는 형국이다. © 임재근

안장에서 제외할 수 있다고 명시하고 있습니다. 독립운동가를 재판한 친일 판사가 독립운동가와 함께 안장돼 있는 대전현충원의 모순된 상황이 바로 국립묘지의 영예성을 훼손하고 있습니다.

[참고자료]

국사편찬위원회, 『한민족독립운동사자료집 46』, 2001.

친일인명사전편찬위원회, 민족문제연구소, 『친일인명사전』, 2009.

이초생 제2회 공판조서 및 판결문(1939.12.19).

상록회 사건 남궁태 외 11인의 판결문(1939.12.27).

민복기, "나의 법관시절〈5〉", 〈법률신문〉, 1981.09.14.

파묘된 자들

서훈 취소돼도 이장시킬 수 없는 경우도 있어

〈친일반민족행위 진상규명 보고서〉(2009)나 〈친일인명사전〉(2009)에 수록된 '친일반민족행위자'가 국립대전현충원에 최소 29명이 안장되어 있습니다. 여러분들은 친일반민족행위자가 국립묘지에 안장되어 있는 현실이 이해가 되시나요? '국립묘지의 설치 및 운영에 관한 법률'(이하 국립묘지법)에 의하면 '순국선열과 애국지사로서 사망한 사람'이 아닌 다른 요건을 충족한다면 아무리 친일반민족행위자라하더라도 국립묘지에 안장할 수 있는 허점이 있기 때문입니다.

그렇다면 '순국선열과 애국지사로서 사망한 사람'이 친일반민족행위가 발각되어 서훈이 취소된다면 어떻게 될까요? 당연히 국립묘지 안장 자격이 박탈되기 때문에 이장을 해야 합니다. 서훈 취소로 현재까지 대전현충원에서 이장이 확인된 이들은 서춘(독립유공자1-151), 김응순(독립유공자3-360), 박성행(독립유공자1-212), 박영희(독립유공자1-166), 유재기(독립유공자3-891), 이동락(독립유공자2-488)이 있습니다. 강영석(독립유공자1-264)은 서훈이 취소됐지만 이장하지 않고 그 자리에 그대로 있는데요. 그 이유에 대해서는 뒤에서 더 설명해 드리겠습니다. 이들 중 서춘, 김응순, 박영희는 서훈이 취소되었을 뿐만 아니라, 2009년 친일반민족행위진상규명위원회로부터 '친일반민족행위자'로 규정되기도 했습니다.

서춘은 1963년에 독립장을 추서 받았지만, 조선총독부 기관지 〈매일신보〉 주필과 국민총력조선연맹 선전부 위원 경력이 드러나 1996년에 서훈이 취소되었습니다. 서훈 박탈 후 대전현충원에서는 서춘의 가족에게 이장

서훈 취소로 김응순의 묘가 이장된 흔적. 김응순의 묘는 독립유공자3묘역 360호에 안장되어 있었으나, 2011년 10월 31일에 이장되어 359호과 361호 묘 사이가 비어 있는 것을 볼 수 있다. ⓒ 임재근

을 요청하였으나 응하지 않았고, 대전현충원 측에서 묘비를 제거한 후에야 가족들은 이장을 했습니다. 현행법에는 서훈 취소자에 관한 규정이 미비해 서훈이 취소되었다 하더라도 강제로 이장을 할 수가 없었기 때문이었습니다. 서춘의 묘는 서훈 박탈 8년 만인 2004년 9월 22일이 되어서야 대전현충원 밖으로 이장되었습니다.

1990년에 애국장을 추서 받은 박성행, 박영희, 이동락은 2011년에 서훈이 취소되었습니다. 박성행은 1940년대 내선일체 선전 등 각종 강연에 나섰고, 박영희는 1935년 정신작흥전개운동 회의 참석, 1937년 심전개발 순회강연 실시, 1930년 중반 비행기 헌납금을 납부했습니다. 이동락은 1936년 친일전향단체 발기인으로 참여했습니다. 박성행은 서훈이 취소된 지 4년 만인 2015년 11월 25일에, 박영희와 이동락은 서훈이 박탈된 해인 2011년 10월 6일과 2011년 12월 3일에 각각 이장했습니다.

강영식은 서훈이 취소되었지만 부인의 묘에 '부군'으로 합장되어 있다. 현행 국립묘지법에는 친일반민족행위를 한 배우자 안장에 대한 규정이 없기 때문이다. ⓒ 임재근

1991년에 애국장을 추서받았지만 일본군 '위안소'를 운영했다는 의혹과 일제를 돕기 위한 밀정혐의 기록이 지난 2019년에 발견되었던 송세호의 묘(독립유공자 1-159). 부인 최○○와 함께 독립유공자묘역에 합장되어 있다. ⓒ 임재근

1993년에 애국장을 추서 받은 김응순은 1942년 해군기 헌납, 1943년 징병 선전 선동, 1944 비행기 헌납자금 모금에 참여한 행적이 발각되어 2011년에 서훈이 취소되었고, 그의 묘는 2011년 10월 31일에 이장했습니다. 1995년에 애국장을 받은 유재기는 1941년 애국기 헌납기금 조달을 독려하고, 국민총력 경북노회연맹 이사장을 지냈으며, 1942년에는 전쟁준비 동참 권유 글 게재한 행적이 드러나 2011년에 서훈이 취소되었습니다. 유재기의 묘도 2011년 10월 20일에 대전현충원에서 이장되었습니다.

강영석의 경우를 보면 서훈이 취소된 경우에도 허점이 있다는 것을 알 수 있습니다. 강영석은 1990년에 애국장에 추서되었고, 1991년 1월 24일 사망한 뒤 1월 26일 대전현충원 독립유공자묘역에 안장되었습니다. 강영석보다 먼저 사망한 아내 신○○는 강영석이 안장될 때 배위로 합장되었죠. 그러다가 부인 신○○가 2008년에 건국포장에 추서되면서 이후 '애국지사 강영석 신○○의 묘'로 비석 명칭이 변경되었습니다. 강영석은 1939년에 친일 월간지 〈녹기〉를 발간하고, 잡지에 친일 글 다수 게재한 사실이 밝혀져 2011년에 서훈이 취소되었습니다. 하지만, 강영석은 서훈이 취소되었으나

묘비 번호를 유지한 채 비석 명칭만 '애국지사 신○○의 묘'에 '부군 강영석'으로 바꾸기만 했을 뿐 그 자리에 그대로 안장되어 있습니다. 현행 국립묘지법에는 친일반민족행위를 한 배우자의 안장에 대한 규정이 없기 때문에 '부군'으로 합장되어 있는 것입니다.

1991년에 애국장을 추서받았지만 일본군 '위안소'를 운영했다는 의혹과 일제를 돕기 위한 밀정혐의 기록이 지난 2019년에 발견되었던 송세호(독립유공자1-159)는 아직까지 서훈이 박탈되지는 않았습니다. 하지만 송세호도 서훈이 박탈된다 하더라도 부인 최○○이 1990년에 애족장을 추서 받아 '애국지사 최○○ 송세호의 묘'로 합장되어 있기 때문에, 강영석의 경우처럼 이장시킬 수는 방법이 없는 상황입니다.

국립묘지법 개정에 '친일반민족행위를 한 배우자 안장에 대한 규정'을 포함시키는 등 세밀한 조치가 필요합니다. 또 서훈 과정에서도 면밀한 검토가 필요하고, 서훈이 취소되었을 경우에는 즉각 이장할 수 있도록 국립묘지법이 개정될 필요가 있습니다.

[참고자료]
친일인명사전편찬위원회, 민족문제연구소, 『친일인명사전』, 2009.
친일반민족행위진상규명위원회, 『친일반민족행위진상규명 보고서』, 2009.

김구 암살 배후자, 그가 대전현충원에 묻혀 있다

그리고 백범 김구의 어머니와 두 아들도 대전현충원에 묻혀 있다

1947년 4월 13일 소위 임관(조선경비사관학교 제3기 졸업)→1948년 1월 1일 중위 진급→1948년 8월 15일 대위 진급→1949년 1월 15일 소령 진급→1949년 7월 15일 중령 진급→1950년 10월 21일 대령 진급→1953년 5월 4일 준장 진급→1955년 1월 17일 소장 진급→1956년 2월 3일 중장 추서.

일제 강점기 일본군 헌병 출신이었지만, 해방 후 국군에 입대해 소위에서 대령까지 1년에 2번꼴로 진급한 사람. 그는 1956년 1월 30일에 부하에게 암살당했고, 대한민국 최초의 '국군장'으로 장례가 진행되었습니다. 바로

김창룡의 장례식장 모습(1956.02.03.) ⓒ 국가기록원

이승만 대통령의 오른팔, 김창룡(1920~1956) 이야기입니다.

1956년 1월 30일, 당시 육군 특무대장 김창룡 소장은 오전 7시 30분경 출근 도중 노상에서 괴한들에게 피살되었습니다. 그때 김창룡의 나이가 37세입니다. 이승만 대통령은 김창룡의 피살 소식을 듣자마자 그의 유해가 안치된 적십자병원을 찾아가 유해를 살펴본 뒤 바로 김창룡을 육군 중장으로 추서했습니다. 2월 3일 진행된 김창룡의 장례는 대한민국 최초 국군장으로 성대하게 치러졌습니다. 장례일 하루 동안 육·해·공군 전 부대가 조기를 게양했고, 장병들에게는 음주가무가 금지되었습니다.

이승만 대통령은 "김 중장은 나라를 위해 순국한 것이며 충령의 공을 세운 것"이라는 비문을 직접 써서 보낸 후, 범인 체포를 독촉했습니다. 군은 전국에 비상경계망을 펴고 수사에 착수했으며, 전 군장병에게 휴가 및 외출 금지령을 내렸습니다. 육군 특무대는 사건 발생 20여 일 만에 김창룡 암살 사건 배후로 과거 특무대에서 김창룡의 부하로 근무했던 허태영 대령을, 직접 저격에 가담한 혐의로 신초식, 송용고 등을 검거했습니다.

그렇게 부하들의 손에 목숨을 잃은 김창룡은 경기도 안양시 석수동 산 30-1번지에 묻혔습니다. 그러다가 1997년 유족의 청원에 따라 당시 기무사령관 임재문 준장이 김영삼 대통령에게 묘지 이장 관련 내용을 보고했고, 이후 대전현충원(장군 제1묘역 69호)으로 이장되었습니다. 뒤늦게 김창룡 묘 이장 사실이 알려지자 민주주의민족통일대전충남연합 등 대전지역 단체들이 크게 반발했습니다. 1998년부터 김창룡 묘 이장 촉구 시위가 시작되었고, 이후에도 매년 현충일이면 대전현충원 정문 앞에서 그리고 김창룡의 묘 앞에서 묘 이장 촉구시위가 진행되고 있습니다.

김창룡 묘 안장이 논란 되는 이유

김창룡의 대전현충원 안장이 논란 되는 이유는 크게 두 가지입니다. 하나는 일제 강점기 그의 친일 행적이고, 두 번째는 군대 복무 시절 백색 테러,

매년 현충일마다 대전현충원 김창룡 묘에서는 파묘 퍼포먼스를 비롯해 이장 촉구 행사가 벌어진다.(2019.06.06.) ⓒ 임재근

용공조작사건, 민간인 학살 등에 대한 책임입니다.

김창룡은 1941년 4월 신징(장춘)에 있는 일본 관동군 헌병교습소에 입소해 교육을 마친 후 헌병보조원으로 근무했습니다. 그는 주로 조선과 중국의 항일조직을 정탐하는 임무를 맡았죠. 같은 해 10월 중지군(中支軍)의 아마카스(甘粕) 사단 파견헌병대에 배속되었으며, 소만(蘇滿) 국경 부근에 파견되어 중국공산당과 소련에 대한 첩보 활동에 나섰습니다.

김창룡은 1943년에 싱안베이성(興安北省)을 중심으로 지하공작을 펴던 중국공산당의 거물 왕진리(王近禮)를 검거하는 데 결정적인 공을 세웠고, 관동군 헌병대는 왕진리를 역공작으로 이용해 소만 국경지대에서 활동하던 9개 지하조직을 색출하고 조직원 50여 명을 체포했습니다.

그 이후에도 그는 1943년 9월부터 1945년 8월 15일 일제 패망까지 불과 2년 사이에 무려 50여 개의 항일 조직을 적발했습니다. 일제의 입장에서 보자면 그야말로 눈부신 활약이었다고 할 수 있습니다. 그렇게 일제에 적극 부역한 김창룡은 훗날 친일인명사전에 이름을 올리게 됩니다. 한마디로 악질 친일파였습니다.

일제가 패망하자 김창룡은 고향인 함경남도 영흥으로 돌아왔지만 1945년 11월과 1946년 4월 소련 군정에 의해 거듭 전범(戰犯)으로 체포되어 사형선고까지 받았습니다. 그런데 죽을 것 같았던 김창룡은 두 차례 모두 탈출했고, 결국 월남을 선택합니다.

월남 직후 김창룡은 국방경비대 사령부 부관으로 있던 박기병 소위를 만나 그의 추천으로 국방경비대 제5연대에 사병으로 입대했다. 김창룡은 관동군 헌병 출신이라는 이유로 연대장의 경비사관학교 지원 추천을 받지 못하자, 부대를 이탈해 박기병이 근무하던 제3연대로 찾아가 정보하사관으로 재입대했습니다. 그러던 중 만주군 대위 출신 제3연대장 김백일의 추천으로 1947년 1월 조선경비사관학교(육군사관학교의 전신) 3기로 입교해 95일간의 단기교육을 마쳐 석달만에 소위로 임관했습니다. 김창룡은 국방경비대 제1연대 정보장교로 보직돼 장병들의 사상사찰을 담당하며 숙군작업에 나섰습니다. 과거 관동군 헌병 시절 지하조직을 색출하던 능력을 여순사건 직후 전군 차원으로 강도 높게 진행된 숙군작업에서 발휘하며 숙군의 선봉장이 되었습니다.

1948년 11월~12월 사이 남로당 군사부 연락책임자 김영식와 군사부 총책 이재복을 검거하고, 오일균 소령과 김종석, 최남근 중령을 검거했습니다. 당시 정보국 선임과장 박정희 소령도 김창룡의 검거망에 걸려들었지만, 죽음의 문턱에서 기적처럼 구제된 일이 있었습니다. 백선엽 정보국장, 장도영, 김정권, 미군 고문관 하우스만 대위 등의 구명운동 덕이었습니다. 1949년 11월까지 1년간의 숙군작업으로 장교, 하사관, 사병 등 4,749명이 기소되었습니다.

김창룡의 악명은 한국전쟁 이후 부역혐의자 처벌에서도 이어졌습니다.

이승만 대통령과 악수하는 김창룡 ⓒ 국가기록원

김창룡은 한국전쟁 9.28 서울수복 직후 부역 혐의자들을 색출한다는 목적으로 설치된 경인지역 군·검·경 합동수사본부의 본부장이 되어 부역자 처벌을 주도했습니다. 1951년 5월 25일 합동수사본부가 해체되기 전까지 검거된 부역 혐의자는 1만 4,844명에 달했습니다. 군·검·경 합동수사본부는 많은 사건을 조작해 선량한 사람들을 이 피해를 입었다는 비판을 받아 1951년 5월 해체되었는데, 김창룡은 합동수사본부가 해체되기 열흘 전인 5월 15일에 육군 특무부대장으로 취임했습니다.

　김창룡은 특무부대장으로 있으면서 1952년 부산 정치파동의 계기가 된 부산 금정산 공비 위장사건, 1953년 국제간첩 정국은(鄭國殷) 사건, 동해안 반란사건, 1955년 국가원수 암살미수사건 등 각종 용공 정치사건을 조작하여 이승만 대통령의 반대파를 축출했습니다. 이 과정에서 김창룡은 1953년 5월 육군 준장으로, 1955년 1월 소장으로 진급했고, 특무부대는 이승만의 친위기구이자 무소불위의 권력 기구가 되었습니다. 김창룡의 죽음에 이승만 대통령이 왜 그토록 비통해 했는지 알 수 있는 부분입니다.

김창룡은 김구 암살 배후

김창룡은 안두희에게 백범 김구 선생의 암살을 지시한 배후로도 꼽히고 있습니다. 그래서 김창룡은 김구 암살사건을 담당한 군의 지휘·명령 라인을 무력화하고, 안두희의 신병과 수사도 통제했습니다. 김구 암살사건 수사가 제대로 진행된다면 결국 배후가 드러나게 될 것이고, 자신까지 위험에 빠질 수 있었기 때문이었죠. 김창룡은 조사받는 안두희를 지원하고 편의를 봐줬습니다. 안두희는 특무대의 수감 중일 때도 술, 담배, 고기 등을 차입 받는 등 특혜를 누렸다고 말했습니다. 재판 결과 안두희는 무기징역을 선고받았지만 불과 몇 개월 만에 15년으로 감형되었죠. 그나마 한국전쟁이 발발하자 안두희는 형 집행지로 석방되었는데, 이때 김창룡이 육군형무소에서 출옥하는 김창룡을 인계해갔다는 이야기도 있었습니다. 출옥한 안두희는 바로 육군 소위로 복귀했습니다. 김창룡은 안두희가 군에서 예편한 뒤에도 군납업할 수 있게 뒤를 봐주기도 했습니다. 안두희도 "김창룡 특무대장의 사주를 받아 백범 김구 선생을 암살했다"며 "범행 직후 특무대 영창으로 면회를 온 김창룡으로부터 '안 의사 수고했소'라는 칭찬을 들었다"고 1992년에 자백한 바 있습니다.

김창룡과 지근거리에 묻힌 백범의 가족들

그런데 대전현충원에는 백범 김구 선생의 어머니 곽낙원 지사가 김창룡의 묘와 불과 530여m 떨어진 지점에 함께 잠들어 있습니다. 곽낙원 지사는 김구를 낳은 어머니 자격으로 대전현충원에 묻힌 것이 아니라, 국내 및 중국에서 광복을 위한 항일투쟁을 성공적으로 수행할 수 있도록 적극 지원하여 독립운동가들을 정신적 물질적으로 뒷바라지해 국가로부터 독립운동의 공을 인정받아 서훈을 받은 독립유공자입니다.

1920년대 초 중국 상하이, 한 작달막한 60대 노파는 밤이 되면 융칭팡

(永慶坊) 10호 골목 뒤와 인근 시장통의 쓰레기장을 뒤지곤 했습니다. 그곳에서 노파는 배추껍질 등 중국 사람들이 먹고 버린 채소를 챙겼습니다. 노파는 그 채소로 소금에 절여 음식을 만들거나 시래깃국처럼 끓여 죽을 만들었습니다. 이 음식은 대한민국 임시정부 요인들의 식탁에 올랐습니다. 당시 상하이 임정은 자금이 바닥나 백범 김구 등 요인들은 굶기를 밥 먹듯 하고 있었습니다. 이들의 배를 채워주기 위해 쓰레기통을 뒤진 사람은 바로 백범의 어머니 곽낙원 지사였습니다. 이 때문에 곽낙원 지사는 '임시정부의 어머니'로 불리게 되었습니다. 곽낙원 지사가 해가 떨어진 밤에 활동에 나선 이유는 중국인 등 외국인들의 눈에 띄지 않기 위해서였습니다.

임시 정부에서 곽낙원 지사와 관련된 일화는 무척 많습니다. 백범 김구의 생일날 있었던 한 일화입니다. 나석주 의사가 김구의 생일이라는 것을 알고 자신의 옷을 저당 잡혀 고기와 반찬거리를 마련해 곽 지사에게 가져다 드렸습니다. 곽낙원 지사는 그날 밤 손님들이 돌아가자 50살이 넘은 아들에게 회초리를 들었습니다. "독립운동을 한다는 사람이 자기의 생일 같은 사소한 일을 동지들에게 알려서 그의 옷을 저당해 생일을 차려 먹다니…." 그때서야 어머니의 뜻을 안 백범은 무릎을 꿇고 잘못을 빌었습니다.

1919년에 상하이에서 출발한 임시 정부는 일제의 추적을 피해 항저우(1932~35), 자싱(1935), 전장(1935), 난징(1935~37), 창사(1937~38), 광저우(1938), 류저우(1938~39), 구이양(1939), 치장(1939~40), 충칭(1940~45)까지 옮겨 다녀야만 했습니다. 곽낙원 지사는 상하이에서 고난을 겪으며 독립운동을 뒷바라지 하다가 1925년 12월 황해도 안악으로 돌아와서 생활비를 절약하여 아들 김구에게 송금하며 계속 독립운동하도록 지원 격려했습니다. 그러다 일제의 감시가 날로 심해졌기 때문에, 1934년 3월 19일 손자 김인(당시 18세)과 김신(당시 13세)을 데리고 일경의 감시를 피해 상해로 탈출했습니다. 상해에 도착해서는 장손인 김인을 군관학교에 입교시키기도 했습니다.

충칭 화상산 한인묘지에 안장된 곽낙원의 묘 앞에 백범의 가족들이 서 있다. 왼쪽부터 백범의 차
남 김신, 장남 김인, 백범이다. ⓒ 우리역사넷

이후 임시정부가 자싱(嘉興)에 있을 때 일입니다. 임정 요인의 부인들이
곽낙원 지사의 생일 날 옷을 선물했는데, 곽 지사는 "난 평생 비단을 몸에
걸쳐 본 일이 없네. 우리가 지금 이나마 밥술이라도 넘기고 있는 것은 온전
히 윤봉길 의사의 핏값이야! 윤 의사 피 팔아서 옷 사 입을 수 있나!"라고 호
통을 쳤습니다.

임시정부가 난징(南京)으로 옮겨 생활할 때 임정 요인들과 청년단 단원들
은 곽낙원 지사의 생일상을 차리기 위해 돈을 모으고 있었습니다. 그런데
곽낙원 지사는 이를 눈치 채고 모은 돈을 갖고 있던 엄항섭 선생을 불러 먹
고 싶은 것을 직접 만들어 먹겠다며 돈을 달라고 했습니다. 지사는 생일날
임정 요인과 청년들을 자기 셋방으로 초대했습니다. 그런데 뒤 식탁 위에
생일상 대신 물건을 싼 보자기가 놓여 있을 뿐이었습니다. 보자기를 열어보
니 권총 두 자루가 들어 있었습니다. 지사는 "독립운동하는 사람들이 생일
은 무슨 생일인가"라고 꾸짖은 뒤 "이 총으로 왜놈을 한 놈이라도 더 죽여

대전현충원 독립유공자2묘역에 안장된 백범 김구의 어머니 곽낙원 지사의 묘(오른쪽, 771호)와 백범 김구의
장남 김인의 묘(왼쪽, 772호) ⓒ 임재근

라"고 말했습니다. 곽낙원 지사는 자신의 생일상을 차릴 돈으로 총을 산 것
이었습니다.

1859년생 곽낙원 지사는 김구와 임정의 독립운동을 위해 힘을 보탰지
만 해방을 보지 못하고 1939년 4월 26일 81세의 일기로 중국 충칭(重慶)
에서 생을 마감했습니다. 지사께서는 이틀 전 아들을 불러 "창수(김구의 본
명)야! 네가 열심히 노력해서 하루라도 빨리 나라의 독립을 실현해다오. 어
미는 그날을 볼 수 없겠지만 네가 성공해서 돌아가는 날, 나와 아이들, 어미
(최준례 여사)의 유골을 갖고 돌아가 고국 땅에 묻어다오."라는 유언을 남
겼습니다. 사후 곽낙원 지사의 유해는 충칭의 화상산(和尚山) 한인묘지에
묻혔습니다. 백범 김구의 장남 김인은 군관학교를 졸업한 후 1939년 10월
한국광복진선 청년공작대에 입대해 첩보활동에 참가했고, 1940년에는 충

효창공원 3의사묘역. 오른쪽부터 백정기, 윤봉길, 이봉창의 묘. 맨 왼쪽 비석이 없는 묘가 안중근 의사의 유해를 찾으면 안장하려고 마련한 가묘다. 2019년에 3·1운동 100주년 맞아 안중근 의사 가묘에도 비석을 세웠다. 위 사진은 2018년 12월에 촬영한 것이다. ⓒ 임재근

칭에서 「청년호성(靑年呼聲)」을 발행하며 민족정신 함양에 이바지하는 등 활동을 이어갔지만, 폐결핵을 앓다가 해방을 5개월 앞두고 충칭에서 세상을 떴습니다.

곽낙원 지사의 유해는 해방 후인 1948년 8월 8일, 며느리 최준례 여사, 손자인 김인의 유해와 함께 고국으로 돌아왔습니다. 곽낙원 지사 사후 10년 만에 유언이 이루어진 것이었습니다. 이들의 유해는 경기도 남양주 가족묘에 안장되었다가 1999년 4월, 며느리 최준례의 유해는 효창공원 백범의 묘에 합장되었고, 곽낙원 지사와 손자 김인의 유해는 대전현충원으로 이장되었습니다. 할머니와 손자, 곽낙원 지사와 김인 지사는 대전현충원 독립유공자 2묘역 771호와 772호에 나란히 잠들어 있습니다. 공군 참모총장까지 오른 백범 김구의 차남 김신은 2016년 5월에 사망해 이들과 멀지 않은 장

군2묘역 377호에 안장되었습니다.

백범 김구는 해방 후 고국으로 돌아와 함께 독립운동을 하다가 타국에서 순국한 이들의 유해를 모셔오기 위해 노력했습니다. 1946년 윤봉길, 이봉창, 백정기 의사의 유해를 송환해 국민장을 치르고 효창원의 옛 문효세자 묘 터에 안장했습니다. 그리고 유해를 찾으면 모셔올 안중근 의사의 자리를 위해 세 의사의 묘 옆으로 가묘를 만들었습니다. 당시는 국립묘지가 조성되기 전이었습니다. 김구 선생이 효창원에 독립운동가들을 모신 것은 일제가 효창원이라는 조선 왕실의 묘역을 일본군의 숙영지와 공원으로 난도질했고, 왕실의 묘를 서삼릉(경기도 고양)으로 강제 이장했기 때문에 다시는 치욕의 역사를 되풀이하지 말자는 의미를 담고 있었습니다. 이어 1948년에는 해방을 앞두고 중국 땅에서 순국한 임시정부 주석 이동녕 선생과 국무원 비서장 차리석 선생의 유해를 효창원 동남쪽 언덕에 안장했고, 임시정부 군무부장 조성환 선생이 환국 후 서거하자 이들 옆으로 모셨습니다. 하지만 1949년 6월 26일 백범 김구 선생이 김창룡의 사주를 받은 안두희에게 암살당하면서 더 이상 타국에서 순국한 이들의 유해를 모셔올 수 없었습니다. 김구 선생은 자신이 모셔온 3인의 독립운동가와 임시정부 요인과 함께 효창원 서북쪽 언덕에 안장되었습니다.

하지만 백범 김구를 비롯한 임시정부 요인과 여러 독립운동가들이 모셔져 있는 효창공원이 국립묘지가 아니라는 사실에 많은 분들이 놀라워하십니다. 효창공원을 국립묘지로 만들어 제대로 예우할 수 있도록 만들어야 할 것입니다. 그리고 백범 김구 암살의 배후자가 백범의 가족들과 대전현충원에서 지근거리에 묻혀 있는 현실도 타파해야 할 것입니다.

[참고자료]

친일인명사전편찬위원회, 민족문제연구소, 『친일인명사전』, 2009.

이대인, 『대한민국 특무부대장 김창룡』, 기파랑, 2011.

임기상, 『숨어 있는 한국 현대사 2』, 인문서원, 2015.

김구, 『백범일지』, 돌베개, 2005.

효창독립100년메모리얼프로젝트(https://www.hyochangpark.com/)

'간도특설대' 출신이 대전현충원에 8명이나 안장

애국지사 곁에 누워 국가의 영예를 누리는 현실

1937년 일제는 본격적으로 중국침략을 시작했습니다. 당시 일제의 근거지였던 만주 지역에서는 동북항일연군 등 일제에 맞선 독립군이 활동을 이어가고 있었는데요. 일제의 가혹한 탄압속에서도 열차나 헌병부대를 습격하는 등 전투를 이어갔고요. 독립 의지를 알리고 보급을 해결하기 위해 선전 활동에 주력하는 등 최선을 다해 일제의 침략을 저지하고 있었습니다.

일제의 입장에서는 독립군이 눈엣가시와 같은 존재였는데요. 이들을 확실하게 '토벌'하여 후방을 안정시키고자 했습니다. 만주를 지배하던 일제는 이른바 '오족협화' 이념을 내세우고 있었는데요. '조선족, 만주족, 한족, 몽골족, 야마토족 등 5개 민족이 협력하고 화합하여 서방 제국주의를 막아내고 아시아인의 번영을 이루자'는 정치구호였습니다.

하지만 일제는 자기들의 침략전쟁에 다른 민족까지 총알받이로 동원할 검은 속내를 숨기고 있었습니다. 1937년 6월에는 만주 내 러시아인들로 이루어진 '아사노[淺野]부대', 1939년 신장 방면의 회교부대, 1941년 몽골인 기병대원들로 이루어진 '이소노[磯野]부대'와 퉁구스족 사냥꾼들로 이루어진 '오로촌[鄂倫春]부대'가 각각 창설되었습니다.

조선인이 조선인 잡는 '간도특설대'

이런 흐름 속에서 1938년 9월 조선인들로 만들어진 부대 바로 '간도특설대'였습니다. 당시 간도성 성장을 맡고 있던 친일반민족행위자 이범익이 건의하여 부대가 만들어지게 되었는데요. 안도현치안대, 훈춘국경감시대, 연

간도특설대 출신의 백선엽은 백수를 누리다 2020년 7월 10일 사망했고, 7월 15일 대전현충원 장군2묘역 555호에 안장되었다.
ⓒ 임재근

길현청년훈련소, 봉천만군군관학교 및 기타 만주국군 부대에서 대원을 선발했고, 위관급 이상의 일본인 군관 7명, 조선인 위관 9명, 조선인 하사관 9명으로 준비를 시작했습니다.

부대를 준비하는 과정에서 만주 전 지역에 대대적인 선전 홍보를 했는데요. 조선인 청년들의 자발적인 지원을 유도했습니다. 지원자격으로는 첫째, 20세 미만 간도성 내 거주 한인 남자로서 신체 건강하고 품행 방정한 자, 둘째, 보통학교 졸업 정도 이상 학력을 가지고 일본어 독해 가능한 자, 셋째, 보증인 2명 이상으로 전과가 없고 군경 근무 경력이 없는 자 등이었습니다.

또한 부대창설의 명분을 세우기 위해 조선인들에게 위문금을 걷어가기도 했는데요. 만주에 살던 조선인들이 부대 창설을 지지한다는 것을 보여주기 위함이었습니다. 하지만 수금 실적이 좋지 않아서 할당과 수금을 독려하였고, 친일파들을 앞세워 학교, 종교시설과 사회단체에서 위문금 모금과 입대 지원을 밀어붙였습니다.

일제는 조선인 청년들을 유혹하기 위한 당근도 제시했는데요. 만주군 군관학교와 일본육군사관학교 유학을 내걸기도 했습니다. 대학 수준의 고등

1940년 1월 25일 만선일보. 간도특설대 근무 중 만주군관학교에 합격한 조선인 3명의 내용을 다루고 있다.
일제는 여러 기회를 제공한다는 구실로 조선인 청년들을 간도특설대로 유혹했다. ⓒ 국립중앙도서관

교육 제공과 능력에 따라 군관으로서 승진과 출세를 보장한 것인데요. 이런
신분 상승 유혹에 현혹된 조선인 청년들이 간도특설대에 자원입대합니다.

간도특설대는 1938년 12월 1기 200명을 시작으로 1940년 3월 2기 100
명, 1941년 6월 3기 80명 등 이후 매년 80명씩 인원을 선발했습니다. 1945
년 4월 1일 7기 선발을 마지막으로 간도특설대는 일제가 패망할 때까지 유
지되었고, 전체 690여 명의 조선인이 복무했습니다. 퇴역이나 전직 등이 이
유로 평상시 부대 인원은 300명 정도였습니다.

간도특설대의 역사가 기록되어 있는 『만주국군지』에 따르면 이들의 군사
적 실력이 대단했던 것으로 나와 있습니다. '사격과 총검술은 간도성이 속
한 만주군 제6관구와 전군대회에서 항상 우승'을 했으며, '야간 기동은
부대가 부락 부근을 통과하여도 그 촌락의 개가 짖지 않을 정도'였다고 자
화자찬을 늘어놓고 있습니다.

이들은 정신적으로도 완전한 일본군의 정신으로 무장하고 있었는데요. 간도특설대에서 근무한 백선엽의 회고록에 따르면 '어느 날 밤 보초가 근무 중 졸았다가 이 사실을 당직사관에게 지적받자, 그를 지도할 책임이 있던 위병장이 다음날 아침 권총으로 자결하였다'는 일화를 자랑스럽게 소개하고 있습니다. 그들은 완전하게 일본 군국주의에 물들어 있었습니다. 간도특설대의 부대가에는 '건군은 짧아도 전투에서 용맹을 떨쳐 야마토혼[大和魂]은 우리를 고무한다. 천황의 뜻을 받든 특설부대 천황은 특설부대를 사랑한다.'라며 일본 왕을 칭송하고 있습니다.

간도특설대의 잔혹성

간도특설대의 군사적 재능이 뛰어났을지는 모르나, 그들은 우리 독립운동사에 씻을 수 없는 죄를 짓는 만행을 저질렀습니다. 간도특설대가 부여받은 주된 임무는 항일무장세력에 대한 무자비한 탄압과 그를 위한 정보활동이었습니다. 이들은 농민으로 변장한 채 조선인 마을에 잠입하여 정보를 수집하고 민심을 파악했습니다. 그리고 이 과정에서 끔찍한 학살과 보복을 병행했으며, 특히 여성에 대한 만행은 인간으로서 저지를 수 없는 수준이었습니다.

1944년 2월 간도특설대 김송 중위는 한 소대를 거느리고 이영자(李營子)에 와서 독립군과의 관계를 캐물었고, 그곳 담당자 고준산을 살해했습니다. 유수림자(楡樹林子)의 조선인 김동근 역시 독립군과 관련이 있다는 이유로 물고문으로 살해했습니다. 독립군과 내통했다는 혐의를 씌워 손요종, 손국동, 조청산을 권총으로 살해하였고, 사람을 칼로 베어 살해하기도 했습니다.

1944년 가을부터 1945년 1월까지 간도특설대는 조선인 마을을 봉쇄하고, 독립군 근거지를 습격하였는데요. 이 과정에서 피난가는 조선인 피난민들을 추격하여 학살을 감행합니다. 간도특설대 상등병 이풍근은 마을 주민

1943년 1월 11일 자 매일신보에 소개된 간도특설대의 활동 모습. ⓒ 국립중앙도서관

이회정을 총살했고, 진상춘을 구타하고 우물에 처넣어 죽였습니다. 석갑진 (石匣鎭) 동북쪽 동장화(東庄禾)를 토벌할 때 피난가는 조선인을 향해 사격해서 학살했고, 임산부의 배를 칼로 찔러 살해했습니다. 노인을 취조하던 중 구타해서 죽이고, 마을에서 식량도 탈취해 갔습니다. 간도특설대의 만행은 대상을 가리지 않았습니다.

독립군을 붙잡고 투항하지 않으면 모진 고문을 가했습니다. 가죽띠로 구타해서 살해하고 고춧가루 푼 물을 부어 고문했습니다. 여성은 성범죄의 대상이 되기도 했습니다. 간도특설대 중사 김헌삼, 오경수, 최홍준은 함께 한 여성을 윤간했고, 남편을 살해했습니다.

또한 간도특설대는 마을 전체에 불을 질러 불바다로 만들고 잿더미로 만들기도 했습니다. 조선인들이 모이거나, 독립군이 마을에 숨어드는 것을 막기 위해서였습니다. 1945년 3월 사집진(司集鎭)의 북쪽에 있는 임육장(任六

庄) 마을의 집 10채를 소각했습니다. 간도특설대원 김남룡이 전투 중 사망하자 보복행위로 마을 전체를 소각해서 없애버렸습니다. 마을에 독립군이 숨어있었다는 이유로 영각장(榮各庄) 마을도 불질렀고 집 64채가 전소되었습니다. 간도특설대는 그 잔혹성으로 더 악명 높았습니다. 교전 중 사망한 독립군의 배를 갈라 간을 꺼내 통조림통에 담았고, 독립군의 머리를 칼로 베고 시신 옆에서 목을 들고 기념사진을 찍었습니다.

일제 패망 이후 이들은 심양으로 도망간 후 해산하였는데요. 일부는 중국에 그대로 거주하였지만 나머지는 한반도 이남으로 돌아와 대한민국 국군으로 신분을 세탁했습니다. 이들은 죽을 때까지 한 번도 자신의 과거를 반성하지 않았습니다. 백선엽은 자신의 회고록에서 "우리들이 추격했던 게릴라 중에는 많은 조선인이 섞여 있었다. 주의주장이 다르다고 해도 한국인이 독립을 위해 싸우고 있었던 한국인을 토벌한 것이기 때문에 이이제이를 내세운 일본의 책략에 완전히 빠져든 형국이었다. 그러나 우리가 전력을 다해 토벌했기 때문에 한국의 독립이 늦어졌던 것도 아닐 것이고, 우리가 배반하고 오히려 게릴라가 되어 싸웠더라면 독립이 빨라졌다고도 할 수 없을 것이다."고 자신을 변명했습니다.

간도특설대 김석범이 편찬한 『만주국군지』에는 "우리들 만주군인 출신은 일제탄압 하에서 조국 땅을 떠나 유서 깊은 만주에서 독립정신과 민족의식을 함양하며 무예를 연마한 혈맹의 동지들이다. 우리는 타향인 만주에서 철석같은 정신과 신념 밑에서 철석같은 훈련을 거듭하며 8·15광복을 맞이하였다. 건국 건군 40년이 된 오늘날 50여 명의 장성급과 다수의 영관급 고급장교가 배출되어 조국의 독립과 자유 수호에 공헌하였다."라며 자신들이 만주에서 독립정신을 연마했다고 뻔뻔하게 늘어놓고 있습니다.

간도특설대 출신자 8명이 잠들어 있는 대전현충원

대전현충원에는 총 8명의 간도특설대 출신자가 묻혀 있습니다. 해병대 3

간도특설대 출신으로 『만
주국군지』를 발간한 김석
범은 대전현충원 장군1묘
역 71호에 안장되어 있다.
ⓒ 임재근

대 사령관과 국회의원을 역임하고 금성 무공훈장을 수여받은 김대식이 장
군1묘역 92호에 있습니다. 육군공병학교 교장과 국방부 시설국장을 거치
고, 충무무공훈장을 수여받은 김묵은 장군1묘역 170호에 있습니다. 해병
대 사령관을 역임하고 태극무공훈장을 받은 김석범은 장군1묘역 71호에
있습니다. 송석하는 여순항쟁을 진압한 학살자였고, 훗날 국가안전보당이
사회 상임위원까지 맡습니다. 그 역시 태극무공훈장을 받았고 장군1묘역
93호에 있습니다. 해병대 초대 사령관을 맡은 신현준은 태극무공훈장을 3
회나 받았는데, 그 역시 장군1묘역 273호에 묻혔습니다. 장군1묘역 45호
윤수현은 국방경비대 창군요원이었고 을지무공훈장 수훈자입니다.

보병 12사단과 5사단 사단장을 거쳐 강원도지사와 철도청장까지 지낸
이용은 장군2묘역 61호에 있습니다. 한국군 최초로 4성 장군에 오른 백선
엽 역시 간도특설대이며 장군2묘역 555호에 누워있습니다.

'친일인명사전'에는 등재 기준이 있습니다. 일제강점기 단순하게 일본군
경력이 있다고 해서 다 등재되지는 않습니다. 그러나 간도특설대는 유달리
독립군과 조선인을 잔혹하게 학살했기 때문에 소속 부대원 전원이 다 '친
일인명사전'에 등재되어 있습니다. 만주의 '동양귀'로 불리었던 이들이 애

2020년 7월 15일 백선엽 운구차량이 대전현충원으로 들어서는 순간, 백선엽의 국립묘지 안장 반대를 요구하는 시민들이 운구차량을 막기 위해 뛰어 들었지만 경찰에 의해 제지되었다. ⓒ 임재근

국지사 곁에 누워 국가의 영예를 누리는 현실이 대한민국의 현주소를 적나라하게 보여주고 있습니다.

[참고자료]
김주용, 「만주지역 간도특설대의 설립과 활동」, 『한일관계사연구』, 31집, 2008.
고한빈, 「조선인의 만주국군 입대 배경과 동기」, 『만주연구』, 제33집, 2022.
김효순, 『간도특설대』, 서해문집, 2014.
친일인명사전편찬위원회, 민족문제연구소, 『친일인명사전』, 2009.
김석범, 『만주국군지』, 1987.

이 땅의 독립운동가에게는 세 가지 죄가 있다

독립에 생애 건 대한청년 조문기 선생

"이 땅의 독립운동가에게는 세 가지 죄가 있다. 통일을 위해 목숨 걸지 못한 것이 첫 번째요. 친일 청산을 하지 못한 것이 두 번째요. 그런데도 대접을 받고 있는 것이 세 번째다." 대전현충원 독립유공자3묘역 705호 조문기 지사의 묘비에 쓰인 묘비명입니다. 일제강점기 최후의 의열투쟁이었던 '부민관 폭파 의거'의 주인공 조문기 선생은 생의 마지막 순간까지 독립운동가로 살았습니다.

조문기 지사는 1926년 경기도 화성에서 태어났습니다. 집안의 가세가 기

애국지사 조문기의 묘 (대전현충원 독립유공자3묘역 705호) ⓒ 임재근

울자 선생은 어머님을 따라 외갓집에서 유년기를 보내게 되는데요. 외조부 이조영은 고종 31년(1894)에 과거에 급제하여 승지 벼슬을 지낸 인물이었습니다. 조선이 강제로 병탄된 이후 관직을 버리고 낙향해 살고 있었는데요. 일제와 친일반민족행위자들에 대해 분노한 민족주의자였습니다.

일장기 찢은 할아버지

어린 조문기는 학교에서 우민화 교육을 받았는데요. 학교에서는 매일 조회시간에 일본 제국이 승승장구하는 것으로 훈시했습니다. 신문과 라디오에서도 연일 일본의 승전 소식만 전했는데요. 조선의 어린아이들은 어릴 때부터 일본의 우수성을 들으며 세뇌당했습니다. 자라서 일본인처럼 되어야 하고 일본을 위해 전쟁에 자원하는 것이 자랑스러운 선택이라고 생각했습니다. 어린 조문기 선생은 전쟁터로 가는 군인들을 실은 기차에 일장기를 흔들었고, 어느 날 하루 일장기를 들고 집에 돌아가게 됐는데요.

"문기야! 그 손에 든 게 뭐냐?"

"학교에서 나눠준 국기예요."

"이놈! 예가 어디라고 망측한 걸 집으로 들이는 게냐!"

격노한 외할아버지는 일장기를 박박 찢어 버리고, 어린 조문기 선생에게 불호령을 내렸습니다. 항상 자상한 모습이었던 할아버지의 모습에 선생은 충격을 받았는데요. 그날 밤 할아버지는 조용히 선생을 불러내어 충격적인 이야기들을 전하기 시작했습니다.

"문기야. 이 할애비가 밉지? 네가 어려서 제대로 이해하기 어렵겠지만 아무래도 얘기를 하는 게 좋을 것 같구나. 문기야, 이 할애비 말을 잘 듣거라. 네가 학교에서 배운 역사는 다 거짓뿌렁이다. 왜놈들이 거짓으로 꾸민 거야."

그날 밤 조문기 선생은 평생에 잊을 수 없는 충격적인 역사의 진실을 마주했습니다. 이제껏 한 번도 들어보지 못한 이야기들이었습니다. 명성황후

시해, 을사늑약의 체결, 헤이그 밀사 파견, 고종의 강제 퇴위와 승하. 모든 이야기를 들은 조문기 선생은 손이 부들거리고 눈물이 나올 지경이었습니다. 그렇게 울분에 찬 조문기 선생의 가슴속에 민족의식이 싹트기 시작했습니다.

양지보통학교를 졸업한 선생은 향후 진로를 고민하는데요. 경성사범학교 진학을 목표로 했지만 민족 차별로 인해 낙방하고 맙니다. 당시 학교의 정원 120명 중 50%는 무조건 일본인에게 배정되고, 나머지 50%에서 조선인과 일본인이 경쟁하는 방식이었기 때문입니다. 조선인에게는 공식적으로 25%의 기회를 준다고 했지만, 일제는 조선인에게 교육의 기회를 거의 제공하지 않았습니다. 나라를 빼앗긴 조선인의 신분으로 할 수 있는 것은 없었습니다. 그 순간 선생은 빼앗긴 나라를 되찾는 것이야말로 자신의 의지로 할 수 있는 유일한 일임을 깨닫게 됩니다.

때마침 선생의 눈에 들어온 것은 일본의 거대 군수회사에서 노동자를 모집한다는 광고였습니다. 기숙사를 무료로 제공하고, 월급도 주고, 회사 부설 학교에서 공부도 시켜준다는 내용이었습니다. 선생은 적국에 가서 일본이라는 나라를 제대로 보고, 독립운동의 기회를 만들겠다고 결심하는데요. 부모님과 상의도 하지 않고 그날로 즉시 기차에 올라 부산으로 내려갔고, 관부연락선을 타고 일본으로 건너갔습니다. 일본으로 건너갔을 당시 선생의 나이는 16세였습니다.

1942년 10월, 선생은 도쿄 근처 일본강관주식회사에 훈련공으로 입소하는데요. 그곳에서 파이프를 뽑아내는 일을 맡아서 하게 됩니다. 시뻘건 쇳덩이를 꺼내서 규격대로 잘라 넘기는 일이었는데요. 방열복과 장갑을 착용했지만, 엄청난 온도 때문에 땀이 비 오듯 쏟아지는 작업이었습니다.

조선 청년의 파업

이곳에서 평생의 동지인 유만수 지사를 만나게 되는데요. 4살이 더 많았던 유 지사 역시 독립운동의 꿈을 가지고 이곳에 와 있었습니다. 서로의 뜻을 확인한 두 사람은 기회만을 엿보는데요. 마침내 1944년 5월에 사건이 터집니다.

회사에서 배포한 '훈련공 교양서'라는 책자가 사건의 발단이었는데요. 그 책에는 "훈련공들은 모두 농땡이를 잘 부린다. 밥만 많이 먹는다. 쌈질을 잘한다. 여자를 잘 후린다." 등등 조선인 청년들을 모욕하는 차별적인 내용이 가득했습니다. 조문기 유만수 두 지사는 그 즉시 영향력 있는 조선인 청년들을 방으로 불러 투쟁을 기획하고 조직해 나갔습니다. 다음날 아침 3,000여 명에 달하는 청년들이 식당에 모여, 출근을 거부하며 파업에 돌입했습니다. 단 한 명의 이탈자도 없었습니다. 그동안 쌓여왔던 울분이 터져 나왔습니다.

"훈련공 교양서의 저자를 당장 우리 앞에 데려와라!"

"사장은 직접 나와서 사과하고 교양서의 판매금지와 판매된 책들을 전량 회수하라!"

"유사사태의 재발방지를 책임지고 보장하라!"

"훈련공들의 대우를 개선하라!"

"조선인 차별을 철폐하라!"

이 사건은 전쟁 중에 군수공장에서 일어난 유일한 파업이었습니다. 게다가 조선인들의 파업이었기 때문에 민족운동과 독립운동의 성격이 강했습니다. 이 사건으로 조문기 유만수 두 지사는 일본 전역에 지명수배가 내려지게 됩니다. 두 사람은 이곳저곳 노동판을 떠돌며 도피생활을 시작합니다. 그렇게 일본에 온 지 2년여의 세월이 지난 후 독립운동의 새로운 계획을 세웁니다.

"우선 조선으로 돌아가자. 가서 큼직한 일 몇 가지를 벌이고 준비가 되는 대로 중국으로 가자."

"큼직한 일이라면?"

부민관 폭파 의거 터 ⓒ 임재근

"조선에 가서 꼭 해야 할 일이 있어. 민족을 배반한 친일거두와 침략 원흉
을 처단해서 우리 민족의 긍지를 되찾는 일이야."

'정치깡패 친일파' 박춘금 처단 계획

새로운 진로를 정한 두 사람은 1945년 1월, 일본 생활 3년 만에 고국으
로 돌아왔습니다. 그리고 조금의 지체 없이 계획을 실행해 나갔는데요. 애
국심이 강한 청년들을 찾아 동지로 규합하고 비밀결사를 조직했습니다. 귀
국한 지 2개월 만인 1945년 3월 서울 관수동 유만수 지사의 집에서 조문기
유만수 강윤국 우동학 권준 박호영 등 여섯 명의 조선 청년이 '대한애국청
년당'을 결정했습니다. 그리고 첫 번째 처단 대상을 박춘금으로 정합니다.

박춘금은 악질 친일파이자 정치깡패였습니다. 일본에서 '상애회'라는 단
체를 조직했는데요. 일본에서 일자리를 찾던 조선인에게 일자리를 섭외하

고, 알선료를 받아 챙겼습니다. 힘없는 여성 노동자들의 급여를 모두 횡령하기도 했습니다. 조선인 여성들을 폭행하고 사창가에 팔아넘기기도 했습니다.

일본 곳곳에 있던 항일민족단체를 습격하고 폭력을 저지르기도 하는데요. 오사카 조선인이 만든 '노동연주회'를 습격 수십 명의 중상사를 냈고, 일본 내 조선인 노동자들의 결사단체인 재일본조선노동총동맹을 습격했습니다. 국내에서도 1924년 전남 신안군 하의도에서 소작쟁의가 일어나자, 일본인 농장주의 사주를 받아 박춘금은 주민을 습격하고 폭력을 일삼습니다. 한마디로 일본인들의 해결사 노릇을 했습니다.

박춘금은 1920년대 중반 이후 정치권에서 영향력을 키웁니다. 1930년 '우리의 국가 신일본'이라는 책을 내는데요. 그 책에는 "우리 조선인이 대일본제국을 사랑함에 어떤 어색함이 있을 것인가. 이 대일본제국의 국부 지존에 대해 받들고 충성을 바치려고 하는 것은 원래 우리의 임무가 아니면 안 된다."고 썼습니다. 박춘금은 심지어 일본 중의원 선거에 입후보했고, 당선까지 됩니다. 조선인으로서 일본제국의 국회에까지 진출한 뼛속까지 친일파였습니다.

조문기 지사와 '대한애국청년당' 동지들은 박춘금 처단을 위해 무기부터 확보하는데요. 우선 유만수 지사가 수색변전소 작업장에 인부로 잠입했습니다. 당시 일제는 공습 피해를 줄이기 위해 주요 시설들을 지하화하는 공사를 벌이고 있었는데요. 지하 작업을 위해서는 폭발물이 꼭 필요했던 것입니다. 작업장과 떨어진 화약창고에는 일반 노무자들이 접근조차 할 수 없었는데 유만수 지사는 현장감독의 눈에 들기 위해 작업에 열성을 다했습니다. 그렇게 20여 일을 일한 결과 현장 감독의 신임을 얻는 유 지사는 드디어 발파 작업을 지시받습니다.

지하에 들어가 작업을 하는 동안 다이너마이트를 분해해서 화약을 조금씩 덜어냈습니다. 그것을 신발 바닥에 얇게 이겨 넣어서 밖으로 빼돌렸는데요. 그렇게 사제폭탄 2개 분량의 화약을 확보했습니다.

다음으로 강윤국 지사가 어디선가 권총을 구해왔는데요. 국수 공장을 운영하던 강 지사의 집에 자주 찾아오던 한 헌병 장교의 것이었습니다. 헌병은 시시때때로 국수 공장에 와서 술상을 받았는데요. 그가 만취한 틈을 타서 권총을 훔쳐낸 것입니다.

무기를 준비한 조문기 지사와 동지들은 거사 날을 정합니다. 친일파 박춘금이 마침 7월 24일 저녁 7시에 부민관에서 '아시아민족분격대회'라는 행사를 개최하기로 했는데 이 곳을 치기로 결정합니다. 부민관은 지금의 서울시의회 건물인데요. 당시에는 다목적 강당으로 집회, 연설, 강연 등이 열리는 곳이었습니다. '아시아민족분격대회'는 일제의 전쟁범죄에 협력하여 조선인 청년들을 전쟁터로 내몰기 위한 행사였습니다.

그런데 거사가 3일 남은 시점에 문제가 발생합니다. 작업장에서 빼내 온 다이너마이트 심지가 문제였습니다. 불꽃이 너무 크게 일고, 소리도 크고, 냄새도 심해서 도저히 의거용으로 사용할 수 없었던 겁니다. 요란하게 타지 않고, 정확한 속도로 탈 수 있는 심지가 필요했습니다. 조문기 유만수 강윤국 세 지사는 72시간 동안 밥 한술 못 뜨고 잠 한숨 못자며 폭탄제작에 돌입했습니다. 마침내 '바싹 말린 명주실' 심지가 성공했습니다. 하지만 그때는 이미 대회가 시작한 지 1시간이나 지난 시점이었습니다. 세 동지는 대회장까지 내달렸습니다.

다행히 대회가 끝나기 전 부민관에 도착했습니다. 헌병들의 감시가 있었지만 세 사람은 군중들 틈에 섞여 들어가 무사히 대회장 안으로 진입했습니다. 이윽고 박춘금이 무대에 오르자 세 사람은 무대로 접근해서 폭탄을 설치했습니다. 하나는 계단 아래에 다른 하나는 무대 아래에 설치했습니다. 천만다행으로 폭탄을 설치하는 것을 눈앞에 보고서도 아무도 제지하지 않았는데요. 행사 관리자가 무대 관리하는 것으로 보였기 때문입니다. 3분 후 폭발하도록 장치하고 나서 세 사람은 유유히 행사장 밖으로 빠져나왔습니다.

'부민관에 정의의 폭탄 이면 벗은 3청년 용사'라는 제목으로 1945년 11월 13일 자유신문에 보도된 기사. ⓒ 국립중앙도서관

정해진 시간에 폭탄은 정확하게 터졌고, 행사장은 아수라장으로 변해버렸습니다. 그렇게 부민관 폭파 의거는 대회를 쑥대밭으로 만들었고, 아시아 민족분격대회는 그 자리에서 무산되어 버렸습니다. 세 지사의 완벽한 성공이었습니다.

마지막까지 '친일청산' 외친 선생

일제는 이후 부민관 의거의 배후를 찾기 위해 혈안이 되어 전국을 들쑤셨습니다. 범인 검거에 총 5만 원 현상금을 걸었는데요. 3만 원은 일제가 2만 원은 박춘금이 걸었습니다. 당시 쌀 한 섬이 100원이었으니 실로 어마어마한 현상금이었습니다. 이때 600여 명의 무고한 사람들이 연행되었고, 일제의 무자비한 고문에 못 이겨 본인이 범인이라고 거짓 자백을 하기도 하는데요. 이후 조문기 선생은 고초를 당한 이들을 일일이 찾아가서 사과하기도 합니다.

조문기 지사와 동지들은 해방이 될 때까지 잘 은신했고 검거되지 않았는데요. 해방 이후에는 오히려 '부민관 폭파 의거'를 본인이 했다면서 거짓을 떠벌리는 가짜들이 등장할 지경이었습니다. 결국 1945년 11월 13일 당시 〈자유신문〉에 세 지사가 진상을 공개하면서 진실이 밝혀지게 되었습니다.

일제강점기에도 체포되지 않았던 조문기 지사는 오히려 해방된 이후에 체포되고 고초를 겪게 되는데요. 이승만 정권과 미군정의 단독정부 수립과 분단에 반대하며 '인민청년군'을 조직한 조 지사는 1948년 6월 2일 삼각산에서 봉화를 올리고, 서울 시내 빌딩에 '통일정부 이룩하자' '단일정부 수립 반대' 등 현수막을 펼치려고 계획합니다. 그런데 조직 내 끄나풀로 인해 체포되어 옥살이를 하고요. 1959년에는 '이승만 대통령 암살, 정부전복음모 조작 사건'으로 다시 한 번 투옥됩니다.

삼각산 사건 때 성북경찰서로 끌려간 조문기 선생은 형사 앞에서 취조받는데요. 그 형사는 다름 아닌 악명 높은 친일 경찰 김종원이었습니다. 훗날 김종원은 민간인 학살을 자행하며 일본도로 사람들 목을 베고 다녔고, 권총이나 소총으로 사격 시험하듯 사람들을 죽였습니다.

이후 조문기 지사는 광복절 행사에도 단 한 번도 참석하지 않았는데요. '1945년에 일제는 물러갔지만 친일파들은 그대로 남아 미국을 등에 업고 재빠르게 반공세력으로 변신하여 우리 사회 주류로 탈바꿈 했다'는 것이 조문기 지사의 뜻이었습니다. "친일청산은 바로 오늘의 독립운동이다"고 외치며 '친일인명사전' 발간에도 온 힘을 쏟았습니다.

지사는 2008년 2월 5일 향년 81세로 이 땅에 완전한 친일청산을 보지 못한 채 눈을 감았습니다. 민족문제연구소 대전지역위원회 등 지역의 시민사회단체들은 매년 지사의 기일에 맞춰 현충원 묘역에서 추모식을 거행하고

조문기 선생 16주기 추모식 ⓒ 임재근

있습니다. 그래서 매년 2월 5일 즈음에는 지사가 남긴 육성이 현충원에 울려 퍼집니다.

"한번 독립운동가는 영원한 독립운동가다. 중간에 변절자는 독립운동가가 아니다."

[참고자료]
조문기, 『슬픈 조국의 노래』, 민족문제연구소, 2005.

제2장 군사반란

- 5·16과 12·12 -

무너진 민주주의와 지방자치

대전현충원에 묻힌 5·16쿠데타로 내리꽂힌 '군인' 도지사들

대전현충원 장군묘역을 둘러보다 보면, 비석 뒷면 장군들의 공적에서 특이한 이력을 발견하곤 합니다. 장군들이 군을 예편한 후에 국영기업 사장 또는 감사 등 기업인이 되는 경우가 종종 있습니다. 국회의원이나 장관이 되는 경우도 있었습니다. 그 중에서 도지사를 역임한 경우도 있는데요. 이력을 자세히 살펴보면 군을 예편하지 않고 도지사를 역임한 경우도 발견할 수 있었습니다.

어떻게 이런 일이 있을 수 있었을까요? 오늘은 대전현충원에 안장된 군

고광도 중장의 묘비(장군2묘역 5호)에 '충북도지사'가 적혀 있다. ⓒ 임재근

인들 중에 도지사를 역임한 이들에 대해 이야기 해보려 합니다.

장군들이 군을 예편하지 않고 도지사가 될 수 있었던 이유는 1961년 5·16군사쿠데타 때문입니다. 군사 반란에 성공한 군부는 자신들을 '혁명정부'라 칭하며, 5월 24일부로 전국 9개 도지사를 일시에 군인으로 임명해 발령합니다. 이때 도지사로 임명된 이들은 경기도지사 박창원, 강원도지사 이규삼, 충북도지사 고광도, 충남도지사 윤태호, 전북도지사 이존일, 전남도지사 송호림, 경북도지사 박경원, 경남도지사 최갑중, 제주도지사 김영관이었습니다. 김영관만 해군 준장이고 나머지는 육군 준장으로 이들은 당시 모두 준장 급이었습니다.

또 서울특별시장으로 육군 준장 윤태일을 임명했고, 부산, 대구, 대전, 인천, 광주, 전주, 원주, 춘천, 수원 시장도 군인으로 임명했습니다. 서울특별시장을 제외한 나머지 시장들은 중령 또는 대령 급이었습니다.

군부는 이후 국가재건비상조치법(1961.6.6. 제정 및 시행)을 통해 국가재건최고회의를 설치하고, 도지사와 서울특별시장, 인구 15만 명 이상의 시의 장(長)은 국가재건최고회의의 승인을 얻어 내각이 임명하도록 규정했고, 이외의 지방자치단체장은 도지사가 임명토록 했습니다.

1960년 4·19혁명 후 개헌을 통해 제2공화국이 수립되면서 지방선거 대상이 지방자치단체장까지 확대되어 처음으로 민선 도지사를 선출한 지 불과 6개월도 안된 시점이었습니다. 5·16군사쿠데타로 지방자치 시도도 물거품이 되었습니다.

군에서 예편, 곧바로 민정에 참여한 인사들

최고통치기관의 지위로 설정된 국가재건최고회의는 막강한 권력을 행사하며, 지방자치단체장 뿐 아니라 모든 권력 요직에 현역 군인을 배치했습니다. 5·16군사쿠데타를 주도한 박정희는 처음에는 장도영 중장을 국가재건최고회의 의장 자리에 앉혔으나, 44일 만에 장도영을 의장에서 몰아내고

1961년 5월 24일 국가재건최고회의에서 임명한 각도 지사 및 시장들의 임명식 선서 사진. 왼쪽부터 경기도 지사 박창원 준장, 강원도지사 이규삼 준장, 충북도지사 고광도 준장, 충남도지사 윤태호 준장, 경북도지사 박경원 중장, 경남도지사 최갑중 준장, 전북도지사 이존일 준장, 전남도지사 송호림 준장, 제주도지사 김영관 준장. 이날 임명장은 장도영 내각 수반이 수여했다. ⓒ 대한민국역사박물관

고광도 준장에서 이어 충청북도지사로 임명된 최세인 준장이 1962년 3월 20일에 송요찬 내각수반으로부터 임명장을 받고 있다. ⓒ 국가기록원

최고 권력을 차지했습니다.

국가재건최고회의는 부의장 박정희 등을 암살하려 했다는 소위 '반혁명' 혐의로 국가재건최고회의 의장과 내각수반을 겸하고 있던 장도영 등 44명을 1961년 7월 3일에 체포했습니다. 같은 날 장도영을 의장과 내각수반에서 해임했고 박정희를 의장으로 선출했습니다. 장도영이 겸했던 내각수반은 예비역 중장 송요찬에게 맡겼습니다. 하지만 1년이 채 되지 않아 박정희는 내각수반마저 차지하면서 권력 독점에 나섰습니다.

군인들이 도지사를 비롯해 지방자치단체장을 맡아 군정에 참여하게 된 건 1963년 12월 16일까지였습니다. 5·16군사쿠데타 이후 국가재건최고회의 의장과 내각수반까지 차지했던 박정희가 민정 이양이 되더라도 계속 집권할 방법으로 군에서 예편해 제5대 대통령 선거에 출마해 대통령에 당선되었습니다. 1963년 12월 17일, 박정희 대통령이 취임하면서 군정이 끝나고 민정이 시작되는 형태를 갖추었습니다. 민정 이양이 되면서 군정에 참

1961년 11월 21일, 군복을 입은 육군 준장 윤태호 충남도지사가 충남도청 2층 대회의실에서 시장군수회의를 주재하고 있다. ⓒ 충남역사박물관

경남도지사를 맡았던 양찬우 소장의 묘비(장군2-155호) 뒷면 하단에 적힌 이력에 '1961년 경상남도지사'가 적혀 있다. 양찬우 소장은 1963년 12월 육군 소장으로 예편한 후 바로 내무부 차관에 임명되었고, 1964년 5월 제3공화국의 2기 내각 개편에서 내무부 장관으로 임명되었다. 1967년부터 80년까지 민주공화당 국회의원 4선을 했다. ⓒ 임재근

여했던 도지사들은 대부분 군으로 원대복귀 했지만, 군에서 예편해 곧바로 민정에 참여해 이들도 있었습니다.

서울특별시장 윤태일, 경기도지사 박창원, 충남도지사 윤태호, 경북도지사 박경원, 제주도지사 김영관은 1961년 5월부터 1963년 12월까지 2년 6개월가량의 모든 군정 기간 동안 지방자치단체장을 맡았습니다.

5·16군사 쿠데타 석 달여 만인 1961년 8월 25일, 강원도지사는 이규삼 준장에서 이용 준장으로, 경남도지사는 최갑중 준장에서 양찬우 소장으로, 전북도지사는 이재일 준장에서 김인 준장으로 교체되었고, 이들도 1963년 12월까지 도지사를 역임했습니다. 충북도지사는 1962년 3월에 고광도 준장에서 최세인 준장으로, 전남도지사는 1963년 7월에 송호임 준장에서 김용관 준장으로 교체되었습니다. 1963년 12월, 전북도지사를 그만둔 김인 준장은 군에서 예편해 곧바로 경북도지사에 임명되었습니다. 경북도지사를 맡았던 박경원 준장도 예편 후 1969년 2월까지 강원도지사를 맡았습니다.

쿠데타 반성 없던 도지사들

5·16군사쿠데타 당시 이미 준장급 이상이었던 9개 지역 도지사와 서울특별시장은 이미 국립묘지 장군묘역 안장대상에 해당되었기에 사후 대부분 서울현충원과 대전현충원 등 국립묘지에 안장되어 있습니다.

이중 대전현충원 장군1묘역에는 전북도지사를 지낸 김인 준장(장군1-86호), 대전현충원 장군2묘역에는 충북도지사를 맡았던 고광도 준장(장군2-5호), 강원도지사를 맡았던 이용 소장(장군2-61호), 경남도지사를 맡았던 양찬우 소장(장군2-155호), 전북도지사를 맡았던 이춘일 소장(장군2-306호), 충남도지사를 맡았던 윤태호 중장(장군2-502호)이 안장되어 있습니다.

서울현충원에는 전남도지사 김용관(장군1-44), 서울특별시장 윤태일(장군1-134), 강원도지사 이규삼(장군1-163), 경기도지사 박창원(장군1-250), 충북도지사 최세인(장군3-6), 전남도지사 송호림(장군3-54), 제주도지사 김영관(제2충혼당 504실 118호) 경북도지사 박경원(제2충혼당 506실 104호)이 안장되어 있습니다.

1961년 5월부터 석 달간 경남도지사를 맡았던 최갑중은 국립묘지 안장이 확인되지 않습니다. 최갑중은 1980년에 구속자 석방을 미끼로 5억원을 사취한 혐의로 징역 3년을 선고받은 바 있는데, 이와 관련성이 있어 보입니다.

5·16군사쿠데타는 4.19혁명을 미완의 혁명으로 만드는 요인 중 하나였습니다. 상명하복의 위계질서 속에 지방자치단체장으로 임명된 군인들이 무슨 잘못이 있겠냐고 생각할 수 있겠지만, 상명하복의 전제조건은 정당한 명령일 때만이 성립가능한 일입니다.

5·16군사쿠데타가 정당했는가에 대한 역사적 평가는 '국민의 의사와는 관계없이 무력 등의 비합법적인 수단으로 정권을 빼앗으려고 일으키는 정

김인 준장의 묘(대전현충원 장군1-86호). 이재일 준장에 이어 1961년 8월 25일 전북도지사가 된 김인 준장은 민정 이양으로 전북도지사를 그만두고 군에서 예편했지만, 곧바로 경북도지사에 임명되었다. ⓒ 임재근

전북도지사를 맡았던 이존일 소장의 묘비(대전현충원 장군2-306호)에도 '전라북도지사'가 적혀 있다. ⓒ 임재근

변'이라는 의미의 '쿠데타'라는 명명에서도 확인할 수 있습니다. 30여 년 간 역사교과서에서 혁명으로 미화돼 왔던 5·16이 1996년부터 '5·16군사정변'으로 변경되었습니다. 하지만, 우리 국민들은 5·16쿠데타로 도지사를 역임했던 군인들이 5·16군사쿠데타 대해 반성했다는 이야기를 듣지 못했습니다.

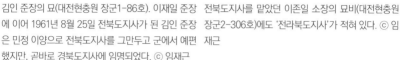

[참고자료]
"9개도지사와 9개시장발령 24일 혁명정부에서," 〈조선일보〉, 1961.05.25.
"「국가재건비상조치법」 전문," 〈조선일보〉, 1961.06.06.
"최고회의의장에 박정희소장 내각수반엔 송요찬장군 임명," 〈조선일보〉, 1961.07.04.
"군정스태프 그들은 지금 무얼 하고 있나," 〈동아일보〉, 1964.05.16.
"서울지법서 전 경남지사 3년선고," 〈경향신문〉, 1980.12.19.

양지바른 곳에 묻힌 그날의 반란군들

영화 〈서울의 봄〉과 현충원 ① 영화 〈서울의 봄〉의 마지막 장면

아래 사진은 영화 〈서울의 봄〉 마지막 장면의 모티브가 된 사진입니다. 전두환의 신군부, 하나회에 관한 연구는 이 사진에서 시작되는 경우가 많습니다. 저 또한 이들에 대한 추적은 이 사진 한 장에서 시작되었습니다.

신군부는 1979년 12월 14일 군 수뇌부 인사 발표 후 사진 촬영을 했습니다. 전두환이 사령관으로 있던 보안사령부 구내에서 촬영한, 12·12 군사반란 주역들의 기념사진으로 널리 알려져 있습니다.

■ 대전 현충원 안장자　■ 서울 현충원 안장자　■ 기타 묘역 안장자　■ 행방묘연자　□ 생존자

특임6 남웅종	? 김호영	21기 신윤희	19기 최석립	? 심재국	17기 허삼수	17기 김진영	17기 허화평	통역 이상연	17기 이차군	11기 백운택
12기 박준병	16기 이필섭	15기 권정달	15기 고명승	14기 장기오	12기 정도영	통역4 우국일	갑종16 최예섭	13기 조홍	16기 송응섭	16기 장세동	19기 김택수
12기 이상규	13기 최세창	12기 박희도	11기 노태우	11기 전두환	8기 차규헌	8기 유학성	10기 황영시	10기 김윤호	11기 정호용	11기 김기택

34인의 12·12 군사반란 관련 신군부 인사들의 육사 기수, 당시 계급, 생존 여부 및 안장정보 ⓒ 정성일

1열 왼쪽부터 이상규, 최세창, 박희도, 노태우, 전두환, 차규헌, 유학성, 황영시, 김윤호, 정호용, 김기택, 2열 왼쪽부터 박준병, 이필섭, 권정달, 고명승, 정도영, 장기오, 우국일, 최예섭, 조홍, 송응섭, 장세동, 김택수, 3열 왼쪽부터 남웅종, 김호영, 신윤희, 최석립, 심재국, 허삼수, 김진영, 허화평, 이상연, 이차군, 백운택 등 이상 34인이 사진에 있습니다.

　　영화 〈서울의 봄〉 마지막에도 이 장면이 연출되는데요. 이 사진처럼 34명이 기념촬영을 합니다. 위 사진에서 반란군들의 계급과 기수를 보면 가운데 앞자리부터 외곽으로 갈수록 낮은 계급, 후배 기수로 배치된 것을 볼 수 있습니다. 위치를 보면 장군 계급이었던 박준병(사진 두번째줄 맨 왼쪽), 남웅종(사진 세번째 줄 맨 왼쪽), 백운택(사진 세번째줄 맨 오른쪽)의 자리가 의문스러울 것입니다. 사진을 자세히 보면 세 사람은 이후에 합성된 것을 확인할 수 있습니다. 촬영에 함께하지 못해 이후 합성한 것인데요. 영화에서는 이들이 함께 사진을 촬영하는 것으로 나와 실제와는 차이가 있습니다.

　　이 사진은 전두환 신군부 시대의 시작을 알리는 신호탄이었고 개국 공신록이나 마찬가지였습니다. 이들 가운데 2명은 대통령이 되고, 6명은 국회의원이 되었으며, 14명은 대한민국 군인으로서 가질 수 있는 최고 계급인 4성 장군인 대장이 되었습니다.

　　예편 후에도 장관, 공사 이사장 등을 역임하며 부귀영화를 누렸습니다. 그뿐만 아니라 죽고 나서도 여전히 영예를 누리고 있는 사람들이 있습니다. 34인의 행적을 조사해본 결과, 12명은 80~90세의 나이로 천수를 누리고 있으며, 18명은 사망하였고 4명은 현재 확인되지 않고 있습니다.

　　이들의 1979년 12월 12일 군사행동은 후대에 군사반란으로, 불법행위로 규정되어 사법 처리를 받은 자도 있지만, 망인 18인 가운데 무려 13명이 현충원에 안장되어 있고, 이중 10명은 대전현충원에 안장되어 있습니다.

　　1979년 12월 12일로부터 45년이 지난 지금, 〈서울의 봄〉 영화 속 현충원 안장 인물을 소개하고자 합니다.

반란을 진압하고자 했던 군인들

〈서울의 봄〉에서 이태신 역을 맡은 배우 정우성, 장태완 수도경비사령관, 장태완 장군의 묘(좌측부터) ⓒ 플러스엠엔터테인먼트, 자료사진, 정성일

먼저 영화 속 주인공으로 전두광(배우 황정민)의 반란에 끝까지 맞섰던 이태신 수도경비사령관(배우 정우성)역은 장태완 장군을 모티브로 하였으며, 장군2묘역 132호에 안장되어 있습니다.

장태완 장군은 영화에서와 마찬가지로 전두환을 중심으로 한 신군부의 군사반란을 가장 앞장서서 막고자 했던 인물입니다. 반란이 끝난 뒤 서빙고 대공분실로 끌려가 45일간 조사를 받고 예편서를 쓰고 나올 수 있었습니다.

〈서울의 봄〉에서 김준엽 역을 맡은 배우 김선균, 김진기 헌병감, 김진기 장군의 묘(좌측부터) ⓒ 플러스엠엔터테인먼트, 자료사진, 정성일

이태신 수도경비사령관과 함께 전두광의 식사 자리에 초대되었다가 정 총장 납치 상황을 파악하고 반란군을 막기 위해 이태신 장군과 힘썼던 김 준엽 육군본부 헌병감(배우 김성균)역은 김진기 장군을 모티브로 하였으며, 장군2묘역 6호에 안장되어 있습니다. 김진기 헌병감은 장태완 수도경비사 령관, 정병주 육군특수전사령관과 함께 반란군에 끝까지 저항했던 인물로 알려져 있습니다.

〈서울의 봄〉에서 박기흥 역을 맡은 배우 정형석, 윤흥기 9공수여단장, 윤흥기 장군의 묘(좌측부터) ⓒ 플러스 엠엔터테인먼트, 자료사진, 정성일

반란에 가담하지 않은 유일한 특전사 여단이었고 반란군보다 빨리 서울 에 들어와 반란군 수뇌부를 진압할 수 있었던 8공수 여단에 신사협정을 이 유로 복귀하라는 명령이 내려졌을 때 많은 관객이 아쉬워했습니다. 8공수 여단장 박기흥 준장(배우 정형석)역은 9공수 여단 윤흥기 준장을 모티브로 하였으며, 윤 장군은 장군2묘역 255호에 안장되어 있습니다.

〈서울의 봄〉에서 안종환 역을 맡은 배우 오현석, 안종훈 육군본부군수참모차장, 안종훈 장군의 묘(좌측부터)
© 플러스엠엔터테인먼트, 자료사진, 정성일

육군본부 지하벙커에서 장태완 장군과 함께 반란군 무력진압을 주장했던 육군본부 군수참모장 안종환(배우 오현석)역은 안종훈 장군을 모티브로 하였습니다. 그는 1980년 5월 17일 비상계엄 전국확대를 반대하였고 결국 8월 강제 전역되었습니다. 안 장군은 장군1묘역 16호에 안장되어 있습니다.

반란에 무기력했던 인물들

〈서울의 봄〉에서 최한규 역을 맡은 배우 정동한, 최규하 대통령, 최규하 대통령의 묘(좌측부터) © 플러스엠엔터테인먼트, 자료사진, 정성일

전두광의 군사반란은 정상호 육군참모총장 납치와 최한규 대통령 재가를 동시에 수행하는 작전으로 시작되었습니다. 정상호 총장 납치는 성공하지만, 최한규 대통령의 재가는 받아내지 못하면서 영화는 반란군과 진압군의 전쟁으로 전개되었습니다.

최한규 대통령(배우 정동한)은 대한민국 제10대 대통령 최규하 대통령을 모티브로 하였으며, 최 대통령은 대통령묘역(과거 국가원수묘역)에 안장되어 있습니다. 대전현충원에 안장된 유일한 대한민국 전직 대통령입니다.

〈서울의 봄〉에서 정상호 역을 맡은 배우 이성민, 반란군으로 부터 체포된 정승화 육군참모총장, 정승화 장군의 묘(좌측부터) ⓒ 플러스엠엔터테인먼트, 자료사진, 정성일

전두광의 반란군에 의해 납치된 정상호 육군참모총장(배우 이성민)역은 정승화 육군참모총장을 모티브로 하였으며, 장군1묘역 13호에 안장되어 있습니다. 정 총장은 반란 후 서빙고 분실에서 수사를 받고 계엄보통군법회의에서 10년 형을 선고받으면서 이등병 강제 예편을 당하는 수모를 겪었습니다.

〈서울의 봄〉에서 국무총리 역을 맡은 배우 서광재, 신현확 국무총리, 신현확 국무총리의 묘(좌측부터) ⓒ 플러스엠엔터테인먼트, 자료사진, 정성일

영화상에서 최한규 대통령이 등장할 때마다 그와 함께 있으면서 총격전 사상자 문제에 항의했던 인물이 있습니다. 국무총리(배우 서광재)역은 신현확 국무총리를 모티브로 하였으며, 신 총리는 국가사회공헌자묘역 17호에 안장되어 있습니다.

〈서울의 봄〉에서 오국상 역을 맡은 배우 김의성, 노재현 국방부장관, 노재현 국방부장관의 묘(좌측부터) ⓒ 플러스엠엔터테인먼트, 자료사진, 정성일

영화 속에서 반란군과 진압군이 모두 애타게 찾던, 관객마저 속터지게 한 오국상 국방부장관(배우 김의성)역은 노재현 국방부장관을 모티브로 하였으며, 장군2묘역 523호에 안장되어 있습니다.

노 장관은 실제로 12월 12일 단국대-육본벙커-한미연합군사령부-국방부를 오가며 오리무중이었기에 반란군과 진압군이 모두 노재현 장관을 찾기 위해 애썼습니다.

〈서울의 봄〉에서 민성배 역을 맡은 배우 유성주, 윤성민 육군참모차장, 윤성민 장군의 묘(좌측부터) ⓒ 플러스엠엔터테인먼트, 자료사진, 정성일

국방부장관에 버금가게 진압군과 관객을 답답하게 만든 민성배 육군참모차장(배우 유성주) 또한 실존 인물입니다. 윤성민 육군참모차장을 모티브로 하였으며, 그는 장군2묘역 443호에 안장되어 있습니다.

〈서울의 봄〉에서 오구민 역을 맡은 배우 최민, 김시봉 육군본부관리참모부장의 묘(좌측부터) ⓒ 플러스엠엔터테인먼트, 정성일

육군본부 관리참모부장 오구민(배우 최민)역은 김시봉 소장을 모티브로 하였으며 장군2묘역 371호에 안장되어 있습니다.

〈서울의 봄〉에서 배송학 역을 맡은 배우 故염동헌, 유학성 국방부 군수차관보, 유학성의 묘(좌측부터) ⓒ 플러스엠엔터테인먼트, 자료사진, 정성일

전두광의 선배로 반란에 가담했던 배송학 국방부 군수차관(배우 고 염동헌)역은 유학성을 모티브로 하였으며, 장군1묘역의 가장 높은 자리인 장군

1묘역 2호에 안장되어 있습니다. 전두환도 생전에 꾸준히 유학성 묘에 화환을 가져다 놓는 등 죽어서도 전두환에게 예우를 받던 인물입니다.

〈서울의 봄〉에서 주완용 역을 맡은 배우 현봉식, 진종채 2야전군사령관, 진종채의 묘(좌측부터) ⓒ 플러스엠엔터테인먼트, 자료사진, 정성일

　개봉된 극장판에 등장하지는 않지만, 반란군에 합류한 장군인 주완용 중장(배우 현봉식)역은 당시 정호용 50사단장과 진종채 2야전군사령관 두 사람을 모티브로 했다고 합니다.

　정호용은 5·18 당시 특전사령관으로 5·18 학살 핵심 5인물 가운데 유일한 생존자입니다. 2021년 11월 돌연 미국행 후 행방이 묘연합니다.

　진종채 2야전군사령관은 정호용 소장의 직속상관으로 12·12 군사반란 이후 야전군 사령관 가운데 유일하게 유임된 사령관으로 유학성의 바로 옆자리인 장군1묘역 3호에 안장되어 있습니다.

〈서울의 봄〉에서 박기태 역을 맡은 배우 이기훈, 김기택 수경사 참모장, 김기택의 묘(좌측부터) ⓒ 플러스엠엔터테인먼트, 자료사진, 정성일

수경사 참모장 박기태 준장(배우 이기훈)은 김기택 준장을 모티브로 하였습니다. 그는 이태신 장군의 참모장으로 반란군 진압에 함께했으나 결국 수경사 검문소를 지나는 반란군 병력 통과를 방조하고 12월 14일 기념사진에도 함께 했던 인물입니다. 장군2묘역 125호에 안장되어 있습니다.

〈서울의 봄〉에서 김병준 역을 맡은 배우 공재민, 박준병 20사단장, 박준병의 묘(좌측부터) ⓒ 플러스엠엔터테인먼트, 자료사진, 정성일

12·12 당시 20사단장이었던 김병준(배우 공재민)역은 박준병을 모티브로 하였으며, 장군2묘역 383호에 안장되어 있습니다. 그는 80년 5월에도 광주에서 악명 높았던 20사단 사단장을 계속 역임했으며, 전두환, 노태우에 이어 보안사령관직을 맡았습니다.

〈서울의 봄〉에서 강실장 역을 맡은 배우 임철형, 정동호 대통령경호실장 직무대리, 정동호의 묘(좌측부터) ©
플러스엠엔터테인먼트, 자료사진, 정성일

대통령경호실장 직무대리 강실장(배우 임철형)역은 정동호 준장을 모티브로 하였으며, 그는 대통령경호실장 직무대리 임에도 하나회 회원으로 최규하 대통령을 위협하는 역할을 담당했습니다. 그는 장군2묘역 64호에 안장되어 있습니다.

12·12 군사반란 후 기념사진에 등장한 반란군 가운데 영화에 등장하지 않는 대전현충원 안장자도 있습니다. 육군보병학교장 김윤호 소장(장군2묘역 232호), 보안사령부 보안처장 정도영 대령(장군2묘역 131호), 보안사령부 참모장 우국일 준장(장군2묘역 78호), 30사단 90연대장 송응섭 대령(장군2묘역 222호), 606부대장 김택수 중령(장군2묘역 120호), 보안사령부 대공처장 남웅종 준장(장군2묘역 534호), 보안사령부 군수처장 이차군(장군1묘역 191호)이 바로 그들입니다.

서울현충원에 안장된 진압군과 반란군

극중에서 진압군으로 눈에 띄었던 공수혁 소장(배우 정만식)역의 정병주 특전사령관(장군1묘역 168호), 강동찬 대령(배우 남윤호)역의 박동원 수경사 작전참모(1충혼당 212실 155호), 오진호 소령(배우 정해인)역의 김오랑

특전사령관 비서실장(29묘역 2923호)은 서울현충원에 안장되어 있습니다.

　서울현충원에는 영화 속에서 지휘부가 버리고 도망간 육군벙커를 지키다 전사한 국방부 50헌병대 정선엽 병장(8묘역 2판 38315호)과 영문도 모른 채 반란군 상관의 명령에 끌려와 참모총장 관사를 경계하다 전사한 33경비단헌병대(헌병대장 최석립) 박윤관 일병(8묘역 2판 38281호)도 안장되어 있습니다.

　영화 속에 등장하지 않았지만 반란군 기념사진에 등장한 수도경비사령부 71방위사단장 백운택 준장(장군1묘역 133호), 보안사령부 기조실장 최예섭 준장(1충혼당 320실 173호), 보안사령부 감찰실장 이상연 대령(2충혼당 521실 326호) 또한 서울현충원에 안장되어 있습니다.

　반란을 진압하고자 했던 군인들과 반란에 희생된 군인들뿐만 아니라 반란군까지 함께 안장된 대전현충원. 묻혀있던 그들의 자세한 이야기를 계속 이어 가겠습니다.

12·12 이후 비극적이었던 진압군들의 삶

영화 〈서울의 봄〉과 현충원 ② 반란을 진압하고자 했던 군인들

1979년 12월 12일 전두환의 하나회는 군 내 대부분의 요직을 장악하고 있었습니다. 반란에 동참하지 않더라도 대부분의 군 장성들은 전두환의 하극상에 맞설 용기가 없었습니다. 그런데도 용기 있게 신군부 반란을 저지하기 위해 끝까지 맞섰던 군인들이 있었습니다. 12·12 진압군 3인방인 수도경비사령관 장태완 소장, 육군본부 헌병감 김진기 준장, 특수전사령관 정병주 소장과 9공수특전여단장 윤흥기 준장, 육군본부 군수참모부장 안종훈 소장, 수도경비사령부 작전참모장 박동원 대령, 제3야전군사령관 이건영 중장, 특전사령관비서실장 김오랑 중령 등이 바로 그들입니다.

수도경비사령관 장태완 소장

2023년, 1000만 관객이 본 영화 〈서울의 봄〉 주인공 이태신(배우 정우성)역의 모티브가 된 수도경비사령관 장태완 소장은 1931년 경상북도 칠곡 출생으로, 한국전쟁 시절 육군종합학교 11기(육종11기)로 1971년 육종 출신으로는 최초로 장군이 됐습니다.

이후 수경사 참모장, 26사단장, 육군본부 교육참모부 차장을 거쳐 12·12 군사반란이 발발하기 약 한 달 전인 1979년 11월 16일 수도경비사령관으로 임명돼 수도 서울을 지켜야 하는 임무를 맡았습니다. 영화 〈서울의 봄〉에서도 나오듯 장태완 장군은 1979년 12월 12일 전두환 신군부의 반란에 맞서 최선두에서 끝까지 진압을 위해 힘썼고, 신군부에 의해 서빙고 대공분실에서 45일간의 고문 조사를 받은 후 강제 예편됐습니다. 2010년 7월 26

대전현충원 장군2묘역
132호에 안장된 수도경비
사령관 장태완 소장 ⓒ 정
성일

일 사망한 그는 대전현충원 장군2묘역 132호에 안장돼 있습니다.

영화 속 소소한 장면도 실제 장태완 장군의 이야기가 많이 포함돼 있었습니다. 먼저 영화에서 정상호 총장은 이태신 장군을 불러 논문 이야기를 나누었습니다. 실제로 장태완 장군은 육군대학 시절 군의 정치화 문제를 제기하고 보안사령부 해체를 주장하는 졸업논문을 제출했습니다. 정승화 총장은 장 장군의 이러한 군인 정신을 높이 사 수도경비사령관이라는 중책을 맡긴 것입니다.

다음으로 12·12를 다룬 영화나 드라마에서 빠지지 않는 장태완 장군의 명대사가 있습니다. 장태완 장군이 수경사로 돌아와서 유학성, 황영시와 차례로 통화하며 이들의 반란행위를 파악한 장 장군은 반란군에게 인상 깊은 경고를 날립니다. 당시 육성기록을 확인해보면 "마, 느그한테 선전포고다 인마! 난 죽기로 결심한 놈이야!"라는 장 장군의 목소리를 확인할 수 있습니다. 영화 속 연출과 차이는 있지만, 군 지휘부가 우왕좌왕하는 동안 결단력 있게 행동했던 장태완 사령관의 성격이 잘 드러납니다.

장태완 장군이 강제 퇴역된 뒤 가족사는 반란군들의 화려한 삶에 반해 비극적이었습니다. 1980년 2월 감옥에서 나온 장태완 장군은 가택연금돼 보안사령부의 감시를 받았습니다. 대구에 계신 부친은 자식의 소식에 식사를 끊고 막걸리만 마시다 돌아가셨습니다. 장 장군이 아버지 임종을 맞는 그 순간에도 대구보안대 요원들은 근처를 맴돌고 있었습니다.

영화에서도 언급됐던 장태완 장군의 아들 장성호는 1981년 서울대 자연대에 입학해 2학기에는 학년 수석을 할 정도로 명석했습니다. 그랬던 아들은 1982년 1월 12일 아침 실종돼 2월 9일 싸늘한 주검으로 발견됐습니다.

장태완 장군 본인도 심근경색 수술과 폐암 수술을 받으며 고생하다 2010년 7월 26일 향년 78세의 나이로 세상을 등졌습니다. 그로부터 두 해도 지나지 않는 2012년 1월 17일, 장 장군의 부인인 이병호 여사마저 스스로 목숨을 끊었습니다. 아들 성호 군이 실종된 지 30년째 되던 해였습니다.

장태완 장군의 묘(장군2묘역 132호) 바로 옆에는 반란군 정도영(장군2묘역 131호)의 묘가 있습니다. 그는 12·12 군사반란 당시 보안사령부 제1처장(보안처장)으로 보안사령부에서 장태완 장군을 비롯한 진압군들의 통화를 도청하고 상황을 반란군 수뇌부에 전달하였던 반란의 주역이었습니다. 장태완 장군의 운명은 비극적이게도, 죽어서도 자신을 도·감청했던 반란군의 옆자리에 잠들어 있습니다. 그가 장 장군의 옆에 있는 이유는 장태완 장군이 사망하기 이틀 전인 2010년 7월 24일에 사망했기 때문입니다.

육군본부 헌병감 김진기

〈서울의 봄〉 영화 속에서 배우 김성균이 연기했던 김준엽 준장은 육군본부 헌병감이었던 김진기 준장을 모티브로 했습니다. 대전현충원 장군2묘역 6호에 안장된 김진기 장군은 한국전쟁 당시 육군 갑종간부후보생(갑종6기)으로 임관하여 1979년에는 육군본부 헌병감으로 헌병 병과의 최고 책임자로 중앙정보부 김재규 부장의 체포를 지휘했습니다. 그리고 장태완 장군과 1953년 미 육군보병학교에서 유학을 함께 하여 신뢰가 두터운 사이였

대전현충원 장군2묘역 6호
에 안장된 육군본부 헌병
감 김진기 준장 ⓒ 정성일

습니다.

　영화에서 나온 대로 김진기 준장은 12월 12일에는 장태완, 정병주 장군과 함께 전두환의 생일잔치에 유인됐다가 정승화 총장의 납치 사실을 가장 먼저 알고 두 장군과 함께 반란 진압에 나섰습니다. 직속 부하인 총리공관 헌병 특별경호대장 구정길 중령에게 보안사령관 전두환 체포 명령을 내리지만, 하나회에 의해 좌절됐고 오히려 김준기 헌병감 본인이 후배인 수도경비사령부 헌병단 부단장 신윤희 중령에게 체포됐습니다.

　반란군이 육군본부를 장악한 후 김진기 장군 또한 장태완 장군과 마찬가지로 보안사령부의 조사를 받았습니다. 이후 군사 반란세력의 전리품이 되기 싫다며 1980년 1월 31일 예비역 준장으로 자진 예편해 군을 떠났습니다.

　그 뒤로 수원에서 농사하며 지냈는데, 이마저도 반란군이 득세하는 소식을 듣기 싫어 속세를 등지고 보문도로 들어가 광어 양식업을 하면서 힘들게 살아갔습니다. 노태우 정권 때 여러 요직을 제안 받았지만 모두 거부하고, 1987년 11월 정병주 장군과 함께 12·12는 신군부의 하극상이었다는

대전현충원 장군2묘역 255호에 안장된 제9공수특전여단장 윤흥기 준장. 뒤로 반란군에 가담한 김윤호의 묘가 보인다. ⓒ 임재근

기자회견을 진행했습니다. 1993년에는 전두환을 비롯한 반란세력을 고발하는 등의 활동을 이어가다, 2006년 12월 28일 지병으로 사망해 대전현충원에 안장됐습니다.

제9공수특전여단장 윤흥기 준장

대전현충원 장군2묘역 255호에 안장된 제9공수특전여단장 윤흥기 준장은 영화 〈서울의 봄〉에서 제8공수특전여단장 박기홍 준장(배우 정형석)의 모티브가 된 인물입니다. 윤흥기 여단장은 당시 수도권 특전여단장 가운데 유일하게 하나회 소속이 아닌 갑종간부후보생 출신(갑종35기)이었습니다. 서울로 향하고 있는 반란군의 1공수를 저지하기 위해 정병주 특전사령관의 명령을 받고 서울로 향하던 윤흥기 여단장은 신사협정에 속은 윤성민 육군참모차장으로부터 부대 복귀 명령을 받고 회군했습니다.

반란이 끝난 뒤 윤흥기 여단장은 강제 예편되지는 않았지만, 여단장의 자리를 하나회 이진삼(육사15기)에게 내어놓아야 했습니다. 이후 윤 장군은 실권이 약하고 비교적 한직인 육군본부 교육처장(1980년), 한미연합사령부 작전참모차장(1981년)을 끝으로 1983년 소장 예편했습니다. 반란군을

대전현충원 장군1묘역 16
호에 안장된 육군본부 군
수참모부장 안종훈 소장
ⓒ 임재근

막지 못했다는 죄책감에 빠져 살던 윤 장군은 1993년 정승화, 장태완, 김
진기 장군을 비롯한 22명의 장군과 함께 전두환, 노태우 등 34인의 반란군
을 대검찰청에 고발하는 등 반란군을 처벌하기 위한 활동에 힘을 쏟았습니
다. 그리고 2013년 8월 17일 사망해 대전현충원에 안장됐습니다.

그리고 윤 장군의 묘지 바로 뒤 232호에는 12·12 군사반란 기념사진에
등장하는 반란군 김윤호가 묻혀 있어 진압군 머리 위에 반란군이 누워 있
는 씁쓸한 현실을 보이고 있습니다.

윤흥기 장군의 친형인 윤흥정 장군 또한 장군1묘역 15호에 안장되어 있
습니다. 그는 5·18 당시 전투교육사령관으로 전라남북도계엄사령관이었습
니다. 하지만 그는 신군부의 유혈진압 지시에 소극적이었고, 직위 해제된
후 소준열 소장으로 교체되었습니다. 장군이었던 두 형제가 신군부에 의해
영예로운 군생활을 이어나가지 못하게 되었습니다.

육군본부 군수참모부장 안종훈 소장

대전현충원 장군1묘역 16호에 안장된 육군본부 군수참모부장 안종훈(공
병3기, 육사9기 대우) 소장은 육본 지휘부 내에서 장태완 장군의 반란군 무

력 진압을 지지했던 몇 안 되는 장성 가운데 한 명입니다. 그는 육군본부 지휘부 장태완 장군의 병력 동원 요청에 판단을 내리지 못하고 우왕좌왕할 당시 "진압이 비록 어렵다 손치더라도 국민의 군대요, 군의 사명을 따라야 할 우리 고급 장성들이 우리만 살겠다고 쿠데타군에 손을 들 수는 없지 않습니까?"라며 장태완 장군의 병력 동원 요구에 찬성하는 의견을 내놓았습니다.

안종훈 장군은 12·12 이후 강제 예편되지는 않았지만, 1980년 5월 17일 국방부에서 열린 전군지휘관 회의에서 군이 직접 정치 개입해서는 안 된다며, 회의 참석자 44인 가운데 유일하게 전국 계엄확대를 반대했습니다. 이후 8월 15일 해임되어 중장 예편됐습니다.

서울현충원에 안장된 진압군

서울현충원에 안장된 진압군도 있습니다. 12·12 군사반란 당시 장태완, 김진기 장군과 함께 끝까지 저항했던 육군특수전사령관 정병주 소장(육사 9기)은 1988년 10월 16일 실종돼 이듬해 3월 4일 경기도 한 야산에서 목매달아 죽은 변사체로 발견됐습니다.

정병주 장군은 1987년 11월 김진기 장군과 함께 신군부의 하극상을 폭로하는 기자회견을 연 바 있습니다. 특전사령관 정병주 소장은 장군1묘역 168호에 안장돼 있습니다. 장태완 장군과 연락을 취하며 반란을 막으려 한 제3야전군사령관 이건영 중장은 반란군 진압을 위해 애썼으나 보안사가 그의 통화를 모두 감청하고, 그의 출동 명령을 막았습니다.

이건영 장군 또한 보안사의 강압 수사를 받고 강제 예편되었으며, 2023년 3월 11일 사망해 2충혼당 519실 412호에 봉안돼 있습니다. 장태완 수경사령관의 휘하에서 끝까지 반란에 맞섰던 수도경비사령부 작전참모부장 박동원 대령은 육사 14기 대표화랑이었으나 하나회에 맞서 한직을 돌다 소장으로 예편했습니다. 그는 서울현충원 1충혼당 212실 155호에 봉안돼 있습니다.

　상관 정병주 특전사령관을 끝까지 지키다 전사한 특전사령관 비서실장 김오랑 소령은 29묘역 2923호에 안장됐습니다. 그의 죽음에 양친은 화병으로 사망했습니다. 부인 백영옥씨는 남편의 사망 소식에 실명했고, 1991년 6월 28일 변사체로 발견됐는데, 경찰은 실족사로 결론 내렸습니다.

　반란군들의 화려한 삶에 비해 진압군들은 본인뿐만 아니라 가족들까지 비극적인 삶을 보내야 했습니다.

[참고자료]

장태완,『12·12 쿠데타와 나』, 명성출판사, 1993.

국방부과거사진상규명위원회,『12·12, 5·17, 5·18사건 조사결과보고서』, 2007.

대법원 1997. 4. 17. 96도2276 판결문

12·12 사건 보안사 녹음기록

이등병 강등이라는 수모를 겪은 육군 대장

영화 〈서울의 봄〉과 현충원 ③ 신군부의 반란에 무기력했던 이들

12·12 군사반란은 '계엄사령부 합동수사본부장이 계엄사령관을 체포한 하극상'이었습니다.

당시 계엄법에 따르면 비상계엄의 선포와 동시에 계엄사령관은 계엄지역 내의 모든 사법사무를 관장했습니다(계엄법 제11조). 따라서 합동수사본부장이 계엄사령관에 사법권을 행사하려면 계엄사령관 보다 상부의 재가를 받아야 했습니다. 그렇기에 합동수사본부장이었던 전두환을 비롯한 신군부 일당들은 계엄사령관 정승화 육군참모총장 납치와 최규하 대통령의 재가를 받으려는 작전을 동시에 진행했습니다.

하지만 계엄사령관은 전국을 계엄지역으로 하는 경우에만 대통령의 지휘감독을 받고, 부분 계엄 시에는 국방부장관의 지휘감독을 받아야 했습니다(계엄법 제9조). 이를 이유로 최규하 대통령은 합동수사본부에 국방부 장관의 승인을 먼저 받으라고 요구했습니다.

그렇게 반란군들은 정승화 총장 납치뿐만 아니라 최규하 대통령과 신현확 국무총리에게 위력을 행사하고, 노재현 국방부 장관을 찾아내려 하였으며, 이들은 반란군에게 무기력하게 당했습니다. 육군본부 2인자였던 육군 참모차장 윤성민은 납치된 정 총장을 대신해 반란을 진압해야 했지만, 그조차 무력하게 반란군에게 백기를 들었습니다. 1979년 그날 신군부의 반란에 무기력했던 최규하(대통령묘역), 신현확(사회공헌자묘역 17호), 정승화(장군1묘역 13호), 노재현(장군2묘역 523호), 윤성민(장군2묘역 443호) 모두 대전현충원에 잠들어 있습니다.

대전현충원 대통령묘역에 안장된 최규하 제10대 대한민국 대통령 ⓒ 정성일

최규하 대통령, "국방부장관 동의를 받아 오세요"

영화 〈서울의 봄〉에서 최한규(배우 정동환) 대통령역의 모티브가 된 최규하 제10대 대한민국 대통령은 대전현충원 대통령묘역(국가원수묘역에서 2022년 국립묘지법 개정으로 대통령묘역으로 명칭 변경)에 안장되어 있습니다. 2004년 9월, 대전현충원에 8기 규모의 대통령묘역을 조성했지만, 이승만, 박정희, 김대중, 김영삼 대통령은 서울현충원에 안장되어 있습니다. 최 대통령만 유일하게 대전현충원에 안장된 전직 대통령입니다.

최규하 대통령은 일제강점기였던 1919년 7월 원주에서 출생해 경성제일고, 동경고등사범학교를 졸업, 만주국 길림성에서 행정과장을 하던 중 해방을 맞이했습니다. 이승만 정부 시절부터 농림부·외무부 등에서 일했으며 박정희 정부 시절 외무부장관을 거쳐 국무총리가 됐습니다. 1979년 10·26 사건 당시 국무총리였기에 대통령 권한대행이 됐고, 1979년 12월 6일 통일주체국민회의에 의해 제10대 대한민국 대통령으로 취임했습니다. 최 대통령이 취임 6일 만에 전두환 신군부는 군사반란을 일으켜 정권을 장악해 결국 1980년 8월 16일 대통령직을 사임했습니다.

12·12 반란군이 끝내 노재현 국방부 장관을 데려오자 최 대통령은 13일 오전 5시 10분경 정승화 총장 연행보고문에 재가 서명했습니다. 당시 자리에 함께한 신현확 국무총리의 증언에 따르면, 최 대통령은 서명과 함께 일시를 '1979. 12. 13. 05:10'이라고 기재했다고 합니다. 하지만 애석하게도 그 증거가 남아 있지 않습니다. 보안사령부가 작성한 〈제5공화국 전사〉 부록의 '수사착수건의' 공문에는 최 대통령의 서명과 '79. 12. 12.'라는 날짜가 기재되어 있습니다.

최 대통령이 12·12 재판에서 증언했다면 12·12 군사반란과 5·18광주민주화운동에 대한 많은 의문이 풀렸을 겁니다. 하지만 그는 많은 의문을 남긴 채 2006년 10월 22일 서거했습니다.

이등병으로 강등된 육군참모총장 정승화 대장

배우 이성민이 연기한 정상호 역은 1979년 당시 계엄사령관이자 육군참모총장이었던 정승화 대장을 모티브로 했습니다. 정승화 총장은 육군사관학교 5기 출신으로 당시 대한민국 육군의 최고 선배이자 책임자였습니다. 그는 군의 정치 참여에 부정적이었고, 하나회를 견제하기 위해 장태완 장군을 수도경비사령관으로 임명했습니다. 이에 위기를 느낀 전두환과 신군부 하나회 세력은 정 총장을 납치하는 것으로 12·12 군사반란이 시작됐습니다.

보안사령부 인사처장 허삼수에게 납치되어 서빙고 분실로 끌려간 정승화 총장은 수모의 시간을 겪었습니다. 내란방조죄로 10년 형을 선고받은 그는 이등병 불명예 전역되었습니다. 무려 17계급을 강등당하는 굴욕스러운 처분이었습니다. 1988년 제5공화국 청문회, 1995년 전두환·노태우 구속 재판 등에 증언에 나서 전두환을 비롯한 하나회 처단에 적극적으로 나섰습니다.

2002년 6월 16일에 사망한 정승화 총장은 어쩌면 이등병 전역이었기에 현충원 안장 자격이 없을 뻔했습니다. 내란방조죄 재심을 청구했던 정 총장

대전현충원 장군1묘역 13호에 안장된 정승화 육군 참모총장 ⓒ 정성일

은 사건이 있고 18년이 지난 1997년 7월 3일 무죄를 선고받고, 육군 대장 자격을 회복했습니다. 따라서 대전현충원 장군1묘역 13호에 안장될 수 있었습니다. 정 총장 묘지 근처에 반란군 최고 선배였던 유학성(장군1묘역 2호)의 묘가 있어, 쓸쓸함을 자아내고 있습니다.

사라진 지휘권자 노재현 국방부장관

영화 속 오국상(배우 김의성) 국방부장관은 사건과 동시에 사라져 반란군도 진압군도 심지어 관객들도 애타게 찾던 인물이었습니다. 모티브가 된 실제 인물인 당시 노재현 국방부 장관의 행적을 보면 이는 사실이었습니다. 육군참모총장 공관(지금은 대통령경호처로 사용)과 국방부장관 공관은 한남동 공관촌에 이웃하고 있었습니다. 정승화 총장 납치 당시 총격 소리를 들은 노 장관은 공관과 가까운 단국대(지금의 한남더힐 위치)로 피신하여 가족들을 부하에게 맡긴 뒤 육군본부 B-2 벙커, 한미연합사령부를 오가다 결국 국방부에서 제1공수특전여단에 붙잡혔습니다.

계엄사령관에 대한 지휘감독권한이 있던 국방부장관은 대통령 재가를 받

으려는 전두환이 애타게 찾던 인물입니다. 반란을 파악했던 제3군사령관 이건영 장군과 수도경비사령부 장태완 장군도 국방부장관의 병력이동 허가가 필요했기에 애타게 찾았습니다. 〈12·12 사건 보안사 녹음기록〉에 따르면, 그는 병력이동을 금지하는 명령만 내렸을 뿐 반란을 진압하라는 명령은 내리지 않았습니다. 이는 결국 반란군만 병력을 서울로 진출시키고 반란 성공으로 이어졌습니다.

노재현 국방부장관은 육사 3기 출신으로 한국전쟁을 겪었고, 육군참모총장과 합동참모의장을 역임했습니다. 그는 영화나 드라마에서 겁쟁이로 연출되었지만, 장태완 장군에게 내린 마지막 명령은 단호했습니다. "가만히 있어! 시키는 대로 해. 절대 충돌하지 말라!" 이에 결국 장 장군은 진압을 포기하고 "장관의 명령이라면 그대로 실시하겠습니다. (…) 포기하겠습니다." 라는 말을 남기고 부하들에게 체포됐습니다.

그는 12월 14일 국방부장관에서 사임했지만, 반란군 못지않은 예우를 받았습니다. 백선엽에 이어 1981년부터 한국종합화학공업 사장 등 공기업 사장을 역임했고, 1991년에는 한국자유총연맹 총재를 지냈습니다. 그리고

2019년 9월 25일 사망하여 대전현충원 장군2묘역 523호에 안장됐습니다.

신군부에서도 승승장구한 윤성민 육군참모차장

영화를 보신 분은 오국상 장관 못지않게 민성배(배우 유성주) 육군참모
차장이 답답했을 겁니다. 당시 육군참모차장 윤성민 중장을 모티브로 한
배역으로 정승화 총장이 납치돼 육군을 지휘할 수 없는 상황에서 육군참모
총장 직무대행으로 반란군을 진압할 책임을 진 지위였습니다. 하지만 우유
부단했고 끝에 가서는 반란군의 신사협정에 속아 마지막 희망인 제9공수
특전여단을 되돌려 보내는 모습을 볼 수 있었습니다.

그에게도 핑계는 있습니다. 상관인 노재현 국방부장관이 군사 출동을 하
지 말라는 명령을 내리고 부재했고, 수도권 소요사태를 진압하기 위한 충정
부대인 26보병사단과 수도기계화보병사단의 병력출동을 위컴 한미연합사
령관이 허가해주지 않았던 것이 핑계거리였습니다. 하지만 같은 충정부대
인 수도경비사령부 장태완 사령관과 특수전사령관 정병주 사령관은 반란
을 저지하고자 끝까지 애썼다는 점을 생각할 때 지휘관으로 무기력한 모습

을 보였습니다.

진압군에서 실질적 최고 지위에 있던 그는 전두환 신군부 반란군이 정국을 장악한 뒤, 다른 진압군과 다르게 승승장구하는 삶을 살았습니다. 그는 반란 직후 제1야전군사령관에 취임하여 대장으로 진급했고, 1981년에는 합동참모의장을, 1982년에는 국방부장관으로 임명되어 전두환 정권에서 최장기 국방부장관을 지냈습니다.

이후 한국석유개발공사 이사장, 대한방직협회장 등을 역임한 그는 2017년 11월 6일 사망하여 대전현충원 장군2묘역 443호에 안장되어 있습니다.

노재현 국방부장관과 윤성민 육군참모차장은 반란군이 아니었으며, 이후 12·12 재판 당시에도 전두환 신군부의 하극상에 대한 증언에 나서기도 하였습니다. 하지만 그들은 반란을 적극적으로 막아야 했던 책임자였음에도 무기력한 대응으로 우리나라의 군부독재가 연장되게 한 책임을 가지고 있습니다. 이들이 현충원에 잠들기 전, '변명'보다는 '반성'을 하는 모습을 보였으면 어땠을까 하는 아쉬움이 남습니다.

[참고자료]
구 계엄법(1981. 4. 17. 법률 제 3442호 계엄법으로 전문개정되기 전의 것).
보안사령부, 『제5공화국 전사』, 1982.
12·12 사건 보안사 녹음기록.

육사 11기 전두환은 왜 반란에 선배들을 끌어들였나

영화 〈서울의 봄〉과 현충원 ④ 볕 잘 드는 자리에 안장된 유학성·김윤호

전두환 신군부 반란에는 3명의 선배가 함께했습니다. 〈서울의 봄〉 영화 속에서도 그들의 모습은 잘 드러났었는데요.

수도군단장 차규헌(육사 8기)을 모티브로 한 현치성(배우 전진기) 중장, 1군단장 황영시(육사 10기)를 모티브로 한 한영구(배우 안내상) 중장, 국방부 군수차관보 유학성(정훈 1기, 육사 8기 대우)을 모티브로 한 배송학(배우 고 염동현) 중장이 바로 그들입니다.

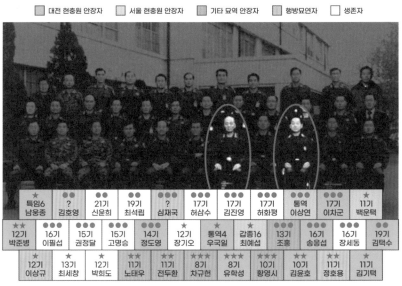

34인의 12·12 군사반란 관련 신군부 인사들의 육사 기수, 당시 계급, 생존 여부 및 안장정보 그리고 좌측 원이 유학성, 우측 원이 김윤호 ⓒ 정성일

전두광의 선배임에도 그에게 쩔쩔매는 모습이 한심하면서도, 이해가 되지 않았을 것입니다. 그리고 12월 14일 촬영된 위 사진에는 영화 속에 등장하지 않았던 육군보병학교장 김윤호(육사 10기) 소장도 보입니다.

전두환 신군부 세력이 12·12 반란 당시 최규하 대통령에게 연행 재가 요청을 했던 인물은 육군참모총장 정승화 대장 외 2명이 더 있었습니다. 제3군사령관 이건영 중장, 육군특수전사령관 정병주 소장에 대한 연행을 함께 요청했습니다.

둘 다 수도권에 있는 사령부로 반란군에게는 필수 장악 대상이었습니다. 하지만 그들은 신군부에 장악될 사령관이 아니었습니다. 그렇기에 예하 부대를 장악해 나갔습니다. 특전사령부의 경우 예하 여단인 1, 3, 5공수의 여단장이 모두 하나회 출신이었습니다. 그리고 하나회가 아니고 전두환의 선배인 제3군사령부 예하 군단인 1군단장(황영시)과 수도군단장(차규헌)을 반란군 지휘부에 끌어들이면서 이건영 3군사령관과 정병주 특전사령관을 무력화시켰습니다.

이렇게 소장이었던 전두환과 하나회 세력은 선배들을 후원자로 끌어들이면서 육사 11기가 가지는 한계를 극복하고, 혁명의 명분을 가져가려 했던 것으로 보입니다. 전두환, 노태우와 선배 4인방은 반란 이후 6인위원회를 구성하고 국가보위비상대책위원회를 장악하여 국정에 개입하고, 군부를 개편해 신군부 집권의 기초를 세웠습니다. 이들은 2022년 황영시를 끝으로 모두 사망하였고, 유학성(장군1묘역 2호), 김윤호(장군2묘역 232호)가 대전현충원에 안장되어 있습니다.

대법원 판결을 고작 10일 앞두고 현충원으로 들어온 유학성

장군1묘역 2호에 안장된 유학성은 대전현충원 장군1묘역에서 가장 높은 곳, 볕 잘 드는 자리에 안장되었습니다. 그는 살아서도 죽어서도 호사를 누리고 있습니다. 국방부 군수차관보였던 유학성은 전두환보다 선배(정훈1

기, 육사8기 대우)로, 중장이었습니다.

반란 당시 30경비단에 반란 지휘부로 있으면서 장태완 장군을 반란군으로 회유하다 호되게 욕먹는 장면이 영화 〈서울의 봄〉과 드라마 〈제5공화국〉에서도 연출되기도 하였습니다.

유학성은 반란 이후 이건영 제3야전군사령관 자리에 앉았습니다. 5·18 이후, 6월 대장으로 진급하고 전두환에 이어 중앙정보부장과 초대 국가안전기획부장을 지냈습니다. 1985년부터는 제12, 13, 14대 국회의원으로 권력을 누렸습니다.

1993년 3월 고위공직자 재산 공개에서 유학성은 60억 원을 신고해 군 출신 의원 중 1위로 집계되었습니다. 하지만 이마저 100억 원 이상 축소된 것으로 드러났습니다. 군인과 공직생활로 모으기에는 어마한 재산입니다.

1995년 12월 19일 5·18민주화운동 등에 관한 특별법이 14대 국회를 통과하면서 전두환, 노태우를 비롯하여 12·12 군사반란과 5·17내란 관련자들에 대한 조사가 시작되었습니다. 유학성 또한 1996년 1월 17일 구속수감 되고 이후 반란죄와 내란죄가 인정되어 1996년 8월 26일 징역 8년 형을

대전현충원 장군1묘역에서 장인인 이규동의 묘와 유학성의 묘를 참배하고 있는 전두환씨 내외 ⓒ 심규상

선고받았고 이후 항소했습니다.

12월 16일 항소심 선고에서는 징역 6년으로 감형되고, 19일 건강상의 이유로 구속 집행정지로 풀려나 불구속 상태로 상고를 진행하였습니다. 그러던 중 1997년 4월 3일 지병으로 사망한 그는 7일 대전현충원에 안장되었습니다.

〈국립묘지의 설치 및 운영에 관한 법률〉 제5조 제5항 제3호 가목과 나목에 의하면 내란모의참여, 반란모의참여의 죄를 범하여 금고 1년 이상의 실형을 선고받고 그 형이 확정된 사람은 국립묘지에 안장될 수 없습니다. 그런데 어떻게 국립묘지에 안장될 수 있었을까요?

그는 1심과 2심에서 유죄를 인정받았지만, 상고심 선고 전에 사망하였습니다. 피고인 전원 상고심이 기각되어 2심 형이 확정된 것을 볼 때 유학성 또한 사망하지 않았으면 항소심 대로 징역 6년 형이 확정되어 현충원 안장 자격이 박탈되었을 것입니다.

그러나 우리나라는 망인에 대한 공소가 불가하기에 공소가 기각되었고 유죄가 확정되지 않아 현충원에 안장될 수 있었습니다. 유학성과 함께 재

대전시민들이 2005년 6월 6일 오전 대전현충원 장군 1묘역 내 김창룡, 유학성 묘 앞에서 이장 촉구 집회를 연 가운데 군 관리병과 사복 경찰들이 묘를 둘러싸고 접근을 막고 있다. ⓒ 연합뉴스

판을 받았던 전두환의 선배 차규헌과 황영시는 대법원 상고심이 확정된 이후 사망하여 국립묘지에 안장되지 못했습니다.

그는 죽어서도 후배 전두환의 사랑을 받았습니다. 2005년 현충일을 앞둔 6월 1일 전두환씨는 부인 이순자씨와 함께 유학성의 묘를 찾아 참배하고 헌화하였습니다. 그리고 화환을 5일 후인 현충일에 발견한 시민들은 분노하여 그 화환을 파손하고 치워버리는 일도 있었습니다.

반란 직후 모셔진 선배, 김윤호

대전현충원 장군2묘역 232호에는 12·12 군사반란에 가담한 또 한 명의 전두환 선배가 있습니다. 당시 육군보병학교장 김윤호가 바로 그곳에 있습니다. 김윤호는 소장으로 전두환과 계급은 같았지만, 육사 10기로 전두환보다 선배였습니다.

한 기수 선배이지만, 육군사관학교가 11기부터 4년제로 바뀐 것을 고려하면 소위 임관은 만 4년의 차이가 있습니다. 12월 12일 30경비단에 있지 않았던 김윤호는 12·12 관련 재판을 피할 수 있었고, 이곳 대전현충원에 안장될 수 있었습니다.

　김윤호는 12·12 군사반란 당시 30경비단에 모이지 않았기에 영화 〈서울의 봄〉에서도 등장하지 않습니다. 하지만 보안사에서 작성해 온 〈제5공화국 전사〉에 따르면 전두환은 12·12 군사 반란 이전에 황영시, 김윤호와 만나고, 군 개혁 방안을 논의했습니다. 그리고 김윤호는 반란 직후인 13일 새벽 5시에 반란군에 합류하여 6인위원회를 구성하였습니다.

　그뿐만 아니라 그는 1966년 주미 대사관 공사를 지내고 베트남 파병을 거치며 영어에 능통한 군부 내 미국통이었습니다. 미 국무부 '비밀 해제 문건'에 따르면, 김윤호는 1980년 1월 26일 글라이스틴 대사와 만나 12·12의 불가피성을 주장하고 군부가 정치에 개입하지 않을 것을 약속했습니다. 이에 미국 또한 반란을 묵인하는 과정이 있었습니다. 하지만 전두환 신군부는 군 장악뿐만 아니라 정치에도 적극적으로 개입하며 정권을 장악했습니다.

　반란 뒷수습에 성공한 김윤호는 출셋길을 달렸습니다. 중장으로 진급하여 황영시를 이어 1군단장을 지내고 1년도 되지 않아 대장으로 진급하여 제1야전군사령관이 되고 또 1년 만에 대한민국 국군 의전 서열 1위인 합동참모의장이 되었습니다.

예편 이후에도 대한석탄공사와 한국가스공사 이사장 등을 역임하며 부귀영화를 누리다 2013년 1월 12일 사망하였는데, 12·12 관련 재판을 받지 않은 그는 15일 대전현충원에 안장될 수 있었습니다.

그의 무덤 232호 바로 앞 255호에는 공수여단장 가운데 유일하게 반란에 맞섰던 윤흥기 장군이 잠들어 있습니다. 진압군 바로 머리 위에 반란군이 누워있는 형상입니다.

전두환 신군부의 반란 이후 육사 8~10기 선배들은 대부분 예편되었습니다. 하지만 반란에 가담하여 신군부를 도왔던 차규헌, 유학성, 황영시, 김윤호는 모두 대장까지 영전하였으며, 전두환, 노태우와 함께 6인위원회를 구성하여 국정을 장악했습니다.

예편 이후에는 장관, 안기부장, 국회의원, 공사 사장 등을 역임하며 부귀영화를 누리고 세상을 떠났습니다. 유학성과 김윤호는 죽어서도 현충원에 모셔지는 영광을 누리며, 각각 정승화 총장, 윤흥기 장군 인근에 잠들어 죽어서도 그들을 괴롭히고 있는 듯한 씁쓸한 대전현충원의 모습입니다.

[참고자료]

국립묘지의 설치 및 운영에 관한 법률 제5조 제5항 제3호.
보안사령부, 『제5공화국 전사』, 1982.
서울고등법원 1996. 12. 16. 선고 96노1892 판결.
대법원 1997. 4. 17. 선고 96도3376 전원합의체 판결.

자신의 상관이 아닌 전두환을 따른 이들

영화 〈서울의 봄〉과 현충원 ⑤ 보안사 밖 조력자들

12·12 반란군들의 기념사진에 등장하는 34인 가운데 10명은 보안사령부 소속이었고 나머지 24명은 주로 하나회 소속으로 직속상관보다 하나회의 명령을 따르는 자들이었습니다. 보안사 밖 조력자들은 장세동이 이끄는 30경비단에 모여 반란을 주도하고, 자신의 부대를 움직이며 신군부의 반란 성공에 핵심적인 역할을 했습니다. 그리고 반란군의 군부 장악 이후 회유에

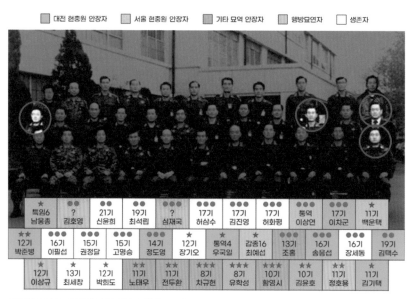

34인의 12·12 군사반란 관련 신군부 인사들의 육사 기수, 당시 계급, 생존 여부 및 안장정보 그리고 대전현충원에 안장된 김기택, 박준병, 송응섭, 김택수.ⓒ정성일

돌아서 신군부의 편에 서서 사진 속에 등장하는 인물도 있었습니다.

그 가운데 영화 〈서울의 봄〉 속 20사단장 김병준(배우 공재민)의 모티브가 된 박준병 소장, 수도경비사령부 참모장 박기택(배우 이기훈)의 모티브가 된 김기택 준장, 대통령경호실장 직무대리 강 실장(배우 임철형)의 모티브가 된 정동호 준장이 대전현충원에 안장돼 있습니다. 그리고 71훈련단장 조우택(배우 권혁)의 모티브가 된 백운택 준장은 서울현충원에 안장돼 있습니다. 영화에는 등장하지 않지만, 위 사진에 등장한 30사단 90연대장 송응섭 대령, 606부대장 김택수 중령 또한 대전현충원에 안장돼, 6명의 보안사 밖 반란군들이 대전과 서울의 현충원에 안장돼 있습니다.

무죄를 받은 12·12 반란 지도부이자 광주학살오적, 박준병

장군2묘역 383호에 안장된 박준병은 전두환과 노태우의 1년 후배인 육사 12기 출신의 하나회 멤버로 5공화국과 그 이후에도 승승장구하던 인물입니다. 그는 〈서울의 봄〉에서 그가 두드러지게 나타나지 않았습니다. 하지만 5공화국에서 그의 지분은 상당했습니다. 전두환, 노태우에 이어 보안사령관을 지냈으며 대장으로 예편한 후에는 1985년부터 국회의원 선거에 내리 3선에 성공하며 그의 고향 옥천에서는 노태우를 이어 대통령을 할 것이라는 소문이 돌 정도였습니다.

그는 1979년 12월 12일 당시 30경비단에 모인 반란 지도부였습니다. 그가 지휘하는 20사단은 충정부대로 대정부 전복 시도를 진압해야 하는 의무를 지니고 있었으나 반대로 반란에 가담했습니다. 그뿐만 아니라, 그가 지휘한 20사단은 1980년 5·18 당시 끔찍한 학살을 자행했습니다. 박준병은 5,000명 가량의 군인을 투입해 송암동 학살사건, 국군통합병원 확보와 광주-목포간 도로 차단 과정에서 민간인 살상 등을 자행했습니다. 그 잔인함이 심해, 호남 출신의 20사단 장병이 휴가를 나올 때면, 사단 마크를 떼고 고향으로 내려갔다는 이야기도 있습니다.

박준병의 악행은 1981년에도 이어졌습니다. 보안사령관이 된 그는 대학
생들 머리에 든 빨간 물을 파란 물로 바꾼다며 '녹화사업'을 실시했습니다.
학생운동에 가담한 대학생을 강제 휴학시켜 입대시켰으며, 휴가를 나올 때
면 학생운동을 감시하는 프락치가 될 것을 강요했습니다. 녹화사업 피해자
들은 당시 군 내에서 의문사를 겪기도 하였고, 생존자들 가운데 상당수는
지금까지도 고문 후유증이나 프락치 활동의 죄책감을 안고 힘겹게 살아가
고 있습니다.

이런 악행에도 그는 어떻게 현충원에 안장될 수 있었을까요? 그는 1996
년 내란수괴 재판을 받은 16인 가운데 유일하게 무죄를 받았기에 현충원에
안장되는 데 아무 문제가 없었습니다. 그가 무죄를 받은 이유는 12·12 당시
20사단 병력을 출동시키지 않았다는 점이었습니다. 하지만 그는 반란을 지
휘했고, 하나회 핵심 멤버였으며, 광주학살 주범이고, 녹화사업 가해자였습
니다.

직속상관을 배신한 전두환의 동기 김기택

대전현충원 장군2묘역 125호에는 김기택이 묻혀있습니다. 하나회 소속은 아니었지만, 육사 11기로 전두환, 노태우와 동기였던 김기택은 당시 준장으로 수도경비사령부 참모장으로 반란군 진압에 앞장섰던 수도경비사령관 장태완 소장을 모시고 있었습니다. 그는 참모장이었기에 박동원 작전참모보다 더 측근에서 장태완 사령관을 보좌하고 반란을 진압하는 역할을 해야 했습니다.

신군부 반란 초기, 김기택은 30경비단에 수경사 수하인 장세동, 김진영, 조홍을 비롯한 반란군이 모여있다는 사실을 알고 장태완 장군에 보고하는 등 장태완 장군을 도왔습니다. 그러나 전두환과 동기였던 그는 전세가 반란군 쪽으로 기울자 상관인 장태완 수도경비사령관을 배신했습니다. 훗날 장태완 수경사령관의 수기에 따르면 반란군인 1공수여단이 서울에 진입하기 위해서는 행주대교를 건너와야 하는데 장 장군의 검문소 접근 병력 발포 명령을 어기고 김기택 참모장은 검문소에 저항하지 말라 지시를 하였습니다. 이 때문에 1공수여단은 손쉽게 서울에 진입했고 신군부의 반란 성공에 결정적인 역할을 했습니다.

하나회도 아니고 뒤늦게 반란군에 합류한 김기택은 1공수여단의 진입을 방관한 공으로 12월 14일 보안사령부 앞에서 반란 성공 기념사진 촬영에 함께했습니다. 그가 반란군에 합류해 기념촬영을 하고 있던 그 시간 그의 상관이었던 장태완 사령관은 반란군에게 체포돼 보안사 서빙고 분실 지하에서 고초를 겪고 있었습니다.

그리고 상관 장태완 소장이 강제 예편당할 때, 김기택은 소장으로 진급해 제25보병사단장을 역임했으며 이후 국방대학원장, 태평양 건설(현 ㈜한화 건설부문) 사장, 제일화재해상보험(2009년 한화손해보험과 합병) 대표이사 자리를 거치며 부귀영화를 누리다 2010년 6월 18일 사망해 대전현충원 장군2묘역 125호에 안장됐습니다. 약 한 달 뒤 사망한 그의 상관 장태

완 사령관은 김기택의 묘 근처인 132호 묘지에 안장돼 있습니다. 김기택은 상관을 배신하고 반란군에 합류했지만, 1996년 12·12 반란 재판에는 기소되지 않았기에 2010년 사망 이후 현충원에 안장될 수 있었습니다.

대통령을 감금한 정동호 대통령 경호실장 직무대리

〈서울의 봄〉을 보신 분이라면, 한남동 총리공관에서 전두광을 반기던 대통령경호실장 직무대리 강 실장을 기억하실 겁니다. 그의 모티브가 된 정동호 준장은 10·26으로 경호실장 차지철은 사망하고, 경호차장 이재전과 경호차장보 김복동은 구속과 좌천되면서 경호실 4인자였지만, 경호실장 직무대리가 됐습니다. 육사 13기 하나회 멤버로 전두환의 후배인 그는 대통령을 경호해야 하는 직책에 있었음에도, 총리공관 헌병들은 제압하고, 최규하 대통령을 감금한 공으로 이후 전두환 정권에서는 정식 경호실장을 지냈으며, 5군단장과 육군참모차장을 역임했습니다.

그는 1986년 국회 국방위원회 회식 난투극 사건으로 예편되지만, 바로 한국도로공사 사장을 맡았고, 13대, 14대 국회의원도 지냈습니다. 전두환

대전현충원 장군2묘역 64호에 안장된 정동호 ⓒ 정성일

의 반란을 도왔고, 5공화국에서 권세를 누렸지만, 그 또한 12·12 반란 재판에 처벌되지 않았기에 2009년 3월 26일 사망 후 대전현충원 장군2묘역 64호에 안장될 수 있었습니다.

기념사진 속 조력자들

이들 외에도 12·12 반란 기념사진에 등장하는 송응섭(장군2묘역 222호)과 김택수(장군2묘역 120호)는 대전현충원에, 백운택(장군1묘역 133호)은 서울현충원에 안장돼 있습니다. 송응섭은 육사 16기로, 12·12 반란 당시 30사단 90연대장으로 사단장 박희모의 명령을 받은 뒤 1000여 명의 군인을 이끌고 고려대학교로 진주해 반란군의 보호막을 쳤습니다. 그 공로로 51사단장, 7군단장, 합동참모본부장, 합동참모본부 제1차장을 역임하며 승승장구하다 대장으로 예편했습니다. 그는 12·12 반란으로 고소되자 장태완, 김진기 장군을 맞고소하는 파렴치한 모습을 보이기도 했습니다.

12·12 당시 606부대장이었던 김택수는 사진에 보이듯 유일하게 양복을 입고 있는 자입니다. 606부대는 청와대 경호실 소속의 비밀리에 운용되던

267
제2장 군사반란

대전현충원 장군2묘역 222호에 안장된 송응섭(좌)과 120호에 안장된 김택수(우) ⓒ 정성일

부대이기에, 군복이 아닌 사복을 입고 있는 모습입니다.

606부대는 10·26 이후 합동수사본부장이던 전두환의 경호를 맡았습니다. 그 공으로 13공수여단장, 17사단장 등을 거쳐 제3군사령부 부사령관으로 예편했습니다. 이후 1996년 15대 총선에서 인천 남동구을로 출마했으나 낙선했고, 2010년 4월 12일 사망해 대전현충원에 안장됐습니다.

71훈련단장이었던 백운택은 장태완 수도경비사령관의 예하 부대장이었습니다. 그런데도 전두환, 노태우와 함께 육사 11기 동기이자 하나회 멤버였던 그는 반란에 적극적으로 가담했고, 그 공로로 노태우에 이어 9사단장이 됐습니다. 이후 중장으로 진급해 1군단장이 되며 승승장구했으나, 1982년 11월 3일 사망해 서울현충원에 안장됐습니다. 그가 살아있었으면, 12·12 반란 재판을 받았을 것이나, 이미 사망했기에 재판을 받지 않았고, 서울현충원에 안장될 수 있었습니다.

12·12 반란군들 가운데 보안사 밖 조력자들은 장태완 수경사령관의 부하도 있었고, 이건영 3군사령관의 부하도 있었습니다. 하지만 그들은 하나회에 충성하거나 본인의 부귀영화를 위해 군인으로서 사명을 저버리고 반란에 나섰습니다. 그리고 반란 이후에는 실제로 고속 승진하고, 권세를 누

렸습니다. 그런 자들이 무죄를 받거나 재판을 받지 않아 죽어서도 현충원에 편히 안장되어 있습니다.

[참고자료]

장태완, 『12·12 쿠데타와 나』, 명성출판사, 1993.

국방부과거사진상규명위원회, 『12·12, 5·17, 5·18사건 조사결과보고서』, 2007.

대법원 1997. 4. 17. 선고 96도3376 전원합의체 판결.

진압군을 도청한 반란군이 바로 옆에 잠들어

영화 〈서울의 봄〉과 현충원⑥ 전두환의 수족 보안사 장교들

12·12 군사반란은 전두환이 사령관으로 있던 보안사령부를 중심으로 하나회 등의 신군부가 결합돼 이뤄진 군사반란이었습니다. 그렇기 때문에 보안사령부는 30경비단에 모인 반란 지도부와 함께 반란의 핵심이었습니다.

당시 보안사령부 소속 군인 가운데 정도영 보안처장, 우국일 참모장, 남웅종 대공처장, 이차군 군수처장 이상 4명이 대전현충원에 안장돼 있으며,

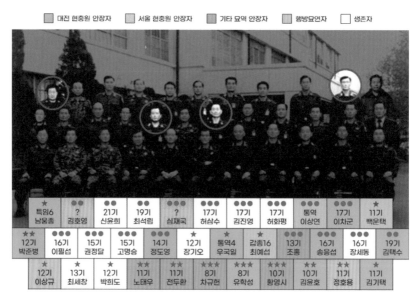

■ 대전 현충원 안장자   ■ 서울 현충원 안장자   ■ 기타 묘역 안장자   ■ 행방묘연자   □ 생존자

★ 특임6 남웅종	? 김호영	21기 신유희	19기 최석림	? 심재국	17기 허삼수	17기 김진영	17기 허화평	통역 이상연	17기 이차군	★ 11기 백운택
★★ 12기 박준병	16기 이필섭	15기 권정달	15기 고명승	14기 정도영	★ 12기 장기오	통역4 우국일	감총16 최예섭	13기 조흥	16기 송응섭	★ 16기 장세동	19기 김택수
★★ 12기 이상규	13기 최세창	★ 12기 박희도	11기 노태우	11기 전두환	8기 차규헌	8기 유학성	10기 황영시	10기 김윤호	11기 정호용	★ 11기 김기택

34인의 12·12 군사반란 관련 신군부 인사들의 육사 기수, 당시 계급, 생존 여부 및 안장정보. 그리고 대전현충원에 안장된 보안사령부 소속의 정도영, 우국일, 남웅종, 이차군. ⓒ정성일

최예섭 기획조정처장, 이상연 감찰실장은 서울현충원에 안장돼 있습니다. 그리고 권정달 정보처장, 허삼수 인사처장, 허화평 비서실장은 여전히 생존해 있습니다.

진압군을 도청했던 반란군이 진압군 바로 옆에 잠들다

대전현충원과 서울현충원에 안장된 당시 보안사령부 소속 반란군들은 영화 〈서울의 봄〉에서는 등장하지 않습니다. 5공화국에서도 악명 높았던 허삼수(하창수, 배우 홍서준) 인사처장, 허화평(문일평, 배우 박훈) 비서실장, 이학봉(임학주, 배우 이재윤) 대공수사과장 정도만 영화에 등장하였습니다.

하지만 정도영 대령은 12·12 반란 당시 빼놓을 수 없는 주요인물입니다. 그는 육사 14기로 보안사 육사 출신 장교 가운데 전두환 다음으로 최고 선배이자, 보안사 6개 처 가운데 1처로 불리던 보안처장으로 보안사령부 내에서 막강한 영향력을 미친 인물이었습니다. 12·12 반란 기념사진에서는 전두환, 노태우 바로 뒤에서 준장들과 어깨를 나란히 하고 있습니다. 정도영의 주도로 쓰인 〈제5공화국 전사〉에도 대령이었던 그는 장군들 다음으로 이름과 사진을 올리며 반란의 핵심주역임을 보입니다.

정도영은 비하나회인 우국일 참모장을 대신하여 보안사령부 내에서 육본 이하 전군의 동태를 파악하고 감청을 통해 부대 출동 저지 임무를 수행한 책임자였습니다. 그는 지휘관 간의 통화를 515보안부대로부터 획득해 전군의 움직임을 파악하고 군부대 내의 보안부대를 활용하여 반란을 진압하기 위한 부대들의 출동을 저지시켰습니다.

이와 같은 중요 조치사항을 전두환 보안사령관에게 보고하며 12·12 군사반란이 원활히 진행될 수 있었습니다. 특히 9공수여단 회군 공작 또한 그의 지시에서 시작됐습니다. 정도영의 지시를 받은 특전사령부 보안부대는 정병주 사령관 몰래 '출동지시는 무효'라는 전통문을 9공수여단에 보냈습

第3空輸旅團長
崔世昌准將

合同捜査本部安全處長
鄭棹永大領

犯捜團長
禹慶允大領

合同捜査本部情報處長
權正達大領

30 警備團長 사진신규명위원회
新村 1.... 大領 「ABC, 14조에 의」
운영 규정 제 도로 등 규정
위원회의 재검토 자료로 등 규정

合同捜査本部秘書室長
許 和平 大領

『제5공화국 전사』에서 12·12난국극복의 참여자들에 정도영은 최세창 준장 다음으로 등장한다. ⓒ 보안사

니다. 이 때문에 9공수여단 윤흥기 여단장은 신사협정이 반란군의 속임수
라고 예상했음에도 회군할 수밖에 없었습니다. 이는 반란군이 반란에 승리
하는데 결정적인 공작이었습니다.

　반란 이후 그는 5·18 학살에도 큰 영향을 끼쳤습니다. 당시 유혈진압의
근거가 된 '자위권 보유 천명 담화문'은 정도영이 이희성 계엄사령관에게
전달해 5월 21일에 발표했다고 이희성 계엄사령관은 검찰 수사에서 증언
하였습니다. 보안사령부 참모장을 거쳐 소장으로 예편한 정도영은 사회정
화위원장(1986-1989), 성업공사 사장(현 한국자산관리공사, 1989-1992),
한국자유총연맹 사무총장(1992-1993)을 지내며, 막강한 권세를 누렸습니
다.

　1993년, 12·12 군사반란 혐의로 정승화, 이건영, 장태완, 김진기, 윤흥기

대전현충원 장군2묘역 131호에 안장된 정도영, 바로 옆 132호에 장태완 수도경비사령관의 묘가 보인다. ⓒ 임재근

등으로부터 고발당한 그는 맞고소하는 뻔뻔함을 보였습니다. 신군부 반란의 핵심 멤버였음에도 그는 12·12 군사반란 재판에 기소되지 않았고, 이에 2010년 7월 24일 사망 후 대전현충원 장군2묘역 131호에 안장될 수 있었습니다. 그리고 그의 바로 옆 132호에는 보안사령부의 도청과 공작으로 반란을 끝내 막아낼 수 없었던 장태완 수도경비사령관이 잠들어 있어, 무덤 속에서도 장태완 장군을 도청하고 있는 모습을 연상케 합니다.

반란을 방관했던 보안사령부 이인자

우국일 참모장은 당시 준장으로 보안사령부 이인자였습니다. 하지만 그는 육군사관학교가 아닌 통역장교 4기 출신으로 1950년 육군 중위로 임관하였습니다. 하나회가 아니었던 그는 전두환의 부하이면서 임관은 5년 선배였습니다. 그랬던 탓에 보안사령부 내 반란세력은 우국일 참모장 모르게 반란을 준비해왔습니다. 그렇기에 그는 '생일 집 잔치'가 장태완, 정병주, 김진기 장군을 묶어두려는 작전인지도 모른채 조홍 수경사헌병단장과 함께 전두환 보안사령관을 대신해 세 장군을 모셨다고 증언했습니다. 그렇게

우국일 참모장은 자신도 모르게 반란에 동참하게 됐습니다.

　그는 반란 직후 32인의 반란 주역들과 그리고 보안사 요원 15인과 사진을 찍고 육군본부 작전참모부장으로 보직이 옮겨졌습니다. 이후 국방부 특명검열단장을 거치며 예편되었습니다. 이후 지하철공사 사장, 보험공사 부사장, 보험연수원 원장을 역임하였습니다. 12·12 검찰 조사 기록에 따르면, 우국일 참모장은 반란 이후 신군부 세력이 아니라 군내 주요 보직을 맡지 못하고 예편되었다고 주장하였습니다. 하지만 그는 5공화국 시기에 주요 공사의 보직을 맡았고, 12·12 군사반란 당시에는 정승화 총장이 납치되었다는 사실을 알고도, 반란군을 진압하기 위해 나선 진압군과 달리 보안사령부에서 밤을 지내며 상황을 방관했습니다. 그렇게 신군부의 반란을 방관했던 그는 12·12 군사반란 관련 재판에 기소되지 않은 우국일 참모장은 2009년 7월 4일 사망하여 장군2묘역 78호에 안장될 수 있었습니다.

노태우의 친구 남웅종 대공처장

　남웅종 또한 육사가 아닌 통역장교 출신입니다. 그리고 보안사 대공처장

이면서 합동수사본부 수사단장이었지만, 직속 부하인 이학봉 대공수사과
장을 비롯한 육사 출신의 허화평, 허삼수 등이 반란을 주도하였습니다. 반
란군의 정승화 총장 연행이 대통령 재가에 의한 합법적인 연행이었다면 당
연히 수사단장인 남웅종이 임무를 수행했겠지만, 불법 연행을 위해 전두환
의 최측근 가운데 한 명인 인사처장 허삼수를 정보처장으로 위장하여 참모
총장 연행을 주도했던 것으로 보입니다.

하지만 그는 12·12 군사반란 이후 우국일 참모장과 다르게 보안사령부
내에서 참모장으로 승진했습니다. 전두환에 이어 보안사령관이 된 노태우
와 참모장인 남웅종은 경북고등학교 32회 동기입니다. 그런 탓인지 그는
1981년 예편 후 바로 한국방송광고공사 감사(1981-1988)를 맡게 됩니다.
동창 노태우가 대통령이 되고 난 이후에는 한국방송광고공사 사장(1988-
1993)으로 승진하여 부와 명예를 누렸습니다.

5공화국과 노태우 정부 시절 부귀영화를 누렸던 그는 문민정부가 들어서
고 직에서 물러났습니다. 하지만, 그는 12·12 군사반란 기소 대상이 아니었
기에 재판을 받지 않았습니다. 그래서 2019년 12월 29일 사망한 그는 대전

대전현충원 장군1묘역
191호에 안장된 이차군
ⓒ 임재근

현충원 장군2묘역 534호에 안장될 수 있었습니다.

이차군 군수처장

육사 17기 출신으로 12·12 군사반란 당시 보안사령부 군수처장을 맡고 있던 이차군에 대해서는 널리 알려진 바가 많지 않습니다. 반란 이후 여러 보직을 거치며, 3군사령부 군수처장을 끝으로 예편합니다. 이후 ㈜한성 이사를 역임하는 등 기업 활동을 해왔고, 14대, 15대 총선에 출마하고자 하였으나 공천받지 못하거나 무소속으로 출마해 낙선했습니다. 2003년 9월 23일 사망, 장군1묘역 191호에 안장됐습니다.

노태우는 550평에 국가보존, 나머지 생존자들은 향후 어디로?

12·12 군사반란 당시 보안사령부 소속 반란군으로 〈서울의 봄〉에 등장한 인물은 허삼수(극중 하창수, 배우 홍서준) 인사처장, 허화평(극중 문일평, 배우 박훈) 비서실장, 이학봉(극중 임학주, 배우 이재윤) 대공수사과장이 있습니다. 이들은 반란 이후 5공화국 동안 막강한 실세였습니다. 이후에

도 재단 이사장, 국회의원 등을 역임하며 권력을 계속 누리고 살아왔습니다.

이들 셋은 결국 1996년 12·12 군사반란 관련 재판에서 모두 징역형을 받고, 현충원에 안장 자격을 잃었습니다. 2014년 5월 24일에 사망한 이학봉은 현충원에 안장되지 못하고 서울추모공원에 안장되었습니다.

하지만 아직도 생존해있는 허화평과 허삼수는 어떻게 될지 모르겠습니다. 5공화국 당시 장세동에 이어 대통령경호실장을 맡았던 안현태는 5공 비자금 조성 문제로 구속되어 안장 자격을 잃었으나, 사면 복권되면서 대전현충원 장군2묘역 178호에 안장됐기 때문입니다. 이 때문에 전두환, 노태우 사망 당시 현충원 안장 가능성에 대한 논란이 있었습니다.

국민 여론 상 전두환, 노태우는 현충원에 안장되지 못하였지만, 노태우는 2021년 10월 파주 동화경모공원에 안장된 뒤 윤석열 대통령이 당선된 직후인 2022년 5월 4일 그의 묘는 국가보존묘지로 지정받았습니다. 이에 따라 대전현충원의 대통령묘역 넓이인 80평의 7배 정도 되는 약 550평을 묘역으로 구성할 수 있게 되었습니다. 기존의 반란군들을 현충원에서 이장시킬 국립묘지법 개정은 진행되지 않고, 오히려 반란수괴가 국가보존묘지라는 특혜를 받고 있습니다.

[참고자료]
"「軍 어제와 오늘 19화", 〈동아일보〉, 1993.06.15.
국방부과거사진상규명위원회, 『12·12, 5·17, 5·18사건 조사결과보고서』, 2007.
민주화운동기념사업회, 『전국 국가폭력 고문피해 실태조사(2차)』, 2021.
서울고등법원 1996. 12. 16. 선고 96노1892 판결.
대법원 1997. 4. 17. 선고 96도3376 전원합의체 판결.
보안사령부, 『제5공화국 전사』 3권, 1982.

자국민 학살에 나선 장군과 명령을 거부한 장군

5·18항쟁과 장군들

1980년 5월 광주에서는 5·18 항쟁이 있었고 대한민국 국군에 의해 수많은 광주 시민들이 학살됐습니다. 반면에 12·12 군사 반란을 일으킨 전두환 신군부에 의한 학살을 막고자 했던 군인도 있었습니다.

전투병과교육사령부(지금의 육군교육사령부, 약칭 전교사) 사령관 윤흥정 중장, 31사단 사단장 정웅 소장, 육군기갑학교장 이구호 준장 등은 신군부의 유혈진압에 반기를 들고 유혈진압을 막기 위해 애썼습니다. 이들 가운데 윤흥정 중장과 이구호 준장이 대전현충원에 안장돼 있습니다.

발포와 유혈진압을 거부하다

육군사관학교 8기로 임관한 윤흥정 중장은 형제 장군이었습니다. 동생은 윤흥기 준장은 12·12 당시 제9공수특전여단장으로 전두환 신군부 반란군을 진압하기 위해 나선 유일한 공수여단장이었습니다.

전교사는 1980년 당시 광주에 위치했고, 사령관이던 윤흥정 중장은 전라남북도계엄사령관으로 5·18 당시 광주 진압 작전 지휘관이었습니다. 당시 광주에는 7공수여단이 파견되어 있었고, 5월 19일과 20일에는 11공수여단과 3공수여단이 추가 파견되었습니다. 이들에 대한 작전지휘권을 윤흥정 중장이 가지고 있었습니다.

5.18 광주 계엄군 지휘체계

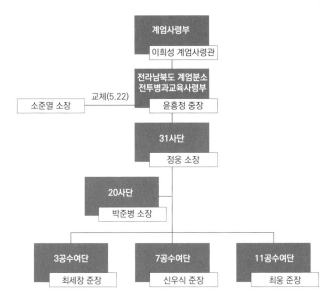

2007년 국방부과거사진상규명위원회에서 발표한 『12·12, 5·17, 5·18사건 조사결과보고서』를 토대로 구성한 5·18 당시 전라남북도 계엄 지휘 체계 ⓒ 정성일

    그가 처음부터 진압지시를 내리지 않았던 것은 아닙니다. 군인들의 시민 폭력 사실을 알고난 후, 군복을 입기조차 부끄러워했으며, 공수여단의 발포 허용 요청을 거부하고 강경진압을 중지할 것을 지시했습니다. 이에 신군부는 시위 진압에 소극적인 윤흥정 중장을 해임하고, 22일 새로운 전교사 사령관으로 소준열 소장을 임명했습니다.

    이후 군의 유혈 강경진압으로 많은 시민이 희생됐습니다. 전교사 사령관 직에서 물러난 윤흥정 중장은 예편되어 체신부 장관으로 임명됩니다. 하지만 전두환씨가 제11대 대한민국 대통령으로 취임하면서 퇴임 되어 3개월 남짓한 장관 생활을 마쳤습니다.

대전현충원 장군1묘역 15호에 안장된 윤흥정 중장 ©
임재근

윤흥정 중장의 묘 근처 21호에 안장되어 있는 후임 전
교사 사령관 소준열 © 임재근

윤흥정 중장은 1993년에는 정승화, 장태완, 김진기 그리고 동생 윤흥기 장군 등과 함께 12·12 내란범들을 고소했으며, 신군부 세력을 처벌하기 위해 애썼습니다. 2002년 9월 15일 별세한 윤흥정 장군은 대전현충원 장군1묘역 15호에 안장되었습니다.

소준열, 학살 후의 얼굴

윤흥정 장군의 묘 6칸 옆 21호에는 윤흥정 중장의 자리에 교체되어 들어온 소준열 전교사 사령관이 안장되어 있습니다. 그는 육사 10기로 전교사 사령관으로 부임한 후 3공수, 7공수, 11공수여단과 20사단은 무참한 광주학살을 자행했습니다. 훗날 그는 1995년 전남일보와 인터뷰에서 "전교사 사령관으로 부임한 직후인 80년 5월 23일 공수부대의 과잉 진압이 사태를 악화시킨 것으로 판단, 공수부대원들을 광주비행장으로 모두 철수시켰다" 며 학살 혐의를 부인하고 학살의 책임을 전임자에게 떠넘겼습니다.

하지만 2018년 5월 5·18민주화운동기록관이 38년만에 공개한 영상에서 그의 모습이 포착됐습니다. 광주시민들을 진압한 후 도청 현장에 등장하며 환하게 웃고 있었습니다. 그가 공수부대의 과잉 진압을 막고자 했던 인물이었다면, 그런 섬뜩한 미소를 보일 수는 없었을 겁니다.

2018년 5월 5·18민주화운동기록관이 38년만에 공개한 영상에서 포착된 미소 짓는 소준열 © 5·18민주화운동기록관

소준열 사령관은 이러한 공으로 1980년 12월 31일 충무무공훈장을 받았고, 5·18 관련자 처벌을 받지 않아 그 서훈이 박탈되지 않았습니다. 그리고 육군참모차장, 제1군사령관을 역임한 후 대장으로 예편했으며, 이후에도 한국토지개발공사 이사장, 재향군인회 회장 등을 맡으며 권력과 명예를 누렸습니다.

이구호 "우리가 국민에게 포를 쏘고 들어갈 수야 있습니까?"

이구호 준장은 1980년 당시 광주 육군기갑학교 교장이었습니다. 5월 21일 황영시 육군참모차장은 이구호 교장에게 전화를 걸어 전차를 동원해 광주를 진압할 것을 명령했습니다.

하지만 이 교장은 "우리가 국민에게 포를 쏘고 들어갈 수야 있습니까? 지시는 지휘계통(전교사 사령관)을 통해 주십시오."라고 답변하고 광주시민들을 전차로 진압하는 것을 거부했습니다.

당시는 전교사 사령관이 소준열로 교체되기 전이었기에 황영시 차장이

이구호 준장의 군 재직 시절(오른쪽) ⓒ 이상우(이구호 장군의 장남)

지휘계통을 거치지 않고 이 교장에게 직접 지시한 것으로 보입니다. 이구호 교장이 명령을 따라 기갑학교의 전차를 동원했더라면 광주에서는 더 큰 참상이 일어났을 것입니다. 하지만 부당한 명령을 따르지 않고 국민을 생각했던 이구호 준장 덕분에 더 큰 참상을 모면할 수 있었습니다.

황영시 차장의 명령을 따르지 않았던 이구호 준장은 1981년 강제 예편됐습니다. 이후 그는 홍성직업훈련원, 대전직업훈련원 원장을 잠시 맡았다가 주유소를 운영하기도 했습니다. 그는 주유소의 이름을 '무궁화 주유소'라고 지을 정도로 애국심이 강했습니다.

이구호 준장은 12·12 및 5·18 수사 때 황영시 참모차장의 부당하고 불법적인 지시를 폭로하였지만, 황영시 차장은 "기억나지 않는다. 이 같은 내용

대전현충원 장군1묘역 95호에 안장되어 있는 이구호 준장 ⓒ 임재근

을 녹음해 두었다든지 비망록에라도 기재해 두었다면 인정하겠지만 그렇지 않다면 어떻게 기억할 수 있겠느냐?"며 책임을 회피했습니다.

1999년 2월 1일 향년 65세로 사망한 이구호 장군은 대전현충원 장군1묘역 95호에 안장되어 있습니다.

[참고자료]
국방부과거사진상규명위원회, 『12·12, 5·17, 5·18사건 조사결과보고서』, 2007.
"소준열 5·18당시 전교사령관 본지 단독인터뷰", 〈전남일보〉, 1995.12.09.
전남대학교 5·18연구소 아카이브 https://cnu518.jnu.ac.kr/

반란죄, 내란죄, 뇌물죄로 얼룩진 보훈의 성지

5공화국 주요 인사 15명은 어떻게 현충원에 묻혔나

12·12 군사반란으로 군을 장악했던 전두환 신군부는 5·17 내란으로 5·18민주화운동을 무력 진압했을 뿐만 아니라 비상계엄 전국 확대 조치로 정권을 장악했습니다.

1980년 5월 31일 국가보위비상대책위원회를 신설한 전두환 국보위 상임위원장은 8월 16일 최규하 대통령을 사실상 강압적으로 사임시키고 유신헌법에 따라 통일주체국민회의 선거를 장충체육관에서 실시하고 27일 제11대 대통령으로 취임했습니다.

이 선거를 통한 대통령 임기는 서거한 박정희 대통령의 잔여 임기인 1984년 12월 26일 까지였고, 이에 전두환은 7년 단임 대통령제를 골자로 개헌하고 1981년 2월 25일 제12대 대통령으로 취임하면서 제5공화국이 시작되었습니다.

1987년 6월항쟁을 통해 제5공화국 헌법은 지금의 헌법으로 개헌됐고, 1987년 12월 16일에 치러진 제13대 대통령 선거부터 국민이 직접 대통령을 선출할 수 있게 되었습니다. 제5공화국의 대통령은 전두환 단 한 명이었고, 따라서 전두환 군부독재 시절을 제5공화국이라 흔히 지칭하게 되었습

제11대 대통령 취임식에서 전두환 ⓒ대통령 기록관

<표 1> 제5공화국 주요 인사 사망자 안장 현황

	주요일시	사망	서울현충원	대전현충원
군인	24명	20명	2명	8명
비군인	86명	65명	10명	7명
계	110명	85명	12명	15명

니다.

7년에 걸친 제5공화국이었기에 정부 요직을 거친 인물은 제6공화국 이후보다 많습니다. 6명의 국무총리, 111명의 국무위원(장관), 그리고 대통령이 직접 임명하는 직속기관장(감사원장, 안전기획부장, 방송위원장, 대통령비서실장, 대통령경호실장)이 19명으로 총 136명에 이릅니다. 직을 옮겨 수행한 중복 인원을 제하면 총 110명의 인사가 제5공화국에서 요직을 맡았습니다.

제5공화국과 관련된 인물들은 전두환 정부 시절인 1985년 준공된 대전현충원에 많이 안장되어 있습니다. 제5공화국 주요 인사 110명 가운데 24명이 군인 출신이었기에 이들 가운데 7명은 장군의 자격으로 서울현충원에 1명, 대전현충원에 6명이 안장되어 있습니다. 그리고 3명은 군인이 아닌 국가유공자의 자격으로 서울에 1명, 대전에 2명이 안장되어 총 10명의 군출신 주요 인사가 현충원에 안장되어 있습니다. 비군인 출신 인사의 경우 국가유공자 자격으로 안장되어 있으며 서울현충원에 10명, 대전현충원에 7명이 안장되어있습니다.

사회공헌자묘역은 국립묘지법 제5조 제1항 제1호 파목을 근거로 훈장을 받은 사람이 안장될 수 있고, 심의를 통해 안장 여부가 결정됩니다. 국무총리를 비롯한 장관들은 대부분 훈장을 수여 받았고, 이에 대전현충원 사회공헌자묘역에는 상당수의 국무총리 및 장관들이 안장되어 있습니다. 비군인 출신의 제5공화국 주요 인사들은 이렇게 대전현충원에 안장될 수 있었

제5공화국 주요인사 대전현충원 안장자 정보

이름	사망일	직책	묘역	출신	비고
유창순	2010.06.03	국무총리	사회공헌자-23	경제관료	이승만 경제관료, 박정희 장관 출신
김상협	1995.02.21	국무총리	사회공헌자-03	교육자	박정희 장관, 고려대 총장 출신
노신영	2019.10.21	국무총리	사회공헌자-39	외교관	외무부장관, 안기부장 출신
김만제	2019.01.31	경제기획원장관	사회공헌자-37	경제관료	경제학교수, 재무부장관 출신
최광수	2021.02.15	외무부장관	사회공헌자-45	외교공무원	박정희 비서관, 최규하 비서실장, 정무제1장관, 체신부장관 출신
최순달	2014.10.18	체신부장관	사회공헌자-31	공학자	전두관 고교 동창, NASA출신, 92년 우리별1호 개발
윤석중	2003.12.09	방송위원장	사회공헌자-12	문학가	새싹회 회장, 동요의 아버지
조상호	2007.08.25	체육부장관	사회공헌자-19	통역장교	중령예편, 박정희 비서관, 서울올림픽 유치
황인성	2010.10.11	농림수산부장관	사회공헌자-28	육사4기	소장예편, 박정희 장관, 문민정부 국무총리
유학성	1997.04.03	안기부장	장군1-002	정훈1기	대장예편, 반란죄(군형법5조), 내란죄(형법87조) 징역6년 대법원 확정 2주전 사망
김성진	2005.02.11	과학기술처장관	장군1-228	육사11기	준장예편, 안기부차장, 체신부장관 출신
윤성민	2017.11.06	국방부장관	장군2-443	육사9기	대장예편, 12.12 당시 육본 참모차장
박세직	2009.07.27	체육부장관	장군2-083	육사12기	소장예편, 하나회, 안기부차장, 총무처장관 출신
조철권	2007.08.02	노동부장관	장군2-019	육사8기	준장예편, 전북지사, 보훈처장 출신
안현태	2011.06.25	경호실장	장군2-178	육사17기	소장예편, 하나회 출신, 97년 뇌물죄(특가법2조) 징역2년6개월 대법원 선고

습니다.

이들을 싸잡아서 군부독재 부역자라고 욕할 수는 없습니다. 전두환의 독재와 별개로 본인의 위치에서 국민을 위해 헌신했던 사람들도 많기 때문입니다.

대표적으로 체신부 최순달 장관과 윤석중 방송위원장이 있습니다. 최순달 장관은 1992년 우리별 1호 발사 책임자로 '대한민국 우주개발의 아버지'로 불립니다. 윤석중 방송위원장의 노래를 모르는 사람은 없을 것입니다. '새 신', '똑같아요', '나란히', '우산' 등 우리들이 어린 시절 즐겨 불었던 수많은 동요가 그가 작사한 노래로, '동요의 아버지'로 알려져 있습니다.

조상호 체육부 장관은 중령 예편 군인 출신으로 장병묘역에 안장될 수 있었지만, 서울올림픽 유치의 공으로 체육훈장 청룡장 수여 받았고, 이후 체육부 장관도 역임하면서 사회공헌자묘역에 안장될 수 있었습니다. 황인성 농림수산부 장관 또한 소장 출신으로 장군묘역에 안장될 수 있었지만, 사회공헌자묘역에 안장되었습니다.

그 외 6명의 장성 출신 주요 인사들은 장군1묘역과 장군2묘역에 안장되어 있습니다. 국립묘지법 제5조 제1항 제1호 마목에 따르면 장성급 장교는 현충원에 안장될 수 있다는 근거가 있습니다. 그리고 국립묘지법 제5조 제5항 제3호는 안장 제한에 관한 내용도 있습니다. 대표적으로 군형법 제5조 반란죄, 형법 제87조 내란죄, 특정범죄가중처벌 등에 관한 법률(이하 특가법) 제2조 뇌물죄로 금고 1년 이상의 형을 선고받고 그 형이 확정된 경우 안장자격이 박탈됩니다.

12·12 군사반란을 무기력하게 지켜보았고 반란을 용인했던 윤성민 육군 참모차장은 제5공화국에서 국방부 장관을 역임하였습니다. 제5공화국 당시 박희도, 박준병과 함께 '쓰리박'이라 불렸던 육사12기 체육부 장관 박세직은 하나회 출신이었습니다. 하지만 이들은 반란죄로 처벌 받은 바 없기에 장군묘역에 안장될 수 있었습니다.

전두환의 선배로 신군부의 반란과 내란에 앞장섰고 초대 안전기획부장을 역임했던 유학성의 경우 고등법원에서 군형법 제5조 반란죄와 형법 제87조 내란죄로 징역 6년을 선고 받았으나 대법원 확정판결 2주전 사망함으로써 형이 확정되지 못했고 대전현충원에 안장될 수 있었습니다.

육사17기 하나회 멤버였던 안현태 대통령경호실장은 5공 비리로 1997

안현태의 묘 뒤로 보이는 장태완 수도경비사령관
의 묘 ⓒ임재근

년 대법원으로부터 특가법 제2조 뇌물죄로 징역 2년 6개월에 추징금 5000
만원의 확정판결을 받았습니다. 형이 확정되었기에 안장자격이 상실되었으
나, 1998년 8·15 특별사면으로 사면·복권되었다는 근거로 2011년 대전현
충원에 안장될 수 있었습니다. 한편 안현태 경호실장의 묘 바로 뒤편에는
전두환 신군부의 반란을 저지하고자 했던 장태완 수도경비사령관이 안장
되어 있습니다.

대전현충원은 14만여 위의 순국선열과 호국영령이 영면해 계시는 보훈의
성지입니다. 이러한 곳에 확정판결 이전에 사망을 이유로, 사면을 이유로
반란과 내란을 일으키고 공직을 이용하여 뇌물을 수수한 자들이 함께 있음
으로써 성지에 얼룩이 되고 있지 않나 하는 생각이 듭니다. 국립묘지법의
개정으로 성지가 성지답게 될 수 있기를 바랍니다.

[참고자료]
국립묘지법 제5조
군형법 제5조
형법 제87조
특정범죄가중처벌 등에 관한 법률 제2조
서울고법 1996. 12. 16. 선고 96노1892 판결.
대법원 1997. 4. 17. 선고 96도3376 전원합의체 판결.
서울고법 1996. 12. 16. 선고 96노1894 판결.
대법원 1997. 4. 17. 선고 96도3378 판결.

대전현충원에 아직 남아 있는 전두환의 흔적들

현충문 현판 안중근체로 교체했지만 건재한 5·18학살 책임자 묘역

    대전현충원 현충문은 현충탑의 출입문으로 방문객들이 몸과 마음을 경건히 하고 참배를 준비하는 공간입니다. 대전현충원 현충문은 1983년 5월에 한옥을 본떠 만들었는데, 현충문에 걸린 현판이 2020년 5월 29일에 '안중근체'로 교체되었습니다.

    대전현충원 현충문 현판을 안중근체로 교체한 이유는 무엇일까요? 이전의 현충문 현판은 대전현충원 준공 당시 대통령이었던 전두환씨가 종이 위

국립대전현충원이 2020년 5월 29일에 현충원 현판을 새 현판으로 교체한 뒤 제막을 하고 있다. 왼쪽의 '현충문' 이미지는 교체 이전의 현판이다. ⓒ 국립대전현충원

에 '현충문'이라고 쓴 것을 확대하여 탁본하는 방식으로 제작했던 것이었습니다.

그런데 전씨가 퇴임 후인 1995년 12월 3일에 12·12 군사반란과 5·18 내란 등의 혐의로 구속되었고, 1997년 4월 17일 대법원에서 반란수괴·반란모의참여·반란중요임무종사·불법진퇴·지휘관계엄지역수소이탈·상관살해·상관살해미수·초병살해·내란수괴·내란모의참여·내란중요임무종사·내란목적살인·특정범죄가중처벌등에관한법률위반(뇌물) 혐의로 무기징역형이 확정되었습니다.

전씨는 그날부로 전직 대통령 예우도 박탈당했습니다. 그는 구속된 지 2년여 만인 1997년 12월 22일 특별사면으로 풀려났지만 12·12 군사반란과 5·18 내란 혐의에 대한 역사적 책임은 회피할 수 없었습니다.

대전현충원 현충문 현판 글씨가 전두환의 글씨라는 것이 뒤늦게 알려지면서 5·18관련 단체들과 전문가들은 현충원의 상징성과 전직 대통령 전두환 씨의 대통령 예우 박탈과 범죄 사실을 고려해 대전현충원 현판은 교체하자고 촉구해왔습니다. 광주민주화운동 40주년 맞은 2020년에는 감사원에 공익감사를 청구하는 등 압박의 강도를 높였습니다.

결국 2020년 5월에 현충문 현판을 교체하게 됐습니다. 현충문 현판 글씨를 안중근체로 교체한 이유에 대해 국가보훈처(현 국가보훈부)는 "안중근 의사는 대표적인 독립운동가이자 당시 독립군 참모중장으로서 오늘날 군인정신의 귀감이 되는 위인"이라며, "해방 후 고국에 뼈를 묻어달라는 유언을 남겼지만 현재까지 유해 발굴 작업이 진행 중에 있어 현판 서체로 사용된다면 국립묘지를 대표하는 시설물에 안중근 정신을 담게 된다"고 밝혔습니다.

때마침 2020년은 광주민주화운동 40주년이면서 안중근 의사 순국 110주기를 맞는 뜻깊은 해였습니다. 안중근체는 안중근의사기념관과 저작권위원회에서 안중근 의사가 자필로 쓴 〈장부가〉 한글 원본의 자소를 발췌하

대전현충원에 묻힌 이야기

(앞면)
←전 / 후→

(뒷면)
←전 / 후→

대전현충원 현충탑 헌시비 교체 전후의 모습 ⓒ 임재근

여 개발한 서체입니다.

대전현충원은 전두환 정권 때 준공되었기 때문에 곳곳에서 전두환의 흔적을 발견할 수 있었습니다. 현충탑 앞에는 '여기는 민족의 얼이 서린 곳/조국과 함께 영원히 가는 이들/해와 달이 이 언덕을 보호하리라'고 쓰여 있는 헌시비가 있습니다. 이 헌시는 순국선열과 호국영령께 바치는 글로, 가곡으로 유명한 '가고파'의 시인 노산 이은상이 지었지만, 글씨는 '현충문' 글씨와 마찬가지로 전두환이 쓴 것이었습니다.

헌시비 뒷면에는 '대통령 전두환은 온 겨레의 정성을 모아 호국 영령을 이 언덕에 모시나니 하늘과 땅이 함께 길이길이 보호할 것입니다. 1985년 11월 16일'이라는 글씨가 새겨져 있었습니다. 국가보훈처는 현충문 현판 교체 이후 헌시비의 글씨체도 안중근체로 교체했고, 헌시비 뒷면은 문구 자체를 지워 버렸습니다.

대전현충원은 1985년 11월 13일에 당시에는 대전국립묘지라는 이름으로 준공되었는데요. 전두환 씨가 처음으로 대전현충원(당시 대전국립묘지)

전두환 대통령은 1986년 6월 19일에 대전국립묘지(현 대전현충원)를 처음으로
찾아 참배를 했고, 현충문 안쪽 화단에 금송을 식재했다. ⓒ 국가기록원

을 찾은 것은 1986년 6월 19일이었습니다. 이날 전두환 씨는 참배를 하
고 현충문 안쪽의 화단에 금송을 식재하기도 했습니다. 이 나무는 고사해
2010년에 다른 나무로 대체해 다시 식재되었는데요. 현판과 헌시비 교체
당시에 전두환 기념식수에 대한 처리 계획은 빠져 있었습니다. 그런데 교체
한 나무도 생육상태가 좋지 않아 2023년 2월에 다른 곳으로 이식했고 지
금은 그 흔적만 남아 있습니다.

지난 2005년 6월 1일, 전두환 씨는 부인 이순자 씨 등 40여명과 함께 대
전현충원을 찾은 적이 있었습니다. 이날 전두환 일행은 장군1묘역에 있는
유학성을 비롯해 진종채, 이규동 등의 묘를 찾아 참배하고 헌화를 했습니
다. 이규동 장군은 전두환의 장인이었고, 진종채 장군은 전두환에 앞서 보
안사령관을 맡았던 이로 1980년 5·18 당시에는 제2야전군사령관으로 계
엄군의 지휘계통상에 있었던 인물입니다.

또한, 유학성은 12·12군사쿠데타 당시 수도방위(경비)사령부 30경비단
모임에 참석한 핵심인물로 지목돼 군 형법상 반란중요임무 종사 등의 혐의
로 항소심에서 징역형을 선고받고 복역했습니다. 그러던 중 병세가 악화돼

현충문 안쪽 화단에 나무를 뽑아내고 다시 잔디를 심은 흔적이 남아 있다. 민족문
제연구소대전지역위원회 홍경표 위원장이 나무가 심어져 있는 위치를 가리키고
있다. 뒤편 오른쪽으로 현충탑이 보인다. ⓒ 임재근

구속집행정지로 석방돼 있던 상태에서 대법원 확정 판결을 20여 일 앞두고
사망해 국립묘지에 안장된 논란의 인물이었습니다.

전두환 일행이 대전현충원을 참배하고 있다는 소식을 뒤늦게 알게 된 대
전지역 시민사회단체 인사들이 항의하기 위해 급히 달려가 대전현충원 정
문을 가로 막았습니다. 하지만, 전두환은 타고 들어갔던 차량에 비슷한 용
모의 다른 사람으로 앉히고, 정작 본인은 다른 차로 바꿔 타는 방법으로 정
문을 빠져나가 버려 항의에 나선 이들을 허탈하게 만들었습니다.

전두환 씨는 추징금 992억 원을 납부하지 않은 채, 지난 2021년 11월
23일 향년 90세의 일기로 사망했습니다. 죽기 전까지 5·18민주화운동 피
해자들에게는 사과 한마디 하지 않은 채 말입니다. 사망하기 전부터, 특별
사면을 받았던 전두환이 사망 후 대통령묘역이 마련된 대전현충원에 안장
되는 게 아니냐는 우려의 목소리가 있었습니다. 국립묘지 안장 여부는 국립
묘지법에서 정하고 있는데, '금고 1년 이상의 실형을 선고받고 그 형이 확
정된 사람'은 국립묘지에 안장될 수 없다고 규정하고 있으나 사면·복권을

2019년 6월 6일 '국립묘지법 개정 및 반민족·반민주행위자 묘 이장 촉구 시민대회' 참가자들이 소준열의 묘 앞에서 12·12군사반란 가담, 5·18당시 전투병과교육사령관으로 시위대 진압임무 수행 등을 이유로 들며 이장을 촉구하는 시위를 벌이고 있다. ⓒ 임재근

받은 경우에 대해선 별도 규정이 없습니다.

전두환 대통령의 경호실장을 맡았던 바 있던 안현태는 특정범죄가중처벌 등에 관한 법률(뇌물 수수 및 방조죄)로 징역 2년 6월의 실형을 선고받았지만 사면복권되었다는 이유로 2011년에 국립묘지 대전현충원에 기습 안장된 바 있었기 때문에, 내란죄로 실형을 선고받았다 특별사면받은 전두환의 대전현충원 안장 가능성도 완전히 배제할 수 없는 상황이었습니다.

다행히 국가보훈처는 '현행법상 국립묘지 안장이 불가능하다'는 공식 입장을 밝혔습니다. 전씨 유해는 서울추모공원에서 화장을 마치고 장지를 정하지 못한 채 아직까지 연희동 자택에 임시로 안치하고 있는 것으로 알려져 있습니다.

내란죄 등으로 처벌받은 전두환의 국립묘지 안장을 막고, 늦은 감이 있었지만 전두환의 흔적을 대전현충원에서 철거한 것은 다행스러운 일입니다.

하지만 전두환 이외의 5·18학살 책임자들이 국립묘지 대전현충원에 안장되어 있다는 사실은 아직도 우리 사회가 해결해야 할 과제가 남아 있다는 것을 알려주고 있습니다.

　전두환이 찾아가 참배했던 5·18학살 책임자 유학성(장군1묘역 2호)과 진종채(장군1묘역 3호)뿐 아니라, 군사반란을 일으킨 '하나회'의 핵심이자 전두환의 비자금을 불법 조성하는 등 5공 비리의 주범인 안현태(장군2묘역 178호), 5·18 광주 진압 당시 계엄군을 공식적으로 지휘했던 전투병과교육사령부(전교사) 사령관 소준열(장군1묘역 21호) 등도 대전현충원에 묻혀 있습니다. 이런 상황이 지속된다면 5·18희생자 유가족들과 피해자들의 가슴에 피멍을 들게 하는 일이라는 생각이 듭니다.

[참고자료]

공훈전자사료관(https://e-gonghun.mpva.go.kr/)

"35년 만의 철거… 현충원 '전두환 글씨' 떼고 '안중근체'," 〈대전MBC〉, 2020.05.08.

"전두환의 '12·12 쿠데타 동지' 몰래 참배 작전", 〈오마이뉴스〉, 2005.06.01.

제3장 국가폭력과 사회적 참사

- 4·3과 여순사건·군의문사·세월호참사 -

4·3 총살 명령한 자와 거부한 자
'경찰영웅' 문형순과 '학살 가담' 김두찬

지난 2018년 경찰청은 '한국판 제주 쉰들러'로 불린 고 문형순 경찰서장을 '올해의 경찰 영웅'으로 선정했습니다. 경찰영웅증서에는 "우리 경찰의 오늘은 경찰영웅의 공헌과 희생 위에 이룩된 것이므로 이를 경찰정신의 귀감으로 삼아 항구적으로 기리기 위하여"라고 적혀 있었습니다.

그리고 그해 11월 1일, 제주지방경찰청 청사 본관 앞에 문형순 서장의

2018년 '올해의 경찰 영웅'에 선정되어 제주지방경찰청 청사 본관 앞에 세워진 문형순 서장의 흉상. 제주지방경찰청이 2022년 11월에 연동에서 노형동으로 이전하면서 문형순 서장의 흉상도 이전됐는데, 제주지방경찰청 건물 뒤편 공원으로 옮겼다. ⓒ 임재근

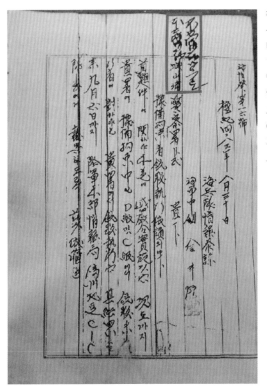

해병대 정보참모 해군 중령 김두찬이 성산포 경찰서장 문형순에게 보낸 '예비구속자 총살 집행 의뢰의 건' 문서. 1950년 8월 30일자로 보낸 문서에는 발송인 김두찬 이름 아래 직인이 찍혀 있다. 이 명령을 받은 문형순 서장은 오른쪽 위에 '부당(不當)하므로 불이행(不履行)'과 함께 자신의 이름 文亨淳까지 적고(붉은색 사각형) 문서를 돌려보냈다. ⓒ 임재근

흉상이 세워졌습니다. 경찰이 문형순 서장을 '올해의 경찰 영웅'으로 선정한 이유는 1949년 모슬포경찰서장으로 근무하면서 좌익혐의를 받던 주민 100여 명을 자수시켜 훈방시켰고, 한국전쟁 발발 후인 1950년 8월 30일에는 성산포 경찰서장으로 근무하면서 군에서 내려온 '예비 구속자 총살 집행 의뢰의 건'에 대해 '부당하므로 불이행 한다'며 군의 명령을 단호히 거부해 주민 200여 명의 목숨을 구했기 때문이었습니다.

비슷한 시기 모슬포경찰서에서 한림·한경·대정·안덕 등지에서 검속된 200여 명이 섯알오름 등으로 끌려가 집단 총살당한 사실을 생각해본다면 주민의 목숨을 구했다는 말은 빈말이 아니었습니다.

한국전쟁이 발발하자 1950년 7월 8일부로 전국적으로 비상계엄령이 선포됐습니다. 제주도에서는 4·3의 마무리 토벌을 위해 주둔하던 해병대의 신현준 사령관이 제주지구계엄사령관을 겸하고 있던 상황이라 아무리 경찰이라 하더라도 군의 명령을 거부한다는 것은 대단한 용기가 필요했습니다.

하지만 문형순 서장의 결단은 '원칙'적인 행동이었습니다. 군의 명령을 따르지 않을 경우 항명이라고 생각할지 모르겠지만, 항명이 성립되기 위해서는 그 명령이 '정당'해야만 합니다. 문형순 서장은 군인과 경찰은 국민의 생명을 지키는 것이 본연의 의무라는 생각에 아무리 전시라 하더라도 무고한 국민을 죽이라는 명령은 '부당한 명령'이라 생각했던 것이었습니다.

문형순 서장이 이와 같이 원칙적이고 용기 있는 행동에 나설 수 있었던 이유는 과거 그의 삶을 살펴보면 이해할 수 있는 부분이 있습니다. 1897년 평안남도 안주에서 태어난 문형순 서장은 일제강점기 만주일대에서 독립운동에 참여했습니다. 신흥무관학교를 졸업하고 한국의용군, 고려혁명군, 국민부, 광복군 등에서 항일무장투쟁에 나섰습니다.

해방 후 1947년 5월 제주경찰감찰청 기동경비대장에 임용되면서 경찰에 투신했습니다. 해방 후 재등용된 친일 경찰들이 다수를 차지했던 당시 경찰 상황을 생각하면 문형순 서장의 경찰 투신은 특별해 보입니다. 소수이긴 하지만 독립운동에 나선 이들이 경찰에 투신해 부당한 명령을 거부하고 국민의 목숨을 살려내 경찰의 자존심을 조금이나마 지켜낼 수 있었습니다.

4·3 때 '주민 학살' 문서 발송한 독립운동가

문형순 서장이 2018년 '올해의 경찰 영웅'으로 선정되면서 부당한 명령에 항거한 문형순 서장의 삶과 행동이 재조명됐습니다. 그렇다면 부당한 명령을 내린 사람은 누구였고, 그는 어떻게 됐을까요?

당시 '예비 구속자 총살 집행 의뢰의 건'을 발송한 이는 해병대 정보참모

해군중령 김두찬이었습니다. 문서의 내용은 제주도에 계엄령 실시 이후 현재까지 성산포경찰서에 예비구속 중인 D급 및 C급에서 총살 미집행자에 대해 경찰에서 총살 집행 후 그 결과를 9월 6일까지 육군본부 정보국 제주지구 CIC 대장에게 보고하라는 것이었습니다. 한마디로 주민들을 학살하라는 명령을 내린 것이었습니다.

김두찬 중령은 특이한 군 경력을 갖고 있었습니다. 해방 후 군사영어학교 시절 통위부 참위(소위)로 임관했으나 부임 받은 경리직이 마음에 들지 않아 그만뒀습니다. 육군사관학교 1기로 입교했지만, 과정 이수 도중 해군으로 전입했습니다.

김두찬은 한국전쟁 발발 시 묵호기지사령관으로 있다가 철수하는 과정에서 해병대로 전입해 제주도로 왔습니다. 해병대가 제주도에 주둔하기 시작한 것은 1949년 12월 28일이었습니다. 4·3과 관련해 토벌 작전을 펴기 위해 기존 부대와 교대를 한 것이었습니다.

한국전쟁이 발발하면서 4·3 진압뿐 아니라 예비검속에 이은 피 비린내 나는 학살이 이어졌습니다. 김두찬은 1950년 7월 30일부로 제주도에 주둔하고 있던 해병대사령부 정보참모에 임명됐고, 한 달 후 '예비 구속자 총살 집행 의뢰의 건'의 명령을 경찰에 하달했던 것이었습니다.

부당한 명령을 거부한 경찰서장을 영웅으로 선정했다면, 그 부당한 명령을 내린 군인은 어떻게 해야 할까요? 그 명령과 관련해 김두찬은 아무런 처벌이나 불이익을 받지 않았습니다. 해병교육단장, 해병 제1상륙사단 사단장을 거쳐 승승장구하며 해병대 최고봉인 해병대사령관까지 역임했습니다. 1964년 중장으로 예편한 후에는 (주)충주비료의 고문, 대한조선공사 사장, (주)한성 사장 등을 지냈습니다. 2011년 12월 30일에 사망한 김두찬 중장은 장성급(將星級) 장교 자격으로 대전현충원 장군2묘역 193호에 안장됐습니다.

김두찬의 대전현충원 묘비에는 '해병중장'이라는 수식어 옆에 '애국지사'

대전현충원 장군2묘역 193호의 김두찬 묘. 그의 묘비에는 '해병중장'이라는 수식어 옆에 '애국지사'가 함께 붙어있다. ⓒ 임재근

가 함께 붙어있습니다. 김두찬은 평양 숭실중학교 재학 중인 1936년에 신사참배를 거부하는 운동을 주도하다가 일경에 연행돼 구류처분을 받은 바 있었습니다.

그리고 1943년에 미쓰비시재벌 계열사가 운영하던 핵심군수공장이었던 겸이포제철소 용광로 폭파계획을 세우다 일경에 체포돼 치안유지법 위반으로 징역 1년형을 선고받고 옥고를 치렀습니다. 정부에서는 이런 공훈을 인정해 1990년에 건국훈장 애족장(1980년 대통령표창)을 수여했습니다. 김두찬 중장은 독립유공자묘역에 묻힐 수도 있었지만 장군묘역을 택했습니다.

두 독립운동가의 엇갈린 선택

일제강점기 다른 영역에서 항일운동에 나섰던 두 사람은 해방 후 서로 다른 길을 걸었습니다. 한 사람은 경찰에 투신했고, 다른 한 사람은 군에 입대를 했습니다. 군인이든, 경찰이든 국민의 생명을 보호해야 하는 본분을 갖고 있었지만 한국전쟁 직후 제주도에서 문형순 서장과 김두찬 중령은 서

제주시 아라동에 위치한 평안도민회 공동묘지. 나무 앞 꽃이 놓여 있는 묘가 문형순 서장의 묘다. 평안도민회 공동묘지에 있던 문형순 서장의 묘는 2024년 5월 10일에 제주호국원 5묘역 2420호로 이장되었다. ⓒ 임재근

로 다른 태도를 보였습니다. 그리고 그 이후 두 사람의 삶도 달랐습니다.

'부당하므로 불이행'한다며 군의 명령을 단호히 거부했던 문형순 서장은 1953년 경찰을 그만뒀고 쌀 배급소 등에서 일하며 홀로 지내다 1966년 유족도 없이 사망했습니다. 문형순 서장의 유해는 제주시 아라동에 위치한 평안도민회 공동묘지에 묻혔습니다.

항일무장 독립운동을 한 것으로 알려진 문형순 서장은 독립유공자 심사를 6차례나 신청했지만 국가보훈부는 '자료상의 인물과 동일인 여부 불분명', '독립운동 활동 당시 입증자료 미비' 등을 이유로 들어 사실상 기각 판정인 '서훈 보류' 결론을 내렸습니다.

이에 경찰은 문형순 서장이 한국전쟁 당시 경찰관으로 재직하며 지리산 전투사령부에 근무한 이력을 가지고 독립유공이 아닌 참전유공으로 국가보훈부에 서훈을 요청했고, 참전유공자 서훈이 확정됐습니다.

참전유공자가 된 문형순 서장이 제주호원 등 국립묘지에 안장될 조건을 갖추었지만, 그렇게 되는 데 너무 많은 시간이 흘렀다는 점과 독립유공자

2024년 2월 6일, 제주도교육청 4·3평화인권교육지원단 역량강화 연수로 대전현충원 답사를 온 참가자들이 장군2묘역에 안장된 김두찬 중장의 묘 앞에서 제주 4·3에 대한 이야기를 나누고 있다. ⓒ 임재근

서훈을 받지 못한 것은 매우 안타까운 사실입니다. 그리고 부당한 명령을 내린 군인은 아무런 처벌이나 불이익을 받지 않고 죽자마자 국립묘지에 안장된 엇갈린 삶이 씁쓸하기만 합니다.

한편, 지난 2019년 11월에 해병대는 포항 해병대교육훈련단 복합교육센터를 '김두찬관'으로 명명해 개관했습니다. 이 사실을 알게 된 4·3 관련 단체들이 강력히 항의했고, 결국 국방부의 시정조치로 2020년 2월 3일 '김두찬관' 간판은 내리고 며칠 후 '충성관'으로 교체했습니다.

[참고자료]
정채호,『해병대의 명인 기인전 제1권』, 용성출판사, 2003.
제주지방경찰청『2018 경찰영웅 故 문형순 경찰서장』리플렛.
이도영,『죽음의 예비검속_양민학살 진상조사보고서』, 월간 말, 2000.
해병대사령부,『해병발전사 – 해병이십년사 自 1949,04,15, 至 1960,12,31』, 1961.

제주4·3 진압 책임자들이 대전현충원에

함병선·최경록·박창암·신현준·서종철·유재흥·김두찬
… 강경진압 반성·사과 없이 국립묘지 안장

제주4·3사건진상조사보고서는 4·3사건을 이렇게 정의합니다.

"1947년 3월 1일 경찰의 발포사건을 기점으로 경찰, 서청(서북청년단)의 탄압에 대한 저항과 단선 단정 반대를 기치로 1948년 4월 3일 남로당 제주도당 무장대가 무장봉기한 이래 1954년 9월 21일 한라산 금족지역이 전면 개방될 때까지 제주도에서 발생한 무장대와 토벌대 간의 무력충돌과 토벌대의 진압과정에서 수많은 주민들이 희생당한 사건"

제주4·3사건은 결과적으로 대규모 민간인 학살의 성격을 갖게 됐지만, 역사적 맥락에서는 분단을 막고자 저항했던 항쟁의 성격도 있습니다.

이 과정에서 7년 7개월 사이 당시 제주도민의 10%가량인 2만 5천명~3만명 정도가 희생된 것으로 추정됩니다. 신원이 확인된 희생자 1만 4,442명을 희생된 시기를 기준으로 보면, 초토화 작전이 시작되면서부터 희생자가 급증해 1948년 10월 11일부터 1949년 3월까지 희생자가 67.2%인 9,709명에 달합니다. 또 1949년 3월부터 한국전쟁 발발 직전까지 2,668명이 희생됐고, 한국전쟁 발발 이후에도 희생이 이어졌습니다.

"제주도민 30만 희생시키더라도 무방"

당시 미군정과 이승만 정권은 제주4·3을 진압하기 위해 제주 주둔 9연대를 시작으로 11연대, 2연대, 해병대 등으로 교체하며 군을 투입했습니다.

희생 시기별 4·3희생자 실태

시기별	계	1947.3.1.~1948.4.2.	1948.4.3.~1948.5.10.	1948.5.11.~1948.10.10.	1948.10.11.~1949.3.1.	1949.3.2.~1950.6.24.	1950.6.25.~1954.9.21.	미상
인원(명)	14,442	104	214	637	9,709	2,668	800	310
비율(%)	100	0.7	1.5	4.4	67.2	18.5	5.5	2.2

희생 시기별 4·3희생자 실태. 제주4·3평화재단, 『제주4·3사건추가진상조사보고서1』, 2020, 89쪽. ⓒ 제주4·3평화재단

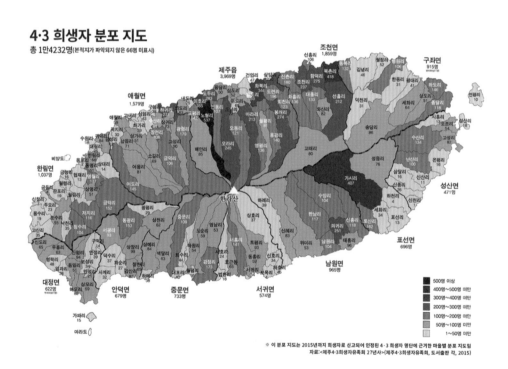

4·3희생자 분포 지도. 제주4·3평화재단, 『제주4·3사건추가진상조사보고서1』, 2020, 717쪽. ⓒ 제주4·3평화재단

대전현충원에는 제주4·3사건 진압을 위해 당시 제주도에 주둔했던 부대 지휘관들이 여럿 묻혀 있습니다.

 강경진압에 나서다 부하들에게 암살당한 박진경 연대장의 후임으로 11연대장을 맡았던 최경록(장군1묘역 14호), 11연대가 9연대로 교체되면서 9연대 부연대장을 맡았던 서종철(장군2묘역 145호), 여순사건 진압을 마치고 원래 주둔지였던 대전으로 돌아오지 않고 제주로 가서 9연대와 교대했던 2연대장 함병선(장군1묘역 8호)이 대표적입니다. 이뿐만 아니라 1949년 12월 28일 제주도로 이동해 1950년 8월까지 제주 4·3진압에 나섰던 초대 해병대 사령관 신현준(장군1묘역 273호)과 민간인 학살을 명령했던 해병대 정보참모 김두찬(장군2묘역 193호)도 대전현충원에 잠들어 있습니다.

 당초 제주 주둔 9연대 김익렬 연대장이 무장대와 평화협상에 합의하자, 미군정은 '오라리 방화사건'을 빌미로 평화협상을 파기하고 무장대에 대한 공격명령을 내렸습니다. 미군정은 김익렬을 연대장에서 해임하고, 그 자리에 강경파 박진경을 임명하면서 9연대를 11연대로 재편시켰죠. 그 사이 5.10선거가 실시됐고, 선거 결과 200개 선거구 중 북제주군 갑과 을 2개의 선거구에서 무효 처리가 됐습니다. 5월 20일에는 11연대에서 제주출신 병사 41명이 집단으로 탈영해 무장대에 합류하는 사건까지 벌어졌습니다.

 미군정은 이를 자신의 통치에 반하는 결과라 인식하고 더욱 강경한 태도로 진압에 나섰습니다. 박진경은 연대장 취임식에서 "폭동사건을 진압하기 위해서는 제주도민 30만을 희생시키더라도 무방하다"고 말하며 미군정의 입맛에 맞게 강경진압을 펼쳤습니다. 이후 박진경 연대장은 부임 한 달여 만에 중령에서 대령으로 승진까지 했습니다.

 박진경 연대장의 초강경 진압에 더 많은 인명피해가 벌어질 것이라 우려했던 부하 문상길 중위, 손선호 하사 등은 6월 17일 진급 축하연에서 술을 마시고 숙소로 돌아와 잠을 자던 박진경 연대장을 이튿날 새벽에 암살했습니다.

초토화 작전

박진경 연대장이 사망하자 새로운 11연대장에 최경록 중령이, 부연대장에 송요찬 소령이 임명됐습니다. 최경록과 송요찬은 모두 일제 때 일본군 지원병 준위 출신으로서 전투경험이 있었습니다. 이들은 해방 후 미군정 시기에는 군사영어학교에 입교한 공통점도 있었습니다. 최경록 연대장과 송요찬 부연대장은 부임한 즉시 박진경 연대장 암살범 색출에 주력하는 한편, 전임 연대장의 강경한 진압작전을 이어 추진했습니다.

그러다가 경비대총사령부는 1948년 7월 15일 자로 제9연대를 부활시키면서 11연대를 연대 창설지였던 경기도 수원으로 철수시켰습니다. 이때 최경록 연대장은 수원으로 갔고, 11연대 부연대장 송요찬 소령이 9연대 연대장에, 11연대 대대장이었던 서종철 대위가 9연대 부연대장이 됐습니다.

연대와 연대장 교체에는 비슷한 경력이지만 최경록은 상대적으로 온건한 데 비해 송요찬이 더 강경한 태도를 보였다는 것도 영향을 미쳤습니다. 1948년 8월 15일, 대한민국 정부가 수립됐지만, 제주도 내 소요사태는 끝나지 않았습니다. 10월 17일에 9연대장 송요찬은 해안에서 5㎞ 이상 통금을 명령하는 포고령을 내렸습니다. 이 포고령을 위반하는 경우에는 이유 여하를 불구하고 폭도배로 인정해 총살에 처할 것이라는 위협적이면서, 위법적인 내용까지 포함하고 있었습니다.

11월 17일에는 이승만 대통령이 제주도에 계엄령을 선포하면서 9연대는 소위 초토화 작전이라 불리는 초강경 진압작전을 본격화했습니다. 중산간 지역에 거주하며 농사를 짓던 사람들은 생계를 위해 농사를 포기하지 못해 해안가로 내려오지 못하는 경우가 많았습니다. 초토화 작전 소식을 전달받지 못한 경우도 부지기수였죠. 이 과정에서 중산간 지역은 방화와 주민살상의 현장으로 참혹했습니다. 이때 목숨을 건지고, 불타버린 삶터에서 간신히 몸을 피한 주민들은 한라산 깊은 곳으로 들어갔고, 동굴에서 은신생활을 이어가기도 합니다.

제주4·3사건 당시 암살당한 박진경 연대장의 뒤를 이어 제주 주둔 제11연대장에 임명된 최경록은 이후 중장까지 진급해 사후 대전현충원 장군1묘역 14호에 안장되었다. ⓒ 임재근

　이러한 상황이 영화 〈지슬〉에 고스란히 담겨 있습니다. 영화의 배경이 되었던 동광리 큰넓궤는 1948년 11월 중순 마을이 초토화되고 학살이 벌어진 이후, 동광 주민 100여 명이 토벌대를 피해 2개월가량 은신생활을 했던 곳입니다.

일본군 준위 출신, 3대 연속 4·3진압 부대 사령관으로

　초토화 작전이 진행되면서 제주 주둔 부대는 2연대로 교체되었습니다. 대전에 주둔지를 뒀던 2연대가 여순사건 진압에 나섰다가 진압을 마친 후 원래 주둔지로 복귀하지 않고 1948년 12월에 제주로 주둔지를 옮긴 것이었습니다. 이전까지 제주 주둔부대가 교체될 때는 주둔군 전체가 이동한 게 아니라 연대장이 교체되거나 병력 일부가 이동했을 뿐 제주 출신 병사들은 그대로 남아 있었습니다. 2연대와 9연대가 맞교대하면서 제주 주둔 부대에 제주 출신 병사들이 없다 보니 진압작전을 더 강경하게 전개할 수 있었던 겁니다.

　제주로 온 제2연대는 토벌 과정에서 무장대와의 교전을 핑계로 많은 주민들을 총살했습니다. 2연대가 제주도에 주둔했던 시기가 인명 피해가 가

대전 서구 갈마동에 자리한 국군제2연대 창설 기념비(오른쪽)와 공적비(왼쪽). 이곳에 주둔하던 제2연대는 여순사건 진압에 나섰다가 진압을 마친 후 원래 주둔지로 회귀하지 않고 1948년 12월에 제주로 주둔지를 옮겨 제주4·3 진압작전에 나섰다. 제2연대가 제주에 주둔하던 시기에 제주4·3사건 과정에서 가장 많은 인명 피해가 발생했다. 공적비 뒷면에는 전투 약사에 '제주도 공비 소탕작전'이라고 새겨져 있어 민간인 학살의 책임을 외면하고 있다. ⓒ 임재근

장 극심했습니다. 1949년 1월 12일에 남원면 의귀국민학교에 수용했던 중산간 마을 주민 80여 명을 집단 총살하는가 하면, 1월 17일부터 다음날까지 북촌마을 주민 400여 명을 집단학살했습니다.

북촌학살 사건의 구체적인 가해부대는 2연대 3대대였는데, 3대대는 서북청년회 단원이 대부분을 차지해 일명 '서청대대'로 불렸습니다. 2월 4일에는 제주읍 봉개지구에서 육해공군 합동작전을 전개하며 도망가는 주민을 추격까지 해가며 수백 명을 총살했습니다.

제2연대는 토벌과정에서 초토화한 제주읍 봉개리를 재건하면서 2연대 연대장 함병선의 성과 작전참모 김명 대위의 이름을 따서 마을 이름을 '함명'리로 개칭하는 만행을 저지르기도 했습니다. 2연대장 함병선도 일본군 준위 출신이었습니다. 그러다 보니 11연대장 최경록부터 9연대장 송요찬에 이어 일본군 준위 출신이 3대 연속으로 4·3진압 부대의 사령관으로 임명된 것이었죠.

마지막 소탕전

1949년 3월 2일 제주도지구전투사령부가 설치되면서 사령관에 육사 부교장 유재흥 대령이 임명되었고, 2연대장 함병선은 참모장을 맡았습니다. 제주도지구전투사령부는 2달여 만에 해산했지만, 군 병력뿐 아니라 제주경찰까지 통솔하며 토벌 작전과 함께 주민들을 대상으로 하는 선전활동인 선무(宣撫) 작전을 병행하면서 초토화 작전을 피해 한라산으로 입산했던 많은 주민들을 하산시켰습니다.

3월 초부터 한라산 일대에 "하산을 하면 과거의 죄를 묻지 않고 생명을 보장해 주겠다"며 귀순을 권유하는 삐라가 대대적으로 살포되었습니다. 선무작전을 믿고 하산한 주민들은 일부는 풀려났지만, 형식적인 군법회의에 회부되어 7년 형을 선고받은 300여 명이 당시 대전형무소로 이감되는 등 1,650여 명이 육지 형무소로 이감되었습니다. 육지 형무소로 이감된 이들

제주시 조천읍 북촌초등학교 인근에 설치된 '순이삼촌' 문학비. 북촌학살사건은 현기형의 소설 '순이삼촌'의 배경이 된 사건이다. ⓒ 임재근

제주시 봉개동에 자리한 제주4·3평화공원. 봉개동은 제주4·3 진압 과정에서 제2연대에 의해 초토화되었다가 재건되어 잠시 '함명리'라 불리기도 했다. 함명리는 2연대 연대장 함병선의 성과 작전참모 김명 대위의 이름을 따서 붙인 이름이다. ⓒ 임재근

대부분은 형기를 넘기고도 고향으로 돌아오지 못했습니다. 한국전쟁 발발 직후 대부분의 형무소에서 제주4·3사건과 여순사건 관련자 등 정치범으로 분류된 이들이 학살당했기 때문이었습니다.

2연대는 1949년 7월과 8월 사이에 인천으로 철수했고, 제주도 내 경비는 독립 제1대대(부대장 김용주)가 인계받았습니다. 독립 제1대대가 제주에 주둔한 때는 한라산 무장대도 세력도 약화되었고, 사태가 대부분 진정돼 인명 희생이 발생할 이유가 없던 때였습니다.

하지만 독립 제1대대 김용주 부대장은 '마지막 소탕전'을 전개하면서 군인들에게 사복을 입힌 채 각 기관에 잠입시켜 함정을 파 사람들을 잡아들였고, 이때 잡아들인 이들을 재판 절차도 없이 총살까지 했습니다. 독립 제1대대는 그해 12월 말까지 제주도에 주둔하다가 신현준 대령이 이끄는 해병대에게 임무를 맡기고 제주도에서 철수했습니다.

해병대가 제주에서 벌인 일

당시 해병대는 1,200명의 규모로 편성되어 있었습니다. 해병대는 1950년 2월부터 6월까지 5개월 동안 산악지역 진압작전을 전개하면서 무장대와 소규모 교전을 이어갔습니다. 그러던 중 한국전쟁이 발발하자 제주도에는 다시 계엄이 선포됐습니다. 해병대 사령관 신현준은 제주도지구 계엄사령관이 됐고, 제주에서 예비 검속자 처리에 관한 최종적인 결정권한은 계엄사령관이 갖고 있었습니다.

7월 말부터 8월 하순에 이르기까지 제주읍과 서귀포, 모슬포 경찰서에 예비 검속된 이들은 군 당국의 명령에 의해 총살이 집행되었습니다. 모슬포 경찰서의 경우, 예비검속 된 이들 중 240여 명이 섯알오름 등으로 끌려가

초대해병대 사령관을 지낸 신현준의 묘(대전현충원 장군1묘역 273호). 신현준은 일제강점기에 만주 봉천 군관학교를 졸업하고, 간도특설대에 복무한 전력이 있어 정부로부터 '친일반민족행위자'로 규정되었다. 해방 후 군에 입대해 해병대 초대사령관이 된 신현준은 해병대 전체 병력을 이끌고 제주로 건너가 진작작전에 나섰다. 한국전쟁 발발 직후 예비검속 학살에 최종 책임을 갖게 된 제주도지구 계엄사령관이 되었다. 이 같은 이력에도 불구하고 신현준은 중장으로 예편하였기 때문에 대전현충원에 안장될 수 있었다. ⓒ 임재근

학살당했습니다.

제주경찰서와 서귀포경찰서 관내 예비검속자에 대한 총살 역시 두 차례에 걸쳐 집행된 것으로 추정됩니다. 제주읍·조천면·애월면 등 제주경찰서 관내 예비검속 희생자는 199명으로 조사됐고, 서귀면·중문면·남원면 등 서귀포경찰서 관내 예비검속사건 희생자도 114명을 확인했습니다. 성산포경찰서는 해병대 정보참모 김두찬 중령이 1950년 8월 30일에 '예비검속자 총살집행 의뢰의 건'을 보내 총살 지시를 내렸지만, 문형순 경찰서장이 이 같은 명령은 부당하다며 거부해 상당수 주민이 목숨을 건질 수 있었습니다.

9월이 되면서 제주지역 예비 검속자 총살 집행은 정지됐습니다. 해병대가 인천상륙작전에 투입되면서 제주에서 철수하기 시작했기 때문입니다. 그런데, 이때 해병대는 제주에서 철수하기 전 제주청년 3,000여 명을 모병해 해병대에 입대시켰습니다. 무장대 소탕작전과 예비검속 학살의 공포 속에 피해자 가족들이 오히려 자신의 결백함을 소호하기 위해 학살 가해세력이었던 해병대에 입대하는 경우도 많았습니다.

제주 청년들이 대거 해병대에 입대하고, 해병대가 철수하자 제주 지역의 경비에 심각한 공백이 생겼습니다. 해병대 철수 이후 제주지역 경비는 한동안 경찰이 맡아야 하는 상황이었습니다. 그러다가 제주 4·3의 마무리 진압은 '무지개 부대'라 불렸던 육군 특수부대가 맡았습니다. 무지개 부대는 1953년 1월부터 5개월여 간 제주에 머물었습니다. 무지개부대는 장교 25명, 사병 61명으로 편성됐고, 부대장은 간도특설대 출신의 박창암 소령이 맡았습니다.

병력이 부족하다보니 대민 심리전을 많이 했고, 실제 한라산 토벌 작전은 경찰과 합동작전을 실시했습니다. 대부분 경찰이 무장대를 외곽에서 포위 공격하면 무지개부대가 잠복했다가 기습공격하거나 경찰이 외곽선을 포위한 상태에서 무지개 부대가 포위망 속에서 위력 수색하는 방법으로 작전을 전개했습니다. 무지개 부대가 소규모였는데도 제주에 투입된 이유를 두고

제주 동문 시장 앞에 건립된 '해병혼'탑. 해병대에 입대했던 제주 출신 해병 3,4기생 3천여 명이 1950년 9월 이 자리에서 출병식을 갖고 인천상륙작전에 투입되었다. ⓒ 임재근

북한 침투훈련을 겸해 제주에서 작전한 거라는 주장까지 나왔습니다. 무지개 부대는 1953년 5월 1일부터 3일간 한라산 정상 주변까지 수색하고 하산하면서 작전을 종료했습니다. 이후 한라산 금족령 해제 때까지 제주 지역 경비는 다시 경찰의 몫이 됐습니다.

2000년에 공포된 '제주4·3사건진상규명및희생자명예회복에관한특별법'(제주4·3특별법)은 제주4·3사건의 진상을 규명하고 희생자와 유족들의 명예를 회복시켜 주기 위한 목적으로 만들어졌습니다. 이 법에 따라 제주4·3사건진상조사보고서가 발간되었습니다. 국가에 의해 사건의 진상이 어느 정도 규명되고, 희생자들도 상당부분 확인되었습니다. 하지만 진압작전에 대한 지휘체계를 명확히 규명하지 못했고, 특히 진압 책임자에 대해 책임을 묻지도 못하고 있습니다.

지난 2003년 노무현 대통령이 "국정을 책임지고 있는 대통령으로서 과거 국가권력의 잘못에 대해 유족과 제주도민 여러분에게 진심으로 사과와 위로의 말씀을 드립니다"라며 대통령으로서 사과를 표명한 바 있지만, 정작 제주 4·3사건 진압부대 책임자들은 강경진압에 대한 반성이나 사과없이 세상을 떠났습니다. 그 지휘관들 중 여러 명이 국립묘지에 안장되어 있는 현실

서종철(장군2-145)   유재흥(장군2-187)   김두찬(장군2-193)

대전현충원 장군2묘역에 안장되어 있는 제주4·3진압 책임자들. 왼쪽부터 9연대 부연대장을 맡았던 서종철(145호), 제주도지구전투사령부 사령관을 맡았던 유재흥(187호), 해병대 정보참모를 맡았던 김두찬(193호)의 묘비. 이들 또한 이후 장성으로 예편해 대전현충원에 안장될 수 있었다. 이들 중 유재흥은 일본 육사 55기 출신으로 '친일인명사전'에 등재된 인물이다. ⓒ 임재근

은 아직도 4·3사건 진상 규명이 진행 중에 있다는 것을 말해주고 있습니다.

대전현충원에는 4·3진압 책임자 중 함병선(8호), 최경록(14호), 박창암(193호), 신현준(273호)이 장군1묘역에 안장되어 있고, 서종철(145호), 유재흥(187호), 김두찬(193호)은 장군2묘역에 안장되어 있습니다. 한편, 송요찬은 고향 청양에 안장되어 있고, 박진경(54묘역 4-2140), 김용주(장군1묘역 186호), 김명(33묘역 1395호)은 서울현충원에 안장되어 있습니다.

[참고자료]

제주4·3사건진상규명및희생자명예회복위원회, 『제주4·3사건진상조사보고서』, 2003.
제주4·3평화재단, 『제주4·3사건추가진상조사보고서1』, 2020.

1948년 여순에서 벌어진 잔혹한 학살 이야기

여수지구계엄사령관 송석하, 반군토벌사령부 정보참모 백선엽

2024년 10월 19일은 여순민중항쟁 76주기를 맞이하는 날입니다. 오랫동안 여순민중항쟁은 '여순반란사건'으로 불렸습니다. 76년 전 여수와 순천에서는 무슨 일이 있었을까요?

동족상잔 결사반대

여수 제14연대는 1948년 남한 단독정부 수립 후 미군 철수 시 국방력이 약화 될 것을 우려한 미군정이 기존 9개 연대 외 6개 연대를 추가하며 창설됐습니다. 광주에 주둔한 제4연대 안영길 대위 등 기간병력 1개 대대가 1948년 3월부터 여수 신월리에 내려와 전남 동부지역에서 모병해 1948년 5월에 창설한 연대가 바로 여수 제14연대입니다.

14연대가 창설되기 한 달 전 제주에서는 '단독선거·단독정부 반대'를 외치며 제주4·3항쟁이 발생했습니다. 이승만 정부는 1948년 10월 11일 제주도경비사령부를 설치하며 기존 경찰 중심의 진압작전에서 군이 주도하는 초토화작전에 돌입했습니다. 이후 제14연대도 1948년 10월 19일 밤 제주도로 출동하라는 명령을 받습니다.

그러나 제14연대 병사위원회는 동포 학살 명령을 거부하고 밤 9시경 '동족상잔 결사반대', '미군 즉시 철퇴'를 외치며 총궐기했습니다. 이들은 새벽 1시경 부대를 장악하고, '애국인민에게 호소함'이라는 성명을 통해 출병 명령을 거부의 이유를 밝혔습니다. 이후 10월 20일 오후 3시 여수 민중들은 여수군 인민대회를 열고 봉기했습니다. 순천, 보성, 광양, 고흥, 구례에서도

여수 신월동에 위치한 14연대 주둔지. 당시 14연대 군인들의 호소문이 적힌 그림과 안내판이 설치되어 있다. ⓒ 임재근

많은 민중들이 함께 했습니다.

항쟁이 발발하자 정부는 10월 21일 반군토벌전투사령부를 설치하고 토벌작전에 돌입했습니다. 여수 시민군들은 인구부에서 토벌군을 기습하는데 성공하는 등 토벌에 항전했으나, 10월 26일부터 이틀간 진행된 초토화작전에 결국 여수는 토벌군에 점령됐습니다. 토벌군은 진압과정 및 점령 이후 많은 사람을 학살했습니다. 여수뿐만 아니라 순천에서도 많은 학살이 있었습니다. 1949년 10월 25일 전라남도 당국의 발표에 따르면 1만 1,131명이 사망했습니다.

학살의 뿌리

전남동부지역은 가릴 곳 없이 곳곳이 학살지였습니다. 강산이 일곱 번도 더 변한 지금은 학살지의 모습이나 형태를 알아볼 수 없고, 대부분 흔적도 찾아볼 수 없습니다. 그나마 가장 원형을 잘 유지하는 곳이 여수 만성리 '형제묘'입니다. 안내문을 보면 학살의 과정이 언급돼 있습니다.

여수 만성리에 위치한 형제묘 ⓒ 임재근   형제묘 안내표지판 ⓒ 임재근

1949년 1월 13일 이 자리에서 총살되고 불태워졌다.
···
5명씩 총살한 후에 다시 5명씩 장작더미에 눕혀
5층으로 쌓은 큰 더미 5개
···
장작더미에 기름을 부어 태웠고
···
시신은 3일간이나 불에 탔으며 코를 찌르는 독한 냄새는
한 달이 넘도록 계속되었다

    토벌군은 어떻게 이런 잔인한 학살을 할 수 있었을까요?

    76년 전 이곳에는 간도특설대 출신의 군인들이 있었습니다. 간도특설대는 1938년 만주에서 '항일 무장세력을 토벌'하겠다는 목표로 일본 관동군 간도 특무기관장 오고에(小越信雄) 중좌의 주도로 창설됐습니다. 1939년부터 본격적인 활동을 시작했고 군관 절반 이상이 조선인이었습니다. 하사관

과 사병 역시 전원 조선인이었습니다.

　이들은 '항일 무장세력 토벌'이 목적이었지만, 수많은 민간인을 고문, 학살, 강간, 방화, 약탈하는 등 반인륜적 범죄를 저질렀습니다. 총살 후 화형을 할 정도로 잔혹했습니다. 이런 간도특설대 출신의 군인들이 여수 학살의 중심에 있었습니다. 당시 정부는 군법회의 처형 집행권을 호남지구계엄사령부에 일임했습니다.

　호남지구계엄사령관이던 김백일, 여수지구계엄사령관 송석하는 만주 간도특설대 출신이었습니다. 이들뿐만 아니라 반군토벌사령부 정보참모 백선엽, 제15연대 연대장 최남근도 간도특설대 출신이었습니다. 간도특설대 출신의 군인들이 해방 전 만주에서 벌였던 만행을 해방 후 여수에서 그대로 반복했던 것입니다.

간도특설대 간부, 1939년 3월 ⓒ 서해문집

신분을 바꾸고 계속된 학살

여수지구계엄사령관 송석하는 대전현충원 장군1묘역 93호에 안장되어 있습니다. 그는 1915년 4월 6일 충청남도 대덕에서 태어나 스무 살이 되던 해 만주국 봉천군관학교에 입학했습니다. 1937년 5기로 졸업해 만주국군 소위로 임관했습니다. 이후 간도특설대가 창설돼 복무했습니다.

간도특설대는 일제의 패망으로 해산할 때까지 동북항일연군과 국민혁명군 제8로군(팔로군)을 모두 108차례 공격했습니다. 이들에게 살해된 항일 무장세력과 민간인은 172명에 달했으며, 그 밖에 많은 사람이 체포되거나 강간·약탈·고문을 당했습니다. 송석하는 1941년 3월 중위로 진급해 일제 패망 당시 만주국군 상위(대위)였습니다. 1943년 9월 훈5위 경운장(景雲章)을 받을 정도로 일제에 충성을 다했습니다.

일제 패망 후 송석하는 다른 만주국군 출신 장교들과 마찬가지로 대한민국 국군으로 신분을 바꾸었습니다. 만주국군 상위 송석하는 조선경비사관학교(육군사관학교의 전신)를 들어가 국방경비대 소위로 임관했습니다. 조선경비사관학교를 졸업한 지 2년도 되지 않은 1948년 8월 육군 소령으로 특진해 제3연대 부연대장이 됐고, 그해 10월 여순사건이 일어나자 1개 대대를 이끌고 진압 작전에 참여했습니다.

이후 제4연대 박기병 소령에 이어 여수지구계엄사령관이 됐고, 반군 색출과 학살을 주도해나갔습니다. 여순학살 과정에서 그는 백인엽에 이어 제12연대 연대장으로 부임하였다가, 1949년 8월 수도경비사령부 참모장을 지냈습니다.

한국전쟁에 20사단장으로 참전했던 그는 이후 1955년 육군소장으로 진급했습니다. 1956년 11월 3관구사령관에 전보됐고, 그 뒤 육군본부 기획통제실장을 거쳐 육군본부 작전참모부장으로 재직했습니다.

1961년 5월 16일, 조선경비사관학교 동기생이었던 박정희 육군 소장이 5·16 군사쿠데타를 일으켰고, 송석하는 그 직후인 1961년 7월 국방연구원

대전현충원 장군1묘역 93호 송석하의 묘. 묘비 뒤편에는 '1937년 만주군관학교 졸업'이라고 적혀 있다. ⓒ 임재근

장을 지내다 1963년 육군 소장으로 예편했습니다. 전역 후 민주공화당 중앙상임위원, 1963년부터 1967년까지 국가안보회의 상임위원 겸 사무국장, 1969년 한국수출산업공단 이사장, 1972년 재향군인회 안보위원장을 지내는 등 고위관직을 누렸습니다.

송석하는 1999년 1월 14일 만 83세의 나이로 사망해, 이틀 뒤인 1월 16일 대전현충원 장군1묘역 93호에 안장됐습니다. 2009년 친일반민족행위진상규명위원회가 송석하를 '친일반민족행위자'로 규정했지만, '장성급 장교'라는 이유로 여전히 현충원에 머물며 대접받고 있습니다. 간도특설대 출신으로 '친일반민족행위자'로 규정된 당시 반군토벌사령부 정보참모 백선엽 또한 대전현충원 장군2묘역 555호에, 호남지구계엄사령관 김백일은 서울현충원 장군1묘역 최상단 19호에 안장돼 있습니다.

가해자는 양지에, 희생자는 음지에

여수에서 학살을 자행한 송석하는 양지바른 대전현충원에 있습니다. 하지만 그에게 희생당했던 사람들은 어디에 있을까요? 희생자 대다수가 여수, 순천을 비롯한 전남동부지구에서 학살됐고, 여기에서 생존한 많은 사

대전현충원 장군1묘역(좌) ⓒ임재근, 대전 산내골령골 유해발굴현상(우) ⓒ정성일

람이 대전에서 학살됐습니다. 체포된 14연대 군인들 가운데 700여 명이 상급부대인 광주 제5여단을 거쳐 대전 육군중앙고등군법회의에 회부됐습니다. 대부분이 사형을 언도 받고 1948년 12월부터 1949년 2월 사이에 대전에서 사형을 집행받았습니다. 당시 기록에 '대전 교외에서'라고 남아 있을 뿐입니다.

토벌군이 여수를 점령한 뒤 여수 여중학교에는 군법회의가 설치됐습니다. 1948년 11월부터 1949년 2월 사이에 민간인에 대한 군법회의가 아홉 차례 진행됐습니다. 그 가운데 최소 두 차례 이상, 최소 800여 명 이상의 민간인을 대상으로 한 군법회의가 여수에서 열렸습니다. 800여 명 가운데 500여 명이 대전, 대구, 김천, 전주, 목포, 인천형무소로 수감됐습니다. 그리고 1950년 한국전쟁이 발발하자 이들 대다수가 학살됐습니다. 대전형무소에 수감되었던 수감자들은 대전 산내골령골에 끌려가 학살됐습니다.

간도특설대는 항일무장세력을 토벌하고 수많은 민간인을 고문, 학살, 강간, 방화, 약탈했습니다. 해방 이후 자국민을 무참히 학살했던 가해자들은 대전 서북쪽에 위치한 양지바른 대전현충원에 안장돼 있습니다. 동포의 학살을 거부하고 통일된 조국을 바랐던 희생자들은 대전 남동쪽 깊은 골짜기 산내골령골에서 얽힌 채 온전한 유해조차 수습하지 못하고 있습니다.

[참고자료]

주철희, 『주철희의 여순항쟁 답사기 1』, 흐름출판사, 2021.

진실·화해를위한과거사정리위원회, 『2010년 상반기 조사보고서』, 2010.

국방부 군사편찬연구소, 『6·25전쟁사 제1권- 전쟁의 배경과 원인』, 국방부 군사편찬연구소, 2004.

친일인명사전편찬위원회, 민족문제연구소, 『친일인명사전』, 2009.

김효순, 『간도특설대』, 서해문집, 2014.

인혁당 사건 '가해자'도 안장된 국가사회공헌자묘역

'사법 역사상 가장 수치스러운 재판', 그 가담자들이 현충원에 있다

대전현충원에는 국가사회공헌자묘역이 있습니다. 이곳에는 상훈법 규정에 의해 국민훈장, 수교훈장, 산업훈장, 새마을훈장, 문화훈장, 체육훈장, 과학기술훈장 등 훈장 받은 사람으로 국위를 선양하거나 국민적 추앙이 되는 인물 중 안장대상심의위원회 안장결정을 받은 이들이 안장됩니다. 훈장을 받지 않았더라도 안장대상심의위원회에서 심의해 결정하면 안장될 수

대전현충원 국가사회공헌자묘역. 위에서부터 3줄과 맨 아래가 국가사회공헌자묘역이다. 맨 아래 줄 오른쪽으로 3기를 안정할 수 있는 공간만 남아 있다. 국가사회공헌자묘역 사이 5줄은 독립유공자1-1묘역이다. ©
임재근

있습니다.

국가사회공헌자묘역에는 문교부 장관과 법무부 장관을 역임한 황산덕 장관이 1989년 10월 23일에 안장된 것을 시작으로 2023년 3월 17일에 안장된 김용철 대법원장까지 51명이 있습니다. 앞으로 3기정도 안장하면 사회공헌자묘역도 만장에 이를 예정입니다.

국가사회공헌자묘역에는 인민혁명당 재건위 사건(제2차 인혁당 사건)의 '사법살인'을 주도한 인물들이 묻혀 있어 국가사회공헌자묘역의 위상에 논란을 끼치고 있습니다.

'인민혁명당 재건위 사건'으로 서도원(대구매일신문 기자), 도예종(삼화토건 회장), 송상진(양봉업), 우홍선(한국골든스템프사 상무), 하재완(건축업), 김용원(경기여자고등학교 교사), 이수병(삼락일어학원 강사), 여정남(경북대학교 총학생회장)이 국가보안법·대통령 긴급조치 4호 위반 등으로 사형 선고를 받았는데, 1975년 4월 8일 오전 10시에 대법원에서 피고인들의 상고를 기각해 원심대로 형이 확정됐습니다.

그런데 선고 바로 다음날인 4월 9일 새벽에 이들 8명의 사형을 집행해 버렸죠. 사형집행은 서울구치소에서 9일 오전 4시 55분 서도원부터 시작해 오전 8시 50분 도예종을 마지막으로 끝났습니다.

스위스의 국제법학자협회는 형이 집행된 1975년 4월 9일을 '사법 역사상 암흑의 날'(Dark day for the history of jurisdictions)이라고 규정하는 등 국제적으로도 상당한 파장을 일으키며 큰 비난을 받았습니다. 1995년 4월 25일 문화방송(MBC)이 사법제도 100주년을 기념하는 다큐멘터리를 만들기 위해 판사 315명에게 보낸 설문조사에서도 이 사건을 '우리나라 사법 역사상 가장 수치스러운 재판'으로도 꼽기도 했습니다.

인혁당 재건위 사건 당시 대법원 재판장과 판사, 법무부장관, 중앙정보부장이 대전현충원 국가사회공헌자묘역에 함께 안장돼 있습니다. 대법원 재판부는 대법원장과 판사 12명 등 모두 13명으로 구성됐는데, 재판장을 맡

인혁당 재건위 사건에서 '사법살인'을 주도한 당시 대법원 재판장 민복기(18호)와 판사 주재황(27호), 법무부장관 황산덕(1호)과 중앙정보부장 신직수(9호)가 함께 대전현충원 국가사회공헌자묘역에 안장되어 있다. ⓒ 임재근

앉던 민복기 대법원장과 12명 판사 중 한 명인 주재황 대법관이 국가사회공헌자묘역 18호와 27호에 각각 묻혀 있습니다.

또한 당시 법무부장관 황산덕은 1호에, 당시 중앙정보부장 신직수는 9호에 안장돼 있습니다. 1974년 4월 25일 신직수 중앙정보부장은 민청학련 사건의 수사 중간발표를 통해 "민청학련은 공산계 불법 단체인 인혁당 재건위 조직과 재일 조총련계 및 일본공산당, 국내 좌파 혁신계 인사가 복합적으로 작용해 결성"됐다면서, 민청학련 배후에 인혁당이 있다고 발표했습니다. 민청학련의 배후조직으로 인혁당 관계자들이 지목됨으로써 인혁당 재건위 사건이 시작된 것입니다.

황산덕 법무부장관은 인혁당 재건위가 학생시위를 배후조종했다는 주장을 직접 발표했고, 인혁당 재건위 연루자들에 대해 혹독한 고문이 가해지도록 방치했습니다. 사형도 황산덕 법무부장관의 서명을 거쳐 집행됐습니다.

의문사진상규명위원회는 2002년 9월 12일, 인혁당 재건위 사건을 중앙

1975년 4월 8일 대법원 판결 모습. 태극기 아래 가운데에 앉아 있는 사람이 민복기 대법원장이다. ⓒ 보도사진연감

정보부 조작 사건이라고 발표했습니다. '국가정보원 과거사건 진실규명을 통한 발전위원회' 역시 2005년 12월 7일 인혁당 및 민청학련 두 사건 모두 박정희 정권이 조작한 공안사건이라고 결론지었습니다. 2007년 1월 23일 서울 중앙지방법원은 인혁당 재건위 사건 관련 8인에게 무죄를 선고했습니다.

황산덕 법무부장관은 1989년 10월 23일에, 신직수 중앙정보부장은 2001년 9월 12일에 대전현충원에 안장됐습니다. 민복기 대법원장과 주재황 대법관은 인혁당 재건위 사건 관련 8인의 무죄 판결이 난 이후인 2007년 7월 16일과 2010년 10월 14일에 각각 안장됐습니다. 인혁당 사건의 조작과 불법성이 확인됐지만, 그 책임으로부터 자유로울 수 없는 이들이 국가사회공헌자가 돼 국립묘지에 안장된 것입니다.

이들에게 '사법살인'을 당한 이들은 칠곡군 현대묘역을 비롯해 고향 선산 등에 묻혔습니다. 그러다가 '민주화운동 관련자 명예회복 및 보상 등에 관한 법률'에 따라 민주화운동 관련자 중 사망인정자로 인정돼 이중 하재완은 2014년 11월 2일에, 서도원, 이수병, 김용원의 묘는 2018년 10월 18일

인혁당 재건위 사건 관련 희생자 8인 중 하재완, 서도원, 이수병, 김용원이 잠들어 있는 민주화운동기념공원 민주묘역 ⓒ 임재근

에 민주화운동기념공원 민주묘역으로 이장했습니다. 도예종, 송상진, 여정남은 경북 칠곡 현대공원묘지에, 우홍선은 경기도 파주 금촌 낙원공원묘지에 아직 안장돼 있습니다.

한편, 대전현충원 국가사회공헌자묘역에는 제헌 의회에서 국가보안법을 대표 발의하는 데 앞장섰던 김인식 의원이 20호에 안장돼 있습니다. 2008년 2월 25일 95세의 나이로 별세해 제헌의회 의원 중 가장 늦게 사망한 김인식 의원은 '마지막 제헌의원'이라 불렸습니다. 김인식 의원의 묘비 뒷면 아래 공적사항에는 '1948 국가보안법 대표발의'가 새겨져 있습니다.

인혁당 재건위 사건처럼 피해자들을 양산해낸 국가보안법은 제헌국회에서 제정하려 했을 당시 국회 안팎에서 우려의 목소리가 컸습니다. 광범위하게 다수의 정치사상범을 만들어 낼 것이며, 처벌이 필요하다면 일반 형법으로도 충분할 거라는 이유였습니다. 국가보안법을 일제가 독립운동가를 탄

대전현충원 국가사회공헌자묘역 20호에 안장된 김인식 제헌국회의원의 묘비 뒷면에 '1948 국가보안법 대표발의'가 공적사항으로 새겨져 있다. ⓒ 임재근

압할 때 활용했던 치안유지법과 같은 성격이라고 바라봤던 것이었습니다.

그럼에도 국회는 그 즈음 발생한 여순사건을 핑계로 들며 혼란극복을 위해 비상적·한시적 조치를 전제로 제정을 강행했습니다. 하지만 1948년 12월 1일자로 제정된 국가보안법은 수십 년 동안 무고한 희생을 만들어 내며 정권 유지에 악용돼 왔고, 아직까지도 폐지되지 않고 있습니다.

[참고자료]
4.9통일평화재단 http://49peace.org/
민주화운동기념공원 https://minjupark.or.kr/
인혁당 재건단체 및 민청학련 사건 대법원 판결문
친일인명사전편찬위원회, 민족문제연구소, 『친일인명사전』, 2009.

군의문사 희생자 박정훈 이교

"아빠, 여기 무서워서 못 있겠어요." 통화 이틀 후 세상 떠난 아들

    대전현충원에는 업무 중에 사망한 순직 군인들이 안장되어 있습니다. 순직 군인 중에는 특별한 사연을 가진 이들이 있는데요. 수십 년 동안 순직으로 인정받지 못하다가, 뒤늦게 순직으로 인정받아 안장된 사람들입니다. 바로 '군의문사 희생자'입니다.

    '군의문사'는 '군인으로서 복무하는 중 사망한 사람의 사망원인이 명확하지 아니하다고 의심할 만한 상당한 사유가 있는 사고 또는 사건'을 말합

대전현충원 현충탑 내부에는 호국영령을 모신 위패 봉안실이 있다. ⓒ 임재근

니다. 타살인데 사고사나 자살로 은폐 또는 조작된 경우, 부대 관리의 잘못
으로 인한 안전사고인데 사고사나 자살로 은폐 조작된 경우, 끝으로 구타,
강요, 추행, 협박, 가혹행위, 집단따돌림 등 부대 내의 문제가 자살의 주요
원인인데, 이런 원인이 은폐된 채 사망자 개인의 문제로 왜곡된 경우가 있
습니다.

2005년 6월 29일 국회는 '군의문사진상규명 등에 관한 특별법'을 제정
하였습니다. 2006년 1월 1일부터 '군의문사 진상규명위원회'는 활동을 시
작했습니다. 군의문사 사건 600건이 접수되었고, 그중 약 350건이 조사 종
결되었습니다. 진상이 규명된 사건은 120건입니다.

"아빠 여기 무서워요"

대전현충원 현충탑 위패봉안실 03-1-347호에는 박정훈 이교의 위패가
봉안되어 있습니다. 1996년 당시 박정훈 이교는 강원도 춘천교도소에서 경
비교도대로 복무하고 있었는데요. 경비교도대는 1981년부터 2012년까지
시행되었던 전환복무 제도입니다. 육군훈련소에 현역으로 입대한 훈련병들
중에 일부가 차출되어 교정시설에서 근무하는 형태인데요. 주로 하는 일은
정문과 감시대 업무였습니다. 계급은 수교(병장), 상교(상병), 일교(일병),
이교(이병)로 나뉘었습니다.

1976년에 태어난 박정훈 이교는 아버지 나이 서른아홉에 찾아온 늦둥이
였습니다. 말썽 한 번 부린 적 없이 자라난 착한 아들이었습니다. 손재주가
유달리 좋아서 장난감 자동차 조립을 좋아했습니다. 과학자가 꿈이었던 박
이교는 건국대 기계공학과에 특별 전형으로 입학할 만큼 공부도 곧잘 했는
데요. 대학 2학년 1학기를 마친 후 자원해서 군대에 입대했습니다. 군대를
빨리 다녀와서 시간 낭비 없이 취업을 준비하기 위해서였습니다.

부모님은 경동시장에서 도라지와 더덕 도매상을 했습니다. 내세울 정도
는 아니었지만, 두 아들을 키우는데 부족하지 않았습니다. 하지만 가정의

경비교도 이교 박정훈의 위패 (위패봉안실 03-1-347호) ⓒ 임재근

대전현충원 현충탑 위패 봉안실 내부. 우측 장병1구역에 박정훈 이교의 위패가 봉안되어 있다. ⓒ 임재근

평화는 한순간에 깨어졌습니다. 1996년 10월 22일 오후 5시 10분 가게로 걸려온 전화 한 통 때문이었습니다.

"정훈이 아버님이십니까?"

"예, 그렇습니다만. 대체 무슨 일로 그러시나요?"

"정훈이가 갑자기 쓰러졌습니다. 빈혈로 쓰러져 지금 춘천의료원에 있습니다. 빨리 좀 오셔야겠습니다."

부모님은 부랴부랴 택시를 잡아타고 달리기 시작했습니다. 저녁 7시 춘천에 도착할 수 있었는데요. 별일 아니기를 바라며 내린 부모님은 응급실로 안내되지 못했습니다. 의료원 입구에 침대가 놓여 있었고, 그 위에는 애지중지 키운 사랑하는 아들이 옷을 다 벗고 누워 있었습니다. 이미 사망한 이후였습니다. "가슴과 배, 허벅지에 시퍼런 멍 자국이 뚜렷했습니다. 뭐 터지거나 찢어진 상처는 없었습니다. 배 옆엔 주삿바늘이 꽂아진 채로 있고, 교도소장은 보이지도 않더만요."

아무 말도 할 수 없었던 부모님은 한참 숨을 고르고서야 어찌 된 일인지 물어볼 수 있었습니다. 오후 2시 10분 정도에 박정훈 이교가 교도소 직원 아파트 옥상에서 스스로 뛰어내렸다고 소대장은 설명했습니다. 얼굴 피부병으로 인한 '내성적이고 소극적인 성격, 만성적 우울증' 때문에 투신했다는 내용이 군이 설명한 자살 이유였습니다.

하지만 부모님은 도무지 납득할 수 없었습니다. 고등학교 2학년 때 아토피가 시작되기는 했지만, 꾸준하게 치료를 받고 거의 다 완치되었기 때문이었습니다. 화천훈련소에 면회하러 갔을 때는 사회에 있을 때보다 오히려 얼굴이 좋았습니다. "군대에 와 보니 부모님 은혜도 알겠다."며 열심히 생활하겠다고 다짐하던 아들이었습니다. 그런 아들이 스스로 목숨을 끊는다는 사실은 도저히 받아들일 수 없었습니다.

게다가 이틀 전 아들에게서 걸려온 전화가 마음에서 떠나지 않았습니다. 아들은 누구에게 쫓기듯 목소리를 벌벌 떨고 있었습니다.

"아빠, 나 춘천교도소로 발령받았어요. 여기 무서워서 도저히 못 있겠어요. 다른 데로 좀 갈 수 있게 해줘요. 그리고 이거 전화한 것도 알면 부대에서 맞아 죽어요."

박정훈 이교의 머리나 몸에는 골절 같은 상처는 없었습니다. 군대 관계자들은 입을 모아 구타나 가혹행위는 전혀 없었다고 되풀이했습니다. 이튿날 사건 현장을 찾았을 때 아들이 투신했다는 바닥에는 핏자국 하나 없었습니다. 박 이교의 동료 군인과 이야기하고 싶었지만 간부에 의해서 철저하게 차단당했습니다. 군에서 시행한 부검에서는 폐가 조금 안 좋은 점 외에 다른 특이점은 없다는 결과가 나왔습니다.

교도소 측은 장례비용까지 지원하며 장례를 서둘라고 권했습니다. 경황이 없는 와중에 조목조목 더 따져보지도 못하고 부모님은 아들을 화장할 수밖에 없었습니다. 그렇게 한 줌 재가 된 박 이교의 유해는 의암댐 다리 밑 강물에 뿌려졌습니다.

그날 이후 가정은 산산조각 났습니다. 아버지 가슴은 찢어졌습니다. 사랑하는 아들을 지켜주지도 못했고, 억울한 죽음을 밝히지도 못했다는 죄책감에 짓눌렸습니다. 장사도 내팽개치고 술에 의존했습니다. 술 한 잔 못하던 어머니 역시 마찬가지였습니다. 술에 취해 밤낮없이 유해를 뿌린 곳을 찾았습니다. 비가 오나 눈이 오나 마찬가지였습니다.

"잊을 수가 없더라고요. 죽을 때까지 잊지 못하죠. 솔직히 살맛이 나겠습니까. 너무 속이 터질 것처럼 아프고. 자식이 죽으면 가슴에 묻는다고 하는데, 그거 안 겪어 본 사람은 몰라요. 맨 정신으로 도저히 못 살겠어서 술만 마셨지요."

어머니는 한강에 뛰어들기까지 했습니다. 세 번이나 스스로 목숨을 끊으려 했습니다. 그 사이 가게가 제대로 될 리가 없었습니다. 가게와 집을 처분할 수밖에 없었습니다. 1999년 부모는 이혼까지 하였고 아버지는 기초생활보호대상자가 됩니다. 단란했던 가정이 그야말로 풍비박산 나버렸습니다.

군의 진상규명 방해와 은폐 행위

술에 절어 지내던 중 눈이 번쩍 뜨이는 뉴스가 있었습니다. 2003년 정도부터 '군의문사특별법'을 제정한다는 뉴스가 나오기 시작했습니다. 그 이야기를 듣고 자신과 같은 처지에 놓인 유가족을 찾아갔습니다. 아버지는 칠순이 다 된 나이에 유가족협의회 회원이 되었고 농성에 꼬박 참석했습니다.

드디어 2006년 6월 22일 군의문사 진상규명위원회가 박정훈 사건 조사를 시작했습니다. 결과가 나오기까지는 6개월이 걸렸습니다. 모든 의혹이 해명되는 순간이었습니다. 결과는 충격이었습니다.

박정훈 이교가 처음 춘천교도소로 전입해 온 날부터 선임들은 신병에게 가차 없는 폭력을 행사했습니다. 외박 나갔다 만취로 돌아온 선임은 처음 보는 박 이교를 30분 넘게 폭행했습니다. 가슴과 복부에 주먹질이 이어졌습니다. 날마다 술판을 벌인 선임들은 '원산폭격'과 '관물대 위에 발 올리고 깍지 낀 채 엎드려뻗쳐'를 시켰습니다. 박 이교가 쓰러질 때마다 짓밟았습니다.

100명에 달하는 선임 관등성명을 하루 만에 외우도록 강요했고, 욕설과 함께 폭행이 이어졌습니다. 끼니마다 3인분 식사를 강제로 먹도록 하는 일도 서슴지 않았습니다. 심지어 선임병에 의한 성추행까지 드러났습니다. 거절 뒤에는 역시나 끝날 줄 모르는 폭력이 따라왔습니다.

더욱 경악스러운 점은 군이 자행한 진상규명 방해와 은폐 행위였습니다. 선임 대원들은 후임들을 입단속 했습니다. "구타나 가혹행위에 대한 진술을 하지 말라."고 협박했습니다. 교도소 조사관 역시 성의가 없기는 마찬가지였습니다. 가슴부위 멍 자국에 대해 "1번, 축구하다 다쳤다. 2번. 감시대에서 굴렀다. 3번, 뛰다가 넘어졌다. 이 중에 몇 번이야?"라고 대놓고 물었습니다. 간부들은 '가족 같은 분위기'였다며 항변했습니다. 어디에도 진실은 없었습니다.

모든 진실이 만천하에 드러났지만 박 이교가 대전현충원으로 오기까지도 험난했습니다. 법무부는 2007년 2월 박 이교에 대해 '순직' 결정을 내립니다. 박 이교의 유가족은 국가보훈처에 유족 등록 신청을 했는데요. 11월 믿기 힘든 통보를 받습니다. 국가보훈처는 박 이교의 가족을 유족으로 인정하지 않았습니다. '자해 행위로 인한 사망과 부상'은 국가유공자가 될 수 없다는 해석이었습니다.

"법무부도 순직을 인정했는데, 보훈처만 버티며 안 된다고 합디다. 한 마디로 자살이니까 해줄 수 없다는 거예요. 보훈처가 억울한 죽음을 살피기는커녕 부모 가슴에 또 한 번 못을 박고 있는 게 말이나 됩니까? 20년 동안 곱게 키워 보낸 건데, 튼튼하고 그런 애가 구타와 가혹 행위에 못 견뎌 목숨을 끊을 정도면 국가에서 명예 회복은 시켜줘야 할 거 아니에요."

결국 국무총리행정심판위원회 결정이 내려진 이후인 2008년 11월 21일이야 국가보훈처가 국가유공자 유족 등록 신청을 받아들였습니다. 행정심판위원회는 "고인의 사망은 선임 대원들의 지속적인 구타와 욕설, 암기 및 다량의 식사 강요 등에 기인한 극도의 스트레스로 우울증이 급격히 악화돼 정상적인 의사 능력이나 자유 의지가 결여된 상태에서 발생한 것이며 '국가유공자법'에 규정된 '자해 행위'에 해당하지 아니하고, '소정의 군인으로서 직무 수행 중 사망한 경우에 해당'한다."고 명시했습니다.

2008년 6월 19일 의문사 처리되었던 14분을 모시는 '순직 군경 의문사 희생자 합동 안장식'이 대전현충원에서 엄수되었습니다. 선임 대원의 구타와 욕설 가혹행위 등으로 우울증이 악화되어 자살에 이른 8명, 군 복무 중 지병으로 사망한 3명, 공무 관련 사고사로 뒤늦게 인정된 2명, 국민방위군 사건 1명이었습니다. 유해가 있는 7명은 매장되었고, 박정훈 이교와 같이 유해가 없는 7명은 위패 봉안되었습니다. 순직 결정이 나기 전, 박 이교의 아버지는 언론 인터뷰에 다음과 같은 말을 남겼습니다.

"군대에 간 순간 부모 품 안의 자식이 아니고, 국가의 자식이 되는 거 아닙니까. 군대에서 죽게 해 놓고 자살이라고만 팽개치면 어느 부모가 자식을 군대에 보내겠어요. 재산 다 날려 먹고 셋방살이하지만, 그건 일도 아니에요. 죽기 전에 정훈이 억울함을 풀어주는 게 내 소원입니다. 더 이상 아무것도 바라는 게 없습니다."

[참고자료]
김진아, 『돌아오지 않는 내 아들-군의문사 유족들은 말한다』, 삼인, 2008.

심규환 상병 의문사 사건

군대 간 아들 죽음이 '아버지' 탓이라니… 30년 만에 드러난 진실

육군상병 심규환의 묘 (장병3묘역 305-31753호) ⓒ 임재근

진실은 반드시 드러난다는 말이 있습니다. 하지만 어떤 진실은 드러나는 데 시간이 오래 걸리기도 합니다. 대전현충원 한 묘역에는 진실이 드러나는 데 무려 30년이 걸린 사연이 묻혀 있습니다. 장병3묘역 305-31753호에 안장된 심규환 상병이 사연의 주인공입니다.

1957년 1월 30일 창원에서 태어난 심규환 상병은 부산에서 고등학교를 졸업하고 바로 직장생활을 시작했습니다. 입대 전 결혼을 했고 세 살배기

아들을 두고 있었습니다. 이른 나이에 사회생활을 시작한 심 상병은 1978년 5월 아내와 자식을 두고 군대에 입대하게 되었는데요. 전역 후에는 아내와 정식으로 결혼식도 올리고, 부모님을 행복하게 해드리겠다는 꿈에 부풀어 있었습니다.

그러나 행복은 한순간에 산산조각 났습니다. 1979년 8월 21일 심 상병이 근무한 5사단 35연대 4대대에서 전보가 한 통 날아왔습니다. 심규환 상병이 신변 비관으로 자살했다는 내용이었습니다. 당시 나이는 22살에 불과했습니다.

입가에 남은 멍자국

얼마 전 가족에게 '성실하게 군 생활 잘하고 있다'며 편지를 보낸 아들이 죽었다니, 부모님은 도저히 믿을 수 없었습니다. 전보를 받자마자 온 가족이 철원으로 올라갔습니다. 어렵사리 부대에 도착했지만, 군인들이 아들로 가는 길을 막아섰습니다. 이미 해가 졌기 때문에 들어갈 수 없다는 이유였습니다. 가족은 심 상병이 왜 자살했는지 따져 물었습니다.

"아버지가 면회를 와서 '며느리랑 헤어지라'해서 고민하다 그런 것 같습니다."

중대장의 대답에 기가 막힐 노릇이었습니다. 아버지는 면회를 온 적이 없었기 때문이었습니다. 중대장은 뻔뻔하게도 당사자인 아버지 앞에서 '아버지가 면회를 와서 아내와 헤어지라 말했다.'며 거짓말을 늘어놓았습니다.

다음 날 아침 가족은 부대로 들어갔습니다. 나무 아래에 심 상병이 누워 있었습니다. 옷은 싹 갈아입혀져 있었고, 사망 현장과는 한참 떨어져 있었습니다. 가족이 옷을 벗겨보니 별다른 상처는 없었고 입가에 파란 멍 같은 자국이 보일 뿐이었습니다. 가족은 실제 사망 현장은 어디인지, 왜 사망 현장에서 시신을 옮겼는지 거칠게 따지며 항의했습니다. 그러자 중대장은 철책 앞으로 안내했습니다.

어머니 박성임씨는 그날을 이렇게 기억했습니다. "중대장이 막대기를 갖고 와서, 이렇게 시늉을 하면서, 지가 성이 나서 입을 때려서 죽었다고 해." 도저히 상식으로 납득을 할 수 없는 이야기였습니다. 가족은 끝까지 진상을 밝히고자 했지만, 부검을 해달라는 요구는 묵살당했습니다. 심지어 군은 시신 인도 요청도 거부하고, 심 상병 유해를 멋대로 화장하여 한탄강에 뿌렸습니다.

"우리는 그때만 해도 고향에 땅도 있고 산도 있으니, 돈이 얼마가 들더라도 우리 아를 데리고 나가서 밝혀 보려고 했는데 절대로 안 된다고 하데. 군인들이 군대서는 아무것도 못 가져 나간다 카고, 뼈도 자기들이 한탄강에다 뿌렸어요."

그날 이후 가족의 일상이 파탄났습니다. 진실을 찾고자 밤낮으로 애를 썼습니다. 장례를 치르고 다시 부대에 찾아가 며칠 밤을 자고, 인근에서 몇 달을 지내며 돌아다녔지만 밝힐 수가 없었습니다. 증언자를 찾으려고 애를 썼지만 군인들이 항상 따라다니고 감시를 해서 동료 군인에게 말 한마디 걸어볼 수 없었습니다.

그날 이후 아버지는 혼자 중얼거리는 일이 늘었습니다. "규환아, 규환아 말을 해라. 우찌 된 일인지 말을 해라." 아버지가 노래처럼 혼자 중얼거리는 말이었습니다. 사방팔방에 도움이 될 만한 사람을 찾아다니며 도움을 청했습니다. 그러다 어떤 사람이 자기가 알아볼 수 있다며 돈 천 만원을 요구했고, 돈만 받아 챙긴 사람이 잠적하며 사기를 당하기도 했습니다.

당시 보안대에 근무하던 먼 친척을 찾아가서 통사정을 해봐도 소용없었습니다. 박정희 대통령이 사망하던 해라 시국이 뒤숭숭했고 돌아오는 말은 실망스러울 뿐이었습니다. "세태가 불안해서 그런 일은 안 된다. 자살한 게 맞겠지 뭐."

불행이 계속되다

아버지는 아무나 붙잡고 도움을 청하기에 이르렀습니다. 오죽하면 버스에 탄 옆자리 사람한테 하소연하기도 했습니다. 농사일은커녕 있는 재산도 다 탕진했습니다. 반쯤 정신 나간 사람처럼 살던 아버지는 급기야 버스에 치이는 큰 교통사고를 당합니다. 오랫동안 병상에 누웠다 후유증 수술을 받던 중 한 많은 세상을 떴습니다.

다른 가족도 불행 속에 살았습니다. 부인은 장례식장에서 실신했고, 병원에 실려 가 사흘 동안 밖으로 나오지도 못했습니다. 홀로 남은 며느리가 보기 안타까웠던 시부모는 거의 반강제로 재혼시켜 보냈습니다. 남은 아들은 할머니 손에 홀로 자랐습니다. 가세는 기울대로 기울었고 어머니 혼자 남은 식구를 먹여 살려야 했습니다.

"송아지 팔고 땅 팔고 농사 자금 얻어서, 알아봐 준다는 사람한테 갖다 주고 그렇게 하다 보니, 재산은 다 까먹고 없지. 나라도 정신을 차려야 먹고 살지. 자식도 넷이나 딸려 있는데 싶어서 장에 나가 장사를 했어요. 원래 우리 집이 동네 한복판에 있는 기와집이었는데, 갈 데가 없어서 동네 어귀 이 집에서 삽니더."

그렇게 어머니는 "먹고 사는 게 급해서 아들은 그냥 맘속에 담았다"고 했고, 30년 세월이 흘렀습니다. 길에서 우연히 '군의문사 진상규명위원회' 현수막을 발견했습니다. 불현듯 생전 "한 20년 후에는 어떻게든 밝혀지지 않겠나." 하던 남편 말이 떠올랐습니다. 그렇게 진정을 접수한 후 드디어 진실이 드러났습니다.

심 상병이 근무한 4대대는 만들어진 지 얼마 되지 않은 부대였습니다. 그래서 단기 하사관과 고참 사병 사이에 갈등이 많았었는데요. 심규환 상병이 고 아무개 하사와 함께 위병소 경계근무를 서던 중에 비극이 시작되었습니다. 둘 사이에 말다툼이 있었고, 잠시 조용하더니 '땅' 하는 소리가 났습니다. 고의인지 과실인지는 밝혀지지 않았지만 고 아무개 하사가 총을 쏘았고, 총알은 심 상병 입에 맞고 안면을 관통했습니다. 1미터 정도 앞에서 총을 맞은 심 상병은 그 자리에서 쓰러져 사망했습니다.

현장에 모인 간부들은 "산 사람은 살아야 하니 자살로 처리하자."라고 입을 맞췄습니다. 당시 대대장과 중대장은 진급에 불이익을 받을까봐 사건을 왜곡하기 시작했습니다.

우선 사건이 일어난 날짜부터 조작했습니다. 실제 사망일은 16일부터 19일 사이로 추정이 됩니다. 하지만 사건 당일 현장에서 시신을 바로 후송하지 않았고 부대 안에서 적어도 하루 이상 방치하기도 했습니다. 시간을 벌기 위해 군은 20일에 사건이 일어난 것으로 조작했고, 가족에게도 그렇게 통보했습니다. 가족은 그 후에도 쭉 20일에 제사를 지내고 있었습니다.

이후에 총기와 군복을 바꿔치기 했습니다. 총을 발사하면 화약 흔적이 총과 옷에 묻습니다. 그 흔적을 숨기기 위해 고 아무개 하사와 심 상병 옷을 바꿔치기 합니다. 총에 붙은 명찰도 바꿔 달았고 총기 대장도 조작해서 새로 작성했습니다. 또한 자살 원인을 가족 간에 고부갈등으로 만들어 내기 위해 면담 기록 보고서도 조작했습니다.

헌병 수사대 수사는 부실하기 짝이 없었고 '1979년 8월 20일 12시 20분경 심 상병이 고모 하사와 함께 근무하던 중 처와 부모 간 고부갈등 상황을 비관하여 자신의 M16 소총을 입술 좌측에 발사하여 자살하였다'는 보고서를 제출합니다. 이 보고서 역시 중대장과 헌병 수사대가 입을 맞춰 짜깁기된 조작 서류에 불과했습니다.

2008년 10월 29일 군의문사 진상규명위원회는 심 상병이 고 아무개 하사가 쏜 총에 맞아 사망하였으며, 군이 이를 은폐 조작하였다고 결론내립니다. 이후 2009년 1월 23일 심 상병 사망 원인이 자살에서 순직으로 변경되었고 국가 유공자로 등록됩니다.

고 심규환 상병 ⓒ 군의문
사진상규명위원회

진실 털어놓은 사람들

30년간 은폐되었던 진실이 드러날 수 있었던 결정적 계기는 당시 동료 군인들이 한 증언 덕분이었습니다. 한 부대원은 헌병 수사관으로부터 자살에 맞춰 진술하라는 협박을 받았다고 증언했습니다. 당시 중대장 지휘 아래 부대원 전체가 진실을 은폐하는데 동참했지만, 진상규명위원회가 끈질기게 설득한 끝에 하나 둘 진실을 털어놓았습니다.

이후 국가는 심 상병 유족에게 4억 6,000만원을 배상했고, 가해자 고 아무개 하사와 은폐에 가담한 부대원 5명에게 구상금을 청구했습니다. 사건이 발생한지 36년이 지난 2014년에 있었던 일이었습니다.

사건 당시 부대 지휘관들은 자기 안위만을 위해 진실을 은폐하고 조작했습니다. '산 사람은 살기 위해서'라고 했지만, 정작 심 상병 어머니는 "당시 진실을 숨긴 사람들은 편안히 살았는지 모르지만 나는 살아도 사는 게 아니었다"고 토로했습니다.

군은 심규환 상병의 유해를 한탄강에 뿌렸으나, 가족들은 고인을 한탄강에 그냥 두고 올 수 없었습니다. 뿌려진 유해를 모아 고향 선산에 모시고 있었습니다. 다행히 진실이 규명되어 유해를 수습해 대전현충원에 이장될 수 있었습니다. 그렇게 심규환 상병은 30년 만에 밝혀진 진실을 품고 말없이 대전현충원 한편에 안장되었습니다.

[참고자료]
김진아, 『돌아오지 않는 내 아들−군의문사 유족들은 말한다』, 삼인, 2008.

손철호 소위·이승원 일병 의문사 사건 이야기
철원 GOP에서 사망한 장교와 사병, 두 죽음을 연결한 비극

국군 제5사단 27연대가 작전 중이던 철원지역 GOP에서 1998년에 두 사람이 사망했습니다. 8월 26일 수류탄 폭발로 소대장 손철호 소위가 사망하였고, 12월 1일 총격으로 소총수 이승원 이병이 사망했습니다. 두 죽음은 별개 사건이었지만, 대전현충원에는 둘을 연결하는 비극이 묻혀 있습니다.

손철호 소위는 1975년 신안에서 두 누나에 이어 막내로 태어났습니다. 초등학교부터 중학교까지 줄곧 1등을 차지했습니다. 학교에서 주는 상을 워낙 많이 받아서, 나중에 부모님은 상 받아오는 일을 으레 당연하게 느낄 정도였습니다.

한국외국어대학교 서양어대학 독일어과에 진학해서도 전학년 장학금을 받는 등 모범을 보였고요. 먼 거리를 통학하며 지친 기색 한번 없었고, 어려운 집안 형편에 아르바이트를 하면서도 우수한 성적을 유지했습니다.

"어느 부모나 다 자기 자식이 소중하지만 우리한테 철호는 그 이상이었제. 내 아들이지만 이렇게 바른 심성을 가진 사람이 이 세상에 있다는 게 참 자랑스럽고 고마웠소. 이런 아이가 우리 사회에 더 많았으면 좋겠다고 생각하면서 살았으니께."

입대도 걱정이 없었습니다. ROTC 후보생 시절 군사학 성적은 동기 66명 중 4등으로 매우 우수했습니다. 부중대장 지휘 근무 후보생으로 뽑힐 만큼 후보생 간에 신뢰도 높았습니다. 심지어 4학년 2학기 재학 중 ROTC 간부 후보생을 대상으로 한 취업 모집에서 제일모직과 농협에 최종 합격해서 제대 후 취업 걱정도 없었습니다.

아무 걱정이 없을 듯했던 그는 1998년 3월 1일 소위로 임관하여 6월 27
일 5사단 27연대 2대대 6중대 2소대 소대장으로 임명되었습니다. 근무를
시작한 지 2개월이 된 8월 26일 00시 25분경, 손철호 소위는 미리 숨겼던
K-400 세열수류탄 한 발을 들고 내무실을 나섰습니다. 이윽고 보급로에서
'쾅'하는 폭음과 불빛이 번쩍였고, 내무실 막사 남쪽 14m 떨어진 곳에서
그는 수류탄 자폭으로 생을 마감했습니다.

"나가 아즉도 밤에 잠을 못 자요"

육군은 '망인이 평소 완벽한 임무 수행에 대한 집념과 이상적인 소대원
지휘통솔 능력에 대한 자신의 노력이 자신이 원하는 만큼의 결과를 얻지 못
하는 데 대한 스트레스를 본인의 내성적인 성격과 다른 장교들과의 대화를
통해 해결하려는 노력이 부족하여 해소하지 못하게 되자 자신의 무력함과
앞으로의 군대 생활에 대한 고민 등으로 군 생활에 회의를 느껴 수류탄으
로 자폭 사망한 것'이라 결론 내립니다.

"세상에 나쁜 놈들이제. 건강한 아들 데리고 갔으면 끝까지 군대에서 책
임을 져야지. 난 못 믿겠소. 아무리 괴로워도 우리 철호는 부모 생각해서 어

떡허든 살았을 아요. 부모가 눈에 밟혀서 유서 한 장 없이 그렇게 갈 수가 없는 아란 말씨. 농협 임명장하고 뱃지 받아와서 '엄니 나 올 때까지 이거 잘 간직하소' 그라고 간 앤데, 뭐 내성적? 가정 형편? 애인 때문에? 허, 그런 말도 안 되는 소리를……."

손철호 소위 부모님은 자살을 도저히 받아들일 수 없었습니다. 어머니 강설자 씨는 영정을 들고 국방부 정문 앞에서 120일 동안 농성했습니다. 소복을 입고 국방부 앞에 뒹굴고, 맨발로 담벼락을 넘다가 끌려 나왔습니다. 뙤약볕 아래 아스팔트 위에서 농성하다 쓰러지기도 부지기수였습니다. 아버지 손오복 씨 역시 마찬가지였습니다. 어느 부대에서 의문사가 발생했다는 소식을 들으면 다른 유가족들을 미니버스에 태워 전국 군부대를 쫓아다녔습니다. 오랜 세월 동안 진상을 밝히려 노력한 사이 몸과 마음은 만신창이가 되어갔습니다.

"나가 아즉도 밤에 잠을 잘 못 자요. 몸이 아프기도 하지만 그냥 맥 놓고 누워 있으면 우리 철호 목소리가 들리는 것만 같소. 우리 철호가 '엄니, 엄니도 참 답답허요. 나가 이렇게 억울하게 죽었는데 여즉 바보맨치로 뭣하고 있소.' 그렇게 날 원망하는 소리가 들리는 것 같아서……."

유가족은 2001년 9월 15일 의정부보훈지청에 '국가유공자 유족 등록'을 신청했지만 의정부보훈지청은 이를 거부합니다. '망인이 평소 소대원을 장악하지 못하여 중대장으로부터 질책을 받는 등 군 생활에 제대로 적응하지 못한 점을 비관하다가 자살하였다'는 이유였습니다. 이에 불복하여 취소 소송까지 진행했지만 결과는 마찬가지였습니다. '망인의 사망은 그의 자유로운 의지에 따라 사망한 것으로 보이므로 의정부보훈지청의 처분은 적법하다'는 판결이었습니다. 손철호 소위 사망에 숨은 진실은 2008년에야 밝혀집니다.

육군일병 이승원의 묘 (장
병1묘역 149-44278호)
ⓒ 임재근

부모의 유일한 낙, 이승원 일병

　손철호 소위 사망 석 달 후 같은 연대에서 복무하던 이승원 일병이 사망
했습니다. 이승원 일병은 1978년 이정균 씨와 고정순 씨 사이 큰아들로 태
어났습니다. 바로 아래 두 살 터울 여동생이 있었는데요, 언젠가부터 시름
시름 앓던 여동생은 동네 병원을 찾아가 봐도 원인을 알 수 없었습니다. 도
저히 안 되겠다 싶을 즈음 큰 병원을 찾아갔는데요. 소아암 말기였습니다.
그렇게 부모는 어린 딸을 먼저 하늘로 보냈습니다.

　부모는 하나 남은 아들을 키우기 위해 안 한 일이 없었습니다. 아버지는
일거리를 찾아 중동으로 떠났고, 어머니는 연탄 장사를 했습니다. 하루에도
연탄 수천 장을 나르며 어린 아들을 키웠고 먹이고 입히고 대학까지 보냈
습니다.

　"우리 승원이는 부모가 연탄 장사한다고 한 번도 부끄러워한 적이 없어
요. 어릴 적에 학교 마치면 동네 친구들을 우르르 끌고 가게 주변을 돌아다
니면서 놀았지. 늘 눈에 띄는 데 있다가 한참을 안 보여서 찾아 나서면 꼭
이 골목 안에서 딱지치기나 구슬치기를 하면서 놀고 있었어."

　이승원 일병은 딸을 잃은 부모님에게 삶의 유일한 이유였습니다. 어린 승

원은 일찍 철이 들었습니다. 공부를 잘하는 편은 아니었지만, 사춘기에도 부모에게 반항을 하거나 말썽부리지 않았습니다. 전문대 기계과에 입학한 후 빨리 군대를 다녀와 다시 수능을 보겠다며 입대 신청을 했습니다.

이승원 일병은 친구가 많았습니다. 입대 전날에도 친구들이 몰려와 비좁은 방에서 함께 잠을 잤습니다. 친구들과 가겠다는 아들을 따라나선 부모님은 훈련소로 들어가는 아들 뒷모습을 보고 대견하고 뿌듯해했습니다. 사고가 발생하기 열흘 전 면회를 했고, 선임병들도 불러 삼겹살까지 구워 먹었습니다. 그때까지도 부모님은 아무런 이상한 낌새를 알아차리지 못했습니다.

"힘든 일이 없냐고 물어보니까, 괴롭히는 선임병들이 있는데 그럭저럭 견딜 만하다고 그러더라고요. 그래서 내가 정말 힘들고 고통스러울 때는 엄마가 연탄 장사했던 걸 생각하라고 했어요. 엄마도 그 힘에 부치는 일을 너를 위해서 견뎠다. 그러니 너도 엄마를 생각하면서 어려움을 이겨내라고 했지요. 승원이도 걱정하지 말라고, 잘 하겠다고 그래서 안심을 하고 보냈어요."

그는 1998년 6월 23일 입대하여 8월 8일 5사단 27연대 3대대 11중대 3소대로 전입합니다. 9월 3일 소속 부대는 GOP에 투입되었고 그는 소총수로 최전방에서 근무했습니다. 1998년 12월 1일은 이병에서 일병으로 진급하는 날이었습니다. 그날 밤 21시 05분경 이승원 일병은 근무하던 대기초소를 나옵니다. 인근 공터를 찾아간 그는 K-2 소총 총부리를 가슴에 대고 스스로 총을 쏴 가슴 관통 총상으로 사망했습니다.

부모님 집으로 전화가 간 시간은 9시 뉴스가 막 끝났을 즈음이었습니다. "여기 부대인데, 지금 이승원 일병이 사고를 당했습니다. 이승원 일병이 사망했습니다. 지금 빨리 부대로 오십시오." 어머니는 충격으로 사지마비를 일으키며 그 자리에 쓰러졌습니다. 아버지만 부랴부랴 부대로 먼저 출발했고 새벽 1시 아들을 마주할 수 있었습니다. 옷은 모두 벗겨져 있었고, 주위에는 피가 흥건하게 고여 있었습니다.

아버지는 사고 당시 아들이 입고 있던 옷과 현장을 보여달라 요구했습니다. 하지만 부대는 이를 묵살했습니다. 사고 이틀 뒤 현장을 봤을 때 핏자국은 전혀 보이지 않았습니다. 계속해서 의문을 제기했지만 부대는 장례만 서두를 뿐이었습니다. 부모님은 장례식을 거부하고 일주일을 싸웠습니다. 겨우 사단장 면담이 이뤄졌지만, 어느 하나 속 시원하게 의혹을 해소할 수 없었습니다.

부모님은 장례식을 미루고 20여 일을 버텼습니다. 아버지는 회사를 그만둬야 했습니다. 그러나 더 이상 아들을 차가운 냉동고에 넣어둘 수 없었기에 결국 장례식을 치렀고, 부모님은 다른 군의문사 유가족과 함께 진상규명 투쟁에 함께했습니다. 이승원 일병 죽음도 2008년이 되어서야 진상이 밝혀졌습니다.

"그때 승원이네 부대가 원래 GOP에 들어가기로 한 날보다 몇 달 빨리 들어갔다는 거예요. 그 이유가 먼저 들어가 있던 부대에서 소대장이 죽는 사고가 있었대. 그래서 승원이네 부대가 교대를 빨리 하게 되었다는 거예요. 나중에 알고 보니까 그 소대장이 바로 손철호 소위였어. 유가족들이 국방부 앞에 모여 시위할 때 내가 철호 엄마를 만나 그 얘기를 하면서 서로 얼마나 부둥켜안고 울었는지 몰라."

죽음으로 몰아간 환경

드러난 진실에 의하면 손철호 소위는 스스로 죽음을 선택하지 않았습니다. 그를 둘러싼 환경이 그를 죽음으로 몰아갔습니다. 손 소위가 근무했던 GOP는 환경이 매우 열악했습니다. 밤에는 늘 경계근무를 섰고, 낮에는 월

경 방지판 사계 작업, 교통호, 순찰호 주변 제초 작업, 불모지 작업, 폭우로 손상된 보급로 보수작업, 도로 평탄화 작업, 배수로 작업, 진지 보수 작업, 투광등 교체 작업 등 수많은 작업에 시달렸습니다. 병사들은 낫으로 풀을 베어냈고, 손을 베거나 풀독이 오르기가 예사였습니다. 폭우로 인해 가족 면회도 취소되었습니다. 수색 작전 중에 철모에 벼락이 떨어지고, 말라리아 환자가 수시로 발생했으며, 산불도 진압하는 등 부대원 고생은 끝이 없었습니다.

그 와중에 대대본부 등 상급 부대에서는 작업에 대한 독려가 많아졌습니다. 손철호 소위와 부대원은 모두가 과도하게 작업에 시달렸습니다. 많은 작업량에 지치고 다친 병사들은 불만이 폭발했고, 손철호 소위는 고생하는 부대원을 작업 도중 철수시키기도 했습니다. 그러면 곧바로 조 아무개 중대장이 작업을 독촉했습니다.

윤 아무개 대대장과 조 아무개 중대장은 부하 잘못에 대해서 곧바로 질책했습니다. 중대장은 망원경으로 병사를 감시했고, 초소에서 병사가 졸고 있으면 그 병사를 완전군장 차림으로 포복해서 기어오게 했습니다. 또 화를 낼 때 "개새끼, 소새끼, 이 자식, 저 자식!"은 보통이었고 "씹팔놈, 씹새끼!"라는 욕도 난무했습니다. 손철호 소위에게도 "야 이 개새끼야. 씹팔놈" 등 욕설을 내뱉었습니다. 특히 소대원이 있는 자리에서 욕설을 섞어 야단을 쳤고, 손철호 소위는 소대원 앞에서 얼굴을 붉힌 채 주눅 들어 어쩔 줄 몰라 했습니다.

장 아무개 부소대장 하극상도 심각했습니다. 자신보다 소위 '짬밥'이 적다는 이유로 손철호 소위를 애먹이고 지시에도 불응했습니다. 부소대장 자신이 할당량을 채우지 못했을 때도 소대장인 손철호 소위가 책임을 다하지 못한 탓으로 상부에 보고했습니다. 손철호 소위가 중대장에게 질책 받는 일이 늘어나자, 부소대장은 손철호 소위와 대화도 나누지 않았고 그를 무시했습니다.

고 이승원 일병의 어머니 고정순씨는 진상을 밝히기 위해 끝까지 싸웠다. ⓒ 오마이뉴스

소대에는 병사 간에 악습이 있었는데요. 후임은 선임 휴식 시간을 늘려주려고 정해진 시간보다 빨리 근무를 교대했고, 식당 내 취사장에서 식기를 세척할 수 없었습니다. 손 소위는 본인이 솔선수범을 보이며 악습을 없앴는데요. 이번에는 병사들이 반기를 들었습니다. "왜 갑자기 체제를 바꾸는 것이냐! 저 새끼 왜 저러느냐!"며 대들었습니다.

손철호 소대장은 부임한 직후부터 한 달까지는 병사들과 작업이나 운동도 같이하고, 이동식 PX 차량이 왔을 때 먹을거리를 사주며 격려했으며 특히 이등병을 따뜻하게 대해줬습니다. 그러나 한 달쯤 지났을 무렵 그는 전혀 다른 사람이 되어 있었습니다. 말없이 혼자 있는 경우가 많았고, 사소한 일에도 지나치게 걱정이 많았으며, 짜증을 내고 욕설을 많이 했습니다. 대화를 기피했고, 잘 자지도 못하며, 식사를 못 하는 경우도 많았습니다. 근무 중에 졸거나 멍한 표정을 지었고 행동이 느려졌습니다. 말을 걸어도 답하지 않는 일이 늘었습니다.

수면장애는 매우 심각한 수준이었는데요. 소대장은 보통 오전에 3~4시간, 야간 근무 전에 2~3시간을 자게 되어 있었습니다. 하지만 각종 지휘 보고, 상급 부대 연락, 기타 업무로 인해 하루에 2~3시간도 제대로 취침하지 못하는 경우가 대부분이었습니다.

"하루 두 시간 이상 자는 것은 우리에겐 사치야, 오전에 자는 시간이 있는데 사실상 자는 것이 힘들어. 저녁 근무도 2교대 인데 소대장인 나는 잠을 잘 수 없더군." "잠자다가 나를 깨우는 일이 많아. 모 짜증이 조금 나지." "어제도 밤을 새웠더니 비몽사몽 뭘 써야 하는지 모르겠다." "에구 졸려. 할 말도 많은 것 같은데 머리가 띵." 그가 애인에게 남긴 편지에는 수면장애에 대한 호소가 항상 담겨 있었습니다. 밤낮을 거꾸로 생활해야 하는 GOP 특성상 손 소위는 하루 2시간 이상 잠들지 못했고, 그 생활을 무려 2달 가까이 이어갔습니다.

주요우울장애 발병한 이들

진상규명위원회가 밝힌 바에 따르면 손철호 소위는 수면장애, 정신운동 흥분, 피로와 에너지 상실, 우울감, 정신병적 증상, 자살 사고, 심한 불안 증상 등을 보였습니다. 이 모든 내용은 '주요우울장애' 진단에 부합하는데요. 위원회는 손철호 소위가 겪은 열악한 근무 환경, 과중한 작업, 과로, 극심한 수면 제한, 중대장 질책과 욕설 등 스트레스로 인해 '주요우울장애'가 발병했다고 결론 내렸습니다. 이는 정상 의사능력과 자유의지를 가진 상태에서 자살로 이어진 게 아니라 "질병 발생 또는 악화가 공무수행과 상당한 인과관계가 있다고 의학적으로 판단된 사망 또는 상이자"에 해당되는 결론이었습니다.

이승원 일병 내무 생활도 가혹행위와 성추행, 간부의 무관심으로 인해 극심한 스트레스 속에 이뤄졌습니다. 후임병은 사소한 실수 때문에 욕을 먹었고, 탁구장, 비닐하우스, 족구장에 집합해서 머리 박기, 어깨동무하고 앉았다 일어서기, 오리걸음, 선착순 등 가혹행위를 당했습니다. 소원 수리를 적어 내려고 해도 고참이 사전에 단속한 데다 보복이 두려워 적어 내지 못했습니다.

특히 선임병 박 아무개 병장은 후임을 집요하게 괴롭혔습니다. 박 병장은 평소 후임 돈을 짤짤이를 구실로 갈취했습니다. 후임병이 근무 중에 재미있는 이야기를 하지 않았다는 이유로 전투복 하의를 벗게 하고 성기를 30분이나 주물렀습니다. 후임과 가위, 바위, 보를 하여 머리털과 겨드랑이 털, 성기 털을 잡아 당겨 뽑았습니다. 함께 근무를 서던 후임병에게 자신이 보는 앞에서 성기를 꺼내 자위를 해보라 시키기도 합니다.

이승원 일병이 실수를 하자 박 병장은 욕설과 함께 머리 박기, 쪼그려 뛰기, 제자리 앉아 일어서기 등 가혹행위를 15분 이어갔습니다. 또 이 일병이 졸았다는 이유로 양팔을 편 채 5분간 소총 2자루를 들고 서 있게 하고, 또 하루는 이 일병이 체력이 약해 따라오지 못하자 오리걸음 30m 팔굽혀펴기 50회를 시켰습니다. 군가를 부를 줄 모른다는 이유로 욕설과 제자리 앉아 일어서기 15분, 작업 시 질책을 받았다는 이유로 후임병 7명에게 선착순과 오리걸음 20분을 시킵니다. 가혹행위는 끝이 없었습니다. 왕복 달리기, 총기 개머리판으로 폭행, 깍지 끼고 팔굽혀펴기, 앞뒤로 취침, 어깨동무하고 앉았다 일어서기 등 폭력이 일상이었습니다.

이승원 일병은 입대 전에는 정신병 증상이 전혀 없었고 밝고 쾌활한 편이었습니다. 하지만 오랜 기간 상급자에게 폭행과 폭언을 당한 결과 항상 혼비백산한 초조한 얼굴이 되었습니다. 식사 시간에 남보다 2~3배 많은 양을 먹었고, 담배를 많이 그리고 끝까지 피워댔습니다. 동기를 보면 "짜증이 난다, 죽고 싶다."는 말을 달고 살았고, 화장실에서 훌쩍이는 모습도 발견됐습니다.

결국 군대 내 가혹행위와 간부의 무관심으로 인해 '주요우울장애'가 발병했고, 그에 적절한 조치가 취해지지 못해 상태는 더욱 악화됐습니다. 근무환경 변화나 치료가 되었어야 했지만 그는 군대에서 그저 방치당할 뿐이었습니다. 결국 극심한 스트레스를 이기지 못하고 스스로 목숨을 끊게 됩니다. 이승원 일병 역시 자유의지를 가진 상태에서 자살을 선택하지 않았습니다. 공무수행 중 발병한 질병에 의한 사망이었습니다.

　손철호 소위는 장병1묘역 147-10761호에 안장되었습니다. 이승원 일병은 장병1묘역 149-44278호에 잠들어 있습니다. 같은 묘역 안에 불과 50m 떨어져 있습니다. 1998년 대한민국 군대는 장교와 사병을 가리지 않고 죽음으로 몰아갔습니다. GOP 근무 중 '주요우울장애'를 앓게 되었고 극단 상황으로 몰려간 그들의 슬픈 인연이 대전현충원에서도 이어지고 있습니다.

[참고자료]

김진아, 『돌아오지 않는 내 아들:군의문사 유족들은 말한다』, 삼인, 2008.

대통령소속 군의문사진상규명위원회, 『군의문사진상규명위원회 종합보고서』, 2009.

민주화운동 희생자 ① 박성은 열사

군대 구타 고발했다가 영창, 이후 아들은 돌아오지 않았다

   한국 민주주의가 발전하는 과정에 수많은 열사와 희생자가 피를 흘렸습니다. 그들은 독재에 맞서 온몸으로 저항했고 목숨을 바쳤습니다. 열사와 희생자 중 몇 분은 대전현충원에 안장되어 있는데요. 대전현충원 1충혼당-106-303호에는 박성은 열사가 잠들어 있습니다.

   열사는 1969년 12월 10일 광주 금남로 중앙교회 사택에서 태어났습니다. 1986년 광주 동성중학교를 졸업하고, 광주농업고등학교에 입학했는데요. 비록 고등학생 신분이었지만 그는 사회에 대한 비판의식이 높았고 각종 집회에도 열심히 참여했습니다. 당시 농민운동을 하던 큰형 박성현 씨의 영향으로 사회 현실에 눈을 틔울 수 있었는데요. 민중문화단체 '무등서고'에 가입해 각종 사회과학 서적을 섭렵했습니다. 서슬 퍼런 군부독재에 맞서 집회와 시위에 열심히 참여했고, 1987년 6월 항쟁 때는 다른 회원들과 함께 대자보를 붙이며 투쟁 선두에 섰습니다.

   글쓰기를 좋아했던 열사는 일기와 학습 노트에 각종 토론과 학습 결과를 남기기도 했는데요. 1990년 5월 사망 전 쓴 일기에는 이렇게 남겼습니다. "오월의 혁명 정신을 계승하자!", "다른 사람들을 의식화할 수 있도록 무장해야 한다. 민중과 함께 생활하는 그날을 위해 결코 물러서지 않으리, 비굴하지 않으리, 언제나 투사의 모습을 갖추리라."

   하지만 언제나 투사로 살고자 했던 열사는 1990년 5월 24일 새벽 5시 40분경 자택 앞 유치원 놀이터에서 사망한 채로 발견됩니다. 나이는 불과 21세였습니다.

육군이병 박성은의 봉안당(1충혼당-106-303) ⓒ 김 민족민주열사희생자 고 박성은 열사 ⓒ 김선재
선재

계속 된 부대 내 폭력... 비인간·비민주적 행태를 고발하다

비극은 1990년 4월 9일 시작되었습니다. 고등학교를 졸업한 이후 열사는 육군 제31사단 사단직할 11병참선 경비대대에 입대합니다. 광주 향토사단인 31사단은 5·18 민중항쟁 당시 계엄군으로 광주에 투입되기도 했던 부대입니다.

열사가 입대한 당시 그 부대는 군기가 엄하고 훈련 강도가 높은 것으로 소문이 나있었는데요. 단기사병이었던 열사는 5월 7일부터 19일까지 소요진압훈련인 충정훈련과 총검술 교육훈련을 받았습니다. 입대 전 사회과학 지식과 역사의식을 가지고 있었기에 너무나도 괴로운 심정이었습니다. 5·18을 기념하는 주간에 집회나 시위를 진압하는 훈련을 받는 부담감이 마음을 짓눌렀습니다.

열사는 훈련과정에서 조교들로부터 집중 구타를 당하기도 했습니다. 조교들은 주먹으로 가슴을 치고 군홧발로 걷어차 사람을 넘어트렸습니다. 훈련을 제대로 따라오지 못하는 훈련병들을 총 개머리판을 무자비하게 가격했습니다. 박성은 열사는 특히나 다른 훈련병보다 체력이 약해서 훈련에 뒤질 수밖에 없었는데요. 친구들에게 "조교로부터 구타를 당해 가슴에 멍이 들어 기침을 하면 가슴이 저린다. 죽고 싶다."는 얘기를 하며 괴로움을 토로할 정도였습니다.

사병들 간에 구타와 폭력을 제재해야 할 간부들은 부대 관리에 손을 놓고 있었는데요. 훈련교관 배 아무개 중사는 당시 지시받았던 알몸 검사를 1년에 2회만 실시할 정도로 근무 태만이 심각했습니다. 알몸 검사를 통해 구타 흔적을 발견할 수 있었던 기회가 사라졌습니다. 심지어 박성은 열사 기수 때는 아예 검사를 실시하지도 않았고, 훈련장에서 2~30분 형식적인 교육만 하고 사라졌습니다.

대대장과 정작과장에게는 훈련 교관과 조교들을 지도 감독할 의무가 있었는데요. 두 사람 모두 전역을 앞두고 취업 준비에 정신이 팔려있었습니다. 상부 업무지시로 운영했어야 할 '고충신고제도' 역시 제대로 실시하지 않았습니다.

박성은 열사는 거듭되는 구타와 폭력에 마음이 무너져 갔는데요. 사망 직전인 1990년 5월 10일 일기에는 "인간적인 면을 상실한 욕설도 함께 해서 서글픈 면들 뿐이다"고 기록했습니다. 열사는 주로 친구들을 만나 고충을 털어놓을 수밖에 없었는데요. 군에 입대해 교육을 받으며, 집회나 시위에 참여하지 못하는 괴로움도 토로했습니다.

"지금 금남로에 있는데 어제 태권도 자세가 나오지 않는다고 디지게 맞았다. 그래서 부대에 가기 싫다.", "어제 태권도와 총검술 자세가 나오지 않아 가슴을 맞고 철모를 쓴 채 머리를 구타당해 아프다. 조교가 오늘 출근하여 자세가 나오지 않으면 군대 구타가 무엇인지 보여준다는 위협을 하였다."

단기사병으로 복무하던 열사는 거듭되는 폭력과 가혹행위를 피하고자 5월 15일 부대로 출근하지 않았는데요. 이날 부대 내에서 발생한 비인간적이고 비민주적인 행태를 고발하는 문건을 작성하기도 했습니다. 그날 오후 곧바로 사단 헌병대 군탈계로 잡혀갔는데요. 5월 17일 소속 부대는 징계위원회에서 '출근 미귀 사실에 대한 지시불이행'으로 영창 7일 징계를 내립니다.

군대 내 민주화 이끈 열사의 저항

5월 23일 낮 12시 상무대 영창에서 퇴창 후 오후 6시 40분경 자택으로 귀가했는데요. 오후 7시 30분 경 고등학교 동창과 만나기로 하고 집을 나선 후, 밤 10시경 친구와 헤어진 다음 약 8시간 동안 행적은 발견할 수가 없습니다.

사체를 처음 발견한 어머니는 "신체상 외상은 없었고, 사체 주변에 구토물, 농약병, 냄새 등도 없었으며, 놀이터 모래 바닥에 하늘을 향한 채 반듯이 누워 있었다."고 진술했습니다. 그러나 신고를 받고 출동한 헌병대는 사체 주변에서 구토물을 수거했고, 감정 의뢰 결과 치사량 유기인제류 농약이 검출되었다고 밝혔습니다.

다만 음독사 물증인 농약병 등이 사체 발견 장소에 없었고, 집 근처 농약상회와 청소미화원 등을 상대로 농약병 수색을 했지만 결국 물증이 발견되지 않았습니다. 또한 사고 현장에서 구토물을 수거했다던 헌병대 수사관은 "구토물을 수거하면서 사진을 여러 장 찍었다."고 했으나, 수사 기록에서 해당 사진은 존재하지 않았습니다. 당시 사체를 검안한 사단 군의관도 문제가 있었는데요. 부검을 해야만 알 수 있는 "폐부종에 의한 사망으로 추정"이라는 내용을 잘못 기재하는 등 사체검안서 역시 부실했습니다.

초기 부실한 수사 과정으로 인해 열사의 죽음은 오랫동안 베일에 싸여 있었습니다. 의문은 결국 2004년 6월 14일 대통령 소속 의문사진상규명위원회 결정으로 해소되었습니다.

의문사진상규명위원회는 열사의 죽음을 저항으로 판단했습니다. 인권침해와 비민주적인 부대운영 그리고 시위 진압 훈련에 대한 시정을 요구하며 생명을 포기했다고 밝혔는데요. 열사의 희생 이후 군 내 민주화에 노력을 기울이게 되었고, 실제 열사가 소속된 부대의 전입신병 교육이 폐지되고 가

순국 선열의 유해가 모셔
진 대전현충원 충혼당 ⓒ
임재근

혹한 구타와 가혹행위가 근절되는 방향으로 나갔습니다. 열사의 죽음은 기
본권을 침해한 국가에 대한 항거이며 민주화운동과 관련한 죽음이었습니
다.

　2018년 7월 국방부는 열사의 사망을 순직으로 결정하였고, 2023년 11
월 1일 열사는 대전현충원 충혼당에 모셔질 수 있었습니다.

[참고자료]
민주화운동기념사업회 (https://www.kdemo.or.kr/)
민족민주열사희생자 범국민추모관 (http://yolsachumo.org/)
민족민주열사·희생자(기념)단체 연대회의, 『끝내 살리라–민족민주열사희생자자료집』, 2005.
대통령소속의문사진상규 명위원회, 『의문사진상규명위원회 보고서 1차』, 2003.
대통령소속의문사진상규 명위원회, 『의문사진상규명위원회 보고서 2차』, 2004.

민주화운동 희생자 ② 최온순 열사

일거수일투족 감시당하던 아들의 죽음 이후 드러난 끔찍한 진실

1980년 8월 27일 제2대 통일주체국민회의는 전두환씨를 대한민국 제11대 대통령으로 선출했습니다. 곧이어 전두환은 독재에 걸림돌이 되는 세력을 탄압하기 시작했는데요. 1980년 5월부터 신군부에 맞서 가장 선두에서 싸웠던 세력은 바로 대학생이었습니다. 전두환은 대학생의 강력한 반정부 시위와 투쟁을 꺾어버리기 위한 극단 조치를 시행합니다. 바로 강제징집과 녹화사업이었습니다.

1980년 9월부터 1984년 11월까지 전두환 정권은 학생운동에 참여한 사람 중 일부를 강제로 군대에 입대시켰습니다. 병역법 등에서 정한 절차는 깡그리 무시된 인권침해였습니다. 학생운동 중에 시위를 주도한 사람이 대상자였으며, 징병 연령, 신체 상태, 면제 사유 등 전혀 고려되지 않고 징집당했습니다. 억지로 군대에 보내진 사람 중에는 장애를 가진 사람, 연령에 미달한 사람, 3대 독자도 있었습니다. 징집된 사람 중 육군으로 간 사람은 전원 최전방 GOP 사단에 배치되었고, 해군은 서해 5도 지역과 함상에 배치되었습니다.

강제징집에 대한 각계 항의가 거세어지고 비난 여론이 빗발치자 1984년 11월 13일 병무청은 '제적학생 병역처리 지침'을 개정하여 강제징집이 폐지되었는데요. 강제징집 피해 인원은 총 1,152명이었습니다.

녹화사업은 1982년 9월부터 시작되었습니다. 1982년 전반기 청와대 업무보고 자리에서 보안사령부 최경조 대공처장은 전두환 대통령으로부터 질책을 받는데요, "운동권 세력에 대해 제대로 대응을 하지 못한다."는 내

육군이병 최온순의 묘 (장병1묘역
107-678호) ⓒ 김선재

용이었습니다. 이에 따라 보안사령관 박준병, 참모장 정도영, 대공처장 최
경조는 녹화사업 계획을 수립하고 시행하기에 이릅니다.

녹화사업은 폭력으로 강제된 사상개조였습니다. '녹화'는 '좌경사상으로
붉게 물든 학생들의 생각을 푸르게 순화시킨다'는 의미였습니다. 강제징집
된 사람을 A, B, C급으로 구분해 관리했는데요. A급은 보안사령부 심사과
에서 B, C급은 사단이나 군단 보안부대에서 순화 교육을 받았습니다.

보안사는 휴가를 주면서 함께 활동한 선후배 동료의 행적을 캐오라고 강
요했는데요. 학생운동권 동향 파악을 위한 이른바 '프락치 공작'이었습니
다. 녹화사업 대상자를 끌고 가 수일 동안 감금하고 가혹행위도 저질렀는
데요. 피해자는 정신과 육체가 파괴되었습니다.

보안사는 파악한 정보로 운동권 조직 사건을 조작했고, 전두환 정권에
저항하는 세력을 탄압하는 수단으로 활용했습니다. 이 과정에서 민간인인
대학생, 노동자와 재야인사도 불법으로 연행되어, 보안사령부 분실에서 조
사받기도 했습니다.

강제징집 녹화사업 6명의 희생자. 1 한양대학교 기계과 81학번 한영현, 2 고려대학교 정경계열 80학번 김두황, 3 연세대학교 영독불계열 81학번 정성희, 4 성균관대학교 사학과 81학번 이윤성, 5 서울대학교 기계설계과 한희철, 6 동국대학교 수학교육과 81학번 최온순 ⓒ 민주화운동기념사업회

국방부 과거사진상규명위원회 조사에 따르면 총 1,192명에 대해 녹화사업을 실시했다고 밝혀졌습니다. 피해자는 양심과 사상의 자유를 박탈당했고, 신체 자유도 통제받았습니다.

녹화사업의 희생자들

이 과정에서 정성희(연세대, 82년 7월 23일 사망, 5사단), 이윤성(성균관대, 83년 5월 4일 사망, 5사단), 김두황(고려대, 83년 6월 8일 사망, 22사단), 한영현(한양대, 83년 7월 2일 사망, 7사단), 최온순(동국대, 83년 8월

14일 사망, 15사단), 한희철(서울대, 83년 12월 11일 사망, 5사단) 이렇게 총 6명이 사망합니다. 이중 강제징집과 녹화사업 피해자이며 민주화운동 열사 희생자인 최온순 이병이 대전현충원 장병1묘역 107-678호에 안장되어 있습니다.

최온순 열사는 1963년에 태어나 1981년 경기고를 졸업하고 같은 해 3월 동국대학교 사범대학 수학교육과에 입학했습니다. 그는 고등학생 시절부터 흥사단이라는 단체에서 활동했는데요. 대학에 입학한 후에도 흥사단 아카데미에 가입해 활동을 이어갔습니다. 1980년대 흥사단 아카데미 회원들은 한국 사회 문제에 대한 세미나와 토론을 진행했습니다. 그 과정에 더 많은 학생을 묶기 위해 각종 집회도 주도합니다.

1981년 8월 동국대 흥사단 아카데미를 이끌던 선배가 중구경찰서에 연행되었고 이윽고 조직이 드러나게 됐습니다. 최온순 열사와 14명 회원은 경찰 수사망에 오르게 되는데요. 학내에서 집회와 시위가 있을 때마다 서울 중부경찰서 형사들은 흥사단 아카데미와 학우를 떼어놓으려 했고, 일부 회원에게는 장학금을 주겠다며 회유했습니다.

최온순 열사는 1981년부터 82년까지 '광주 민주화운동 진상규명'과 '5공 파쇼정권 퇴진'을 위한 여러 시위와 집회에 참여했습니다. 그는 이론 문제보다는 실천을 중요하게 생각하는 성향이었는데요. 불의를 보고 참지 못하고 과감하게 행동하는 사람이었습니다. 졸업 이후에는 노동운동으로 진출하겠다는 뜻을 밝히기도 했습니다.

동국대학생들은 1983년에도 마찬가지로 집회와 시위를 준비하고 있었습니다. 3월 29일을 목표로 하고 있었는데요. 학생 한 명이 불심검문에 걸렸고 마침 소지하고 있던 유인물을 압수당하는 바람에 계획이 탄로 나고 말았습니다. 3월 21일과 22일 사이 총 40여 명 학생이 검거되었는데요. 이때 최온순 열사 역시 임의동행으로 경찰서에 연행되었습니다.

연행된 후 경찰서에서 4~5일 동안 강도 높은 조사를 받았는데요. 중부경

고 최온순 열사 ⓒ 민주화운동기념사업회

찰서 정보과 형사는 시위 계획과 조직에 대해 집중해서 캐물었습니다. 마침내 조사가 끝났지만 최온순 열사는 귀가할 수 없었습니다. 그와 함께 끌려간 5명 학생은 시위 주동자로 간주되어 강제징집 대상자가 되었습니다.

3월 27일과 28일 병무청 직원이 중부경찰서로 찾아왔고, 입대지원서를 써줄 수밖에 없었습니다. 3월 29일 경찰서로 찾아온 가족과 작별 인사를 나눈 뒤 그대로 경찰버스에 실려 103보충대로 입대했습니다. 15사단 신병교육대에서 신병훈련을 이수 후 83년 5월 17일 39연대 3대대 9중대로 배치되었습니다.

최온순 열사는 "어찌 되었건 군에 입대했으니 잘해보자"면서 부대생활에 적응하기 위해 노력했습니다. 동작이 굼떠 고참으로부터 가끔 "빨리 움직이고 열심히 하라"는 충고를 들었지만 고참의 말에 잘 따랐습니다. 가끔 어두운 표정을 짓고 있었지만 후임병에게 간식도 나눠주는 배려심 깊은 군인이었습니다.

그를 괴롭히는 원인은 따로 있었습니다. 동국대에서 시위를 하다가 군대에 끌려왔다는 이른바 '특수학적변동자'라는 꼬리표였습니다. '특수학적변동자'라는 이유로 소대장들은 처음에 최온순을 자기 소대로 데려가기 꺼려했습니다. 신상카드에도 공개되어 있어서 행정병뿐 아니라 소대원 대부분 그가 강제로 징집 당했음을 알고 있었습니다.

대대 보안주재관은 1주일에 2~3번씩 중대장, 소대장, 행정반을 통해 동향을 속속들이 파악했는데요. 편지가 어디서 오는지, 책이나 소포가 오는지, 언행과 내무 생활에 특이점은 없는지 감시했습니다. 보안주재관은 직접 최온순 열사를 찾아가거나 불러 면담을 하기도 했는데요. 최온순 열사에게는 극심한 스트레스를 주었습니다. 중대장은 소대장과 분대장에게 동향을 주시하라고 지시했고, 간부들은 동향과 면담 내용을 낱낱이 보고했습니다.

또 최온순 열사는 부대에 전입 온 지 1개월쯤 지났을 무렵 1주일 정도 보안부대로 다녀오기도 했는데요. 당시 보안부대에서는 1주일에 한 명 정도 '특수학적변동자'를 불러 2~3평 좁은 공간에서 순화교육을 실시했습니다. 최온순 열사 역시 순화교육이라 부르는 녹화사업을 받았을 가능성이 큰데요. 훗날 조사에서 끝끝내 보안부대 관계자들은 입을 닫았기 때문에 명백하게 밝혀지지는 않았습니다.

결국 드러난 진실

불행은 갑작스럽게 찾아왔습니다. 1983년 8월 14일 '급위독' 세 글자 전보가 본가로 전해집니다. 가족이 부랴부랴 부대로 찾아갔으나 열사는 이미 숨을 거뒀고, 영안실에 안치되어 있었습니다. 헌병대 수사관은 가족에게 열사가 '스스로 목숨을 끊었다'고 설명했는데요. GOP 초소 근무 중에 목 아래에 총구를 대고 총을 발사해 총알이 목을 뚫고 머리에 박혀 즉사했다는 설명이었습니다.

하지만 가족은 최온순 열사가 절대로 자살할 리 없다는 확신을 가지고 있었습니다. 영안실에 안치된 시신을 1주일간 지키면서 재수사와 진상규명을 요구했습니다. 유족이 강력하게 항의하자 헌병대는 수사 방향을 바꾸기 시작했는데요. 이윽고 끔찍한 진실이 드러나기 시작했습니다.

1983년 8월 14일 새벽 5시 20분 헌병대 수사관 2명이 현장에 도착했을 때, 최온순 이병과 함께 근무한 김 아무개 상병은 "최온순이 자신과 싸우다 자살하였다."고 진술했습니다. 목에 난 상처도 통상 자살과 동일했기에 자

민주열사 고 최온순 추모비 ⓒ 추모연대

살로 처리되었는데요. 이는 완전히 조작된 내용이었습니다. 이후 드러난 진술에 의하면 사실은 다음과 같았습니다.

　8월 13일 오후 7시 50분부터 최온순 이병과 김 아무개 상병은 51초소 야간근무에 투입되었습니다. 밤샘 근무가 지나고 철수를 준비하던 14일 4시 30분 무렵 사건이 터지는데요. 순찰을 돌던 소대장은 초소에서 함께 졸고 있던 최온순 이병과 김 아무개 상병을 발견하고는 크게 질책했습니다. 소대장이 떠난 후 김 아무개 상병은 최온순에게 욕설을 퍼부으며 '엎드려뻗쳐'를 시키고 구타를 퍼부었는데요.

　엎드려뻗친 상태에서 구타를 당하던 최온순이 갑자기 일어나 "못하겠다"며 김 아무개 상병과 치고받고 싸우기 시작했습니다. 김 아무개 상병 진술에 따르면 그 순간 분을 삭이지 못한 최온순이 총을 들어 위협을 했고, 김 아무개 상병도 총을 들고 싸우는 도중에 총구를 최온순의 목 아래에 밀면서 방아쇠를 당기게 되었다고 했습니다.

　이후 육군 과학수사연구소에서 김 아무개 상병 총과 옷을 감정했는데요.

김 아무개 상병 총에서 발사한 탄피 흔적이 현장에서 발견된 탄피의 흔적과 같았고, 화약 흔적도 김 아무개 상병 옷에서 많이 검출되었습니다. 김 아무개 상병은 정당방위였다며 주장했지만, 1983년 9월 13일 군법회의에서는 이를 인정하지 않고 징역 7년을 선고했습니다.

재수사 결과 열사가 자살했다는 사실은 거짓으로 드러났습니다. 하지만 당시 자행되었던 녹화사업의 구체적 내용은 아직도 드러나지 않았습니다. 의문사진상규명위원회 조사에 당시 책임자들이 제대로 응하지 않았기 때문입니다. 당시 열사가 보안부대 녹화사업으로 인한 스트레스와 간부와 선임의 부당한 괴롭힘으로 감정이 폭발했고, 그 과정에 사망했을 수 있지만 아직은 가능성일 뿐 명백한 증언이나 증거가 부족한 상황입니다.

최온순 열사는 막내아들이었고 온 가족의 사랑을 받았었습니다. 아버지가 특별히 아꼈는데요. 군대에서 불과 5개월 만에 주검으로 돌아오자 아버지는 크게 충격을 받아 2년 뒤 1986년에 별세했습니다. 열사는 순직으로 인정되었고 국가유공자로 결정되어 대전현충원에 안장되었습니다. 하지만 여전히 그의 죽음에는 많은 의문이 남아 있습니다.

[참고자료]
민주화운동기념사업회 (https://www.kdemo.or.kr/)
민족민주열사희생자 범국민추모관 (http://yolsachumo.org/)
민족민주열사·희생자(기념)단체 연대회의, 『끝내 살리라-민족민주열사희생자자료집』, 2005.
대통령소속의문사진상규 명위원회, 『의문사진상규명위원회 보고서 1차』, 2003.
대통령소속의문사진상규 명위원회, 『의문사진상규명위원회 보고서 2차』, 2004.

민주화운동 희생자 ③ 이승삼·이진래·정연관 열사

선임병에 '야당 찍겠다' 선언, 이후 그는 군대에서 죽었다

평범한 사람의 노력과 희생이 대한민국 민주주의를 만들어 왔습니다. 대전현충원에는 민주화운동 과정에 힘을 모았던 열사와 희생자가 여럿 안장되어 있습니다.

이승삼 열사

위패봉안실 03-3-707호에는 이승삼 이병의 영혼을 기리는 위패가 봉안되어 있습니다. 이승삼 열사는 1966년 부산 당감동에서 태어났습니다. 1983년 4월 2일에는 부산 당감성당에서 부산 울산 경남 지역 민주화운동 대부로 불린 송기인 베드로 신부에게 세례를 받았습니다. 당시 부산 당감성당은 민주화운동 근거지였습니다.

1986년 2월 이승삼 열사는 부산공업전문대 전기과에 입학했는데요. 학교에서 가톨릭 학생회 회장을 역임하며, 부산지역 가톨릭 학생회 회장단 모임에 적극 참여했습니다. 성당에서는 청년회 회원으로 활동하며, 5·18 민중항쟁 사진전과 비디오를 돌려보며 민주 의식을 형성했습니다. 직선제 개헌과 민중 생존권 보장을 요구하는 시위와 집회에도 열심히 참여했습니다.

1986년 12월 16일 논산훈련소에 입소한 후, 1987년 2월 2일 강원도 원주에 있는 36사단으로 배치 받아 공병대 본부중대 행정반 서무계 조수로 군 생활을 시작했는데요. 민주 의식을 가지고 있던 열사는 군대 내 부조리를 그냥 두고 볼 수 없었습니다. 열사는 선임이 내린 부당한 지시를 거부했는데요. 이로 인해 선임병으로부터 수시로 기합과 얼차려를 당했습니다.

고 이승삼 열사 ⓒ 민주화운동기념사업회 　　육군 이병 이승삼의 위패 (위패봉안실 03-3-707호) ⓒ 김선
재

　　당시 부대에서는 분위기상 후임병이 구타를 당하거나 금전을 도난당해
도 선임병이나 상급자에게 보고할 수 없었는데요. 이승삼 열사는 부당하게
구타당한 점과 금전 도난 사실을 당시 일직사관에게 보고했습니다. 그러나
보고 체계를 통해 어려움을 호소했음에도 불구하고 나아지는 점은 없었습
니다. 구타행위와 내무 부조리는 그대로였습니다. 오히려 자신이 보고한 탓
에 중대원 전원이 집합해 군장 구보를 하게 되는 등 이승삼 열사가 군 생활
을 하기에 더욱 어려운 상황에 빠집니다.

　　1987년 3월 1일 외박을 통해 어머니와 같이 시간을 보낸 밤이 가족과 보
낸 마지막 시간이 되었는데요, 이틀 후 3월 3일 부산 본가에 이승삼 열사가
사망했다는 소식이 전해졌기 때문입니다.

　　3월 3일 열사는 당일 대공초소 근무 편성표에 근무자가 아니었습니다.
그럼에도 고참들이 부당하게 근무 편성을 바꾸어 4시간을 대공초소에서
근무했습니다. 마지막 근무였던 오후 3시에서 4시 사이 최 아무개 일병은

군기가 빠졌다는 이유로 또 한 번 이승삼 열사를 폭행했습니다. 오후 4시 근무가 끝난 이후 이승삼 열사를 본 이는 아무도 없었는데요. 오후 5시경 중대장실에서 총에 맞아 숨진 채 발견되었습니다.

총알은 턱 밑으로 들어가 정수리를 관통했고 현장에서 즉사했는데요. 사체가 발견된 모습이 석연치 않았습니다. 몸을 쭈그린 채 턱을 난로 보호대에 걸쳐진 상태였습니다. 담배꽁초가 총 3개비 발견되었는데요. 난로 뚜껑 위 1개, 사체 앞에 1개, 난로 뒤에서 1개가 발견되었습니다. 묵주반지는 난로 위, 장갑은 난로 안전대에 걸쳐져 있었습니다. 철모와 방한 목도리는 중대장실 옆 행정반 의자 위에 놓여있었습니다. 총은 난로 옆에 가지런히 세워진 점도 의혹을 증폭시켰습니다.

유가족은 진실을 밝히기 위해 대통령, 국방부 장관, 육군참모총장, 헌병감, 여야당수에게 진정서를 제출하고 진상규명을 요구했습니다. 이후에도 의문사 유가족협의회 등 단체와 함께 진상규명을 위한 활동에 나섰고, 1988년 10월 17일부터 1989년 2월 27일까지 135일 동안 기독교회관에서 농성을 이어갔습니다. '의문사 진상규명에 관한 특별법'이 국회 본회를 통과할 때까지는 422일간 국회 앞 천막농성에 참여하는 등 유가족은 '의문사 진상규명위원회' 출범을 위해 갖은 노력을 다했습니다.

하지만 의문사진상규명위원회 조사에도 불구하고 그의 죽음은 자살인지 타살인지조차 밝혀질 수 없었는데요. 최초 조사에서 부대 내 내무 부조리에 대한 수사가 없었던 점, 담배에서 타액 검사를 하지 않은 점, 깨진 안경 조각이 중대장실과 행정반에서 발견되었는데 폭행 가능성 수사가 없었던 점, 발견된 탄피가 누구 총에서 발사되었는지 확실하게 감정되지 않은 점, 시체 부검과 현장 사진이 사라진 점 등 초기 부실한 수사로 인해 끝내 진실은 묻히고 말았습니다.

하지만 의문사진상규명위원회는 자살 타살 여부를 떠나 열사를 군 민주화와 관련한 사망으로 인정했는데요. 열사가 군의 비민주적인 운영에 온몸

고 이진래 열사 ⓒ 민족민주열사희생자 범국
민추모위원회

육군이병 이진래의 묘 (장병7묘역 704-62934호) ⓒ 김선재

으로 저항했고, 사망하기 바로 전까지 육체와 정신에 고통 받은 점에 주목했습니다. 결국 공권력이 위법하게 개입하여 이승삼 열사가 사망에 이르렀음을 인정한 사례가 되었습니다.

이진래 열사

장병7묘역 704-62934호에는 이진래 열사가 잠들어 있습니다. 열사는 1959년 2월 17일 4남 3녀 중 막내로 태어나 전남 보성북중학교와 광주제일고등학교를 졸업했습니다. 1979년 3월 1일 두 번 낙방 끝에 3수로 서울대학교 제약학과에 입학했습니다.

열사는 1979년 부산·마산 민주항쟁, YWCA 위장 결혼식 사건, 1980년 서울 평화시장 피복근로자 농성사건, 서울대 '민주화 대총회', 학생 1만 명 '민주화 대행진' 기간 설정 및 선포 등 크고 작은 시위 현장에 참여했습니다.

대전현충원에 묻힌 이야기

또한 1980년 5월 초 '전두환 신군부 퇴진'을 주장하는 서울대 학생 가두 시위에 참여하였습니다. 특히 5·18 민중항쟁 당시에는 광주로 직접 내려가 "전두환 신현확 물러나라"는 등 구호를 외치며 군부 독재에 항거하며 10여 일 동안 항쟁에 직접 참여했는데요, 훗날 동료 학생에게 "광주에 있으면서 몇 차례 죽을 고비를 넘기고 왔다."고 이야기 할 정도였습니다.

그는 1981년 11월 14일 입대하여 논산 제2훈련소에서 4주간 교육을 받은 후 평택에 있는 카투사 교육대에서 3주간 교육을 추가로 받았습니다. 1981년 12월 31일 대구 캠프 헨리에 도착합니다. 1월 1일 휴일을 부대에서 보내고, 1월 2일 아침 8시경 막사 앞 향나무에서 목을 맨 채로 발견됩니다. 열사는 사망하기까지 짧은 군 생활 중에도 동기들에게 5·18 민중항쟁을 이야기하며 알렸습니다.

당시 미육군범죄수사대는 이진래 열사가 입대 전부터 앓아오던 척추 디스크 등을 비관하여 자살했다고 결론 내렸는데요. 유가족은 절대 동의할 수 없었습니다. 1982년 1월 3일 아침 방첩대 소속이라 밝힌 성명을 알 수 없는 준위 한 사람이 유가족을 찾아왔는데요. 시위 참여 일자 등이 기재되어 있다는 노란색 신상 카드를 내밀면서 '국가를 비방하고 반역한 사람이 자살을 했으면 재판에 회부해야 한다'라고 유가족을 협박했습니다.

이후 의문사진상규명위원회가 조사하였지만 당시 보안부대 담당자는 이미 사망한 이후라 조사를 할 수 없었습니다. 또한 당시 운동권 학생들에 대한 기록과 자료에는 접근이 어려워 결국 열사의 죽음은 '진상규명불능'으로 남게 되었습니다.

정연관 열사

끝으로 장병1묘역 103-3230호에 정연관 열사가 안장되어 있습니다. 1966년 12월 강원도 삼척에서 태어난 정연관 열사는 대구 남산국민학교, 경구중학교, 포항 성광고등학교를 졸업했습니다. 고등학교를 졸업한 이후

고 정연관 열사 ⓒ 민주화운동기념사업회   육군병장 정연관의 묘 (장병1묘역 103-3230호) ⓒ 임재근

대구 계명대학교 정문 앞에서 액세서리 점포인 '선물의 집'을 성실하게 운영하고 있었는데요.

1985년 계명대학교 총학생회는 5·18민중항쟁 기념 기간을 정해 사진 전시와 비디오 상영을 했습니다. 이때 정연관 열사는 마침 계명대에 재학중이던 중고등학교 동창과 함께 한 동아리에서 5·18 민중항쟁 비디오를 보게 됐습니다. 이후 열사의 마음은 완전히 바뀌고 말았습니다. 민주화운동에 대한 의식을 가지게 되었고, 주변에 자기가 가진 정치 소신을 밝히는데 거리낌 없었습니다.

1986년 5월 27일 논산훈련소에 입소해 7월 5일 306 보충대를 거쳐 육군 제3군수지원사령부 11보급대대 251중대 2내무반 금속수리반으로 배치되어 금속 수공구 수리병으로 군 생활을 했는데요. 활달한 성격에 다른 사병과 대인관계도 좋아서 남들보다 군 생활을 잘 해나가고 있었습니다.

그러나 1987년 12월 4일 대한민국 제13대 대통령 선거 부재자 투표가 있었고, 그날 정연관 열사는 원통하게 눈을 감고 말았습니다.

당시 군대 내에서는 부정 선거가 만연했습니다. 열사가 근무한 부대 중대장 김 아무개 대위는 매주 수요일 정신교육 시간에 여당 후보 당선 필요성을 강조했고, 개인 면담 때에도 여당 후보를 지지하도록 유도했습니다. 내무반장들에게도 자신이 맡은 반원이 여당 후보를 찍도록 지시 내렸습니다. 투표 전부터 '기호 1번 노태우 후보를 찍으라. 몇 %까지 나오지 않으면 지휘관들이 옷을 벗는다.'고 강조하기도 했습니다.

투표 당일 군 간부는 기표 용지를 기호 1번이 위로 올라오도록 접어주어 1번을 찍도록 유도하기도 했고, 기표 용지를 책상 위에 펼쳐놓고 기표하게 하는 등 비밀선거 원칙을 위반하면서 투표를 진행했습니다.

하지만 열사는 평소 "기호 2번을 찍겠다"고 밝히고 다녔습니다. 1987년 여름휴가를 나와서도 민정당 당원이었던 아버지에게 "무조건 민정당 후보를 찍을 것이 아니라 인물을 보고 찍어야 합니다", "이 나라가 바로 서려면 김대중 씨가 되어야 합니다"라고 자기 뜻을 밝혔습니다. 군 부재자 투표와 관련해서도 동기와 선임병에게 "김대중 후보를 찍겠다"고 서슴없이 밝혔습니다. 결국 부정 선거 공작에도 불구하고 정연관 열사 본인을 비롯 동료 두 명을 설득해 2내무반에서 야당 투표 총 3표가 나왔습니다.

이윽고 중대장 김 아무개 대위는 야당후보 기표자가 3명 나온 사실을 알고 "야당 찍은 놈이 3명이나 나왔다"며 2내무반장을 꾸짖었습니다. 2내무반장은 일석점호 전 "너희들 말이야 사전 교육한 대로 여당을 찍지 않고 왜 야당을 찍었느냐. 야당 찍은 놈 손들어."라고 하면서 내무반원들을 질책했습니다. 점호 후 취침 시간이 되자 내무반 '군기군번'이었던 백 아무개 병장은 내무반원들을 모두 기상시킨 후 구타하기 시작했습니다.

후임병 10명이 내무반 침상에 정렬했습니다. 백 아무개 병장은 주먹으로 2회씩 가슴을 가격했는데, 이때 정연관 열사가 주먹에 맞아 뒤로 넘어져 관물대에 머리를 부딪혔습니다. 열사가 일어나지 못하자 백 아무개 병장은 "엄살부리지 말라"면서 몸을 짓밟았습니다. 그러나 계속해서 정연관 열사는 일어나지 못했고, 백 병장은 인공호흡을 실시하고 사무용 칼로 손등에 상처를 내며 구호 조치를 했으나 몸은 점점 굳어갔습니다. 뒤늦게 인근 106 후송병원으로 옮겨졌지만 이미 숨진 후였습니다. 사인은 원발성 쇼크사이며, 향년 21세였습니다.

다음날인 12월 5일 새벽 5시 본가로 사망 통고 전화가 갔습니다. 황망한 가족이 사망 이유를 묻자 부대 관계자는 그저 "와 보면 안다"고 답했습니다. 군은 부정선거와 관련된 내용을 철저하게 은폐했습니다. 김 아무개 중대장은 부대원들에게 정연관 열사의 죽음이 군 부재자투표와는 관련 없는 '단순한 구타 사고'라고 말하라 지시했습니다. 보안사령부 수사관은 '이 사건은 군 부재자투표와는 전혀 관련이 없는 것으로 진술하고, 이에 대해 입조심을 하라. 백 병장이 혼자서 주먹으로 가슴을 때려서 사망한 것이라고 진술하라'고 강요했습니다. 또 보안사령부는 정연관 열사 본가를 감시하고 출입자를 통제하기도 했습니다.

1987년 선거가 끝난 후 1989년 국회에서 '양대선거부정 조사특별위원회'가 설치되었는데요. 이미 전역한 사람이 증인으로 채택되자 군은 전화를 하거나 부대로 불러 당시 진술서를 보여주며 그대로만 증언해 달라 강요했습니다. 훗날 진실을 밝힌 증인 홍 아무개는 "진실을 말하고 싶었으나 다른 사람들이 전부 아니라고 하는 상황에서 진실을 말해 봐야 혼자 병신 취급받게 될까봐 말을 못했고, 과거 헌병대에서 입을 맞춘 대로 답변을 했으며, 그 이후 계속 괴로웠다"고 말했습니다.

이후 진실을 밝히려는 노력이 이어졌는데요. '천주교 정의구현 전국연합 인권위원 공정선거 감시단'에 있었던 김용현 씨는 유족에게 정연관 열사가 '부재자 투표에서 야당을 찍었기 때문에 구타당하여 사망하였다'고 전해주었습니다. 열사의 어머니는 김용현 씨와 함께 1년 2개월 동안 사고 당시 부대원들을 찾아다녔는데요. 내무반장 3차례, 사건 당일 주번하사 6차례 그리고 가해자 백 병장을 5차례나 찾아가 '정연관 죽음의 진실을 말해 달라'고 호소했습니다. 이런 노력으로 열사가 사망한 지 17년이 지난 2004년 의문사진상규명위원회에 의해 모든 진실이 드러나게 되었습니다.

　이렇듯 대전현충원 곳곳에 민주화운동 열사 희생자가 잠들어 있습니다. 그들의 노력과 저항으로 우리나라 민주주의가 여기까지 성장해 올 수 있었습니다.

[참고자료]

민주화운동기념사업회 (https://www.kdemo.or.kr/)

민족민주열사희생자 범국민추모관 (http://yolsachumo.org/)

민족민주열사·희생자(기념)단체 연대회의, 『끝내 살리라−민족민주열사희생자자료집』, 2005.

대통령소속의문사진상규 명위원회, 『의문사진상규명위원회 보고서 1차』, 2003.

대통령소속의문사진상규 명위원회, 『의문사진상규명위원회 보고서 2차』, 2004.

세월호 순직교사 5명의 이야기

2014년 4월 16일, 그날의 사람들① 고창석, 양승진, 박육근, 유니나, 전수영

2014년 4월 16일 오전 10시 30분 제주도로 향하던 여객선 세월호가 완전히 뒤집혔습니다. 배에는 수학여행을 가던 안산 단원고등학교 학생 325명을 포함해 승객 총 476명이 있었는데요. 이 중 살아남은 사람은 모두 합해 172명에 불과했습니다. 단원고 학생, 교사, 일반인 승객과 선원까지 총 304명이 돌아오지 못했습니다.

참사 이후 당시 박근혜 대통령은 대국민 담화를 통해 "이번 사고를 계기로 진정한 안전 대한민국을 만든다면 새로운 역사로 기록될 수도 있을 것"이라며 "과거와 현재의 잘못된 것들과 비정상을 바로잡고 새로운 대한민국을 만들기 위해 저의 모든 명운을 걸 것"이라고 말했습니다. 그러나 안타깝게도 세월호 참사 이후에도 대형 참사는 계속 이어졌습니다.

우리 사회는 세월호 참사를 통해서 하나도 배우지 못했다는 지적이 있습니다. 참사 당시 선원은 배를 버리고 도주했고 해경은 구조를 방기했습니다. 정작 사람을 구한 이들은 구조 세력이 아닌 선한 마음의 개개인이었습니다. 참사 이후 유가족을 고립시키려는 정치 술수가 난무했습니다. 이런 양상은 이후 다른 참사에서도 유사한 형태로 반복됐습니다.

대전현충원에는 세월호 참사와 관련한 인물이 19명 안장되어 있습니다. 또 다른 참사를 막고 보다 안전한 사회를 만들기 위해 그들의 이야기에 귀를 기울여 봅니다.

대전현충원 공무원묘역 11호에서 20호까지 참사 당시 희생된 열 분 선생님이 모셔져 있습니다. 교사 공무원이 순직으로 인정받아 현충원에 안장된

대전현충원 세월호 순직
교사 묘소 안내판 ⓒ 임재
근

일은 단원고 선생님이 최초였습니다. 선생님들은 배가 침몰할 당시 자기 자신은 뒤로 하고, 학생을 한 명이라도 더 구조하다 변을 당했습니다.

선생님이 세상에 마지막으로 남긴 말

공무원묘역 11호에 고창석 선생님이 안장되어 있습니다. 체육을 가르치던 고창석 선생님은 늘 짧은 머리를 단정하게 정리하고, 체크무늬 넥타이와 감색 정장 그리고 구두 차림으로 출근했습니다. 사람들은 '편하게 운동복으로 출근하지 그러냐'고 묻곤 했지만, 대답은 늘 한결같았습니다. "나는 학생들을 가르치는 교사야. 체육도 학문이고, 절대 가볍게 다룰 수 없지."

학생 생활 인권부 활동을 하던 선생님은 남들보다 먼저 출근해서 등교지도를 도맡았습니다. 학생들은 고창석 선생님께 "안녕하세요. 또치쌤!"이라 밝게 인사했고요. 선생님은 학생들에게 "안녕! 너 오늘 더 근사하구나!", "그래, 오늘도 파이팅하자!"며 격려하곤 했습니다. 일과가 끝난 밤 안산 시내를 뒤져가며 가출 학생을 찾아다닌 이도 고창석 선생님이었습니다.

세월호 참사가 있기 9년 전 첫 근무지였던 원일중에서 있었던 일입니다. 학교 3층 학생 휴게실에서 불이 난 적이 있었습니다. 선생님은 화재 소식을 듣고 학생들을 대피시킨 뒤, 소화기를 들고 가장 먼저 달려갔습니다. 선생님은 태권도 사범에 인명구조 자격증까지 가지고 있었습니다. 고창석 선생님은 학생들을 구하기 위해 물불 가리지 않고 뛰어드는 분이셨습니다.

세월호 참사 당시 선생님은 담임도 생활 인권부장도 아니었습니다. 하지만 학생 지도를 위해 학교에서 동행하기를 원했고, 고창석 선생님은 지시에 따라 그리고 학생들을 위해 함께했습니다. "여보 걱정 마. 어젯밤에 안개 때문에 출발이 좀 지연됐었어. 아이들하고 배에서 폭죽놀이를 하고 바빠서 연락이 늦었어. 애들 챙기느라 수고 많지?"라고 아내에게 보낸 메시지가 선생님이 세상에 마지막으로 남긴 말이 되었습니다.

사람 관계를 중시하던 선생님

다음으로 공무원묘역 12호에 양승진 선생님이 안장되어 계십니다. 선생님은 학교 내 궂은일을 도맡아 하는 분이었습니다. 남들보다 1시간 일찍 출근해서 학교 앞에서 교통정리를 맡았습니다. 학생들의 안전한 등교를 위해서였습니다. 쓰레기 분리수거도 담당해서 청소를 번쩍번쩍 빛나게 할 정도였습니다. 부임하는 학교마다 상조회장도 여러 번 맡으셨습니다. 양지고에서 상조회장을 맡을 때는 비정규직 기간제교사, 조리사, 행정실 직원까지 상조회에 포함하며 두루두루 화합을 도모하던 분이었습니다.

선생님이 가진 취미는 텃밭 가꾸기였습니다. 단원고에서도 학교 뒤 텃밭에 상추, 감자, 쑥갓, 마늘, 상추, 고추 등을 키우셨습니다. 이렇게 키운 작물을 동료 교사나 학생에게 나눠줬고요. 동료 교사들은 선생님을 '아버지처럼 먹을 것을 사오신 분'으로 회상했습니다. 유도와 씨름으로 탄탄한 체격이었지만 '풍채에 안 어울리게 자상한 목소리'를 가진 선생님으로 학생들은 선생님을 기억하고 있습니다.

양승진 선생님은 천생 선생님이었습니다. 학생들을 직접 대하는 게 좋다며 한사코 여러 승진 기회를 거절했습니다. 매년 스승의 날에 선정되던 교

교사 고창석의 묘 (공무원묘역 11호) ⓒ 임재근   교사 양승진의 묘 (공무원묘역 12호) ⓒ 임재근

육부장관상 대상자에 올라도 "나는 승진에 관심이 없어. 받으나 안 받으나 내가 변하는 것은 없고, 그 상이 더 필요한 훌륭한 사람이 받았으면 한다." 며 손을 저었습니다. 해외 연수 기회도 다른 이에게 양보하는 분이었습니다. 주변에서는 "승진 선생님이 승진에 관심이 없다"며 농담을 건넸지만, 그 저 허허 웃고 마는 성격이었습니다.

선생님이 지킨 교육 철학은 "늘 학생들과 함께하는 스승의 모습을 잃지 말자"였습니다. 평소에 "학생 없는 교사가 없고, 학생의 미래가 없으면 나라의 미래가 없다"고 자주 이야기하곤 하셨습니다. 선생님은 뱃멀미를 심하게 했고 배를 잘 못 탔지만, 막상 수학여행이 다가오자 학생처럼 좋아 했습니다. 참사가 발생하고 선생님은 구명조끼를 학생에게 벗어주고, 목이 터져라 '갑판에 나오라'고 외치며 배 안으로 걸어 들어가셨습니다.

"죽더라도 학생들 살리고 죽겠다"

양승진 선생님 옆 13호 묘역에는 미술을 가르치던 박육근 선생님이 잠들어 계십니다. 박육근 선생님은 상담하는 교사가 되고 싶어했습니다. 틈나는 대로 학생들과 대화를 나눴고요. 교정 곳곳, 관사에서 학생들과 함께했습니다. 선생님이 숙직하는 날에 학생들은 학교로 찾아와 밤새도록 인생 이야기를 나누었습니다.

박육근 선생님은 좋은 아빠와 남편이 되고자 했습니다. 가사 노동을 늘 함께했고요. 아이들을 씻기고 기저귀를 갈아주었습니다. 자전거에 아이들을 태우고 들판을 달렸고, 산을 누비고 다녔습니다. 미술 전시회가 열리면 온 가족이 함께 보러 갔습니다. 선생님은 가족에게 작품과 뒷이야기까지 직접 설명하는 자상한 아버지였습니다.

선생님은 학생의 자존감을 가장 중요하게 생각했습니다. 학내 갈등 상황에 가해 학생이라 하더라도 해결 과정에서 상처받지 않도록 조심했습니다. 교육 차원에서 기회를 줘야 한다는 게 선생님이 가진 지론이었습니다. 세상에 문제아나 나쁜 학생이 따로 있지 않다고 늘 강조했습니다. 선생님이 학생들과 상담할 때 자주 하던 말이 있었습니다. "네가 모르는 게 하나 있는데, 뭔 줄 알아? 넌 꽤 괜찮은 녀석이라는 거야." 박육근 선생님이 담임을 맡았을 때, 그는 상담일지를 만들었습니다. 학생 한 명 한 명 사정을 들여다보고 이해하려고 노력했습니다. 학교생활 적응을 어려워하는 학생은 끝까지 믿고 기다렸습니다. 학생들은 눈에 띄게 변화했습니다.

선생님은 세월호 침몰 당시 4층에 있다가 밖으로 나온 아이들을 탈출시키고 갑판 출입구로 올라왔습니다. 그러나 이내 "죽더라도 학생들을 살리고 내가 먼저 죽겠다"고 외치고 다시 물이 가득한 선내로 들어가셨습니다.

전화 한 통에 뛰어 내려간 소녀

유나나 선생님은 공무원묘역 14호에 안장되어 있습니다. 2학년 1반 담임

교사 박육근의 묘 (공무원묘역 13호) ⓒ 임재근　　교사 유나나의 묘 (공무원묘역 14호) ⓒ 임재근

이었으며 학생들에게 일본어를 가르쳤습니다. '니나'라는 이름은 스페인어로 소녀라는 뜻입니다. 어린 니나는 고집이 셌다고 합니다. 한번 마음먹은 일은 끝까지 해내는 성격이었고요. 학창 시절 장학생으로 선발되어 일본 유학을 다녀왔습니다. 임용시험도 한 번에 합격할 만큼 공부를 잘했습니다. 경상대 사범대학 일어교육과를 졸업하고 처음 발령받은 곳이 바로 단원고였습니다.

　장학금을 많이 받았지만 그렇다고 마냥 고리타분한 모범생만은 아니었습니다. 성격이 쾌활했고 털털했는데요. 오죽하면 친구 사이에 별명이 형님을 뜻하는 일본어 '아니키'였습니다. 가족에게는 살뜰한 딸이었습니다. 단원고등학교로 발령나기 전 유나나 선생님은 영화관에서 아르바이트를 했는데요. 신작이 개봉할 때마다 부모님에게 영화를 소개하며 초대했습니다.

어머니에게는 친구같은 딸이기도 했습니다.

참사가 발생했을 때 선생님은 탈출이 쉬운 5층 객실에 있었습니다. 하지만 제자들을 그냥 둘 수 없었습니다. 1반 학생들을 찾아 빨리 나가라고 소리를 질렀습니다. 아이들과 함께 난간을 붙잡고 안간힘을 쓰고 있었습니다. 그때 전화가 한 통 걸려 옵니다. 식당에 다친 학생이 있다는 전화였습니다. 빨리 와달라는 전화에 선생님은 3층으로 뛰어 내려가셨습니다. 그리고 다시 돌아 나오지 못했습니다. 2학년 1반은 총 19명 학생이 구조되었습니다. 10개 반을 통틀어 가장 많은 학생이 구조된 반이었습니다.

유나나 선생님은 참사가 발생한 지 54일이 지나 세월호 3층 식당 의자 아래에서 발견됩니다. 자기 구명조끼는 다른 학생에게 벗어주어 발견 당시 선생님은 구명복도 착용하지 않은 상태였습니다.

수첩에 적힌 다짐

2학년 2반 담임을 맡은 전수영 선생님은 국어 과목을 담당했습니다. 공무원묘역 15호에 모셔져 있습니다. 1989년 전수영 선생님이 태어났을 때 어머니는 육아일기에 이렇게 썼습니다. '아가야! 너는 마음이 착하고, 어려운 세상에 선한 빛이 되어야 한다. 주변의 어려움을 도와줄 수 있는 마음으로 생활하거라.' 어린 수영은 부모님 뜻대로 자라났습니다.

학창 시절 친구들은 수영을 항상 웃고 책임감이 강하며 다정했던 친구로 기억하고 있습니다. '수영이는 말동무도 해주고 이것저것 학교생활도 많이 도와주는 배려심 깊은 친구였습니다.', '네가 정말 부러운 건 항상 웃어서야. 공부할 때도, 질문할 때도 항상 웃으면서 받아줘서 고마워. 커서 선생님 하면 정말 잘 어울릴 것 같아.'

고려대학교 사범대학 국어교육과에 진학한 수영은 희망대로 선생님이 되었습니다. 2013년 2월 전수영 선생님은 SNS에 '항상 학생을 생각하는 선생님이 되겠습니다'라고 다짐을 적었습니다. 그 문구는 수첩과 노트에도 적

교사 전수영의 묘 (공무원묘역 15호) ⓒ 임재근

혀있었습니다. 노트에는 수업한 내용과 학생들 반응, 칭찬한 학생과 수업 평가까지 빼곡하게 적혀있었고요. 학생들에게 주기 위한 간식도 늘 함께였습니다.

전수영 선생님이 맡은 반에 한 학생은 메이크업 아티스트가 꿈이었습니다. 화장을 하고 등교를 할 때 선도부에게 지적받는 일이 있었는데, 전수영 선생님은 훌륭한 아티스트가 될 거라 학생을 격려했습니다. 그리고 직접 선도부를 찾아가 장래 희망을 이야기하며, 각별히 부탁까지 남길 만큼 학생 입장에 서는 선생님이었습니다. 참사 당시 어머니와 통화에서 "애들은 입혔어요. 구조대가 온대. 얼른 끊어."가 선생님이 마지막으로 남긴 유언이 되었습니다.

[참고자료]
경기도교육청 약전작가단, 『우리 애기들을 살려야 해요』, 굿플러스북, 2016.
4.16 기억저장소 (http://www.416memory.org/)

선생님이 남긴 마지막 메시지

2014년 4월 16일, 그날의 사람들② 김초원, 이해봉, 이지혜, 김응현, 최혜정

학생들에게 선물 받은 귀걸이… 마지막이 되다

김초원 선생님은 공무원묘역 16호에 잠들어 있습니다. 2학년 3반 담임이었으며 화학을 가르쳤습니다. '나는 어떤 교사가 되어야 할까? 내가 가르치는 과학을 통해 아이들이 신비한 자연현상을 이해했으면 좋겠어. 그러니까 멋진 하늘빛을 감상할 줄 알고 풀, 나무, 꽃과 같은 생명을 소중히 여겼으면! 그리고 아름다운 음악을 들으면서 소리의 원리도 깨달으면 좋겠고. 일상생활에서는 무엇보다 생활을 풍요롭게 하는 좋은 물건들을 보는 안목을 가질 수 있다면. 이런 걸 한마디로 표현하면? 마음이 열려 있는, 아니, 그것보다는 마음이 따뜻한 교사? 그러니까 결론적으로 한마디로 줄이자면 맵시 있는 선생님!' 김초원 선생님이 처음 출근하기 전날 일기에 쓴 내용입니다.

2014년 4월 15일 김초원 선생님은 학생들과 함께 세월호에 탑승했습니다. 이지혜, 전수영, 유나나, 최혜정 선생님과 함께 5층 침대방을 배정받았고요. 16일로 넘어가는 자정 누군가 다급하게 선실 문을 두드립니다. 김초원 선생님이 반에서 가장 믿고 의지하는 지민이였습니다. "선생님, 수진이가 아파요. 열 많이 나요." 김초원 선생님은 부랴부랴 4층으로 내려가 학생들이 쉬고 있는 선실 문을 열었습니다.

그곳에 3반 학생들이 깨어서 모두 모여있었습니다. 이윽고 케이크에 촛불이 켜지고 생일 축하 노래가 울려 퍼졌습니다. 1988년 4월 16일. 그날은 김초원 선생님이 세상에 태어난 생일이었습니다. 학생들은 귀걸이와 반지를 선물로 준비해서, 선생님에게 직접 끼워드렸고요. 김초원 신생님은 선물

공주대학교 세월호 순직 교사 추모공원 ⓒ 임재근

교사 김초원의 묘 (공무원묘역 16호) ⓒ 임재근

로 받은 귀걸이와 반지를 그대로 착용하고 잠들었습니다.

날이 밝고 배가 기울기 시작했습니다. 구명조끼 없이 뛰어가던 아이에게 김초원 선생님은 자기 구명조끼를 벗어주었습니다. 그리고 다시 학생들이 있는 4층으로 내려갔습니다. 이후 싸늘한 시신으로 발견된 선생님은 선물 받은 귀걸이를 그대로 끼고 있었습니다. 김초원 선생님은 기간제 교사라는 이유로 참사 발생 3년이나 지난 2017년 7월에서야 순직으로 인정받았습니다. 선생님이 졸업한 공주대학교의 동문들은 2021년 10월 30일 학교 교정에 추모 공원과 기림비를 조성하여 선생님을 기억하고 있습니다.

아픈 학생까지 챙겼던 '바다의 킹왕짱'

2학년 5반 이해봉 선생님은 역사를 가르치던 분이었습니다. 그를 아는 사람들은 입을 모아 '참 좋은 사람'이었다고 기억합니다. 이해봉 선생님은 학기 초 첫 수업 시간에 자신을 '바다의 킹왕짱'이라고 소개하곤 했습니다. "이해봉, 바다 해(海) 봉새 봉(鳳)입니다. 봉새는 상상 속의 새로 아주 상서로운 기운을 가지고 있어서 왕들이 입는 옷이나 앉는 의자에 새기기도 했습니다. 그래서 나는 '바다의 왕자'라고 풀이하는데, 여러분이 잘 쓰는 말로 하면 '바다의 킹왕짱'이라고 할 수도 있겠네요." 선생님은 학생들에게 더욱 더 친근하게 다가가기 위해 노력하는 분이었습니다.

이해봉 선생님은 점심시간이나 방과 후 종종 학생들과 농구를 했습니다. 스타크래프트나 모바일 게임도 아이들과 함께하며 어울리곤 했고요. 수업 시간 외에 아이들과 함께 어울리며 친근감을 쌓아가는 과정이 교육의 밑바탕이 된다고 생각했습니다. 학교 축제가 있을 때는 다른 교사들에게 춤을 가르쳐 주며 무대에 오르기도 했습니다.

그렇다고 수업에 소홀하지도 않았습니다. 근현대사를 주로 가르쳤는데요. 입시만이 교육의 본질이 아니라고 생각했습니다. 학생들에게 늘 올바른 역사의식의 중요성을 강조했습니다. "역사는 점수를 잘 받는 것도 중요하지만 우리가 왜 역사를 배워야 하고, 거기서 어떤 교훈을 얻어야 하는지를 깨달을 수 있어야 합니다."

제주도로 수학여행을 떠나기 전 4월 12일 이해봉 선생님은 아내와 함께 서울대 병원을 찾았습니다. 그곳에는 5반 박진수 학생이 입원해 있었습니다. 뇌종양 수술을 앞두고 있었기 때문에 친구들과 함께 수학여행을 갈 수 없었는데요. 선생님은 진수가 못내 마음에 쓰였습니다. 선생님은 진수에게 "함께 못 가 미안하다"는 말과 "꼭 완쾌되기를 바란다"는 인사를 마지막으로 남겼습니다. '바다의 킹왕짱' 이해봉 선생님은 공무원묘역 17호에 안장되셨습니다.

쪽지 한 장까지 소중히 간직한 선생님

김초원 선생님과 마찬가지로 순직을 인정받지 못했던 선생님이 한 분 더 있습니다. 기간제교사였던 이지혜 선생님입니다. 2학년 7반 담임이었고 국어를 가르치던 분이었습니다. 지금은 공무원묘역 18호에 안장되어 있습

교사 이해봉의 묘 (공무원묘역 17호) ⓒ 임재근   교사 이지혜의 묘 (공무원묘역 18호) ⓒ 임재근

니다.

　이지혜 선생님은 어릴 때부터 다정다감한 사람이었습니다. 선생님의 어머님은 지금도 딸이 남긴 편지를 하나씩 꺼내어 읽으신다고 합니다. "'96년 7월 28일 생일날. 엄마! 저 지혜예요. 이 무더운 여름날 가게에 앉아서 장사하시는 것 참 힘드시죠? 제가 이다음에 잘해 드릴게요. 절 이렇게 낳아 주시고 예쁘게 키워 주셔서 정말로 고마워요. 앞으로도 열심히 공부하고, 나쁜 길로도 빠지지 않을게요. 다시 한번 감사드립니다. 절 이 아름다운 세상에 태어나게 해주셔서, 저에게 행복을 한 아름 안겨주셔서요."

　이지혜 선생님은 학생들에게도 손 편지를 자주 쓰곤 했습니다. 야자 감독을 끝내고 밤 11시에 귀가하는 날에도 어김없었습니다. 몸 약한 딸이 늦은 시간까지 무리하는 모습을 어머님은 좋아하지 않았는데요. 그러자 선생님

제3장 국가폭력과 사회적 참사

은 어머님이 잠드신 이후에 몰래 문을 닫고 학생들에게 줄 편지를 쓸 정도였습니다. 학생으로부터 받은 답장도 가득했습니다. 선생님 방에는 학생에게 받은 편지가 가득한 상자가 6개나 있었습니다. 학생이 건넨 간단한 쪽지도 선생님은 하나도 버리지 않고 차곡차곡 모았습니다.

상담실에서 학생과 함께 컵라면을 끓여 먹고, 학생 생일이 되면 늘 생일축하 문자를 보내는 선생님이었습니다. 집안 형편이 어려운 학생은 따로 불러 다른 학생 몰래 더 챙겨주는 분이었습니다. 야자 시간에 잠든 아이를 깨울지 말지 한참을 고민하고, 학생을 야단친 후에는 '내가 심했나?'며 후회하는 다정다감한 선생님이기도 했습니다.

흰 국화 대신 놓인 카네이션

2학년 8반 김응현 선생님 별명은 '아빠'였습니다. 선생님은 어려운 가정형편을 이겨내고 충북대 사범대를 졸업했습니다. 96년 12월 수원 매향여고에서 교사 면접을 봤을 때 일입니다. 면접 시험에서 "우리 학교에 들어오려면 소정의 기부금을 내라"는 말에 김응현 선생님은 "나와 안 맞는 것 같다. 다른 사람 알아보라"고 답을 했습니다. 떨어진 줄 알았던 면접에서 "다음 주에 출근하라"는 통보를 듣게 되는데요. 사실 학교가 선생님 반응을 떠보기 위한 질문이었습니다. 그렇게 교사 생활을 시작했습니다.

선생님은 학생을 격의 없이 대했으나 자신에게는 엄격한 사람이었습니다. "교사에게는 수업이 가장 중요하다. 자신이 맡은 교과는 완벽하게 소화해야 한다."는 지론을 가지고 있으셨는데요. 자신이 하는 수업 준비는 무엇보다 철저했습니다. 교사 생활하는 동안 정리한 수업자료를 차곡차곡 모아 수업에 활용했고, 새로운 수업 연구와 실험도 끝없이 탐구했습니다.

선생님은 과학다운 과학을 가르치는 게 꿈이었습니다. 교직에 있으면서 스스로를 계속 단련한 그는 수질환경기사 자격증, 영재 2급 교사 자격증을 가지고 있었고요. 영재교육 연수를 300시간 이상 이수했습니다. 과학에 재

교사 김응현의 묘 (공무원묘역 19호) ⓒ 임재근   교사 최혜정의 묘 (공무원묘역 20호) ⓒ 임재근

능있는 학생을 가르치고 싶었던 선생님은 17년간 정들었던 매향여고를 떠나 단원고로 부임했습니다. 평생 여학생만 가르쳤던 선생님은 남학생 반을 맡아 무척 좋아했습니다. 학생들 사진을 집으로 가져와 하나씩 오려 교무수첩에 붙였습니다.

　스승의 날을 하루 앞둔 5월 14일 세월호 4층 선수 좌현에서 선생님의 시신이 발견되었습니다. 형체를 알아볼 수 없었지만, 옷 안에 있던 신분증으로 그를 찾았습니다. 5월 15일 스승의 날에 조문객이 몰려들었습니다. 흰 국화 대신에 카네이션이 영정사진 앞에 놓였는데요. 어떤 제자는 대성통곡을 하며 쓰러지고 혼절하는 사람도 있었습니다. 조문객이 너무 많아 음식 100인분은 10분도 안 되어 동이 날 지경이었습니다. 수백 명 제자가 선생님을 뵙기 위해 찾아왔습니다. 그들은 하나 같이 김응현 선생님을 '우리를 존중해 주신 분'으로 기억했습니다. 장례 이후 공무원묘역 19호에 안장되셨습니다.

"걱정하지마, 너희부터 나가고 선생님 나갈게"

최혜정 선생님은 동국대 사범대를 수석으로 졸업한 2년 차 새내기 선생님이었습니다. 신규 교사였음에도 불구하고 일을 척척 잘 해냈고요. 활기차고 긍정적이며 자기 일에 최선을 다하는 사람이었습니다. 3월이면 내내 아이들과 상담을 진행했습니다. 가족과 다툰 아이, 어머니와 아버지가 이주민인 아이, 가정에 불화가 있는 아이, 가정형편이 어려운 아이. 일지에는 사연이 꼼꼼하게 기록되어 있었습니다.

학생들은 최혜정 선생님에게 자기 속내를 털어놓고 싶어했습니다. 선생님은 이야기 하나하나에 귀를 기울였고, 학생들을 웃게 했습니다. 시험 기간이 되면 반 학생들에게 컴퓨터 사인펜을 하나씩 나누어 주었는데요. 토끼모양 스티커에 한 명 한 명 이름이 쓰여 붙어있었습니다. 학생 생일이 되면 한 명씩 불러 선물을 챙겨주었습니다.

학생들이 떠들어도 결코 화내는 법이 없었습니다. 단호하고 조용하게 "조용히 해"라고 짧게 말할 뿐이었습니다. 학생들은 선생님의 사랑과 격려를 듬뿍 받았습니다. 늘 선생님과 함께하고 싶어 했습니다. 학교 다니는 일이 행복하다고 할 정도였습니다. 학생들은 선생님 생일날에 색종이와 풍선으로 교실을 꾸몄고요. 한 명씩 일렬로 서서 츄파춥스를 선물했습니다. 그렇게 1년을 함께한 아이들과 2학년으로 함께 올라간 최혜정 선생님은 수학여행도 같이 가게 되었습니다.

9반 담임이던 선생님은 참사 직후 함께 밖으로 나가자는 학생들은 먼저 내보내고는 4층 배 안으로 들어가셨습니다. 학생들과 함께하는 단체대화방에 "걱정하지마. 너희부터 나가고 선생님 나갈게."라고 남긴 메시지가 유언이 되었습니다.

세월호 참사 순직교사묘역 전경 ⓒ 임재근

　세월호 참사 당시 긴박한 생사 갈림길에서 선생님들은 학생을 한 명이라
도 더 구하기 위해 물속에 뛰어들었습니다. 이들은 평소 학생 이야기에 귀
를 기울이는 교사, 성실하고 책임감 있는 사람들이었습니다. 가족에게 최선
을 다하는 자상한 사람이기도 했습니다. 평소 우리 주변에서 흔히 볼 수 있
는 마음씨 따뜻한 좋은 사람들이었습니다.

　이제는 세월호 참사의 진상이 많은 부분 드러났습니다. 언제 쓰러져도 이
상하지 않았을 세월호는 과적이 일상이었습니다. 승객과 화물을 얼마만큼
실었는지 기록과 관리도 엉망이었습니다. 선원들에게는 비상시 대피 훈련
이 전혀 되어있지 않았습니다. 해경을 비롯한 구조 세력과 지휘 세력은 무
능했습니다.

　우리 사회가 언제까지고 마음씨 좋은 개개인에게 빚을 지고 살아갈 수는
없습니다. 대한민국에 더 이상 대형 참사를 막기 위해, 우리는 반드시 세월

호 참사에서 교훈을 얻어야만 합니다. 우리가 조금이라도 더 안전한 사회를 만들어야, 공무원묘역에 안장된 열 분 선생님의 희생이 헛되지 않을 것입니다.

[참고자료]
경기도교육청 약전작가단, 『우리 애기들을 살려야 해요』, 굿플러스북, 2016.
4.16 기억저장소 (http://www.416memory.org/)

4명의 선원, 5명의 소방관, 그들은 비겁하지 않았다

2014년 4월 16일, 그날의 사람들 ③

대전현충원에는 세월호 참사 당시 희생되신 열 분의 선생님이 안장되어 계십니다. 또 승객들을 구하다 희생되신 세 분의 선원이 의사상자묘역에 잠들어 있습니다. 세월호가 침몰한 해역을 수색하고 복귀하던 도중 헬기 추락으로 사망한 다섯 분의 소방관이 계십니다. 이들의 이야기를 모아보았습니다.

세월호에는 갑판부 7명, 기관부 7명, 여객부 11명, 조리부 5명의 선원과 아르바이트 노동자가 승선해 있었습니다. 한국해양수산연구원이 발행한 '여객선' 교재에는 비상시 선원의 역할이 명시되어 있습니다.

승객들을 동요하지 않게 해야 하고, 사고 발생 사실과 구조 상황을 알려야 합니다. 대피하지 못한 승객이 있는지 수색해야 하고, 퇴선 준비가 끝난 후 승객들을 바다로 뛰어내리게 안내해야 합니다.

선장이 "총원 퇴선! 비상부서 배치!"를 명령하면 각자 비상시 임무를 수행하도록 되어 있습니다. 그런데 참사 당시 대부분의 선원은 자신의 임무를 망각했습니다. 오히려 침몰하는 배 안에 승객들을 방치한 채, 가장 먼저 도주했습니다.

조리부 선원 최찬열과 김종임에게는 승객을 비상 대피 장소로 이동시키는 임무가 있었습니다. 하지만 그들은 승객과 선원 모두를 통틀어 가장 먼저 도주했습니다. 9시 30분 경 헬기를 타고 배를 떠났습니다. 구명정을 준비해야 하는 기관부와 갑판부 선원들은 9시 39분 경 구명보트와 해경 123정을 타고 도주했습니다. 이준석 선장은 말 그대로 아무것도 하지 않은 채 침몰하는 배를 버리고 도망쳤습니다.

선원의 임무를 제대로 수행한 사람은 양대홍 사무장과 여객부 직원 박지영, 정현선, 안현영 등 총 네 사람 뿐이었습니다. 대전현충원 의사상자묘역 51호에서 53호는 양대홍, 박지영, 정현선 세 분이 안장되어 있습니다.

사무장 양대홍은 끝까지 비겁하지 않았다

양대홍 사무장을 아는 지인들은 그를 책임감이 강하고 의로운 사람으로 기억했습니다. "책임감이 강해서 일처리를 잘했고, 항상 약자의 입장을 대변하는 성품"이었다고 전했는데요. 참사가 발생한 당시에도 그는 자신의 책임을 방기하지 않았습니다. 선체가 90도까지 기울었던 상황에서도 그는 끝까지 학생들의 탈출을 도왔습니다. 3층 식당칸에서 오도 가도 못하던 아르바이트 노동자 송모씨는 양 사무장 덕분에 목숨을 건질 수 있었습니다. 조리 담당 직원 김모씨도 마찬가지였습니다. 그렇게 양대홍 사무장은 다른 사람들의 구조에 힘쓰다 탈출할 기회를 놓쳤습니다. 참사가 있은 지 한 달 후 5월 15일에 그의 주검이 발견되었습니다.

그는 침몰하는 배 안에서 아내와 통화를 나누었는데요. "수협 통장에 돈이 좀 있으니 큰아들 학비 내라. 지금 아이들 구하러 가야 한다."라는 말을 마지막으로 남기고 침몰하는 배로 들어갔습니다. 유족들은 평소 고인의 뜻에 따라 부의금도 사양하며 장례를 간소하게 치렀는데요. 그의 의로운 죽음을 기억하기 위해 빈소 위에는 '사무장 양대홍은 끝까지 비겁하지 않았다'는 문구를 현수막에 써서 붙였습니다.

"너희들 다 구하고 난 나중에 나갈게. 선원이 마지막이야."

박지영씨는 2012년 수원과학대학교 산업경영학과에 입학했다가 가정형편이 어려워진 탓에 바로 휴학해야 했습니다. 학업을 잠깐 멈춘 채 가족들의 생계를 책임지기 위해 돈을 벌어야 했는데요. 사촌 오빠가 소개해 준 일

의사자 양대홍의 묘 (대전현충원 의사상자묘역 51호)　의사자 양대홍의 묘 (대전현충원 의사상자묘역 51호)
ⓒ 임재근　　　　　　　　　　　　　　　　　　　ⓒ 임재근

자리가 바로 세월호의 선원 자리였습니다. 박지영씨는 매점에 근무하며 승객들을 안내했는데요. 하루 13시간 이상 근무하는 고된 일정에도 힘든 내색 한번 하지 않는 명랑하고 밝은 성격이었습니다.

　세월호가 침몰하던 당시 지영씨는 학생들이 입을 구명조끼를 모으기 위해 선실 곳곳을 뛰어다녔습니다. 그렇게 구명조끼를 모아 학생들에게 차례로 입혔고요. 공포에 질린 학생들에게 "안심해, 우리 모두 구조될 거야."라 말하며 학생들을 토닥였습니다. 배는 점차 기울어서 이윽고 바닥과 천장이 위치가 바뀌고 마는데요. 열린 출입문들은 거대한 낭떠러지가 되어 승객들의 탈출을 방해하고 있었습니다. 이때 지영씨는 출입문을 열쇠로 잠그고 승객들의 탈출을 도왔는데요. 이때 이 '생명의 다리'로 탈출한 사람만 50명이 넘었습니다. 전체 생존자의 1/3가량 되는 숫자입니다.

배에 물이 차오르던 급박한 상황에서도 박지영씨는 침착함을 잃지 않았습니다. 무릎, 가슴, 목까지 물이 들어찼고, 침몰 직전의 상황에 지영씨는 학생들에게 "빨리 바다에 뛰어들어"라 외쳤습니다. 학생들을 죽을힘을 다해 헤엄쳐 탈출에 성공했습니다. 당시 상황에 대해 생존 학생들은 "승무원 누나가 나보고 빨리 위로 올라가라고 다그쳤다"고 이야기했고, "배가 기울자 그 승무원이 '높은 데로 올라가셔야 한다'며 승객들의 대피를 도왔고, 물이 차오르자 승객을 문 밖으로 빠져나가도록 도왔다."고 증언했습니다.

한 학생이 "언니도 어서 나가야죠!"라고 하자, 박지영씨는 "너희들 다 구하고 난 나중에 나갈게. 선원이 마지막이야."라고 답합니다. 이것이 지영씨가 세상에 남긴 마지막 유언이 되었습니다.

침몰하는 배로 다시 들어가다

정현선씨는 배에서 일한 경력이 10년이 되는 베테랑이었습니다. 게다가 스킨스쿠버 다이빙에도 능했기 때문에 충분히 배에서 탈출할 수 있었습니다. 하지만 한 사람의 승객이라도 더 구하기 위해 침몰하는 배로 들어갔고 결국 살아서 나오지 못했습니다.

정현선씨는 같은 배에서 불꽃놀이 아르바이트를 하던 김기웅씨와 동갑내기 연인사이였는데요. 4년 동안 사랑을 이어온 두 사람은 그해 가을 결혼을 앞두고 있었습니다.

김기웅씨는 배가 기울자 잠을 자고 있던 동료들을 깨워 탈출했고요. 동료들과 나오던 도중 여자친구 현선씨가 선내에 있는 것을 알고 다시 배로 들어갔습니다. 그 역시 침몰하는 배에서 승객들의 구조를 돕다 희생되었는데요. 기웅씨도 현선씨와 마찬가지로 훗날 의사자로 인정받게 됩니다.

세월호와 계약한 이벤트회사 대표였던 안현영씨는 사고 당시 배가 기울자 의자를 쌓아 디딤판을 만들어 승객 15명을 4층으로 빠져나오도록 돕고 부상당한 4~5명은 직접 이동시킨 것으로 알려졌습니다. 하지만 본인은 배

의사자 정현선의 묘 (대전현충원 의사상자묘역 53호)
ⓒ 임재근

안으로 밀려드는 바닷물을 피하지 못했습니다. 이런 사실들이 확인돼 현영씨도 훗날 의사자로 인정받았습니다.

죽는 순간까지 소방관이었던 이들

소방공무원묘역 110호에서 114호에는 소방관 다섯 분이 안장되어 계신데요. 순서대로 정성철 소방경, 박인돈 소방위, 안병국 소방장, 신영룡 소방교, 이은교 소방사입니다.

이들은 강원 소방본부 제1소방항공구조대 소속이었는데요. 강원 소방본부는 2014년 4월 28일부터 인원을 파견하여 사고 해역 수색을 지원하고 있었습니다. 이들은 7월 14일과 16일 해상 수색을 실시했는데요. 한 사람이라도 더 찾아내기 위해 모든 신경을 집중하며 바다를 샅샅이 뒤졌습니다. 그리고 17일에는 수색을 끝내고 강원도로 복귀하기로 결정합니다.

오전 10시 49분 헬기는 광주 비행장에서 이륙해 강릉으로 향하고 있었습니다. 소방관들은 세월호에서 더 많은 사람을 찾아내지 못해 아쉬운 마음을 애써 뒤로하고 있었습니다.

이들의 마음처럼 날씨는 비바람이 몰아치고 시야가 어두웠습니다. 헬기가 이륙한 지 4분이 지났을 무렵 천둥 번개가 치는 듯한 소리와 함께 헬기가 광주 시내에 추락했습니다. 마지막 순간에도 소방관들은 학교와 아파트를 피하기 위해 조종간에서 손을 뗄 수 없었습니다.

세월호 참사 수색 중 순직한 순직 소방관들의 묘 ⓒ 임재근

헬기는 추락과 동시에 불이 붙으며 폭발했고, 이들 5명 소방관은 그 자리에서 숨졌습니다. 헬기 추락 이후 블랙박스 분석이 이어졌고, 소방 조직 내 열악한 교대근무와 계기 비행 자격에 대한 관리 부재 등 문제가 발견되었습니다.

슬픔에 잠긴 국민들을 위로하기 위해 자기 한 몸 아끼지 않고 참사 현장에 뛰어든 소방관 분들은 그렇게 하늘의 별이 되어 대전현충원에 고이 잠들었습니다.

세월호 참사는 여러 사람에게 큰 상처와 흔적을 남겼습니다. 침몰하던 배를 버리고 도망친 선원이 있었는가 하면, 생판 모르는 남을 구하기 위해 참사 현장에 뛰어든 소방관들과 자기 한 몸 희생하여 여러 사람을 살린 인물들이 있습니다. 어떤 삶이 옳은 길인지 대전현충원의 안장자들은 우리에게 묻고 있습니다.

[참고자료]

소방청 『기억을 향한 기록 : 순직소방공무원 추모백서』, 2022.

진실의 힘 세월호 기록팀, 『세월호, 그날의 기록』, 진실의 힘, 2016.

민주사회 를 위한 변호사 모임, 『4.16세월호 참사 판결 및 특수단 1차 수사결과 비평』, 4.16재
단, 2016.

4.16 기억저장소 (http://www.416memory.org/)

'세월호 유족 사찰' 기무사령관, 대전현충원에

이재수 전 기무사령관

대전현충원에는 세월호 참사와 관련된 인물이 여럿 안장되어 있습니다. 제자들을 구하다 순직한 선생님, 침몰하는 배에서 승객들의 탈출을 돕다 희생된 선원들, 그리고 침몰 해역에서 실종자를 수색하다 복귀하는 과정에 순직한 소방관이 있습니다.

그리고 장군2묘역 495호에 또 한 명의 관련 인물이 안장되어 있습니다. 바로 이재수 중장인데요. 그 역시 세월호 참사와 깊은 관련이 있습니다.

육군중장 이재수의 묘 (대전현충원 장군2묘역 495호) ⓒ 임재근

이 장군은 2013년 10월 26일부터 2014년 10월 16일까지 41대 국군기무사령부 사령관으로 재직했습니다. 원래 기무사령부의 주요 업무는 군사 보안과 군 첩보의 수집 처리 등인데요. 그 임무와 역할이 철저하게 군대와 관련된 사항에 제한됩니다. 기무사령부는 이전에 민간인을 사찰하고 국내 정치에 관여하는 등 문제를 일으켜 왔기 때문인데요. 법률은 이러한 행위들을 할 수 없도록 엄격하게 제한하고 있습니다.

기무사령부의 세월호 유가족 사찰

그런데도 이재수 사령관은 2014년 4월 28일부터 기무사령부 내에 세월호 TF를 설치하였습니다. 5월 13일부터는 이를 증편하였고, 10월 12일까지 약 6개월 동안 운영했습니다. 소속된 인원은 지휘관과 부대원을 포함해 총 60명으로 구성됐습니다. 이들의 업무는 '유가족 지원', '탐색구조·인양', '불순세력 관리' 등으로 나뉘었습니다.

이재수 장군은 세월호 TF에 세월호 참사 관련 첩보 등을 수집 작성 처리하도록 지시했는데요. 훗날 '기무사 의혹 軍 특별수사단' 수사에 밝혀진 바에 따르면, 당시 기무사는 6.4 지방선거 등을 앞두고 세월호 참사가 박근혜 정부에게 불리하게 전개되자 이를 전환하기 위해 TF를 설치했습니다. 정국을 전환하기 위한 출구전략 마련과 대통령의 지지율 회복을 위해 세월호 유가족을 사찰하는 TF를 구성 운영한 것입니다.

이 장군은 자신의 산하에 제310부대와 제610부대의 소속원들에게 세월호 유가족의 특이언동과 분위기 등을 수집 파악하도록 지시하는데요. 진도 참사 현장에는 제610부대 소강원 부대장이 파견되었고, 안산 지역에서는 제310부대 김병철 부대장이 파견 나갔습니다.

이재수 사령관은 부하들에게 유가족들이 보이는 불만과 과격해 보이는 세월호 유가족의 가족관계 및 특이 사항을 보고하라고 지시했습니다. 이에 610부대원들은 유가족들의 '과하다 싶은 정도의 무리한 요구'를 파악해서 보고했습니다. '진도 지역 실종자 가족들의 경우 가족들을 위한 구강청결제 대신 죽염을 요구했다' 등 내용이 들어 있었습니다.

이어 이재수 사령관은 '진도 실내체육관 내 잔류 유가족 현황, TV 시청내용, 야간 음주 실태, 신경질을 내는 사례' 등을 파악하라고 지시합니다. 또한 '세월호 유가족들의 성향, 영향력, 상태, 각각의 활동'을 분석하라고 지지하였고, '유가족의 직업, 성격, 활동 내용, 언동 사항'까지 수집합니다. 유가족 개개인의 성격을 강성, 중도, 온건으로 분류했고, 유가족들의 활동 일거수일투족을 감시했습니다.

안산에 파견된 310부대원들 역시 유가족들의 여망, 불만 등 유가족의 분위기와 유가족들의 시위 동정을 파악해서 보고합니다. '합동분향소 앞에서 피켓시위 및 서명운동을 지속 전개 중으로 마스크를 쓰고 피켓을 들고 있고 조문객이 많은 시간과 적은 시간 피켓 시위 인원수가 다르다'는 등 매우 상세한 내용이 보고됩니다.

310부대원들이 올린 보고 내용에는 안산 가족대책위 관련 정보들이 포함되어 있는데요. '유가족 대표 보습학원 운영경력 및 시흥에서 지게차를 운영하는 등 평범한 직업 출신이나 성향은 사회 비판적임'라는 등 유가족들의 개인정보를 속속들이 파악하고 사찰했습니다.

이재수 사령관은 사이버 부대까지 동원하는데요. 유가족의 통장 사진, 포털사이트 활동 내역, 인터넷 쇼핑 물품, 전화번호, 학적사항까지 지극히 사적인 내용까지 수집합니다.

기무사령부는 거기에서 그치지 않고, 유가족들이 개최하는 집회에 대한 사실을 보수단체에 제공했는데요. 언제 어디서 회의를 했으며, 누가 어떻게 참석하는 집회를 했는지, 어떤 구호를 외치는지 조사하고 정보를 넘겼습니다.

기무사령부는 세월호 참사와 관련하여 '종북 좌파들이 반정부 선동 및 국론분열 조장 등 체제 안정성을 저해할 가능성이 있어' 이를 방지하고자

세월호 참사와 관련한 재판 결과 진실이 하나 둘 밝혀 지게 되었다. ⓒ 4·16재단

육군중장 이재수의 비석 뒷면. 41대 국군기무사 령관 경력이 기록되어 있다. ⓒ 임재근

활동을 기획한 것으로 드러납니다. 이윽고 이들은 세월호 유가족들의 활동을 '반체제 징후'로 명시하는데요. 안산 지역 단원고 선후배, 지역 주민들의 촛불시위를 '반체제 징후'라고 몰아갑니다. 그러고는 '종북세력 준동 대비 언론기고 맞대응 집회 등 정부 지지 활동을 요청'하기도 합니다.

또한 기무사령부는 세월호 정국 수습을 위한 이른바 '실종자 수색 포기와 수장 방안'을 만들어 청와대에 보고했습니다. '세월호 관련 투입비용, 또는 유가족의 요구사항을 언론에 공개하여 수색 및 인양에 대한 부정적 여론 형성', '경제 분야 전문가를 활용하여 세월호 사고로 인한 국가 경제의 악영향을 지속적으로 보도하게 하고, 이후 보수단체 주관 국민 대상 여론조사 실시를 유도' 등 국면 전환 방법을 제시합니다.

이상의 내용들은 기무사개혁위원회, 국정원 개혁위원회, 적폐청산 TF, 국방사이버댓글사건조작 TF, 기무사의혹 軍 특별수사단의 수사를 통해 모든 내용이 만천하에 드러나게 됐는데요.

대전현충원에 안장된 이재수 전 사령관

법원은 이 사건의 관련자 대부분에게 유죄판결을 내립니다. 310부대장인 김병철은 징역 1년에 집행유예 2년, 610 부대장인 소강원은 징역 1년에 벌금 1천만 원, 박태규 세월호TF현장지원부팀장은 징역 1년, 손정수 세월호TF현장지원팀장은 징역 1년 6개월에 처해집니다.

그러나 이들은 2023년 8월 대통령의 815특별사면으로 전원 다 형을 면제받고 명예를 회복했습니다. 특히 손정수의 경우에는 대법원에서 형이 확정된 지 한 달도 되지 않은 시점이었습니다.

법원은 이재수 사령관의 행위에 대해서도 적법하지 않은 직권 남용이라 인정했는데요. 그러나 이재수 사령관은 검찰의 조사를 받던 도중 극단적 선택을 했고 대전현충원에 안장되었습니다. 그는 마지막 유서에서 억울함을 호소했지만, 여러 증거는 명백하게 불법 사찰을 증명하고 있습니다.

국립묘지의 설치 및 운영에 관한 법률에 따르면 제5조 1항 마목 '장성급(將星級) 장교 또는 20년 이상 군에 복무한 사람 중 전역·퇴역 또는 면역된 후 사망한 사람'에게 안장 자격을 부여합니다. 이재수 전 사령관은 2016년에 중장으로 전역했고, 2018년에 사망했기 때문에 현충원 안장이 가능했습니다.

이재수 사령관과 부하들은 세월호 참사 유가족들을 불법적으로 사찰했습니다. 이 사건이 정권에 불리하게 작용할 것을 막기 위해서였습니다. 이후 진실이 드러났고 부하들은 재판에서 유죄판결까지 받았음에도 불구하고 모두 사면되었고, 이재수 사령관 본인도 대전현충원에 안장되어 있습니다. 정권의 안위를 위해 권한을 남용하여 민간인을 불법 사찰한 군인이 세월호 관련 희생자들과 같은 공간에 몸을 누이는 대전현충원의 불편한 현실입니다.

[참고자료]

민주사회 를 위한 변호사 모임, 『4.16세월호 참사 판결 및 특수단 1차 수사결과 비평』, 4.16재단, 2016.

4.16연대 (https://www.416act.net)

제4장 사회공헌 유공자

− 과학자 · 소방관 · 체육인 −

한국 과학기술 위해 평생을 바친 이들

'우리별'의 아버지 최순달을 비롯 사회공헌자묘역에 안장된 과학자들

    1970년대 충청남도 유성 지역에는 2개의 커다란 국가 시설이 조성됐습니다. 하나는 대덕연구단지로 1973년 계획이 수립된 이후 1974년에 공사가 시작해 1980년대를 거치며 완성됐습니다. 대덕연구단지는 27.8㎢(840만평)에 걸쳐 기초과학연구원, 한국기계연구원, 한국생명공학연구원, 한국

대덕연구단지 전경. 앞쪽 주차장을 포함해 넓게 자리하고 있는 곳은 국립중앙과학관이다. 국립중앙과학관 왼쪽 뒤편 성두산 너머로 한국과학기술원(KAIST)이 자리하고 있다. 오른 편 탄동천을 따라 한국원자력안전기술원, 한국조폐공사, 한국생명과학연구원, 한국지질자원연구원이 좌우로 자리하고 있다. 멀리 뾰족뾰족 보이는 산이 대전현충원 뒤로 자리한 갑하산, 신선봉, 우산봉, 흔적골산이다. 그 왼편 뒤로 계룡산도 보인다. ⓒ 임재근

에너지기술연구원, 한국원자력연구원, 한국전자통신연구원, 한국표준과학연구원, 한국화학연구원 등 수십 개의 정부출연연구기관을 비롯해 고등교육기관인 한국과학기술원(KAIST)과 충남대학교가 자리하고 있습니다.

다른 한 곳은 국립묘지 대전현충원입니다. 대전현충원은 1976년 4월 14일에 조성이 결정됐고, 1979년 4월부터 건설공사를 시작해 1985년 11월 13일에 준공했습니다. 규모는 330만9,553㎡(약 100만평)의 부지에 10만 위에 달하는 순국선열과 호국영령 등이 안장되어 있습니다.

대전현충원의 과학자들

대덕연구단지에서 나라의 과학기술 발전을 위해 헌신한 과학자 중에 국립묘지 대전현충원에 묻힌 이들도 있을까요?

대한민국 최초 인공위성 '우리별'의 아버지라 불린 최순달(1931-2014) 박사가 대전현충원 국가사회공헌자묘역 31호에 잠들어 있습니다. 미국 스탠포드대학에서 전기공학 박사학위를 받은 최 박사는 1976년 귀국해 (주)금성사 중앙연구소 초대소장, (주)동양나이론 전자사업부 상무, 한국전기통신연구소 초대소장, 한국전자기술연구소 소장, 한국전력공사 초대 이사장을 거쳐 1985년 한국과학기술대학(현재의 KAIST 학부과정) 초대학장이 됐습니다. 이후 체신부장관, 한국과학재단 이사장 등을 역임한 후 1989년 KAIST에 복귀해 인공위성연구센터를 설립하고 초대 소장을 맡았습니다.

그는 인공위성의 불모지에서 처음부터 국내 개발은 힘들다고 판단해 KAIST 학부 졸업생 5명을 영국 써리대학으로 유학을 보내 위성공부를 하도록 했습니다. 1년여 간의 공부를 마친 학생들은 1991년 1월 영국 써리대학 써리위성기술회사(SSTL)의 인공위성팀과 공동으로 우리별 1호 개발에 착수했습니다. 그 결과 1992년 8월 11일 프랑스령 기아나 우주 센터에서 우리별 1호를 쏘아 올리는 데 성공했습니다. '우리별 1호'는 인공위성 개발 기술의 불모지였던 대한민국이 처음으로 쏘아 올린 인공위성이었고, 대한민국이 세계에서 22번째로 위성을 보유한 나라가 되는 순간이었습니다. 비록 처음에는 타국의 도움으로 쏘아 올렸지만, 이어 자국 기술로 우리별 2, 3호를 쏘아 올리는 기반을 마련했습니다.

최순달 박사의 묘비에는 '모두가 불가능하다고 생각한 TDX와 우리별 위성 개발은 단순히 기술개발 성공의 의미를 넘어 우리나라 과학기술계가 무엇이든 할 수 있다는 믿음과 자신감을 심어준 겁니다'라는 글이 쓰여 있습니다.

TDX(Time Division Exchange)는 시분할 방식 전자교환기를 의미합니다. 최순달 박사가 1981년 한국전기통신연구소(현 ETRI) 초대 소장으로 임명되었을 때는 전화 개통 수요가 급증할 때였습니다. 하지만 개통 속도가 수요를 따라가지 못해 전화를 신청하고도 설치하는데 1년 이상이 걸릴 정도로 심각한 적체가 벌어지고 있었습니다. 정부에서는 전기통신연구소에 240억 원의 예산을 지원하며 TDX 개발을 맡겼습니다.

전기통신연구소 연구팀은 초대형 국책 과제라는 부담과 무모한 도전이라는 우려를 '실패하면 어떠한 처벌도 달게 받겠다'는 일명 'TDX 혈서' 각서를 쓰며 혼신의 연구를 이어갔습니다. 결국 3년 만에 TDX 개발에 성공했습니다. TDX 개발은 교환기 부족에 따른 전화 적체 문제를 해소했을 뿐 아니라, 대한민국이 향후 정보통신강국으로 가는 원동력이 되었습니다.

지난 2014년 10월 18일, 83세의 일기로 사망한 최순달 박사는 2017년에 과학기술유공자로 지정됐습니다. 과학기술유공자는 2015년 12월 22일 제정된 '과학기술유공자 예우 및 지원에 관한 법률'에 따라 연구개발 및 기술혁신 활동에 종사하는 과학기술인 중에서 국가 과학기술 발전에 이바지한 공적이 현저한 사람 중에 선정합니다. 최순달 박사를 비롯해 32인이 2017년 12월에 처음으로 과학기술유공자로 지정됐습니다.

원자력계의 대부와 과학행정가

최순달 박사의 묘 바로 옆, 32호에는 한국원자력연구소 소장을 지낸 한필순(1933-2015) 소장이 안장돼 있습니다. 한 소장은 1982년 한국원자력연구소 소장을 맡은 후 한평생 한국의 원자력 기술자립을 위해 힘을 쏟았습니다. 그는 '한국 원자력 기술자립

대한민국 최초 인공위성 '우리별'의 아버지로 불린 최순달 장관과 한국원자력연구소 소장을 지낸 한필순 소장이 대전현충원 국가사회공헌자묘역 31호와 32호에 나란히 잠들어 있다. ⓒ 임재근

을 이끈 원자력계의 대부'로 불렸고, 정부는 그의 공적을 기리기 위해 대전현충원 국가사회공헌자묘역에 안장했습니다.

2018년에 과학기술유공자로 지정된 그의 묘비에는 '우리나라 과학기술의 자력이 곧 국력임을 믿은 과학자, 원자력 기술 자립을 이끈 진정한 리더, 그 신념을 이 땅에 뿌리 내리고 여기 잠들다'는 글귀가 새겨져 있습니다.

2017년에 최순달 박사와 함께 과학기술유공자로 선정된 최형섭(1920-2004) 과학기술처장관도 국가사회공헌자묘역 13호에 안장돼 있습니다. 그는 한국과학기술연구소(KIST) 설립, 대덕 연구단지 조성, 한국과학재단 설립 등 우리나라 과학기술 발전사의 큰 획을 그은 과학자이자 과학행정가였습니다.

최형섭 장관은 1966년에 설립된 KIST의 초대 소장을 지냈고, 1971년 6월부터 1978년 12월까지 과학기술처 장관을 지냈습니다. 7년 6개월 동안 과학기술처 장관으로 있으면서 '과학기술 발전의 기반구축', '산업기술의 전략적 개발', '과학기술의 풍토조성'을 과학기술개발의 세 가지 기본방향

대덕연구단지 조성에 애를 쓴 최형섭 과학기술처장관이 대전현충원 국가사회공헌자묘역 13호에 안장되어 있다. ⓒ 임재근

최형섭 과학기술처장관의 묘비에는 "학문에 거짓이 없어야 한다" "부귀영화에 집착해서는 안된다" "시간에 초연한 생활연구인이 되어야 한다" "직위에 연연하지 말고 직책에 충실해야 한다" "아는 것을 자랑하는 것이 아니라 모르는 것을 반성해야 한다"는 연구자의 덕목이 적혀 있다. ⓒ 임재근

설정해 연구소와 학원이 공존하는 연구학원도시 건설을 추진했습니다. 그의 구상으로 대덕연구단지가 조성됐습니다. 최 장관은 또 기초과학의 육성을 위해 한국과학재단의 설립에 노력을 기울여, 초대 이사장을 맡아 국가가 요청하는 연구개발 과제를 기초부터 응용, 개발연구에 이르기까지 일관성 있게 연구개발을 수행하도록 지원하는 체제를 정립했습니다.

과학기술을 위해 한평생 힘쓴 사람들

이처럼 대덕연구단지에 있는 국가출연연구기관 등지에서 과학기술 발전을 위해 한 평생 힘썼던 과학자들이 인근에 자리한 국립묘지 대전현충원에 잠들어 있는 것입니다.

한편, 유행성 출혈열 병원체인 한탄바이러스와 서울바이러스를 발견한 의학자 이호왕(1928-2022) 교수도 대전현충원에 안장되어 있습니다. 이호왕 교수는 병원체 발견에서 진단법, 백신까지 개발한 세계 최초의 과학자로 한 평생 연구와 교육에 전념한 교육자이자 과학기술자로 '한국의 파스퇴르'란 별명을 가지고 있습니다.

대전현충원 국가사회공헌자묘역. 위에서부터 3줄과 맨 아래가 국가사회공헌자묘역이다. 국가사회공헌자묘역 사이 5줄은 독립유공자1-1묘역이다. 이호왕 교수의 묘는 맨 아랫줄 오른쪽에서 세 번째다.ⓒ 임재근

2022년 7월 5일 향년 95세의 나이로 별세한 이호왕 교수는 국가사회공헌자묘역 49호에 안장되어 있습니다. 이호왕 교수도 2017년에 과학기술유공자로 지정되었습니다. 과학기술유공자로 지정되었다고 해서 국립묘지에 안장되는 것은 아닙니다. 국가나 사회에 현저하게 공헌한 사람 중 안장대상심의위원회에서 안장대상으로 심의·결정된 사람만이 국립묘지에 안장될 수 있습니다.

여담입니다만, 대덕연구단지가 대전의 대덕구에 있다고 생각하시는 분들이 종종 있습니다. 하지만 대덕연구단지는 대덕구가 아닌 유성구에 자리하고 있습니다. 현재 대전은 동구, 중구, 서구, 유성구, 대덕구 5개 구로 나뉘어 있습니다.

1970년대 유성지역은 대전시로 편입되기 전으로 충청남도 대덕군에 속해있었습니다. 1970년대 조성되기 시작했던 '대덕'연구단지는 '대덕'구에서

유래된 것이 아니라 당시 유성이 속해 있던 '대덕'군에서 비롯된 것입니다. 대덕구는 1989년 대전시가 대전직할시로 승격되어 주변의 대덕군을 흡수하면서 대덕군의 신탄진읍과 회덕면 일대를 합쳐 신설되었습니다.

[참고자료]
최순달,『48년 후 이 아이는 우리나라 최초의 인공위성을 쏘아 올립니다 : 공학박사 최순달의 삶과 과학 이야기』, 좋은책 행간풍경, 2005.
대한민국 과학기술유공자 https://www.koreascientists.kr/

어디든 달려가 사람 살리고 떠난 이들

순직소방관 196명 이곳에 잠들다

방화복만 입으면 불 속을 두려워하지 않는 이들이 있습니다. 화재 현장뿐만 아니라 수해 현장, 교통사고 현장, 산, 바다, 계곡 조난 현장 등 그 어느 곳에도 이들이 있습니다. 바로 소방관입니다. 자기 목숨을 잃을 수 있다는 것을 알면서도, 두려움을 이겨내고 기꺼이 위험 속으로 자신을 내던집니다. 11월 9일 소방의 날을 생각하며 대전현충원 소방공무원묘역을 소개해 드립니다.

서울·대전현충원, 이천, 영천, 임실, 괴산 호국원을 통틀어서 2022년 기준 235분 소방관이 계신데요. 2023년 10월 31일 현재 대전현충원에는 소방공무원 총 153분이 안장되어 계십니다. 의용소방대를 합치면 대전현충원에만 소방관 196분이 잠들어 있습니다. 순직 소방관 전체 80% 이상이 대전현충원에 모셔져 있습니다.

소방공무원묘역 126호, 127호, 128호에는 각각 김신형 소방장, 김은영 소방사, 문새미 소방사가 잠들어 있습니다.

2013년 3월 30일 9시 30분 무렵 아산소방서에서 출동 벨이 울렸습니다. '고속도로에 개가 줄로 묶여 있다'는 신고였습니다. 개를 구하는 것도 중요했지만, 개로 인해 더 큰 사고가 발생할 수도 있는 상황이었습니다. 김신형 소방관은 당시 임용예정자로 현장 실습을 나와 있던 김은영, 문새미 교육생과 함께 소방차에 타고 출동했습니다.

세 명 소방관이 출동하니 강아지 한 마리가 덩그러니 줄로 묶여 있었습니다. 강아지를 구조하기 위해 소방차를 세우고 차에서 내렸습니다. 소방차

앞에서 안전조치를 취하며 구조에 필요한 장비를 챙기는 바로 그 순간. 25톤 트럭 한 대가 시속 70km 속력으로 접근해 왔습니다. 트럭은 전혀 속력을 줄이지 않았고, 그대로 소방차 후면에 추돌했습니다.

추돌에 밀린 소방차는 속절없이 앞으로 밀려갔습니다. 그렇게 소방차 앞에서 구조를 준비하던 소방관을 덮쳐버렸습니다. 추돌 당시 충격으로 육중한 소방차는 종잇장처럼 구겨졌습니다. 실습 중이던 두 교육생은 현장에서 목숨을 잃었습니다. 김신형 소방관는 병원으로 이송되던 중에 눈을 감았습니다.

이후 경찰 조사에 따르면 소방차를 들이받은 트럭 운전기사 혈중 알코올 농도 측정 결과 음주 상태는 아니었습니다. 다만 사고 당시 라디오를 조작하다가 전방을 제대로 주시하지 못했다고 진술했습니다. 김신형 소방교는 사고 당시 결혼 6개월 신혼부부였습니다. 사고로 인해 처참하게 찢어진 제복을 보며 고인의 남편은 오열을 참을 수 없었습니다.

구급 출동 후 쓰러진 소방관

소방공무원묘역 133호에도 안타까운 사연이 깃들어 있습니다. 익산소방서 소속 강연희 소방경입니다. 2018년 4월 2일 새벽 1시 27분이었습니다.

지방소방경 강연희의 묘 (소방공무원묘역 133호) ⓒ 김선재

'익산역 앞 도로에 사람이 쓰러져 있다'는 신고가 들어옵니다. 술에 취한 사람이었습니다. 단순하게 술에 취한 사람이었다면 소방관이 출동하지 않았을 텐데요. '구급 출동이 필요하다'는 신고에 강연희 소방관은 구급차를 타고 급하게 출동합니다. 도로에 쓰러져 있는 사람을 지나던 차가 치고 갈 수도 있는 위급한 상황이었습니다.

현장에 도착한 강연희 소방관은 우선 안전을 확보한 후, 주취자를 구급차로 옮겼습니다. 사건은 그를 이송하는 과정에 벌어졌습니다. 술에 취한 사람이 흥분하며 강연희 소방관에게 욕설을 퍼부으며 폭력을 행사하였습니다. 강 소방관의 머리부위를 주먹으로 대여섯 차례 때렸고, 차마 글로도 쓸 수 없는 모욕적인 말을 내뱉었습니다.

소방관을 폭행한 가해자는 전과 44범 상습범이었습니다. 한 청소년 수련원에서 경비원에게 욕설을 하며 소란을 피웠고, 술 자리를 같이 하던 지인에게 "안주를 많이 먹는다"며 뒷통수를 둔기로 후려치기도 한 전적이 있었습니다. 마트에서는 외상을 요구하며 직원에게 욕설을 퍼붓고, 3차선 도로에 드러누워 교통을 방해하는 인물이었습니다. 그 폭력이 급기야 구급대원 소방관에게까지 미쳤습니다.

사건 이후 강 소방관은 불면증, 어지럼증과 딸꾹질에 시달렸습니다. 구토

소방청 항공조종사 김종필의 묘 (소방공무원묘역 146호) ⓒ 김선재

와 경련도 이어졌습니다. 4월 24일 뇌출혈로 쓰러졌고 응급수술까지 받았지만 5월 1일 세상을 떴습니다. 강 소방관 사망 이후 새로운 논란이 생겼는데요. 국가는 이 죽음을 '위험직무순직'이 아닌 '일반순직'으로 처리한 것입니다. 당시 인사혁신처에서 소방공무원, 경찰, 군인, 교도관 중 위험한 직군에 한해서만 '위험직무순직'으로 인정했기 때문이었습니다.

이에 유족과 동료들은 가만히 있지 않았습니다. "이게 생명의 위협을 무릅쓰고 직무를 수행하다 사망한 공무원에 대한 예우냐"며 동료들은 세종정부청사에서 릴레이 1인 시위에 나섭니다. 강 소방관의 유골은 1년 넘게 한 납골당에 안치되어 있었는데요. 동료들이 나선 집단 행동으로 인해 결국 정부는 2019년 4월 30일 '위험직무순직'으로 인정했고, 강 소방관은 대전현충원에 안장될 수 있었습니다.

2019년 10월 31일 독도해역에서 긴급 신고가 접수됩니다. 홍게잡이에 나섰던 어선에서 한 선원의 손가락이 절단되는 사고가 발생한 겁니다. 손가락을 접합하기 위해서 육지 병원까지 한시라도 서둘러 이송되어야 했습니다. 중앙 119구조본부 영남119특수구조대 소속 다섯 명 대원은 HL9619 소방헬기에 탑승해 독도해역으로 날아갔습니다. 밤 11시 20분쯤 헬기는 독도에 도착했습니다.

부상자를 싣고 다시 육지로 날아가던 바로 그때 11시 26분경 헬기는 알수 없는 이유로 새카만 동해 바다 한 가운데로 추락해 버리고 말았습니다. 사고가 발생한 지 4년이 지난 2023년 11월 6일 사고 원인이 발표되는데요. 조종사의 '공간정위상실'이 원인이었습니다. 상대적으로 밝았던 독도 헬기장에서 어두운 해상으로 이동하는 과정에 조종사는 하늘과 바다를 구분할 수 없었습니다. 칠흑 같은 어둠, 등대와 조업 중인 어선에서 나오는 불빛 그리고 승무원들의 피로가 사고 발생에 영향을 주었습니다.

　국민의 생명과 안전을 지키기 위해 망망대해 칠흑 같은 어둠으로 뛰어들었던 다섯 영웅은 대전현충원 소방공무원묘역에 나란히 안장되어 있습니다. 소방공무원묘역 142호 서정용 검사관, 143호 이종후 기장, 144호 박단비 소방교, 145호 배혁 소방장, 146호 김종필 기장입니다.

20대 소방관의 마지막 구조

　소방공무원묘역 148호에는 김국환 소방장이 잠들어 있습니다. 2020년 7월 31일 순천소방서 김국환 소방관은 '친구가 계곡물에 빠졌다'는 신고를 받고 출동합니다. 장마로 인해 계곡물이 불어있었는데도 5명이 물에서 놀다가 1명이 물에 빠진 상황이었습니다.

　김국환 소방관은 베테랑 중 베테랑이었습니다. 대한민국 최연소 특전사로 군생활을 했고, 1,480여 건 출동해서 540여 명 생명을 구한 영웅 중 영웅이었습니다.

　이번 임무에서도 그는 전혀 주저하지 않고 위험한 현장으로 스스로를 내던졌습니다. 일주일 이상 비가 내린 지리산 피아골에는 계곡물이 거세게 몰아치고 있었습니다. 김국환 소방관은 전혀 당황하지 않고, 차분하게 안전장구를 착용했습니다. 그리고 전혀 망설임 없이 계곡물로 들어갔습니다.

　하지만 이것이 김국환 소방관의 마지막 다이빙이 됐습니다. 갑자기 급류가 쓸려 내려왔고, 김 소방관은 급류에 휩쓸려 떠내려갑니다. 그를 지탱한

로프를 잡고 있던 동료는 손 힘줄이 끊어질 정도로 로프를 끌어당겼지만 아무런 소용이 없었습니다. 평소 불우이웃 돕기에도 앞장 설만큼 마음이 따뜻했고, 밝고 적극적이었던 28세 젊은 소방관은 그렇게 우리 곁을 떠났습니다.

2021년 6월 17일 오전 5시 36분 무렵 이천 마장면 쿠팡 물류센터는 화마에 휩싸였습니다. 인근 소방서 모든 인력이 총동원되어 불길을 잡기 위해 안간힘을 썼습니다. 광주소방서 김동식 소방관도 함께했습니다.

불이 난 지 2시간 40여 분쯤 지났을 무렵 큰 불길이 잡히기 시작했습니다. 김동식 소방관은 동료 네 명과 함께 혹시 모를 인명 구조를 위해 건물 2층으로 진입했습니다. 그런데 그들이 들어선 지 얼마 지나지 않아, 창고에 가득 쌓여 있던 적재물이 무너져 내리기 시작했습니다. 설상가상으로 다시 불이 붙어 불길이 거세게 일어나고 말았습니다.

김동식 소방관은 소방대장이었습니다. 대열 맨 선두에서 대원을 이끌었고 구조를 지휘했습니다. 긴급하게 탈출해야 할 때가 오자 대장의 위치는 맨 후미가 되었습니다. 급박한 상황 속에서 소방관들은 지하 2층에서 지상으로 탈출했습니다. 그런데 동료들이 다 나왔음에도 불구하고 김동식 소방관은 모습을 드러내지 않았습니다.

동료들은 절규하며 다시 김동식 소방관을 구하기 위해 불길로 뛰어들었

소방령 김동식의 묘 (소방공무원묘역 155호) ⓒ 김선재

습니다. 김 소방관의 산소통에는 단 20분 정도 버틸 만한 공기밖에 없었습니다. 대원들이 김 소방관을 구하기 위해 들어갔을 때, 원망스럽게도 불길은 더욱 더 거세지고 있었습니다.

유독가스와 열기가 가득했고, 한 치 앞도 분간하기가 어려운 상황이었습니다. 설상가상으로 붕괴 위험까지 있었습니다.

결국 김동식 소방관은 실종된 지 47시간 만에 지하 2층 입구 50m 가량 떨어진 곳에서 주검으로 발견되었습니다. 그는 현장에 가면 부하 소방관이 다치지 않도록, 누구보다 먼저 주변을 한 바퀴 돌아보는 사람이었습니다. 힘든 일을 도맡아 했고, 쉬는 날에도 훈련에 매진하던 영웅이었습니다. 대전현충원 소방공무원묘역 155호에 잠들어 계십니다.

이후 밝혀진 바에 따르면 쿠팡 측의 안전불감증이 심각했던 것으로 드러났습니다. 화재 직후 노동자들이 대피하려 했을 때, 현장 관리자는 이들을 막아 세우며 "일 하는 시간에 허락 없이 자리를 이탈하면 어떡하느냐. 어서 자리로 돌아가서 일을 시작하라."고 호통쳤습니다. 화재를 최초로 목격한 직원이 화재 신고를 하고 싶었지만, 회사에서 휴대전화를 수거해갔기 때문에 신고가 지체되었습니다. 오작동을 이유로 스프링클러는 화재 수신기가 정지되어 있었습니다. 당연히 스프링클러는 작동하지 못하고 있었습니다. 크고 작은 원인이 모여 결국 소방관까지 순직하는 대형 참사가 터지고 말

앉습니다.

대전현충원 소방공무원 묘역 166호에는 새내기 소방관이었던 성공일 소방교가 고이 잠들어 있습니다. 성공일 소방관은 고등학생 때부터 줄곧 소방관이 꿈이었습니다. 학교의 궂은일은 자기가 도맡아 했고, 어려운 친구를 돕는 착실한 학생이었습니다.

소방관의 꿈을 이루기 위해 시험에 세 번 떨어졌음에도 불구하고 뜻을 꺾지 않았습니다. 결국 네 번째 도전에서 꿈을 이뤘습니다. "비록 일은 고되지만 남을 도울 수 있어 너무 행복하다"며 친구에게 소방관이 된 것을 자랑스럽게 이야기했습니다.

김제소방서에서 근무하던 성공일 소방관은 2023년 3월 6일 오후 8시 33분 화재진압을 위해 출동합니다. 김제시 금산면 한 단독주택에서 불이 났는데요. 집에는 70대 노부부가 살고 있었습니다. 현장에 도착한 성 소방관은 할머니로부터 "집 안에 사람이 한 명 더 있다"는 이야기를 듣습니다.

인명 구조는 2인 1조로 이루어져야 했지만, 성 소방관에게는 시간이 없었습니다. 할머니의 이야기를 듣자마자 홀로 화재 현장에 들어갔습니다. 그리고 미처 빠져나오지 못한 채 순직하고 말았습니다. 그가 순직한 열흘 뒤 16일은 그의 생일이었습니다. 성 소방관은 함께 살던 부모님과 여동생에게 그날 맛있는 것을 먹으러 가자"고 약속했지만, 끝내 가족과 마지막 약속을 지킬 수 없었습니다.

2023년 기준 최근 5년간 현장에서 소방관 24명이 순직했고, 2,238명이 다쳤습니다. 또한 외상후스트레스 장애에 시달리는 소방관도 적지 않습니다. 최근 10년간 극단적 선택을 한 소방관이 순직한 소방관보다 3배나 많았습니다.

대전현충원 소방공무원묘역 영웅들은 우리에게 여전히 숙제를 던지고 있습니다. 제아무리 자기 한 몸 바쳐 국민의 생명과 안전을 지켜주는 이들이라 할지라도, 해가 갈수록 묘역 안장자가 이대로 늘어나도 좋은지 말입니다. 소방의 날 대전현충원에서 소방 영웅들의 목소리에 귀 기울여 보면 어떨까요.

[참고자료]
소방청, 『기억을 향한 기록 : 순직소방공무원 추모백서』, 2022.
순직소방관추모관 (https://www.nfa.go.kr/cherish/)

영화 〈1947 보스톤〉 주인공 손기정 (1)

누구 앞에서든 당당했던 손기정, 그가 은퇴를 결심한 이유

"Me Korean! not Japanese."

1936년 베를린에서 24살 조선인 청년이 외신 기자들을 향해 호소했습니다. 자신은 일본인이 아니라 조선 사람이라고 말입니다. 그는 제11회 베를린올림픽 마라톤 우승자 금메달리스트 손기정이었습니다. 일제의 핍박과 감시 억압 속에서도 조선 사람으로서 자긍심을 잃지 않았던 그는 지금 대전현충원 국가사회공헌자묘역10호에 잠들어 있습니다.

체육인 손기정의 묘(대전현충원 국가사회공헌자묘역10호) ⓒ 임재근

손기정 선수는 1912년 8월 29일 신의주 가난한 가정에서 태어났습니다. 아버지 손인석, 어머니 김복녀 사이에는 세 아들이 있었는데 그중 막내아들이었습니다. 집안이 가난했던 탓에 낮에는 학교에 다니고, 저녁에는 장사를 해야 했습니다. 노점상을 했었는데요. 길거리에서 참외, 각설탕, 군밤, 옥수수를 팔았습니다. 한때 우동집에서 배달일도 했었습니다.

어린 손기정에게 놀이와 위로가 되어 주었던 활동은 다름 아닌 달리기였습니다. 집에서 약죽보통학교까지 2km 자살실을 항상 뛰어다녔습니다. 배고픔을 잊기 위해 달리고, 물을 마시면서 뛰었습니다. 손기정은 사실 스케이트 선수가 되고 싶어 했습니다. 하지만 스케이트를 살 돈이 없었습니다.

> "사실 스케이트 선수가 되고 싶었다. 스케이트를 살 돈이 있었다면 마라토너 손기정은 없었을 지 모른다. 달리는 데는 돈이 안 든다. 가난이 나를 뛰게 했다."

어머니 김복녀 여사는 아들이 운동보다는 공부로 성공하기를 바랐습니다. 어린 손기정에게 일부러 여자 어린이가 신는 작은 고무신을 신기기도 했는데요. 손기정은 고무신이 벗겨지지 않도록 새끼줄로 둘둘 묶어 달렸습니다. 새끼줄에 발목이 쓸려 피가 흘러도 아랑곳하지 않았습니다. 결국 어머니는 어린 손기정에게 육상화를 선물합니다.

본격적으로 달리기 시작한 손기정은 불과 15살 나이에 신의주 대표 선수가 됐습니다. 당시 성인 선수와 함께 경쟁했는데요. 어릴 때부터 수천 번도 더 뛰었던 압록강 철교를 달려 여유롭게 1위를 차지합니다.

평안북도 대표, 거침없이 달린 손기정

이제 손기정은 평안북도 대표로 성장합니다. 경주대회에 나가 1등 상품으로 쌀가마니를 들고 오기도 하는데요. 1931년 출전한 전국체육대회

어린 시절 손기정 선수가 뛰어 달렸고, 올림픽 출전 시 열차를 타고 건너간 압록강 철교(왼쪽). 오른쪽 철교는 1943년에 개통되었다. ⓒ 임재근

5,000m 경기에서 당당히 1위를 차지에 세간의 주목을 받습니다. 손기정은 거침이 없었습니다. 1932년 3월 펼쳐진 제2회 동아마라톤대회 하프 마라톤에서 2위에 오르게 되는데요. 서울의 복잡한 지리 때문에 삼각지 로터리에서 길을 잃었던 탓에 아깝게 1위 자리를 놓칩니다. 하지만 이 대회 성적으로 그는 당시 국내 육상 명문이었던 양정고등보통학교에 진학합니다.

훈련은 혹독했습니다. 원래 재능을 가지고 있었지만 그를 챔피언으로 만든 요인은 피나는 노력이었습니다. 우선 모래주머니를 도입했습니다. 독립군이 모래주머니를 다리에 차고 군사 훈련했다는 이야기를 듣고 곧바로 적용했습니다. 보폭을 재기 위해 운동화 밑바닥에 흰색 페인트를 칠했습니다. 보폭이 넓어지고 좁아지는 구간을 연구했습니다. 무게를 줄이기 위해 신발 밑창을 깎아내고 유니폼을 잘라내기도 했습니다.

노력은 손기정을 배신하지 않았습니다. 베를린올림픽 1차 예선이었던

1935년 전일본마라톤대회에서 2시간 26분 14초로 1위를 차지합니다. 2차 예선을 겸한 11월 제8회 일본 메이지신궁 마라톤대회에서도 2시간 26분 41초로 우승합니다. 그동안 마의 30분이라고 불리던 2시간 30분 벽을 최초로 깬 이가 바로 손기정이었습니다. 다만 당시 비서구권에서 열린 대회는 공식 인정을 받지 못했기 때문에 당시 기록은 비공인 세계기록으로 남아있습니다.

손기정이 일본 메이지신궁 마라톤대회에서 우승할 때 일화가 있습니다. 비록 비공인이기는 해도 세계 신기록을 세운 손기정 선수는 우승자답지 않게 고개를 푹 숙이고 있었습니다. 손기정 선수가 시상대에 오를 때 일본 국가인 '기미가요'가 울려 퍼졌기 때문입니다. 손기정 선수는 고개를 숙인 채 눈물만 뚝뚝 흘릴 뿐이었습니다. 당시 신문은 '표창대 위에 올려진 손군은 너무나 감격한 나머지 고개를 숙이고 스탠드의 관중이 부르는 국가에 묻혀 조용히 눈물짓고 있었다.'고 보도했지만 그 눈물은 서러움의 눈물이었습니다.

"어째서 '기미가요'가 조선의 국가입니까?"

국가 연주가 끝나자 손기정은 인솔 교사에게 달려가 울부짖었습니다. "선생님! 선생님! 왜 우리나라는 국가가 없습니까? 어째서 '기미가요'가 조선의 국가입니까?" 일본 기자들이 인솔 교사에게 왜 손기정 선수가 울고 있느냐 물었을 때, 선생님은 '베를린올림픽에 나가게 되어 감격의 눈물을 흘리고 있다'며 둘러댈 수밖에 없었습니다.

1936년 5월 베를린올림픽으로 가기 위한 최종전이 펼쳐집니다. 당시 최종전에 오른 조선인 선수는 손기정 선수와 남승룡 선수였습니다. 마라톤은 나라마다 최대 3명이 출전할 수 있었습니다. 손기정 선수와 남승룡 선수는 3명 중에 조선인 2명이 반드시 들어가기 위해 작전을 짭니다. 일본 선수들의 체력을 빼기 위해 손기정 선수가 앞으로 치고 나갑니다. 일본 선수들은

한글로 서명한 손기정 ⓒ 임재근

페이스를 잃었고, 남승룡 선수가 1위 손기정 선수가 2위로 들어와 최종 올림픽 후보에 선발됩니다.

올림픽 개막을 두 달 앞두고 마라톤 선수들은 베를린으로 떠납니다. 마라톤 코스를 미리 답사해야 했기 때문에 다른 선수단보다 미리 출발하는데요. 1936년 6월 3일 아침 조선체육회장이었던 윤치호와 양정고등보통학교 교장 교감 선생님이 모여 손기정, 남승룡 선수 격려회를 엽니다. 손기정은 출전하는 포부를 이렇게 밝힙니다.

"반드시 훌륭히 싸우고 돌아오겠습니다. 저희들은 오늘 베풀어주신 여러분의 따뜻한 격려에 보답하고, 해외에 살고 있는 많은 동포들의 뜨거운 응원과 기대에 부응하도록 늘 자중의 정신을 잊지 않고 힘껏 싸우겠습니다."

6월 4일 오후 3시 30분 서울역으로 인파가 몰려듭니다. 양정고등보통학교 전교생과 교직원들, 시민들이 몰려와 우렁찬 박수 소리를 울립니다. 모두가 한마음으로 선전을 기원했습니다. 손기정 일행을 태운 기차는 국경을 넘어 단둥, 봉천, 하얼빈을 거쳐 6월 8일에는 소련과 인접한 만주리에 도착합니다. 이어 일행은 시베리아횡단철도로 갈아타는데요.

당시 조선 사람들은 해외로 가기 위해 철도와 배를 이용할 수 있었습니다. 배로 이동할 때보다 기차로 이동할 때 시간과 비용이 1/3가량이었기 때문에 기차가 인기가 높았습니다. 만주횡단철도 시베리아횡단철도와 연결된 서울역은 당시 국제열차가 다니는 국제역이었습니다.

대전현충원에 묻힌 이야기

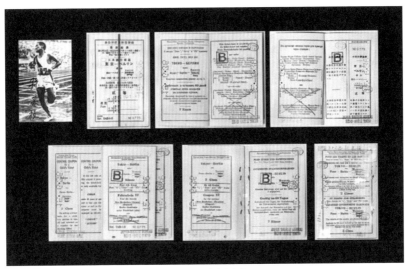

1936년 손기정이 사용한 시베리아횡단철도 티켓 ⓒ 손기정기념관

　손기정이 서울을 떠나 모스크바에 도착하는데 열흘이 걸렸습니다. 기차가 역에 멈출 때마다 손기정 선수는 기차에서 내려 철길을 따라 뛰었는데요. 열차에 있는 동안 몸이 굳을 수 있어서 몸을 풀기 위해서였습니다. 이 과정에서 손기정은 소련 철도를 염탐하려는 스파이로 오인당하는 헤프닝이 벌어지기도 했습니다.

　14일 밤 모스크바에 도착한 손기정 일행은 15일 밤 다시 모스크바를 출발합니다. 폴란드 바르샤바를 거쳐 17일 아침 베를린 프리드리히 역에 도착합니다. 그들을 마중 나온 독일 주재 일본대사관 직원들은 '왜 마라톤에는 조선인이 두 명이나 끼어 있느냐'며 핀잔을 줍니다. 손기정 남승룡 두 사람은 입술을 깨물며 실력으로 증명하리라 다짐했는데요.

　아니나 다를까 일본은 손기정 남승룡 둘 중 한 명을 떨어트릴 흉계를 꾸몄습니다. 마라톤 대표는 3명이었음에도 일본은 선수 한 명을 더 베를린으로 보냈는데요. 일본은 어떻게 해서든 조선인 선수를 떨어트리기 위해 전대

미문 현지 선발전을 한 차례 더 치릅니다. 여차하면 조선인 선수 둘 중 한 명을 일본인으로 교체하기 위한 속셈이었습니다.

그러나 일본의 무리한 계획에도 불구하고 오히려 일본인 스즈끼 선수가 중도 포기하며 탈락했습니다. 또한 시오아꾸 선수는 정해진 코스를 벗어나 지름길로 달렸음에도 불구하고, 1등 손기정 2등 남승룡은 변하지 않았습니다. 손기정과 남승룡은 오로지 실력으로 일본의 계책을 무산시킵니다. 일본에서는 '조선인들이 일본제국의 대표라는 것이 말이 되느냐?'는 여론이 일었지만 실력 앞에 더 이상 뒷말이 나올 수 없었습니다.

평소 남승룡 선수는 조용하고 차분한 성격으로 알려졌지만, 손기정은 성격이 활달하고 시원시원했다고 합니다. 올림픽 선수촌에서 생활하며 다른 선수나 사람들에게 사인 요청을 많이 받는데요. 사인을 할 때마다 그는 한자로 孫基楨이 아니라 '손긔졍' 한글로 적었습니다. 일본인 임원이 왜 한글로 사인하는지 따졌을 때 "한자로 손기정(孫基楨)이라고 쓰면 획이 많아 시간이 걸리지만 우리글인 한글로 손기정이라고 쓰면 간단하기 때문이다." 라고 받아쳤습니다.

그뿐만 아니라 이름 옆에는 항상 'JAPAN'이 아니라 'KOREA'를 덧붙여 적었습니다. 후지산을 그려달라는 요청에는 금강산을 그려주곤 했고, 사인 옆에는 한반도 모양을 잊지 않고 그려 넣었습니다. 그는 단 한 순간도 자신이 어디에서 왔는지 알리기를 주저하지 않았습니다.

또 그는 일본이 지급한 일장기가 그려진 운동복을 마라톤 경기 직전까지 단 한 차례도 입지 않았는데요. 역시 일본인들이 '왜 일장기 달린 옷을 입지 않느냐'고 물어볼 때 "아껴서 가보로 놓아두려고 그런다."고 답합니다.

손기정의 애국적인 행동에 주변 사람들은 올림픽에 나가지 못할 상황을 걱정했는데요. 그럴 때마다 손기정은 "나를 올림픽에 안 내보내면 자기들만 손해지. 나를 출전 안 시키면 올림픽 우승은 없다."고 답했습니다. 세계 신기록 보유자 24살 조선인 청년 손기정은 누구 앞에서도 당당했습니다.

1935년 메이지신궁 마라톤대회에서 우승한 손기정과 1936년 베를린 올림픽 마라톤대회에서 1위로 결승선을 통과하는 순간의 손기정 ⓒ 손기정기념관

　하지만 그토록 당당했던 손기정이 하염없이 땅만 쳐다보는 순간이 있었습니다. 바로 마라톤 시상식장이었습니다. 1936년 8월 9일 오후 3시 전 세계에서 모인 56명 마라톤 대표 선수들이 42.195km 레이스를 출발했습니다. 관중들의 기립박수와 환호 속에 1위로 들어오는 선수는 다름 아닌 손기정이었습니다. 2시간 29분 19초 2. 국제공식 대회에서 마의 30분 벽을 최초로 깨트린 기록이었습니다. 남승룡 선수는 경기 전 먹은 주먹밥이 탈을 일으켰음에도 불구하고, 경기 막판 무려 30여 명을 앞지르며 3위로 결승선을 통과합니다.

　대기록을 세운 두 조선인 청년은 하지만 시상대에 올라 고개를 푹 숙입니다. 마라톤 챔피언이라고 보기 어려운 모습이었습니다. 그들을 고개 숙이게 한 이유는 유니폼 가슴팍에 박힌 일장기 때문이었습니다. 일장기를 가리고 싶었던 남승룡 선수는 바지를 한껏 추켜올렸지만 가려지지 않았습니다. 훗

시상대에 선 손기정과 남승룡 선수 ⓒ 손기정기념재단

날 남승룡 선수는 손기정 선수가 부러웠다고 회고하는데요. 금메달을 따서가 아니라 금메달 수상자에게 주어진 참나무 묘목 때문이었습니다. 손기정 선수는 참나무 묘목을 가슴팍 가까이 가져다 대어 일장기를 조금이나마 가릴 수 있었기 때문이었습니다.

일본 국가가 울려 퍼지고 일장기가 올라가며, 손기정 대신에 일본식 이름인 손 기테이(Son Kitei, そん きてい)로 호명됐습니다. 손기정은 나라 잃은 설움에 눈물 흘릴 수밖에 없었습니다. 이때 손기정은 다시는 일본을 위해 뛰지 않겠다고 다짐하며, 선수로서 은퇴하기로 결심합니다.

[참고자료]
손기정, 『나의 조국, 나의 마라톤 −손기정 자서전』, 휴머 니스트, 2022.
손기정 기념관 (https://www.sonkeechung.com)
독립유공자 공적정보 (https://e-gonghun.mpva.go.kr)

영화 〈1947 보스톤〉 주인공 손기정 (2)

무쇠 다리의 마라토너, 그는 평생 이 순간을 꿈꿨다

손기정 남승룡 두 사람의 올림픽 제패는 전 세계에 흩어져 살고 있던 우리 민족의 가슴에 희망과 용기를 불어넣었습니다. 시상식이 끝난 후 일본 선수단은 마라톤 영웅들을 위한 축하 파티를 개최합니다. 하지만 정작 주인공인 손기정과 남승룡 선수는 파티에 참여하지 않는데요. 그들은 몰래 선수촌을 빠져나와 베를린에 있던 한 두부 공장으로 들어갑니다. 그곳은 안중근 의사의 사촌 동생인 안봉근의 집이었는데요. 안봉근의 서재에서 두 사람은 난생처음으로 태극기를 보게 됩니다. 그는 그 순간을 자서전에서 다음과 같이 표현하고 있습니다.

"'이것이 태극기다. 우리 조국의 국기다.' 그렇게 생각이 들자 감전이 된 듯 뜨거운 감격이 몸에 흘렀다. 탄압과 감시의 눈을 피해 태극기가 이렇게 숨 쉬고 있듯이 우리 민족도 살아 있다는 확신이 우러났다."

독일에 살던 우리 동포들이 한자리에 모여 두 선수를 축하했습니다. 손기정 남승룡의 승리는 단지 개인의 승리가 아니라, 식민지 설움에 빠져있던 우리 민족 전체의 승리로 다가왔습니다. "우리는 당신을 단지 운동선수로 보지 않소. 일본이 여는 축승회에 가지 않고 우리에게 온 것 자체가 독립운동입니다"

실제 손기정의 마라톤 우승 소식은 전 세계 우리 민족에게 알려지며 독립 의지를 높이는 계기가 되었습니다. 대전현충원 독립유공자2묘역 470호에

애국지사 김요한의 묘 (대
전현충원 독립유공자2묘
역 470호) ⓒ 김선재

안장된 김요한 지사는 일본에서 활동하던 독립운동가입니다. 1940년 9월 자숙회라는 비밀결사를 조직하는데요. 일본에 있는 조선인 학생들을 규합하여 '조선 독립 혁명운동'을 추진하고자 했습니다.

자숙회에서 논의한 내용 중에 다음과 같이 손기정 선수에 관한 내용이 나옵니다. '올림픽 기록영화인 「민족의 제전」이 상영될 때 일본인 선수의 우승에 대해서는 기뻐하고, 조선인 선수 손기정과 남승룡에 대해서는 냉담한 반응을 보이는 것은 민족적 차별에서 기인하였으므로 이를 민족적 불만을 강화하는 재료로 삼을 것'

대전현충원 독립유공자4묘역 3호에 안장된 김동호 애국지사 역시 1940년 일본에서 민족주의 단체 학우회를 조직하는데요. 그들은 조선 학생들의 민족의식을 일깨우고, 중일전쟁 과정에 일본 내 혼란이 일어나면 일제히 봉기해 조국 독립을 수행하겠다는 목표를 세웠습니다. 학우회 활동 방침에서도 손기정이 거론됩니다.

'… 둘째, 독립을 달성하기 위하여 한국인 학생은 단결을 더욱 굳게 하

애국지사 김동호의 묘 (대전현충원 독립유공자4묘역 3호) ⓒ 김선재

고 민중을 민족적으로 지도하여야 할 사명을 띠고 있다. 신입생에 대하여는 총독 정치의 모순, 한국 민족에 대한 차별 대우 등의 현실을 지적하여 민족의식을 지도·계몽한다. 셋째, 한국 민족은 열등한 민족이 아니다. 이미 올림픽대회에서 세계 각국 선수를 압도하고 우승한 손기정은 이 민족의 우수성을 발휘하고 있다. ... 일곱째, 3·1운동은 민중의 일시적 무통제의 폭동이었기 때문에 실패하였다. 이에 스스로 단결을 굳게 하고 대중의 지도에 노력하여야 한다.'

시 '그날이 오면'으로 널리 알려진 작가이자 신문기자였던 심훈은 두 선수가 메달을 수상한 소식을 듣고 그 자리에서 즉석으로 시를 짓기도 합니다. 심훈은 이 시를 지었다는 이유로 일본 경찰에 끌려가기도 했는데요. 이후 급작스럽게 장티푸스에 걸려 목숨을 잃습니다. 시 '오오 조선의 남아여'는 심훈의 마지막 작품이 되었습니다. 여운형 선생은 심훈의 장례식에서 이 시를 눈물로 낭송했습니다. 대전현충원 손기정 선수 비석에는 이 시 전문이 새겨져 있습니다.

체육인 손기정의 묘 비석 (대전현충원 국가
사회공헌자묘역10호) ⓒ 임재근

오오 조선의 남아여
- 백림 마라톤에서 우승한 손기정, 남승룡 군에게

심 훈

그대들의 첩보를 전하는 호외 뒷등에 붓을 달리는 이 손은 형용
못 할 감격에 떨린다. 이역의 하늘 아래서 그대들의 심장 속에 용솟
음치던 피가 2천3백만의 한 사람인 내 혈관 속을 달리기 때문이다.

"이겼다."는 소리를 들어보지 못한 우리의 고막은 깊은 밤 전승의
방울 소리에 터질 듯 찢어질 듯 침울한 어둠 속에 짓눌렸던 고토의
하늘도 올림픽 거화를 켜 든 것처럼 화다닥 밝으려 하는구나!

오늘 밤 그대들은 꿈속에서 조국의 전승을 전하고자 마라톤 험한
길을 달리다가 절명한 아테네의 병사를 만나보리라. 그보다도 더 용
감했던 선조들의 정령이 가호하였음에 두 용사 서로 껴안고 느껴 느
껴 울었으리라.

오오, 나는 외치고 싶다! 마이크를 쥐고 전 세계의 인류를 향해서
외치고 싶다! "인제도 인제도 너희들은 우리를 약한 족속이라고 부
를 터이냐!"

애국지사 김준연의 묘 (대
전현충원 독립유공자3묘
역 190호) ⓒ 임재근

가는 곳마다 쫓아다닌 일본 경찰

한편 손기정 남승룡 두 사람이 그토록 지우고 싶었던 일장기를 신문 지면
상에서나마 지워준 이들이 조국에 있었습니다. 바로 '일장기 말소 사건'입
니다. 먼저 여운형 선생이 사장으로 있던 조선중앙일보가 일장기를 지운 채
사진을 실었습니다. 동아일보 역시 손기정 선수 시상식 사진에서 일장기를
지우고 화질을 낮춰 신문을 발행했습니다.

대전현충원 독립유공자3묘역 190호에 안장된 김준연 지사는 당시 동아
일보 주필로 활동하고 있었는데요. '일장기 말소 사건'으로 동아일보는 무
기 정간을 당하게 되고, 김준연 지사는 송진우 사장과 함께 주필에서 사임
하게 됩니다.

국내 다른 언론도 손기정 사진에서 일장기를 빼기 위해 여러 기지를 발휘
하는데요. 여성 월간지 '신가정'에는 손기정 다리 사진만 게재합니다. 당연
히 종로경찰서 형사들이 찾아오는데요. 일장기를 내기 싫어서 그런 것이 아
닌지 따져 묻습니다. 이에 '신가정' 주필 변영로는 "손기정 선수가 무엇으로
세계를 제패했다고 생각하는가. 그가 세계를 제패한 것은 무쇠 같은 다리

를 가졌기 때문이다. 그래서 그의 다리만 실은 것이다."라며 당당히 맞섭니다. 그에 포기하지 않은 일본인 형사들이 사무실을 샅샅이 뒤져 나머지 부분을 찾아내는데요. 다행히 잡지에 실린 사진은 일장기 운동복을 입은 손기정 사진이 아니라, 양정고등보통학교 시절 손기정 사진에서 잘라진 부분이 발견되어 화를 면할 수 있었습니다.

손기정 선수는 귀국길에 오릅니다. 일제는 이번에는 손기정을 기차가 아닌 배와 비행기에 태워 귀국시키는데요. 만약 철로를 따라 귀국하게 되면 손기정이 가는 곳마다 우리 민족이 몰려들어 민족 저항 의식이 높아질 게 뻔했기 때문입니다. 이를 우려한 일제는 베를린-인도-싱가포르-일본-조선 항로를 따라 배와 비행기로 손기정을 실어 날랐습니다.

손기정 일행이 싱가포르에 도착했을 무렵 손기정은 한 선배로부터 경고를 듣게 되는데요. 조선에서 일장기 말소 사건이 일어났고, 그로 인해 여러 사람이 다치고 고초를 겪었다는 사실을 전해 듣습니다. 손기정이 가는 곳마다 일본 경찰이 손기정을 감시했고, 마치 사상범 다루듯 몸수색도 서슴지 않았습니다.

손기정은 "차라리 마라톤 우승을 반납하고 싶다"며 "나라 없는 민족에겐 올림픽 우승을 기뻐하고 축하할 기회조차 없었다. 올림픽 우승자도 일본인들에겐 한낱 천덕꾸러기요, 성가신 인물이었다."고 당시 심경을 이야기했습니다. 일제는 이후에도 손기정 선수가 구심점이 되어 민족의식을 고조시킬까 항상 감시하고 통제했습니다.

"나의 길고 긴 싸움 끝났다"

올림픽 우승 이후 손기정이 가는 곳마다 일제 형사들이 감시했고 심지어 우편물까지 검열했습니다. 일본 경찰은 손기정에게 "오해를 살 수 있으니 사람들 모이는 곳에 절대 가지 말라"고 경고를 남기기까지 합니다. 손기정의 고통은 해방이 되어서야 끝날 수 있었습니다.

1945년 해방 이후 손기정은 한국 마라톤 재건을 위해 '조선 마라톤 보급회'를 창설하고 마라톤 육성에 매두몰신합니다. 1947년 4월 19일 보스턴 마라톤에서 서윤복 선수가 우승을 차지하고, 1950년 4월 19일 또다시 보스턴 마라톤에서 함기용, 송길윤, 최윤칠 선수가 나란히 1 2 3위를 차지하며 시상대를 휩쓸게 된 영광도 손기정의 지도가 있었기에 가능했던 일입니다.

비행길을 거쳐 귀국하는 손기정 ⓒ 손기정기념재단

국제 올림픽 무대에서 손기정이 본인 이름 '손기정'과 '한국' 국적을 되찾게 된 때는 1984년 로스앤젤레스 올림픽 폐회식이었습니다. 손기정 선생은 1988년 서울올림픽을 소개하는 대표자로 무대에 올랐습니다. "손기정, 코리아"라는 이름이 올림픽 경기장에 당당히 울려 퍼졌습니다.

"올림픽에서 늘 '손 기테이'라고 불렸던 나는 '손기정'이라는 소개에 신선함마저 느꼈다. 그렇다. 나는 이날이 오기를 고대하고 있었다. 나의 국적은 한국이고 이름은 손기정이라고 드디어 알리게 된 것이다. 이로써 나의 길고 긴 싸움은 끝났다."

손기정 선생은 마지막 소원이 있었습니다. 나라가 분단된 이후 고향 신의주를 다시는 갈 수 없었는데요. "죽기 전에 남북통일이 된다면 신의주 부산

간 역전경주 대회에 나가고 싶다"던 바람은 아직 이뤄지지 못했습니다. 통일을 보지 못한 채 2002년 눈을 감습니다.

선생은 생전 여러 인물과 인연을 맺었는데요. 1945년 3월 여운형 선생이 건국동맹을 건설할 때 연락 담당 역할을 맡기도 합니다. 베를린 올림픽 당시 손기정 선수는 '굳이 이 대회에 나가야 하느냐' 고민이 많았는데요. "일장기를 달고 가지만, 등에 한반도를 짊어지고 달린다는 것을 잊지 말라."고 격려한 게 바로 여운형 선생이었습니다. 1947년 7월 19일 여운형 선생이 암살된 후 손기정 선수가 선생의 관을 운구했습니다.

1953년에는 특무대장 김창룡과 악연이 생기는데요. 대구에서 열린 제9회 전국축구대회가 발단이었습니다. 당시 준결승에서 육군특무부대 축구팀과 조선방직팀이 맞붙게 되는데요. 특무부대팀은 우세한 경기를 벌였지만, 연장전에서 패널티킥까지 놓이며 경기는 무승부로 끝나게 됩니다. 당시 규정에서는 승패를 제비뽑기로 정하게 되어 있었는데, 조선방직팀이 뽑기를 열어본 결과 승리였습니다. 조선방직 응원단이 북과 꽹과리를 치며 환호성을 지르자, 육군 특무부대 부대장 김창룡은 지프차를 타고 운동장에 난입해 난동을 피웠는데요, 운동장에 공포탄을 쏘고 조선방직 응원단을 모두 잡아 체포하라고 고함을 질렀습니다.

난동 속에 운동장 옆에 주둔하던 미군 부대가 놀라 출동 준비까지 하는 등 아수라장이었는데요. 당시 조선방직 대구지점 간부였던 손기정도 체포되어 붙들려가는 수모를 당합니다. 장군1묘역 김창룡과 국가사회공헌자묘역 손기정은 대전현충원에서 언덕 하나를 너머 마주하고 있습니다.

지난 2023년 9월 27일 실화를 바탕으로 한 영화 '1947 보스톤'이 개봉했습니다. 주인공 손기정은 대전현충원에 서윤복은 서울현충원 국가유공자3묘역 17호에 안장되어 있습니다. 서울과 대전현충원에서 우리의 체육영웅과 그들에게 희망을 보았던 독립운동가들을 찾아보시면 어떨까요.

[참고자료]

손기정, 『나의 조국, 나의 마라톤—손기정 자서전』, 휴머니스트, 2022.
손기정 기념관 (http://www.sonkeechung.com/)
독립유공자 공적정보 (https://e-gonghun.mpva.go.kr)

부록

책에 나온 대전현충원 인물들 (총 330명)

강관순(1909-1942) 독립유공자4-296 121~123

강석원(1908-1991) 독립유공자1-263 87 88 132

강연희(1967-2018) 소방공무원-133 418 419

강영석(1906-1991) 독립유공자1-264(부군합장) 136 186 188 189

강혜원(1885-1982) 독립유공자5-138 132

고광도(1924-2008) 장군2-5 222~226

고수선(1898-1989) 독립유공자3-173 78

고창석(1974-2014) 공무원-11 378~381

곽낙원(1859-1939) 독립유공자2-771 24 25 195~199

권도인(1888-1962) 독립유공자3-77 132

권득수(1873-1907) 독립유공자1-21 139 144

권태휴(1917-1990) 독립유공자1-164 133

김고두쇠(1875-1941) 독립유공자3-292 70

김관오(1901-1965) 독립유공자2-988 132

김광희(1892-1968) 독립유공자2-112 132 134

김국환(1991-2020) 소방공무원-148 421 422

김근수(1912-1992) 독립유공자1-362 133

김기섭(김주)(1891-1950) 독립유공자2-105 132 135

김기택(1933-2010) 장군2-125 229 237 262 263 265 266

김낙희(김락희)(생몰연도 미상) 독립유공자2-975 132 135

김대식(1918-1999) 장군1-92 32 208

김대욱(1944-2007) 장군1-39 33

김동식(1968-2021) 소방공무원-155 422 423

김동하(1920-1995) 장군1-50 31 32

김동호(1919-1982) 독립유공자4-3 436 437

김두찬(1922-2011) 장군2-193 298 299 301 302 304 305 307 314 316

김두채(1912-1947) 독립유공자1-263 132

김만제(1934-2019) 국가사회공헌자-37 286

김만청(1939-2000) 장군1-5 32

김묵(1920-2003) 장군1-170 208

김복동(1933-2000) 장군1-6 32 266

김사국(1895-1926) 독립유공자2-1012 132

김상협(1920-1995) 국가사회공헌자-3 286

김상환(1909-1977) 독립유공자3-24 88

김석범(1915-1998) 장군1-71 32 36 62 207~209

김성권(1875-1960) 독립유공자5-137 132

김성률(1920-1943) 독립유공자7-수유리 묘역 106

김성업(1886-1965) 독립유공자1-251 132 133

김성열(1871-1919) 독립유공자7-고주리 묘역 113

김성진(1931-2005) 장군1-228 286

김세열(1875-1919) 독립유공자7-고주리 묘역 113

김숙영(1920-2005) 독립유공자1-324 132

김순근(1925-1945) 독립유공자7-수유리 묘역 106

김순애(1889-1976) 독립유공자4-313 134 135

김승민(1872-1931) 독립유공자2-256 51 53 55 56

김시봉(1924-2016) 장군2-371 235

김신(1922-2016) 장군2-377 196 197 199

김신형(1989-2018) 소방공무원-126 417 418

김양수(1896-1971) 독립유공자7-147 100 102

김연상(1927-2001) 장군1-10 32

김연진(1893-1979) 독립유공자2-466 132

김영린(1910-1973) 독립유공자2-48 132

김영순(1892-1986) 독립유공자2-862 132

김옥련(1907-2005) 독립유공자3-167 116~121

김온순(1898-1968) 독립유공자2-112 132 134

김요한(1919-1973) 독립유공자2-470 436

김용금(1926-2008) 장군1-277 35

김용배(1923-2006) 장군1-32 33

김용원(1892-1934) 독립유공자1-1-525 22 24

김용철(1924-2023) 국가사회공헌자-51 326

김운백(1917-1943) 독립유공자7-수유리 묘역 106

김유신(1920-1943) 독립유공자7-수유리 묘역 106

김윤호(1930-2013) 장군2-232 229 238 244 245 255 256 259~261

김은영(1988-2018) 소방공무원-127 417

김응순(1891-1958) 독립유공자3-360(파묘) 186~188

김응현(1970-2014) 공무원-19 386 390 391

김이걸(1884-1950) 독립유공자1-50 82

김인(1918-1945) 독립유공자2-772 133 196~199

김인(1924-1998) 장군1-86 225~227

김인식(1913-2008) 국가사회공헌자-20 329 330

김일환(1914-2001) 장군1-9 32

김재호(1914-1976) 독립유공자2-413 131 132

김정숙(1916-2012) 독립유공자4-545 134

김종필(1978-2019) 소방공무원-146 420 421

김주남(1895-1919) 독립유공자7-고주리 묘역 113

김주업(미상-1919) 독립유공자7-고주리 묘역 113

김준연(1895-1971) 독립유공자3-190 439

김준엽(1920-2011) 독립유공자4-397 133

김중화(1888-1972) 독립유공자4-141 75 77~82 86

김지옥(1914-1972) 독립유공자1-422 132

김직원(1897-1933) 독립유공자4-143 125 127

김진기(1932-2006) 장군2-6 230 231 240 242 243 245 246 267 272 273 280

김찬기(1915-1945) 독립유공자3-620 145~150 152 153

김찬원(1917-1945) 독립유공자7-수유리 묘역 106

김창규(1885-1949) 독립유공자1-61 125~127

김창도(1897-1967) 독립유공자1-57 51 55 57 58

김창룡(1920-1956) 장군1-69 32 62 190~195 200 201 259 442 443

김창식(1896-1970) 독립유공자3-764 78

김초원(1988-2014) 공무원-16 386~388

김탁원(1898-1940) 독립유공자3-896 78

김태을(1882-1935) 독립유공자3-648 132

김택수(1939-2010) 장군2-120 229 238 262 263 267 268

김환기(1909-1927) 독립유공자7-100 145~147 152

김효숙(1915-2003) 독립유공자2-1060 132

김흥복(미상-1919) 독립유공자7-고주리 묘역 113

김흥열(김흥렬)(미상-1919) 독립유공자7-고주리 묘역 113

김희백(1899-1937) 독립유공자1-127 45~48 50

나창헌(1894-1936) 독립유공자1-29 75 77 83~86

남웅종(1931-2019) 장군2-534 229 238 270 274 275

노신영(1930-2019) 국가사회공헌자-39 286

노영재(1895-1991) 독립유공자1-337 134

노재현(1926-2019) 장군2-523 234 248 250~254

동방석(1923-1971) 독립유공자7-수유리 묘역 107

류병봉(1928-2006) 장군1-33 33

마하도(1879-1933) 독립유공자2-886 51 53 54

문새미(1995-2018) 소방공무원-128 417

문석봉(1851-1896) 독립유공자2-168 154~162

문석수(1923-2006) 장군1-272 32

문학준(1910-1943) 독립유공자7-수유리 묘역 106

민기식(1921-1998) 장군1-4 32

민복기(1913-2007) 국가사회공헌자-18 178 180~182 184 185 327 328

민영숙(1920-1989) 독립유공자1-90 133

민영주(1923-2021) 독립유공자6-39 133

박경원(1923-2008) 장군1-276 34 35

박기은(1925-2017) 독립유공자2-378 132

박단비(1990-2019) 소방공무원-144 421

박덕실(1901-1971) 독립유공자2-419 132 135

박상복(박성화)(1900-1970) 독립유공자2-414 132

박성관(1923-2009) 독립유공자1-193 132

박성은(1969-1990) 충혼당-106-303 356~358

박성행(1892-1950) 독립유공자1-212(파묘) 186 187

박세직(1933-2009) 장군2-83 286 287

박승길(1893-1960) 독립유공자1-10 51 53~55

박영섭(1922-1962) 독립유공자1-324 132

박영희(1893-1990) 독립유공자1-166(파묘) 97 98 186 187

박원희(1898-1928) 독립유공자2-1012 132

박육근(1963-2014) 공무원-13 378 382 383

박인돈(1964-2014) 소방공무원-111 399

박정훈(1976-1996) 위패봉안실-03-1-347 331~337

박준병(1934-2016) 장군2-383 229 237 262~264 279 287 362

박준채(1914-2001) 독립유공자2-893 88 91~93 96

박지영(1992-2014) 의사상자-52 396~398

박창암(1923-2003) 장군1-193 305 314 316

박치은(1897-1954) 독립유공자1-241 133

박현숙(1896-1980) 독립유공자1-252 132 133

박희성(1896-1937) 독립유공자4-314 72~74

방순희(1904-1979) 독립유공자2-987 132

방재구(1900-미상) 독립유공자3-285 70

배혁(1988-2019) 소방공무원-145 421

백선엽(1920-2020) 장군2-555 62 193 203 205 207~209 252 317 320 322

백옥순(1913-2008) 독립유공자3-860 133

백일규(1880-1962) 독립유공자2-975 132 135

백정현(1920-1944) 독립유공자7-수유리 묘역 106

백홍석(1890-1960) 장군1-176 36 62

부춘화(1908-1995) 독립유공자4-353 116~122

서민호(1903-1974) 독립유공자3-93 102

서정용(1974-2019) 소방공무원-142 421

서종철(1924-2010) 장군2-145 305 307 308 316

서춘(1894-1944) 독립유공자1-151(파묘) 186 187

석성기(1902-1970) 독립유공자2-582 78

성공일(1993-2023) 소방공무원-166 424

소준열(1930-2004) 장군1-21 245 279~281 283 294 295

손기정(1912-2002) 국가사회공헌자-10 426~443

손철호(1975-1998) 장병1-147-10761 345~348 350~353 355

송동식(1907-1980) 독립유공자1-133 88

송면수(1910-1950) 독립유공자2-1060 132

송병채(1909-1968) 독립유공자2-1078 132

송석하(1915-1999) 장군1-93 36 62 208 317 320~322

송세호(1893-1970) 독립유공자1-159 132 188 189

송영집(1910-1984) 독립유공자1-321 134

송응섭(1837-2012) 장군2-222 229 238 262 263 267 268

송재홍(1905-1976) 독립유공자3-572 132

신경애(1907-1964) 독립유공자1-264 136

신기철(1922-2003) 독립유공자2-1070 180 183

신분금(1886-1958) 독립유공자3-648 132

신영룡(1971-2014) 소방공무원-113 399

신정숙(1910-1997) 독립유공자2-652 133

신정완(1916-2001) 독립유공자2-413 131 132

신직수(1927-2001) 국가사회공헌자-9 327 328

신현모(신윤국)(1894-1975) 독립유공자1-173 99 102

신현준(1915-2007) 장군1-273 34~36 62 208 300 305 307 312 313 316

신현확(1920-2007) 국가사회공헌자-17 233 234 248 250 373

심규환(1957-1979) 장병3-305-31753 338~344

심상순(1910-1988) 독립유공자2-1078 132

심언봉(1922-1954) 장군1-41 32

안병국(1976-2014) 소방공무원-112 399

안원규(1877-1947) 독립유공자2-724 132

안일용(1921-1944) 독립유공자7-수유리 묘역 106

안정송(이정송)(1895-미상) 독립유공자2-724 132

안종훈(1926-2002) 장군1-16 232 240 245 246

안현태(1937-2011) 장군2-178 277 286~288 294 295

양대홍(1969-2014) 의사상자-51 396 397

양봉직(1926-1995) 장군1-47 32

양승진(1957-2014) 공무원-12 378 380~382

양찬우(1926-2011) 장군2-155 225 226

연미당(1908-1981) 독립유공자1-375 134

오항선(1910-2006) 독립유공자3-283 133

용환각(1917-1979) 독립유공자1-427 180 183

우국일(1931-2009) 장군2-78 229 238 270 271 273~275

유니나(1986-2014) 공무원-14 378 382~384 386

유봉진(1886-1956) 독립유공자5-357 132

유순희(1926-2020) 독립유공자6-31 134

유재기(1905-1949) 독립유공자3-891(파묘) 186 188

유재흥(1921-2011) 장군2-187 62 305 311 316

유진희(1893-1949) 독립유공자2-121 78

유창순(1928-2010) 국가사회공헌자-23 286

유학성(1927-1997) 장군1-2 31 229 235 236 241 251 255~259 261 286 287 292
295

윤경렬(윤경열)(1918-1980) 독립유공자1-422 132

윤석중(1911-2003) 국가사회공헌자-12 286 287

윤성민(1926-2017) 장군2-443 234 235 244 248 253 254 286 287

윤수현(1919-1994) 장군1-45 208

윤악이(1897-1962) 독립유공자2-279 132

윤태호(1924-2019) 장군2-502 223~226

윤흥기(1933-2013) 장군2-255 231 240 244 245 260 261 272 278 280

윤흥정(1926-2002) 장군1-15 245 278~280

이강래(1891-1967) 독립유공자2-926 102

이광민(1895-1945) 독립유공자1-23 137 139~141 143 144

이광춘(1914-2010) 독립유공자4-206 88 90 91 95

이구호(1932-1999) 장군1-95 278 281~283

이권수(1894-1937) 독립유공자2-589 126 128

이규동(1911-2001) 장군1-142 258 292

이도순(1909-1969) 독립유공자7-수유리 묘역 107

이동락(1890-1969) 독립유공자2-488(파묘) 186 187

이두열(1888-1954) 독립유공자2-862 132

이범준(1929-2007) 장군1-274 34 35

이병엽(1927-2006) 장군2-1 33

이병화(1906-1952) 독립유공자1-26 132 139~144

이봉희(1868-1937) 독립유공자1-22 137 139~141 143 144

이상동(1864-1951) 독립유공자1-106 140~144

이상수(1889-1971) 독립유공자5-190 126 128

이석린(1914-1999) 독립유공자2-775 99 102

이순승(1902-1994) 독립유공자2-84 134

이승삼(1966-1987) 위패봉안실-03-3-707 369~372

이승원(1978-1998) 장병1-149-44278 345 348~350 352~355

이승화(1876-1938) 독립유공자1-24 137 139~141 143 144

이연호(1919-1999) 독립유공자2-764 180 183

이옥진(1923-2003) 독립유공자2-48 132

이용(1922-2009) 장군2-61 208 225 226

이원하(1921-1980) 독립유공자2-378 132

이윤재(1888-1943) 독립유공자1-1-499 99~102

이은교(1983-2014) 소방공무원-114 399

이응삼(1892-1963) 독립유공자2-789 82

이인(1896-1979) 독립유공자4-566 100 102

이일남(1925-2023) 독립유공자6-49 20

이일범(1917-1973) 독립유공자1-290 132

이재상(이초생)(1909-1982) 독립유공자1-1-497 178~181 183~185

이재수(1958-2018) 장군2-495 402~406

이정현(1909-1990) 독립유공자2-466 132

이정호(1913-1990) 독립유공자4-8 132

이존일(1924-2014) 장군2-306 223 224 226 227

이종후(1980-2019) 소방공무원-143 421

이준형(1875-1942) 독립유공자1-25 139~144

이지혜(1983-2014) 공무원-18 386 388 389

이진래(1959-1982) 장병7-704-62934 369 372 373

이차군(1939-2003) 장군1-191 229 238 270 276

이찬우(1918-1983) 독립유공자2-245 180 183

이한기(1925-1949) 독립유공자7-수유리 묘역 107

이해봉(1982-2014) 공무원-17 386~389

이해순(1919-1945) 독립유공자7-수유리 묘역 106

이형국(1886-1931) 독립유공자3-348 141~144

이형근(1920-2002) 장군1-11 62

이호왕(1928-2022) 국가사회공헌자-49 414 415

이화숙(1892-1979) 독립유공자2-658 132

이화일(1882-1945) 독립유공자1-30 48~50

이희경(1894-1947) 독립유공자3-78 132

임경애(1911-2004) 독립유공자2-715 132

임소녀(1908-1971) 독립유공자2-414 132

장매성(1911-1993) 독립유공자2-83 88 90 132

장석천(1903-1935) 독립유공자3-38 87

장지수(1928-2008) 장군1-275 34 35

장창국(1924-1996) 장군1-1 31 32

장태완(1931-2010) 장군2-132 230~232 240~243 245~247 250 252 253 257 265
267~269 272 273 280 288

장현근(1909-1969) 독립유공자2-618 133

전병수(1924-1972) 장군1-40 31 32

전수영(1989-2014) 공무원-15 378 384~386

전월순(전월선)(1923-2009) 독립유공자4-44 133

전일묵(1920-1945) 독립유공자7-수유리 묘역 107

전창신(1900-1985) 독립유공자2-105 132 135

정금자(1911-2007) 독립유공자3-572 132

정도영(1935-2010) 장군2-131 229 238 242 270~273 362

정동호(1935-2009) 장군2-64 238 263 266 267

정상섭(1921-1943) 독립유공자7-수유리 묘역 106

정석규(1912-1982) 독립유공자2-83 132

정성철(1962-2014) 소방공무원-110 399

정승화(1929-2002) 장군1-13 233 241 243 245 248 250 251 253 256 261 272 274
275 280

정양필(1892-1975) 독립유공자2-657 132

정연관(1966-1987) 장병1-103-3230 369 373~377

정영(1922-2009) 독립유공자1-290 132

정영순(1921-2002) 독립유공자2-1049 133

정인승(1897-1986) 독립유공자3-359 97 99 100 102

정정화(1900-1991) 독립유공자1-313 134 163~171

정태석(1927-2000) 장군1-7 32

정현선(1986-2014) 의사상자-53 396 398 399

조규찬(1909-1997) 독립유공자2-650 78

조대균(생몰연도 미상) 독립유공자7-수유리 묘역 107

조문기(1927-2008) 독립유공자3-705 22~24 210~219

조상연(1886-1970) 독립유공자2-437 126

조상호(1926-2007) 국가사회공헌자-19 286 287

조순옥(1923-1973) 독립유공자2-490 134

조인애(1883-1961) 독립유공자5-358 132

조철권(1928-2007) 장군2-19 286

주명우(1881-1952) 독립유공자2-279 132

주재황(1918-2010) 국가사회공헌자-27 327 328

진종채(1923-1998) 장군1-3 32 236 292 295

차도선(1863-1939) 독립유공자1-36 41~45

최갑순(1898-1990) 독립유공자1-159 132

최갑용(최갑룡)(1904-1998) 독립유공자2-715 132

최경록(1920-2002) 장군1-14 305 307~310 316

최경하(1894-1989) 독립유공자2-278 78

최광수(1935-2021) 국가사회공헌자-45 286

최규하(1919-2006) 대통령묘역-1 19 21 232 233 238 248 249 256 266 284 286

최명재(1928-2008) 장군1-278 35

최성모(1874-1937) 독립유공자3-290 69 70 72 73

최순달(1931-2014) 국가사회공헌자-31 286 410~413 416

최승복(1899-1919) 독립유공자2-625 127~129

최온순(1963-1983) 장병1-107-678 361~368

최원순(1896-1936) 독립유공자5-514 132

최이옥(1926-1990) 독립유공자1-193 132

최진동(1882-1945) 독립유공자3-251 51~53

최현배(1894-1970) 독립유공자4-144 99~102

최형섭(1920-2004) 국가사회공헌자-13 413 414

최혜정(1990-2014) 공무원-20 386 391 392

한규상(1896-1971) 독립유공자2-419 132 135

한징(1886-1944) 독립유공자1-397 99~102

한태은(1920-2006) 독립유공자4-8 132

한필순(1933-2015) 국가사회공헌자-32 413

한휘(미상-1944) 독립유공자7-수유리 묘역 107

함병선(1920-2001) 장군1-8 32 305 307 310~312 316

함석헌(1901-1989) 독립유공자3-329 172~177

허영조(1897-1929) 독립유공자3-191 78

허은(1909-1997) 독립유공자1-26 132 139 141 143 144

현덕신(1896-1962) 독립유공자5-515 132

현이평(1913-1941) 독립유공자7-수유리 묘역 107

홍매영(1913-1979) 독립유공자5-331 134

홍범도(1868-1943) 독립유공자3-917 23 40~47 49~56 58~68 116 133

홍병두(1884-1970) 독립유공자2-887 127

황병길(1885-1920) 독립유공자1-28 133

황산덕(1917-1989) 국가사회공헌자-1 326~328

황영식(황차식)(1913-1969) 독립유공자4-556 133

황인성(1926-2010) 국가사회공헌자-28 286 287